集人文社科之思 刊 专业学术之声

集 刊 名：反歧视评论

主　　编：刘小楠　王理万

ANTI-DISCRIMINATION LAW REVIEW　No.10

编辑委员会（按姓氏拼音排名）

曹义孙　郭慧敏　李　楯　李薇薇　林燕玲　刘伯红
刘明辉　薛宁兰　叶静漪　张千帆　周　伟

编　辑

狄　磊　梁　硕　沈飞飞　时雪涵
谢炅卓　熊卓文　徐宇晴　余若凡

第10辑

集刊序列号：PIJ-2018-338

中国集刊网：www.jikan.com.cn

集刊投约稿平台：www.iedol.cn

反歧视评论

Anti-Discrimination Law Review No.10

第 *10* 辑

主 编 ／ 刘 小 楠 　 王 理 万

社会科学文献出版社
SOCIAL SCIENCES ACADEMIC PRESS (CHINA)

卷首语

在《反歧视评论》（第10辑）付梓之时，作为编者，我们感慨良多。数字"10"对于国人而言，有着特殊的标志性意义，我们把本辑《反歧视评论》作为反歧视研究的阶段性收官和新征程起点。

回首来路，《反歧视评论》实则可追溯至2011年出版的《反就业歧视的策略与方法》，其后又陆续出版了《反就业歧视的理论与实践》（2012年）、《反就业歧视的机制与原理》（2013年）。为了强化反歧视研究的连续性，在上述三本书的基础上，首辑《反歧视评论》于2014年始得创刊，秉承初心，筚路蓝缕，至于今日。作为一本没有纳入核心刊物评价体系的连续出版物，《反歧视评论》得以生存和发展，实仰赖于学界和实务界同人的慷慨赐稿，数年如一日地鼎力支持。当然，《反歧视评论》也不打折扣地秉持平等和反歧视的理念，坚持以文取稿的原则，见证了一代反歧视研究和行动的新兴力量的涌现。正是在上述背景下，本辑《反歧视评论》格外厚重，聚焦系列前沿和热点问题。

本辑设置"挪威反歧视法律制度"主题研讨，旨在从比较研究的角度，深度观察北欧和挪威的反歧视法律制度和最新动态，期待为中国反歧视法的发展提供镜鉴。王理万副教授和欧达苑的《挪威反歧视法律制度及其新发展》深入介绍了挪威深层次、多主体、宽领域的反歧视立法，并针对挪威在保障残障人士权利方面的实践进行了详细剖析。刘小楠教授和彭雨宸的《挪威性别平等法律制度研究》梳理了挪威法律框架中涉及性别平等的规定，明晰了挪威性别平等法律制度的发展脉络和现行体系架构，并总结了挪威性别平等法律制度的经验对中国的经验借鉴。此外，彭雨宸全文翻译了《挪威有关平等和禁止歧视的法案》（平等和反歧视法案），以期为后续相关研究提供权威版本的规范依据。

　　"学术专论"部分，辑录了八篇学术论文和译稿。刘伯红教授和宋瑜教授从《消除对妇女一切形式歧视公约》中有关妇女生育权利和反对生育歧视的规定出发，分析我国自 20 世纪 80 年代以来妇女生育权利的实现情况，并提出了市场经济条件下对完善三孩生育政策和保障女性就业权利的建议。丁鹏博士从《残疾人权利公约》出发，认为国家应当主动采取措施，消除司法全过程的外部障碍，提供程序支持，提高残障当事人在与其他人平等的基础上诉诸司法的可行能力。刘佳琪博士提出从"婚本位"的生育权保障范式转向"孕本位"的生育权保障范式，建议继续完善当前生育权保障法律体系以及相应社会福利制度以促进基本权利的真正实现。唐芳博士认为我国《家庭教育促进法》在一定程度上体现了男女平等理念，但仍存在不足亟待完善，包括规定男女在家庭中平等享有受教育权，改变父母的性别刻板印象，在实施家庭教育主体上更应当强调父母共同承担家庭教育的责任等。郑璐副教授介绍了加拿大中小学 SOGI 教育实践，运用法律武器捍卫性少数群体的尊严与权利，为我国中小学开展多元性别教育提供了借鉴与参考。杨帆博士全景式地素描了北欧的反性别歧视法律制度，从纵向的历史发展、横向的立法和相关机构方面对北欧反性别歧视法律制度进行了研究，总结了北欧各国反性别歧视法律制度的共性。郭恬观察到"三孩政策"颁布后，各地延长产假导致用人单位雇用女职工时生育成本增加，女性就业歧视现象越发严峻，对此建议统一规定生育休假的性质与天数，确立强制假期，辅以灵活使用假期，以保障劳动者平等就业权的实现。卢杰锋副教授翻译了美国平等就业机会委员会颁行的《管理者实施非法骚扰时的雇主替代责任执法指南》，此项指南可视为《美国平等就业机会委员会关于性骚扰问题的政策指南》（发表于《反歧视评论》第 9 辑）的姊妹篇。

　　"研究生专栏"辑录了刘小楠教授开设的"社会、性别与人权"课程的三篇优秀习作，研究视角均颇为新颖。王怀玉的《被审查的女性运动员：竞技体育资格标准中的人权困境》一文对竞技体育中何为"正常女性"进行了深入探讨，剖析了竞技体育资格标准中的人权问题；邓松的《算法性别歧视的认定与法律规制——以消费领域为例》一文指出消费领域的算法性别歧视是一种体系性的歧视，要解决这一问题，反歧视法应当介入对受到性别歧视的消费者进行保护；段国娇的《中国"职场性骚扰"概念的辨析——以〈关于消除劳动世界中的暴力和骚扰的公约〉为参照》，通过对国际条约和国内立法的对比研究，展示了概念背后的理念和技术差异，并对国内立法完善提出了具体建议。

"调研报告"部分，杨若栏对我国 144 所"双一流"建设高校的 1681 个校级领导干部进行了性别比例分析，建议完善女性校级领导干部培养和选用过程中的性别平等法律理念，制定健全配额机制的有效办法，并将全面提高"双一流"建设高校女性校级领导干部比例纳入国家现代化建设及高等教育现代化建设的指标之中。"案例译读"部分，黄可瑞全文精译了"博斯托克诉乔治亚州克莱顿县案"，有助于加深我们对美国《民权法案》中性别歧视的概念的扩张性认识，为 LGBT 问题的深度研讨开辟了空间。"深度书评"部分，刘红春副教授和段浩对周伟教授的《禁止歧视：法理与立法》一书进行了深度评述，综述了反歧视的法理、事理和情理，也展示了反歧视法研究的更多理论想象力空间。

党的二十大报告提出"破除妨碍劳动力、人才流动的体制和政策弊端，消除影响平等就业的不合理限制和就业歧视，使人人都有通过勤奋劳动实现自身发展的机会"。我们欣喜地看到，目前反歧视已经逐步纳入党和政府的各项政策议程，在立法和政策方面均期待有新的发展。愿与各位同人继续共同努力，持续推进反歧视事业前进。

感谢本辑作者们的赐稿，也期待更多优秀学者加入反歧视的学术研究之中。感谢社科文献出版社编辑团队对《反歧视评论》一如既往的支持。期待《反歧视评论》与中国平等进程共同成长！

编者

2022 年 10 月 26 日

【主题研讨：挪威反歧视法律制度】

【学术专论】

【研究生专栏】

【调研报告】

【案例译读】

【深度书评】

【Graduate Column】

【Investigation Report】

【Case Analysis】

【Book Reivew】

主题研讨：挪威反歧视法律制度

挪威反歧视法律制度及其新发展

王理万　欧达苑*

摘　要： 挪威的平等与反歧视立法一直走在世界前列。20 世纪七八十年代，挪威开启了以促进性别平等为主的平等与反歧视立法活动，并逐渐呈现深层次、多主体、宽领域的立法特点。2017 年，挪威颁行了全新的反歧视专门法案，相应的配套措施随之依法确立，此为里程碑式的平等与反歧视立法成就。至今，挪威建构了较为完备的平等与反歧视法律体系。在保障残障人士权利方面，挪威引领性地规定了通用设计和个人便利，致力于无障碍的全方位实现，其立法和实践亮点在中国就执行《残障人士权利公约》接受审议的背景下颇具借鉴价值。

关键词： 挪威；反歧视；平等；法律制度

一　导言

挪威王国（The Kingdom of Norway，Kongeriket Norge），简称"挪威"（Norway），拥有 539.9 万人口，约 18.9% 的挪威人口为移民及其后代。[①]挪威是全球数字化最完善的国家之一，是全球信息化领跑者。[②] 在 2017 年

---

* 王理万，中国政法大学钱端升青年学者，人权研究院副教授，法学博士，研究方向为宪法学、人权法学；欧达苑，中国政法大学人权研究院 2021 级硕士研究生，研究方向为人权法学。

① 数据统计截至 2022 年 3 月 7 日，参见挪威统计局网站，https://www.ssb.no/en/befolkning/innvandrere/statistikk/innvandrere-og-norskfodte-med-innvandrerforeldre，最后访问日期：2022 年 9 月 14 日。

② 参见商务部国际贸易经济合作研究院、中国驻挪威大使馆经济商务处商务部对外投资和经济合作司《对外投资合作国别（地区）指南》系列丛书之《挪威》（2021 年版），商务部网站，http://www.mofcom.gov.cn/dl/gbdqzn/upload/nuowei.pdf，最后访问日期：2022 年 9 月 20 日。

人类发展指数中，挪威在 189 个国家和地区中位列第一，在世界经济论坛包容性发展指数中排名第一，被列为人类发展的最高类别。①

2020 年 1 月，挪威将全国行政区重新划分为一市十郡。挪威实行君主立宪制，《挪威王国宪法》于 1814 年 5 月 17 日通过，宪法连同宪法习惯法为长达近两百年的可持续民主政治体制提供了框架。② 人民主权、三权分立和人权不可侵犯为挪威宪法的三项基本原则。③

挪威的法律体系属大陆法系，其法律渊源以成文法为主，判例法为补充。挪威法院独立行使职能，系统分为三级，分别为最高法院，六个高等法院，六十四个区、市初审法院。此外还设有劳资纠纷法院、社会保障法院、土地认证法院等。挪威的检察机关共分三级，具体为最高检察院、公共检察官和警方检察官，基层检察机关隶属于警方。挪威法院实行三审终审制，每一个案件都要从初审法院开始审理，并且可以经过两次上诉，直至最高法院作出终审的裁判。挪威不设专门法院，每一个法院都审理各种类型的案件。

挪威的规范性法律文件包括法律、条例、皇家法令、指南、通函、解释声明。④ 本文聚焦于挪威平等与反歧视的法律制度及其发展，主要提及的挪威法律包括法律（Laws）、中央法规（Central Regulations）和地方法规（Local Regulations）。议会通过及修改的法律通常称为"法案"（Act）或"修正案"（Act on Amendments）、"临时法案"（Temporary Act）和"临时规定"（Provisional Provision）。议会通过法律后，部委或理事会通常会以中央法规的形式制定详细规则，对法律条款进行解释，通常称为"条例"（Regulations），适用于整个国家。地方法规通常由市议会、县长或县议会

---

① 联合国人权理事会：《对挪威的访问——残疾人权利特别报告员的报告》，https://www.ohchr.org/zh/documents/country-reports/visit-norway-report-special-rapporteur-rights-persons-disabilities，最后访问日期：2023 年 2 月 1 日。

② 联合国人权理事会：《根据人权理事会第 5/1 号决议附件第 15（a）段提交的国家报告》，A/HRC/WG. 6/6/NOR/1，2009。

③ 参见中国领事服务网，http://cs.mfa.gov.cn/zggmcg/ljmdd/oz_652287/nw_654273/，最后访问日期：2022 年 8 月 3 日；中华人民共和国商务部官网，http://policy.mofcom.gov.cn/page/nation/Norway.html，最后访问日期：2022 年 8 月 3 日。

④ 参见挪威政府官网，https://www.regjeringen.no/no/id4/，最后访问日期：2022 年 8 月 3 日。

发布，在特定区域内生效，被称为"（地方）条例"。① 此外，挪威每年发布非歧视国家报告和性别平等报告，全方位地对挪威的反歧视与性别平等的立法、执法和司法概况进行总结，是反映挪威平等与反歧视法律制度及其发展的政府法律文件。最后，相关的政策、战略、行动计划和研究报告等也是挪威平等与反歧视法律制度的内容。

二　挪威平等与反歧视立法的发展

随着经济社会的发展，西方女权主义法学于 20 世纪六七十年代产生，同时女权主义运动也掀起了第二次浪潮。② 女权主义运动对挪威社会产生了很大影响，其中一项就是导致了《性别平等法》的颁布与实施。1971年至 1972 年，第一个制定《性别平等法》的立法建议案被提出，③ 挪威反歧视法律制度的建立与完善肇始于此。

（一） 19 世纪至 20 世纪：以反性别歧视为主的立法模式

挪威是全球最早推动性别平等的国家之一。自 20 世纪 80 年代中期以来，挪威出台了国际通融战略，以促进公共行政部门的平等。④ 挪威 1977年《工作环境法》第 12 条规定了关于工作场所性骚扰的一般规则。⑤1978 年，挪威颁布的《性别平等法》为国内各项促进性别平等的工作提供了一个框架，规定了女性在教育、就业以及职业发展上有权得到与男性

---

① 根据挪威法律数据库 Lov Data 官方网站整理，参见 https://lovdata. no/，最后访问日期：2022 年 8 月 3 日。

② 参见刘小楠《女权主义法学平等理论及其对女性平等就业的推动》，《山东女子学院学报》2022 年第 3 期。

③ 参见薛宁兰《解读挪威男女平等法》，《中国妇运》2004 年第 5 期。

④ *Structure for Equality*, Official Norwegian Report NOU 2011：18 Summary, a report by a commission appointed pursuant to a Royal Decree of 12 February 2010. Submitted to the Ministry of Children, Equality and Social Inclusion on 15 November 2011.

⑤ 参见人权高级专员办公室文件系统网站，http://docstore. ohchr. org/SelfServices/FilesHandler. ashx? enc = 6QkG1d% 2FPPRiCAqhKb7yhsqMFgv33OTgoZv7ZAgL6thBjnMDE% 2FKg% 2FHEYELvU3CkGN9AV69X5SJXmrMWffj4uc6WapP4gvdT4lZtIzYhyLfV1TYDb6oZbU7oGFQ6% 2FuObHQ，最后访问日期：2022 年 8 月 20 日。

同样的机会，并要求在公共委员会等机构中实行性别平衡，1988 年以来，这项规定要求每个性别人数所占比例不得低于 40%。[1] 该法禁止一切基于性别的歧视，旨在提高妇女地位，并由平等和反歧视监察署以及平等和反歧视法庭执行，政府、工会、雇主组织乃至企业都有责任促进性别平等。

1999 年，挪威司法和公安部出台了《加强挪威法律中人权地位的法案》，简称《人权法案》[2]，提高了人权在挪威法律中的地位，确定了对挪威具有约束力的国际人权公约在挪威国内法体系的法律效力，主要包括欧洲委员会《保护人权和基本自由公约》及其任择议定书，《经济、社会及文化权利国际公约》《公民权利和政治权利国际公约》及其任择议定书，《儿童权利公约》及其任择议定书，《消除对妇女一切形式歧视公约》及其任择议定书。如果发生冲突，上述提及的公约和议定书中的规定应优先于其他立法中的规定。这为接下来的深层次、多主体、宽领域的平等和反歧视立法制度的建立和完善奠定了法律基础。

（二）21 世纪初：深层次、多主体、宽领域的立法模式

进入 21 世纪，挪威反歧视立法活动迅速增多，呈现出深层次、多主体、宽领域的特点，体现了挪威反歧视立法的进一步发展。深层次指的是既有专门性、统领性的反歧视法律出台或修订，又有针对具体的歧视事由而颁布的反歧视法律。多主体指的是挪威政府不仅保障女性的平等权利，还致力于保障族裔少数人、土著人民和少数民族、残障人士、移民、性少数群体（LGBT 群体）、移徙工人等的平等权利。宽领域指的是反歧视立法涉及公共管理、教育、劳工、家庭生活、社会福利等领域。这一阶段的挪威反歧视立法有两大亮点，一是促进性别平等的立法依旧突出，二是设立了配套具体反歧视法律的执行制度。

---

① 参见田德文《挪威性别平等状况》，国别区域与全球治理数据平台，https://www.crggcn. com/articleDetail? parentName = % E6% 8C% AA% E5% A8% 81&id = 544076，最后访问日期：2022 年 8 月 22 日。

② 参见 *Lov om styrking av menneskerettighetenes stilling i norsk rett（menneskerettsloven）*，https:// lovdata. no/dokument/NL/lov/1999 - 05 - 21 - 30？ q = Working% 20Environ-ment% 20Act，最后访问日期：2022 年 10 月 14 日。

1. 反歧视专门法的出台及其发展

2005 年，挪威劳动和社会包容部出台了《反歧视法》①，这是挪威第一部囊括多种歧视事由的专门性、统领性的反歧视法律，其第 1 条规定了该法旨在促进平等，防止基于种族、国籍、血统、肤色、语言、宗教或信仰的歧视，包括直接歧视和间接歧视，并规定了禁止骚扰及报复行为。该法还明确规定，在雇佣关系中，雇主应承担促进平等与反歧视的义务。另外，其第 13 条规定了平等与反歧视监察署和平等与反歧视法庭应实施该法并监督该法的遵守情况。该联合组织合并了三个前机构——平等中心、平等监察员和反对种族歧视中心，其中有两个机构与挪威的性别政策传统有密切联系。②《反歧视法》的颁行是挪威平等与反歧视法律制度发展史上的里程碑事件，其不仅明确规定了反歧视与促进平等的基调，强调了该法产生的法律效力，集中规定了多种歧视事由的歧视禁令，还设立了配套的实施和监督法律的机构，有利于建立和完善统一的平等与反歧视的法律体系，有利于平等与反歧视的立法活动与实践活动并行发展。

2006 年，儿童和家庭部出台了《关于平等和反歧视监察署和平等和反歧视法庭的组织和活动的条例》③，规定了平等和反歧视监察署以及平等和反歧视法庭的职责。2007 年，挪威颁布了《反歧视监察署法》④，规定了有关平等和反歧视监察署以及平等和反歧视法庭的组织和活动的规则。

2. 保障不同主体的平等权利

挪威的平等与反歧视立法着眼于保障不同特定群体，其不仅保障女性

---

① 参见 The Act on Prohibition of Discrimination Based on Ethnicity, Religion, etc. (The Anti-Discrimination Act)，挪威政府官网，https://www.regjeringen.no/en/dokumenter/the-anti-discrimination-act/id420606/，最后访问日期：2022 年 8 月 20 日。

② Bygnes, Susanne: Making Equality Diverse? Merged Gender Equality and Anti-Discrimination Measures in Norway, *Nordic Journal of Feminist and Gender Research* 18, 2 (2010), pp. 88 – 104.

③ 参见挪威政府官网，https://www.regjeringen.no/en/dokumenter/Regulations-regarding-the-organisation-a-2/id92611/，最后访问日期：2022 年 8 月 20 日。

④ 参见挪威政府官网，https://www.regjeringen.no/en/dokumenter/The-Act-on-the-Equality-and-Anti-Discrim/id451952/，最后访问日期：2022 年 8 月 20 日。

的平等权利，还致力于保障族裔少数人、土著人民和少数民族、移民、残障人士、LGBT 群体、移徙工人等的平等权利。

在保障女性的平等权利方面，挪威作出了持续的努力。保障和促进性别平等，致力于提升妇女地位为挪威反歧视立法的一大特色。2007 年，挪威颁布了《性别平等法》①，该法第 31 条规定，该法属于 1978 年《性别平等法》的延续和发展，后者在该法生效后继续适用。第 5 条规定了关于禁止歧视的一般规则，指出基于怀孕和与分娩或收养有关的休假的歧视应被视为基于性别的歧视。该规定适用于基于某人实际、假定、以前或将来怀孕或休假的歧视，也适用于与受歧视者有联系并且基于此人的性别的歧视。

在保障族裔少数人、土著人民和少数民族的平等权利方面，挪威颁行了专门法案，并且出台、更新了政策和行动计划等法律文件。萨米人（Sámi）是居住在萨米地区的芬兰-乌戈尔语族原住民，主要分布在挪威最北部，是挪威当地的土著人民。挪威的少数民族包括犹太族、森林芬兰族、罗姆族②和克文族。③ 随着少数民族人口的迅速增长，关于融合、移民政策、多元文化主义和民族认同的辩论在挪威蓬勃发展。2004 年，挪威议会开始为因出身而遭受欺凌、强迫绝育或留在殖民地的罗姆人提供经济补偿。④ 2007 年，挪威颁布了《萨米法案》⑤，该法第三章确立了萨米语与挪威语享有同等地位。2009 年，挪威儿童和家庭部出台了《关于禁止基于种族、宗教和信仰的歧视的法案》⑥，同年 4 月挪威通过了《促进平等和防止种族歧视行动计划》，体现了包容与平等的价值观。民族平等

---

① 参见挪威政府官网，https://www.regjeringen.no/en/dokumenter/the-act-relating-to-gender-equality-the-/id454568/，最后访问日期：2022 年 8 月 20 日。
② 罗姆族，也称为罗姆人（罗姆语：Roma）或吉卜赛人。
③ Thomas Hylland Eriksen, *Immigration and National Identity in Norway*, University of Oslo, March 2013.
④ Runa Falck, Discrimination Against Roma: Evidence from Two Survey Experiments in Norway, *Migration Studies* 9 (3), 2021, pp. 360–382.
⑤ 参见挪威政府官网，https://www.regjeringen.no/en/dokumenter/the-sami-act-/id449701/，最后访问日期：2022 年 8 月 20 日。
⑥ 参见挪威政府官网，https://www.regjeringen.no/en/dokumenter/the-act-on-prohibition-of-discrimination/id449184/，最后访问日期：2022 年 8 月 20 日。

待遇申诉委员会从 2004 年到 2009 年开展工作，负责处理与《民族平等待遇法》有关的投诉。2009 年，性别平等委员会和民族平等待遇申诉委员会合并成平等待遇委员会。

在保障移民的平等权利方面，挪威政府于 2006 年提交了一项《移民人口一体化和社会包容性行动计划》，旨在保障移民的平等权利，并规定了四个优先实现的领域：就业、儿童、教育和语言、两性平等和参与。

在保障残障人士的平等权利方面，挪威于 2008 年颁布了《反歧视和无障碍法》，明确规定禁止基于残疾的歧视。随后，挪威出台了《2009—2013 年通用设计和改善无障碍环境行动计划》，旨在支持落实各项相关法律，保障残障人士的平等权利。该计划将无障碍的实现重点放在室外区域、规划、建筑、交通和信息通信技术方面，有利于平等与无障碍的环境的实现。

在保障 LGBT 群体的平等权利方面，挪威于 2006 年 12 月提出了一份联合宣言，在联合国人权委员会上，代表 54 个国家表达了对性倾向和性别认同人权议题的关切。[①] 2008 年 6 月，挪威政府发布了《2009—2012 年提高男女同性恋者、双性恋者和变性者生活质量的行动计划》。2009 年，挪威参与了欧洲委员会关于以性取向和性别认同为由的歧视问题专家委员会的工作，专家委员会拟为各成员国提出一项针对男女同性恋者、双性恋者和变性者的联合政策提案。2013 年 6 月 21 日，《性取向反歧视法》颁布，该法涵盖了性取向、性别认同和性别表达，对其他现有法案进行了修订和调整。挪威政府为了改善居住在大城市之外的年轻男女同性恋者、多文化社区的男同性恋者、参与有组织团体运动的男同性恋者和工作场所的男女同性恋者的处境，正在作出特别努力。

---

① 联合国人权理事会：《人权理事会第三届会议联合声明》，https：//web. archive. org/web/20220712075611/http：//arc-international. net/global-advocacy/sogi-statements/2006-joint-statement/，最后访问日期：2022 年 8 月 20 日。

3. 平等与反歧视立法与实践深入社会各领域

在福利制度领域，挪威于 2001 年颁布了《儿童福利法》① 和《现金福利法》②。《现金福利法》旨在为有小孩的父母提供现金福利，以帮助父母花更多时间照顾自己的孩子，并且在照顾孩子的类型方面，给予他们真正的选择自由。国家承担着实现儿童在家庭中获得照顾的义务，有利于实现在家务劳动中义务分担的性别平等，并间接促进职场中的性别平等。挪威是高福利国家的代表，体现了国家对人权保障的努力。

在劳工领域，2005 年的《工作环境法》禁止了基于性别、怀孕、与分娩或收养有关的请假、照顾责任、种族、宗教、信仰、残疾、性取向、性别认同或性别表达的歧视。2006 年《关于工作环境、工作时间和就业保障等的法案》进一步保障了在劳工领域中的性别平等。

在住房领域，挪威于 2003 年颁布了《住房合作社法》，该法第 1 条至第 5 条规定了禁止基于种族、民族、血统、肤色、语言、宗教或生活观的歧视。

在婚姻领域，2007 年的《婚姻法》③ 明确了同性婚姻的合法性，规定了"两个异性或同性的人可以缔结婚姻"，并规定了双方自愿缔结婚姻，承认了双方享有平等的离婚权利。

在教育领域，挪威颁布了《教育法》④。该法规定挪威政府有义务为来自语言少数群体的学生提供适应性语言教育，视障学生和盲人有权获得必要的盲文使用指导和必要的技术辅助工具，并且因残疾、疾病或受伤而需要交通工具的成年人在接受小学和初中教育期间，无论与学校距离多远，都有权免费乘坐学校的交通工具。

---

① 参见挪威政府官网，https://www.regjeringen.no/en/dokumenter/the-child-welfare-act/id448398/，最后访问日期：2022 年 8 月 20 日。
② 参见挪威政府官网，https://www.regjeringen.no/en/dokumenter/Cash-Benefit-Act/id448404/，最后访问日期：2022 年 8 月 20 日。
③ 参见挪威政府官网，https://www.regjeringen.no/en/dokumenter/the-marriage-act/id448401/，最后访问日期：2022 年 8 月 20 日。
④ 参见 Lov Data，https://lovdata.no/dokument/NLE/lov/1998－07－17－61，最后访问日期：2022 年 8 月 20 日。

（三）近十年来：推陈出新、扩大领域的立法模式

2017年，挪威文化与平等部出台了取代以往的反歧视法案的《有关平等和禁止歧视的法案》①，简称为《平等和反歧视法案》②。与此同时，挪威出台了《关于平等和反歧视监察署和反歧视法庭的法令》③，简称为《平等和反歧视监察署法》，以作为执行实施《平等和反歧视法案》的配套制度。《平等和反歧视法案》是继2005年颁行《反歧视法》以来，挪威政府再次出台的全新的、专门的、统一的平等与反歧视法律，是挪威平等与反歧视立法征程中的又一里程碑式法律文件。除此之外，挪威的反歧视相关立法规定也散见于其他部门法之中。2017年出台的《收养法》④ 第24条规定了收养儿童与其他儿童的平等地位。2019年出台的《学生资助法》⑤ 第1条规定："学生资助系统的目的是无论地理环境、年龄、性别、残疾状况、财务状况和社会环境如何，学生都享有平等的教育机会确保向社会和劳动力市场提供技能，确保在令人满意的工作条件下进行教育，从而确保有效的学习进展。"

挪威不仅建立、完善了统一的、专门的平等与反歧视法案，构筑了更完善的平等与反歧视法律体系，更在不同的领域、不同的歧视事由方面付出了平等与反歧视立法与实践的努力。2011年，挪威成立了真相委员会，旨在审查和描述挪威当局、机构、组织和其他企业针对罗姆人等的1850年至今的政策和措施的发展。2015年6月1日，挪威出台了《政府白皮

---

① 参见 Lov Data，https://lovdata.no/dokument/NLE/lov/2017 - 06 - 16 - 51？q = Equality% 20and% 20Anti-Discrimination% 20Act，最后访问日期：2022年8月20日。

② 《平等和反歧视法案》第42条："本法自国王确定之日起适用。截至同日，关于禁止基于性取向、性别认同和性别表达的歧视的2013年6月21日第58号法，关于性别平等的2013年6月2日第59号法，2013年6月21日关于禁止基于种族、宗教和信仰的歧视的第60号法和2013年6月21日关于禁止基于残疾的歧视的第61号法将被废除。"

③ 参见 Lov Data，https://lovdata.no/dokument/NLE/lov/2017 - 06 - 16 - 50？q = Equality% 20and% 20Anti-Discrimination% 20Act，最后访问日期：2022年8月20日。

④ 参见挪威政府官网，https://www.regjeringen.no/en/dokumenter/ACT-OF-28-FEBRUARY- 1986-NO-8-relating-TO/id443477/，最后访问日期：2022年8月23日。

⑤ 参见 Lov Data，https://lovdata.no/dokument/NLE/lov/2005 - 06 - 03 - 37，最后访问日期： 2022年8月23日。

书：NOU2015：7：同化与抵抗——1850 年至今挪威与吉卜赛人或罗姆人有关的政策》，正式将罗姆人视为挪威国土内的少数民族，承认了其法律地位。2015 年 6 月 25 日，为了促进对少数群体文化和传统生活方式的接受，挪威颁布了《关于 1850 年至今罗姆人作为少数民族状况的国家报告》。

三　挪威现行平等反歧视的立法框架

挪威现行的反歧视立法之法律渊源包括国际法律渊源和国内法律渊源。国际法律渊源为联合国核心人权公约、欧洲地区的多边条约及其他挪威签署和批准的相关条约，国内法律渊源包括宪法、反歧视专门法以及其他国内法。依据欧洲性别平等和不歧视法律专家网络①的分类标准，挪威现行反歧视立法主要分为两类：一是法律文件，包括法案及其修正案、条例、指令、判例、决定、政策、战略、行动计划和研究报告等；二是国家报告，主要为每年发布的非歧视国家报告和性别平等国家报告。

（一）　国际公约

目前，除《保护所有移徙工人及其家庭成员权利国际公约》外，挪威是所有其他联合国的核心国际人权公约的缔约国，也是这些条约的大多数任择议定书的缔约国。挪威在 1966 年签署并于 1970 年批准了《消除一切形式种族歧视国际公约》，这是挪威最早加入的联合国核心人权公约。1968 年，挪威签署了人权两公约《公民权利和政治权利国际公约》和《经济、社会及文化权利国际公约》，此后至 2019 年，挪威陆续签署、批准了主要的国际人权条约，包括 1980 年签署、1981 年批准的《消除对妇女一切形式歧视公约》，1985 年签署、1986 年批准的《禁止酷刑和其他残

---

① 欧洲平等法网络（欧洲性别平等和不歧视法律专家网络），是欧盟委员会建立并于 2014 年、由性别平等法律专家网络和不歧视网合并而成的网络，目前由人类欧洲咨询公司、移民政策小组（MPG）和乌得勒支大学（UU）代表欧盟委员会共同管理。该网络的主要任务是提供可靠的专家信息，使委员会能够履行其作为条约监护人的职责，并披露和收集关于性别平等和不歧视立法、判例法和国家层面平等与反歧视法律发展的信息。ht-tps：//www.equalitylaw.eu/country/norway，最后访问日期：2022 年 8 月 26 日。

忍、不人道或有辱人格的待遇或处罚公约》（并于 2013 年批准了相关的任择议定书①），1990 年签署、1991 年批准的《儿童权利公约》（并于 2000 年签署了两项相关的任择议定书②），2007 年签署、2019 年批准的《保护所有人免遭强迫失踪国际公约》，以及 2007 年签署、2013 年批准的《残障人士权利公约》，并签署了与个人申诉程序相关的公约议定书。③ 挪威还是大量有关劳动权利的国际劳工公约和《劳工组织关于独立国家境内土著和部落人民的第 169 号公约》的缔约方，积极支持 2007 年通过的《联合国土著人民权利宣言》。此外，挪威作为欧洲委员会的成员，加入了《欧洲人权公约》及其议定书以及欧洲委员会的许多人权公约，④ 并已经批准《欧洲人权公约》第 11 号和第 14 号任择议定书，且具有保留地批准了《欧洲社会宪章》。⑤

挪威法律建立在二元制⑥基础上，即挪威加入的国际公约必须纳入挪威法律或转化为挪威法律，才能发生法律效力。然而，挪威法律基本上被推定与国际法相一致。⑦ 1999 年的《人权法案》⑧ 将一些重要的人权条

---

① 《禁止酷刑和其他残忍、不人道或有辱人格的待遇或处罚公约任择议定书》。

② 《儿童权利公约关于买卖儿童、儿童卖淫和儿童色情制品问题的任择议定书》《儿童权利公约：关于儿童卷入武装冲突问题的任择议定书》。

③ 参见联合国人权条约机构数据库，https：//tbinternet. ohchr. org/_ layouts/15/TreatyBodyExternal/Treaty. aspx？CountryID = 129&Lang = ZH，最后访问日期：2022 年 9 月 25 日。

④ 联合国人权理事会：《根据人权理事会第 5/1 号决议附件，第 15 （a） 段提交的国家报告 * 挪威》，A/HRC/WG. 6/6/NOR/1，2009。

⑤ 参见 https：//www. coe. int/en/web/conventions/full-list/-/conventions/treaty/163/declarations？p_ auth = 7UxA6Btg&_ coeconventions_ WAR_ coeconventionsportlet_ enVigueur = false&_ coeconventions_ WAR_ coeconventionsportlet_ searchBy = state&_ coeconventions_ WAR_ coeconventionsportlet_ codePays = NOR&_ coeconventions_ WAR_ coeconventionsportlet_ codeNature = 10，最后访问日期：2022 年 9 月 29 日。

⑥ "二元制" 涉及国际法的一个基本理论问题，即国际法和国内法究竟属于一个法律体系，还是属于两个不同体系。在两者的关系中，何者具有优先的地位和效力？对上述问题的不同主张形成了一元论的 "国内法优先说" 和 "国际法优先说" 以及二元论的 "国际法与国内法平行学说"。国际法和国内法平行学说认为国内法是从属关系的法律，国际法是对等关系的法律。它们是两个各不相同、相互独立、平行运作的法律体系。

⑦ 联合国人权理事会：《根据人权理事会第 5/1 号决议附件，第 15 （a） 段提交的国家报告 * 挪威》，A/HRC/WG. 6/6/NOR/1，2009。

⑧ Act Relating to the Status of Human Rights in Norwegian Law of 21 May 1999 No. 30 （Menneskerettsloven）.

约, 即欧洲委员会《保护人权和基本自由公约》及其任择议定书、《经济、社会及文化权利国际公约》《公民权利和政治权利国际公约》及其任择议定书、《儿童权利公约》及其任择议定书、《消除对妇女一切形式歧视公约》及其任择议定书纳入国内法律体系, 并规定就一般情况而言, 这些公约优先于任何其他相互冲突的国内法定条款。

(二) 挪威宪法

《挪威王国宪法》是挪威现行的根本大法, 其内容共分为六个部分。[①]其中, 第三章公民权利和立法权 (第 49 条至第 85 条) 及第五章人权 (第 92 条至第 113 条) 专章规定了公民的权利内容和保护。

人权作为一项基本价值被列入挪威宪法的基本条款。《挪威王国宪法》第 92 条规定:"国家当局应尊重和确保本宪法和对挪威有约束力的人权条约中表达的人权。"最高法院的一项判决澄清,《挪威王国宪法》第 92 条不是将人权公约纳入挪威法律的条款, 而是要求当局在挪威法律实施的层面上执行人权公约。[②] 平等的价值观彰显于《挪威王国宪法》的第 98 条:"法律面前人人平等。任何人都不得受到不公平或不成比例的差别待遇。"

《挪威王国宪法》第一章规定了政府形式和宗教, 并确认了民主、法治、人权是其宪法的价值观基础。第二章规定了行政权、国王、王室与宗

---

① 参见挪威政府官网, https://grunnloven.lovdata.no/, 最后访问日期: 2022 年 9 月 29 日。
② 参见挪威最高法院的 HR-2016-2554-P 案和 HR-2016-2591-A 案。后一案件涉及一名患有社会心理残疾 (被诊断为偏执型精神分裂症) 的妇女是否应剥夺其与财务有关的法律能力的问题。挪威最高法院认为, 根据挪威《监护法》(Guardianship Act) 第 22 条的规定, 在满足法定条件的情况下, 应剥夺其与财务有关的法律能力 (a capacity to handle her own finances), 尽管这可能违反了《残疾人权利公约》第 12 条第 1 款的规定: "缔约国重申残疾人享有在法律面前的人格在任何地方均获得承认的权利。"最高法院进一步解释称, 因为挪威作出了对《残疾人权利公约》第 12 条的 "解释性声明", 且《残疾人权利公约》没有被纳入挪威法律, 故根据《监护法》第 12 条剥夺其财务相关的法律能力。判决第 63 段指出, 只要挪威就第 12 条发表的声明还在有效期内, 法院就必须遵守这一声明, 即使它违反了国际法。参见 Lov Data, https://lovdata.no/dokument/HR-SIV/avgjorelse/hr-2016-2554-p; https://lovdata.no/dokument/HRSIV/avgjorelse/hr-2016-2591-a? q=HR-2016-2591-A。

教。第三章规定了公民权与立法权，主要内容为：人民通过议会行使立法权。凡在选举年年满二十周岁的挪威男女公民均有选举权。经过选举产生的代表组成挪威王国议会。议会可以要求最高法院就法律疑问提供法律意见。第四章规定了司法权。主要内容为：王国宪法法院对弹劾作出初审判决和终审判决。最高法院的判决为终审判决。第五章规定了人权和一般条款。主要内容有：不得非法定罪量刑，严禁刑讯逼供，法不溯及既往。非依据法律并按照法定手续，任何人不受逮捕和监禁。政府无权使用军队对付王国国民，除非依照法律所规定的方式。国家保证新闻出版自由。除因刑事案件外，不准搜查私宅。为每一个有劳动能力的人创造能够自食其力的条件是国家义不容辞的责任。

（三）反歧视专门法

2015 年，挪威发布了关于建立全面的反歧视框架的提案[1]，拟囊括所有的歧视事由，出台统一的、专门的平等和反歧视法案[2]。在此背景下，挪威政府于 2017 年 6 月 15 日出台了《平等和反歧视法案》，该法案于 2018 年 1 月 1 日生效。[3]

该法案第一章为介绍性规定；第二章规定了禁止歧视；第三章规定了通用设计和个性化适应；第四章规定了积极的平等努力；第五章为有关雇佣关系的特别规定；第六章规定了执行、举证责任和处罚；第七章规定了最后条款。

《平等和反歧视监察署法》作为配套制度同时出台。该法第一章为一般规定；第二章规定了平等和反歧视监察署的组织和任务；第三章规定了反歧视法庭的组织、职责范围、程序性事项、补救与补偿、与其他法院或

---

[1] New Legislative Proposal to Amend the Five Existing Anti-Discrimination Acts Into a Single Bill, https://www.equalitylaw.eu/downloads/2961-new-legislative-proposal-to-amend-the-five-existing-anti-discrimination-acts-into-a-single-bill-pdf-73-kb，最后访问日期：2022 年 9 月 22 日。

[2] 挪威儿童、平等和包容部：《听证会——联合平等和歧视法案提案》，https://www.regjeringen.no/no/dokumenter/horing---forslag-til-felles-likestillings--og-diskrimineringslov/id2458435/，最后访问日期：2022 年 9 月 28 日。

[3] 参见 Lov Data，https://lovdata.no/dokument/NLE/lov/2017-06-16-51？q=Equality%20Act，最后访问日期：2022 年 9 月 28 日。

法庭的关系等；第四章授予了反歧视法庭发布关于监察员和法庭的组织、任务和案件处理之规定的权力；第五章为生效和过渡条款。

在过去的十年中，反歧视专门立法进行了两次修订。2013 年对反歧视立法的修订旨在协调和澄清关键定义，并确保对所有歧视事由的类似保护。2017 年修订版制定了一项关于所有歧视事由的一般法案，增加了针对就业以外年龄歧视的一般保护，同时试图解决对 2013 年修订版的一些批评。2019 年 8 月 7 日，挪威通过了《平等和反歧视监察署法》、《平等和反歧视法案》和《性别平等和反歧视法》的修正案。

（四）其他国内法

挪威对平等与反歧视的立法涉及社会各个领域。《刑法典》提供刑法保护措施，防止以种族和其他因素为由实施的歧视。① 2016 年 7 月 15 日，挪威出台了《2017—2020 年关于 LGBT 群体权利的新的/修订的行动计划》，旨在保障 LGBT 群体的平等权利，行动计划增加了一项歧视事由——性取向来源。该行动计划包含了在未来三年实施的 40 项具体措施。行动计划的具体主题为"安全、开放和多样性：政府反对因性取向、性别认同和性别表达而歧视的行动计划"（"Safety，Openness and Diversity：The Government Plan of Action Against Discrimination Because of Sexual Orientation，Gender Identity and Gender Expressions"）。这一主题体现了该行动计划的重点，即确保社区和公共空间的安全、公共服务的平等分配和保障这些特定群体的生计。2015 年 7 月 1 日，修订的《工作环境法》颁行，该法允许雇主在雇员年满 72 岁时终止雇佣关系。2018 年挪威颁布的《职业教育法》② 规定，董事会对学生的学习环境负有全面责任。董事会必须与学生团体合作，促进良好和包容的学习环境，必须在其职责范围内努力防止以及制止骚扰和性骚扰。

---

① 联合国人权理事会：《根据人权理事会第 5/1 号决议附件第 15（a）段提交的国家报告——挪威》，A/HRC/WG. 6/6/NOR/1，2009。
② 参见 Lov Data，https://lovdata. no/dokument/NLE/lov/2018 – 06 – 08 – 28？q = Education，最后访问日期：2022 年 9 月 29 日。

四　挪威平等与反歧视法对歧视的认定

挪威反歧视立法明确规定了非法歧视的事由。依据 2017 年出台的《平等和反歧视法案》，关于歧视的相关内容包括明确涵盖的非法歧视的事由、直接歧视和间接歧视、骚扰。

（一）歧视的定义

歧视本质上为一种区别对待。它的法律分类包括直接歧视、间接歧视、骚扰、报复性歧视、不提供合理便利的歧视。直接歧视是指在法律规定或实践中，基于法律禁止的事由而给予个体或具有某些特征的群体差别对待。间接歧视是指表面上中立的规定、措施、行为，导致具有特定性别、种族或信仰等特征的群体相比于其他人而言处于更为不利的地位。除非这些规定、措施、行为具有合法的目的和客观的理由，并且实现该目的的手段是必要的和适当的，否则便构成间接歧视。骚扰是直接针对受害者的不受欢迎的行为，或者是制造了恐吓性的、充满敌意的、羞辱性的行为，侵害了他人尊严。报复性歧视是指对提出歧视申诉的个人，或对在诉讼中提供证据和信息的个人实施不理对待或者威胁实施不理对待。不提供合理便利的歧视是在残障歧视领域中，不提供合理便利即构成歧视。歧视的构成要件包括区别对待、属于法律禁止的领域、属于法律禁止歧视的事由、造成不利的后果和因果关系成立。①

歧视作为一种区别对待，其区别对待的基点，即歧视的事由，在挪威的《平等和反歧视法案》中得到了完备的规定，禁止基于性别、怀孕、与分娩或收养有关的休假、照顾责任、种族、宗教、信仰、残障、性倾向、性别认同、性别表达、年龄或一个人的其他重要特征的歧视。具体而言，该法的"歧视"指根据该法第 7 条和第 8 条的直接或间接差别待遇，根据该法第 9 条至第 11 条的规定，合法的差别待遇，基于怀孕、分娩或哺乳

---

① 参见刘小楠主编《反歧视法讲义文本与案例》，中国政法大学出版社，2021，第 3~13 页。

的合法差别待遇以及与分娩或收养有关的休假，允许的积极差别待遇则不视为歧视。《平等和反歧视法案》旨在促进平等，而平等包括地位、机会和权利的平等。反歧视与平等的实现需要以无障碍和便利为前提。

（二） 明确规定的非法歧视事由

《平等和反歧视法案》第二章第 6 条规定了 "禁止基于性别、怀孕、与分娩或收养有关的休假、护理责任、种族、宗教、信仰、残障、性取向、性别认同、性别表达、年龄或这些因素的组合的歧视"，可总结出该法禁止歧视的单一事由包括性别、种族、宗教信仰、残障、性取向和性别认同及性别表达、年龄。此外，该法案还禁止基于上述规定事由的实际、假设、以前或未来因素的歧视，禁止上述规定的多个单一事由交叉或者组合而成的交叉歧视或多重歧视。如果一个人因与他人的关系而受到歧视，也属于基于上述规定的禁止歧视的情况。

1. 禁止歧视的事由

（1） 种族或族裔起源

挪威政府于 2009 年通过了《禁止基于种族、宗教等的歧视法》，确立了《消除一切形式种族歧视公约》在挪威法律中的地位，该法第二章第 6 条规定了禁止基于民族、宗教或信仰的歧视，基于国籍、血统、肤色和语言的歧视也应视为基于种族的歧视，后来的《平等和反歧视法案》也涵盖了因种族而产生的歧视。[1] 在挪威，所有雇员超过 50 人的国营公司和私营公司都有义务积极促进基于种族背景的平等。[2]

（2） 宗教信仰

挪威是君主立宪制国家，国王是国家的领袖和象征，其与路德教会之间极其密切的联系是教会崇高地位的重要体现。根据《挪威王国宪法》，挪威的价值观仍为基督信仰与人文传统。挪威于 1969 年颁布了《宗教团体法》，

---

[1] Country Report of Non-Discrimination （Norway），挪威提交至欧盟的平等与反歧视国家报告。

[2] Determining Discrimination a Multi-Method Study of Employment Discrimination Among Descendants of Immigrants in Norway，Dissertation Submitted for the Degree Philosophiae Doctor （PhD） June 2013 Department of Sociology and Human Geography Faculty of Social Sciences University of Oslo.

该法第一章规定了宗教信仰自由。挪威公民平等地拥有宗教信仰自由，自由地信或不信宗教，有权参加宗教活动、成立宗教团体，但其行为不得违反法律或公序良俗。虽然政治观点不作为一种"信仰"而受到保护，但其却受《工作环境法》保护。2005 年的《禁止基于种族、宗教等事由的歧视的法案》和 2013 年的《禁止基于种族、宗教和信仰的歧视法》都已经被废除，取而代之的是 2017 年出台的《平等和反歧视法案》，三部法律体现了在挪威的反歧视立法过程中，宗教信仰一直作为歧视事由之一被列入歧视禁令。

（3）残障

欧洲人权法院认为，"残障"的概念必须理解为一种特别由身体、精神或心理障碍，与各种障碍相互作用，可能阻碍相关人员在与其他工人平等的基础上充分有效地参与职业生活。损害必须是"长期的"，并且导致所需限制程度的可治愈或不可治愈的疾病确实属于"残障"的概念。然而，不造成此类限制的疾病不构成本指令含义内的"残障"。①

（4）年龄

对年龄的定义没有向上或向下的限制，因此，基于年龄的歧视将包括高龄和低龄的歧视。挪威《工作环境法》的第十三章专章禁止在就业关系中以政治见解、参加雇员组织、性取向、年龄、临时或兼职工作为由实行歧视。

（5）性取向（包括性吸引力、性情感和性行为）

这一事由指的是挪威法律中出现的性别、性取向，不包括特定的性偏好或活动，例如拜物教或施虐狂。② 根据 2016 年《法律性别变更法案》第 2 条的规定，挪威公民享有法律性别变更权，只要申请人认为自己属于与国家登记机构登记的性别不同的另一性别，就可以行使这一项权利。

（6）基于国籍问题的歧视

挪威立法禁止将"国籍"作为歧视的事由。根据挪威《平等和反歧

---

① Developing Anti-Discrimination Law in Europe, Dec 12, 2014, The 28 EU Member States, the Former Yugoslav Republic of Macedonia, Iceland, Liechtenstein, Norway and Turkey compared.

② 2021 年挪威关于反歧视的国家报告，https://www.equalitylaw.eu/country/norway? page = 1，最后访问日期：2022 年 9 月 28 日。

视法案》第 6 条的规定："'种族'包括国籍、血统、肤色和语言。"此外，"民族起源"和"血统"作为歧视的事由，与"种族"密切相关，这些事由可能包括出生地、非挪威国家背景、出生地或背景以及其他的广义关系。因此，基于国籍的差别待遇可能被视为基于"种族"的间接歧视，无国籍也包括在内。

2. 禁止多重歧视（Multiple Discrimination）

多重歧视是指一个人因两个或两个以上的歧视事由而同时受到歧视。交叉歧视是指一个人由于若干歧视事由的独特组合而同时受到歧视，而这些事由不能与一个孤立的事由联系起来。在扩大禁止歧视的同时，挪威也更加关注禁止交叉歧视。所谓的"交叉点"（Intersections），即非法歧视不能仅追溯到一个歧视事由，还应追溯到性别和少数民族背景、性别和残疾、性别和年龄等因素的组合中产生独特的歧视现象。法学教授金伯利·克伦·肖（Kimberlé Cren Shaw）用交叉点的形象来展示几个歧视案件是如何相遇并形成不同种类的歧视的。[1]

挪威的平等法庭案件 LDN - 2008 - 1 是第一个明确处理多重歧视问题的案件，也是一个里程碑式的案件。两名亚洲背景的女性试图在奥斯陆预订一个酒店房间，工作人员拒绝接触居住在奥斯陆及其周边地区的人的书面准则，这些妇女被拒绝在酒店入住一个房间，因为她们的住址在奥斯陆地区。在评估该案时，平等法庭发现有理由相信酒店将与性工作有关的陈规定型观念与女性的性别和种族背景相结合，并且酒店无法证实拒绝背后有其他原因。国家法院系统仅对少数声称存在多重歧视的案件作出裁决。[2]

3. 禁止假定的和相关的歧视（Assumed and Associated Discrimination）

《平等和反歧视法案》第 6（2）节禁止基于对个人特征的感知或假设的歧视——"禁止包括基于第一段中规定的实际、假设、先前或未来因素

---

① Crenshaw, Kimberlé, *Demarginalizing the Intersection of Race and Sex: A Black Feminist Critique of Anti-Discrimination Doctrine*, *Feminist Theory and Anti-Racist Politics*, University of Chicago Legal Forum, 1989, pp. 139 - 167.

② 参见 Country Report of Non-Discrimination（Norway），挪威关于平等与反歧视的国家报告，https://www.equalitylaw.eu/country/norway? page = 1，最后访问日期：2022 年 9 月 28 日。

的歧视"。从 2018 年 1 月 1 日起，这些事由包括性别、种族（包括国籍、血统、肤色和语言）、宗教或生活态度、性取向和残疾、怀孕、与分娩或收养相关的休假、护理责任和年龄。

在挪威，《平等和反歧视法案》第 6（3）节规定了禁止基于与具有特定特征的人联系的歧视——"如果一个人因与另一个人的关系而受到歧视，并且这种歧视是基于第一段中规定的因素，则该禁令也适用"。①

（三）禁止的歧视类型：直接歧视与间接歧视

《平等和反歧视法案》第二章第 7 条、第 8 条禁止直接和间接歧视。"直接差别待遇"是指根据第 6 节第一段规定的因素，对一个人的待遇比在相应情况下先前、已经或将要给予其他人的待遇更差。第 8 节则规定："'间接差别待遇'是指任何明显中立的规定、条件、做法、作为或不作为，根据第 6 节第 1 段规定的因素，导致某人处于比其他人更糟糕的境地。""间接差别待遇"是指任何明显中立的规定、条件、做法、作为或不作为，导致某人处于比这更糟糕的地位。

在挪威，有立法规范了个人数据的收集。国家法律允许提供统计证据，以确立间接歧视。2000 年《个人数据法》修改，其中包括对该指令的完整翻译。通过分析收集的个人数据，可以揭示个人的种族、政治观点、宗教或哲学信仰，个人是不是工会会员，还涉及基因数据的处理，即通过生物识别数据追踪到特定的自然人。有关健康、性生活或性取向的数据收集是禁止的。

根据挪威法院的主要证据的原则，可以根据国家法律接受统计证据，以确立间接歧视。挪威民事法院的关键程序原则是法院在提出的案件过程中对证据进行自由评估。实践中使用统计证据是为了确立间接歧视，但它的使用并不广泛，并且目前还没有关于将统计数据作为法庭证据的伦理或

---

① 参见 Country Report of Non-Discrimination（Norway），挪威关于平等与反歧视的国家报告，https://www.equalitylaw.eu/country/norway? page=1，最后访问日期：2022 年 9 月 28 日。

方法问题的辩论。^①

（四）禁止骚扰

《平等和反歧视法案》明确规定禁止骚扰，包括基于该法案第 6 条规定的因素的骚扰和性骚扰，并明确骚扰行为构成一种歧视形式。各种立法的一般定义是相似的，即骚扰是指似乎或旨在冒犯、可怕、有敌意、有辱人格或羞辱的行为、不作为或陈述。个人的主观观点是决定该行为是否被视为骚扰的一个因素，也是一个更"客观"的标准，评估一个理性的人是否会认为该行为"看似"冒犯。

禁止骚扰包括禁止基于目前、假定、过去或未来可能的基于不同因素的骚扰或性骚扰，以及基于关系对一个人的骚扰，并且规定了雇主、组织和教育机构的管理人员的具体职责，即在其职责范围内，防止和寻求防止骚扰的发生。

（五）禁止指示和报复行为

挪威立法明确禁止与歧视或骚扰有关的指示。此外，禁止作为歧视指示的附属品，即协助或支持歧视指示。然而，要将一个行动视为一种指示，教员和接受它的人之间必须存在从属、服从或依赖关系。因此，在工作场所，如果经理要求下属歧视与下属同级的另一名员工，则构成一种指示。然而，如果一名员工要求另一名员工进行歧视，这一要求通常不会被视为法律意义上的指示。

五　挪威反歧视的机构和组织

（一）挪威人权中心和民间社团

1999 年，《人权法案》确立并加强人权在国家法律中的地位。2001

---

① 参见 Country Report of Non-Discrimination（Norway），挪威关于平等与反歧视的国家报告，https://www.equalitylaw.eu/country/norway？page＝1，最后访问日期：2022 年 9 月 28 日。

年，挪威颁布了《在挪威人权协会建立保护和促进人权的国家机构的依据和授权》的皇家法令，正式确立了挪威人权协会为国家人权机构，后更名为"挪威人权中心"。2002 年，《挪威人权中心法规》出台，确立了该中心作为具有准司法性质的国家人权机构和奥斯陆大学学科机构的工作目标、组织形式和权限职责等。① 挪威人权中心是挪威促进和保护人权并且经过充分认证的 A 级国家机构，致力于与人权相关的研究和教学活动，此外，它作为一个法律法规咨询机构为挪威当局提供咨询意见，并监督挪威的人权状况。

积极的民间社团，包括人权维护者，在挪威实现人权方面发挥着重要的作用，并为在挪威社会建立民主和谋求福利奠定良好基础。非政府组织能够创造多样性，传播知识，鼓励有关政策和优先事项的辩论，提供公共咨询意见，参与志愿工作和促进社会团结。在诸多个案中，正是由于民间社会利益攸关方发挥主动性，各项事宜得以被列入议程。挪威超过半数的成年人口积极参与一个或多个组织，例如自然保护、体育、宗教、人权、发展、文化、工会以及贸易和工业组织等领域的组织。在挪威，非政府组织的参与率高被视为衡量一个具备多样性、社区和公民参与特征的良好社会的指标。政府希望努力让更多社会阶层参与以促进人权，并为志愿参与和创造一个富有生机的民主社会提供支持和便利。对非政府组织提供公共资金而不规定其活动原则是实现这一目标的重要手段。

（二）挪威反歧视专门机构

国家机关作为一个当然主体，承担着保障国内人权，包括平等与反歧视的促进和实现的职责。司法机关独立于行政和立法，并能审查挪威议会通过的法律是否符合宪法。司法机关也能审查立法是否符合挪威的人权义务，并有权审查行政决定。此外，行政决定可由公共行政机关作出。执行人权义务的国家责任由各部承担，挪威还设立了专门机构负责平等与反歧

---

① 参见李红勃、王赫琰《北欧国家人权机构模式及其对中国的启示》，载《南京大学法律评论》（2015 年秋季卷），法律出版社，2015，第 61 ~ 62 页。

视法律和实践的监督、执行和促进。挪威在建立综合平等机构方面有着悠久的传统，执法机构已重组为综合机构，主要目的是提供具有可访问性和快速的程序。此外，整合之前的机构有望降低执行成本，从而提高效率。[①]

依据 2018 年生效的《平等和反歧视监察署法》设立的平等和反歧视监察署（简称"监察署"）负责监督本公约以及《消除一切形式种族歧视国际公约》和《消除对妇女一切形式歧视公约》的国家执行情况。它是准司法性质的公共行政机构，与传统的行政机构相比更具有独立性和权威性，与传统的司法机构相比更具有便捷高效的优势。[②] 平等和反歧视监察署负责加强反歧视领域的工作，并打击以性别、种族、残疾、性取向和年龄等因素为由实施的歧视。

依据《平等和反歧视监察署法》设立的监察署应努力在社会所有领域促进真正的平等，而不论性别、种族、国籍、血统、肤色、语言、宗教或信仰如何。在工作生活领域，监察员还应努力促进平等待遇，无论其政治观点、员工组织的成员身份、性取向、残障或年龄如何。监察署还应努力促进住房部门不论同性恋倾向的平等待遇。任何人都可以向监察署提起诉讼，监察员可以主动或根据其他人的申请受理案件。提交给法院的案件，只有在权利受到侵犯的一方同意的情况下，由非案件当事人提出申诉，才由申诉专员处理。如果有特殊考虑，即使没有得到权利受到侵犯的一方的同意，监察署仍可以处理此类案件。如果案件已由法院裁决或提交法院裁决，监察员应立即驳回申请，申请人有权就监察员作出的驳回申请或撤销案件的决定向法庭提出上诉。监察员有提供指导的义务和回避义务，提供指导的义务是指监察员应向申请人提供与案件有关的所有事项的指导意见，回避义务是指监察员不得在外部诉讼中代表该方。监察署就其职权范围内的立法提供咨询和指导，进行独立调查，发表独立报告，就歧视问题提出建议，并每年发布关于平等状况的年度报告和报告。

依据《平等和反歧视监察署法》设立的平等和反歧视法庭由一名主

---

① Merel Jonker, Sigtona Halrynjo, Multidimensional Discrimination in Judicial Practice—A Legal Comparison Between Denmark, Norway, Sweden and the Netherlands, *Sage Journals* 32 (4).

② 周伟等：《禁止就业歧视的法律制度与中国的现实》，法律出版社，2008，第 60 页。

席、一名副主席和六名其他成员组成，还应有四名副委员。法庭应分为两个分部。主席和副主席应参加两个分部。法庭是一个独立的公共行政机构，在行政上隶属于国王和内阁，但国王和内阁均不得干涉法庭依法裁判，不得就个别案件行使权力、下达指示，或撤销该案件。平等和反歧视监察署与平等和反歧视法庭是行政独立的平等机构。平等和反歧视法庭是一个自由、低门槛的申诉机构，是解决司法系统以外歧视案件的另一个争端机构。自 2018 年 1 月 1 日起，监察署不再就个人申诉作出决定而由平等和反歧视法庭作出决定。平等和反歧视法庭不能就议会的活动，例如立法发表声明。但是，平等和反歧视法庭可以就条例和其他行政决定发表意见。

六　挪威残障群体权利的保护事业

2022 年 8 月 17 日至 19 日，中国就执行《残障人士权利公约》第二次和第三次合并定期报告的情况接受联合国残疾人权利委员会的审议，在尊重和保障残障人权方面，包括在残障儿童少年的义务教育、无障碍、残障脱贫等方面都有所进展。同时，由中国首倡、在北京发起的"亚太残障人士十年"是残障人权利保障事业区域合作的典范，"2013—2022 年亚太残障人士十年"即将收官，对于中国残障人士权利保护的事业可以参考学习挪威的相关做法。

（一）挪威保障残障人士权利的立法

2019 年，联合国残疾人权利问题特别报告员卡塔丽娜·德班达斯（Catalina Devandas）赞扬挪威政府实行全面社会保障制度，以及让大多数残障儿童在普通学校接受教育。她表示挪威政府作出承诺并显示出政治意愿，要让残障人士受到包容，在教育、社会保障、医疗保健以及确保残障人士能够使用设施和出入建筑物的通用设计等领域的立法和政策中都有所体现。①

---

① 《联合国专家表示，挪威需要缩小在落实残障人士权利方面的差距》，联合国官网，https://www.ohchr.org/zh/2019/10/norway-needs-bridge-gap-implementation-disability-rights-says-un-expert，最后访问日期：2019 年 10 月 11 日。

1. 《平等和反歧视法案》的专章规定

2017 年，挪威出台了《平等和反歧视法案》，其中第三章（第 17 条至第 22 条）专章规定了"通用设计和个人便利"。"通用设计"是指设计或适应与物理条件相关的主要解决方案，以便尽可能多的人，无论是否残障，都可以使用该企事业单位的一般功能。通用设计具体包括信息和通信技术（ICT）的通用设计，即"用于表达、创建、转换、交换、存储、复制或发布信息或以其他方式使信息可用的技术和技术系统"。该法案规定，面向公众的公共和私有企事业单位有责任确保其一般功能具有通用设计，不仅如此，公共企事业单位承担推广通用设计的义务，并且上述义务应该受到政府评估，评估的过程中特别重视该设计或者便利是否有消除残障人士的障碍的效果等。在市政服务方面，个人享有相应的便利权。该法案第 20 条规定，残障人士有权在根据《健康和护理服务法》提供的个人长期市政护理服务方面获得适当的便利，残障儿童有权在市政日托设施方面获得适当的个人便利，以保障和实现他们的平等权利。该法案的亮点不仅在于明确规定将通用设计和个人便利的实现义务落实在国家公权力主体上，还在于将通用设计和个人便利的应用对象着重于残障人士，并且扩大到整个社会不同群体，比如学生、求职者和劳动者、怀孕的求职者和劳动者及学生。

基本权利具有主观权利和客观价值秩序双重性质，而主观权利性质包括防御权的性质和受保护权的性质。防御权的性质要求国家被动地不侵犯权利，而客观价值秩序和受保护权的性质，皆要求国家承担积极作为的人权义务。在保障残障人士权利方面，挪威《平等和反歧视法案》专章规定的"通用设计和个人便利"体现了国家为保护残障人士权利的主动作为。而在该法案的第四章中也规定了在一般情况下国家的积极保护义务，残障人士的权利保护也囊括其中。

《平等和反歧视法案》的第四章（第 24 条至第 28 条）同样专章规定了"积极的平等努力"的义务，义务主体不仅包括公共当局和官方委员会，还包括雇主和公司董事会，义务内容包括活动义务、发表声明的义务、披露义务、物质提供义务、支持义务和促进平等的义务等，最后还规定了官方委员会等的性别平衡。在传统的国际法理论中，国家为人权保障的义务主体，国家承担的义务包括消极义务和积极义务。纵观人权保障的发展史，其不仅是人权保障主体、内容和范围的扩大史，更是人权义务主体的扩大史。这一章节着重规定了所有雇主的促进平等义务，还规定了公司董事会的相关义务，突破了传统的"国家人权义务—公民个人权利"的权利义务关系，扩展了人权承担的主体，延伸了法案的领域。同时，相关规定强调了平等权利的积极权利属性，要求各义务主体采取积极的措施，有所作为地促进平等的实现，这都是挪威平等与反歧视法律的立法亮点和进步之处。

2. 其他法律文件的相关规定

挪威 2018 年 12 月通过了由九位部长共同签署的题为"人人共享的社会"的 2020—2030 年政府战略以包容残障人士。战略建立在四大支柱——减少障碍的普遍解决办法和具体措施，加强残障人士的参与和包容，更好地协调市县和国家服务部门，特别关注教育、就业、健康、文化和休闲之上。挪威还有各种针对残障人士的政策和计划，例如 2015—2019 年通用设计行动计划，2017—2019 年康复和康复升级计划，以及若干正在进行的倡议、白皮书和向议会提交的报告，包括支持有复杂需求的儿童和家庭的平等改革。许多主流政策都涉及残障人士，包括 2018—2021 国家就业包容倡议、2014—2020 年国家住房和支持服务战略、2016—2020 年反对仇恨言论战略、2017—2022 年性健康战略，2018—2022 年幼儿园能力战略和友好社会战略。2018 年颁布《地方政府法》，该法要求各市和县当局设立专门的理事会，作为咨询机构，帮助确定残障人士在保护方面可能面临的差距和挑战。2017 年 2 月 14 日，《新政府关于智力/认知障碍者权利的白皮书》（*New Government White Paper on the Rights of People With Intellectual/Cognitive Disabilities*）发布，白皮书 NOU 2016：17 "关于平等基础——促进实现认知残障人士的基本权利"是政府任命的委员会绘制发展残障人士生活条件图的工作。白皮书概述了八个需要特别加强的领域，以确保认知障碍者的基本权利。这些领域包括：包容性和平等的教育、自决和法治、人人工作、保健和与私人及家庭生活权特别相关的四个领域，即拥有自己的家园的权利、专业知识和非专业知识、协调服务和目标明确的管理。2017 年 7 月 19 日，挪威启动了政府关于残障人士平等的战略计划。劳动和社会包容部、卫生和护理服务部、地方政府和现代化部、文化部、教育和研究部、交通和通信部以及儿童与平等部作为主要的职能部门，在保健、教育、就业、住房、休闲和文化活动以及交通方面的优先领域都负有相关职责。作为社会包容的工具，重点领域是劳动力市场。应挪威儿童、青年和家庭事务局的要求，挪威统计局每年编制一套关于残障人士生活条件的大约 70 项指标。这些指标涵盖生活在私人住宅中的 20—66 岁残障人士的家庭、健康、参与、住房、教育、就业和经济状况等生活的各个方面。

由于国内立法对个人数据的收集和分发设置了严格限制，挪威在使用现有社会人口数据及其按残疾分类方面存在挑战。2015 年，挪威政府推出了一个在线工具，将有关残障人士的现有行政数据系统化，并向政府机构和地方行政部门更好地概述残障人士的情况。挪威统计局和挪威儿童、青年和家庭事务局还统计了关于残障人士的数据，从 2020 年起每年公布一次，并采用一种创新方法，将社会人口数据与从不同官方登记处收集的关于卫生支出、服务和福利的行政信息相结合，按减值类型分类。

（二）通用设计和无障碍的实践

无障碍是保护和促进残障人士权利的首要要求。一个无障碍的社会是全面参与的先决条件，并且是防止歧视残障人士的重要因素。无障碍不仅包括物理环境的无障碍性，更需要强调社会生活参与的无障碍性。国家不仅需要采取积极措施排除障碍，更需要积极预防新的障碍的产生。

国家将无障碍性和通用设计作为消除物理环境中现有障碍和潜在障碍的一种手段，该领域的政策主要受《平等和反歧视法案》《规划和建筑法》以及相关技术法规的规制。后者要求所有向公众开放的新公共和私人建筑，包括工作场所，都具有通用设计。这一要求也适用于正在翻新的现有建筑物。

在参与社会生活的无障碍方面，包括获取信息和通信的无障碍、参与公共管理的无障碍、接受教育的无障碍、参与工作的无障碍、社会保障和卫生保健方面的无障碍等。

在获取信息和通信的无障碍方面，挪威将执行《欧洲网络无障碍法案》，该法案将通用设计的要求扩展到公共部门的通信技术。2019 年 6 月，修订后的《广播法》第 2－19 节，扩大了挪威广播公司通过闭路字幕提供国家电视频道节目的义务，包括手语口译、音频描述和其他手段。该法案规定，观众占总观众5％或以上的全国商业电视频道也有同样的义务。一般来说，口译任务由挪威劳工和福利组织支付，由该组织的雇员或自由口译员提供。

在参与公共管理的无障碍方面，《选举法》进一步规定，市政当局负责进行地方和议会选举，其中包括确保所有登记选民都有参加选举的义务。如果残障选民无法到达投票站，可以请求允许在家或机构投票。任何不能亲自投票的人都可以请求投票官员协助投票。此外，有严重心理社会或身体残障的选民可以在投票站的人员中额外任命一名助理。

在接受教育的无障碍方面，作为一般规则，挪威在普通学校向残障学生提供教育，并为其执行划拨了大量资金和资源。根据《教育法》，所有15 岁以下的儿童，包括残障儿童，都有权在离家最近的学校上学，并有权通过个人住所接受适合他们的教育。以挪威手语为第一语言的学生有权接受小学与初中使用和通过手语媒介的教学，不能使用普通教学计划的学生可以选择接受特殊教育。只有在适当考虑调整主课堂教学和进行需求评估后，才能提供特殊教育。在国家一级（统计服务）和市/县一级（教育和心理咨询服务）都有特殊教育支持系统。

在参与工作的无障碍方面，在挪威，公共和私人雇主有义务向残障工人和求职者提供合理的住宿，并积极努力促进工作场所的平等。2019 年 6 月，议会修订了《平等和反歧视法案》，以完善关于积极平等努力的规定，例如明确雇主具有努力防止交叉歧视的义务。挪威出台《2018—2021 国家包容倡议》，旨在增加残障人士和那些"履历有差距"的人在开放的劳动力市场上获得工作的机会。该倡议提高了对某些残障人士失业群体的服务质量，并为适应教育和培训提供了机会。它还针对公共部门的残障工人规定了 5% 的最低招聘配额。劳工和福利组织制定了管理劳动力市场政策，并采取措施促进残障人士参与就业，包括在劳动力市场方案、工资补贴和临时就业中给予残障人士优先权。①

在社会保障方面，挪威有一个非常全面和健全的社会保护体系，其中包括针对残障人士的各种类型的收入支持和福利，这些都受到《国家保险法》的监管。其中包括全民国民保险计划福利（如工作评估津贴、保健福利和现金福利）以及针对残障人士的计划（如残疾福利、基本福利、出勤福利和技术援助）。残障儿童的父母还可以获得其他福利，例如照顾、培训和出勤津贴。自 20 世纪 90 年代以来，市政当局一直负责确保直接或间接通过第三方供应商向残障人士提供大多数福利和服务。这些福利和服务包括住房、贷款计划、住房支持、家庭支持、个人援助和其他社区服务，以支持独立生活，在《健康和护理服务法》、《劳动和福利管理法》以及《患者和使用者权利法》中有规定。后者授予 67 岁以下、长期需要大量援助的人接受用户控制的个人援助的权利。这项权利还包括为生活在家中的严重残疾儿童的父母提供临时照顾。

在卫生保健方面，挪威将其国内生产总值的 10% 用于保健，形成了非常良好的保健基础设施，分布在市一级的初级保健服务和国家通过四个区域卫生当局提供的专业保健服务中。政府努力向包括残障人士在内的公众普遍提供优质保健服务，其中大部分服务是免费的。它还努力提高市政保健部门的能力和专业发展，例如通过"人人共享的社会"战略、2020 年护理计划、2020 年痴呆症计划和老年人质量改革。

结　语

挪威在全球教育伙伴关系和其他多边论坛中促进残障人士权利，支持联合国促进残障人士权利伙伴关系，并参与全球残障人士行动网络。该国

① 《作为签约国报告组成部分的核心文件——挪威》，HRI/CORE/NOR/2009，2010，https://tbinternet. ohchr. org/_ layouts/15/treatybodyexternal/Download. aspx? symbolno = HRI% 2FCORE% 2FNOR% 2F2009&Lang = en，最后访问日期：2022 年 9 月 30 日。

采用了经济合作与发展组织发展援助委员会创建的政策标记，以跟踪促进残障人士融入和赋权的发展资金，并在其国际援助努力中将残障人士融入视为一个贯穿各领域的人权问题。挪威还考虑在未来主办全球残疾问题首脑会议。

公开和宽容对挪威建设多元文化社会至关重要，人权和民主是挪威社会基本价值观的关键要素，确保每个人都享有普遍人权和基本自由是挪威的一项长期总目标。在挪威，不论民族背景、性别、宗教、年龄、性取向或实际能力如何，每个人都必须享有同等权利、义务和机会。

挪威的平等与反歧视立法一直走在世界前列。促进性别平等的传统致使挪威的女性享有更充分的平等权利，并且以此为基础促进家庭生活的保障。挪威在促进平等与反歧视方面的努力，不仅表现在公权力机关承担义务和责任上，还体现为完善福利制度使得平等真正走进私人领域，落实到个人。虽然挪威在促进平等与反歧视的过程中依然会遇到挑战，例如案件提交到平等和反歧视法庭的费用居高，平等和反歧视法庭无权就所有类型的歧视案件给予有效的补救等，但挪威的平等与反歧视的价值观、理论研究、立法与其他实践都值得学习与借鉴。

（责任编辑：梁硕）

挪威性别平等法律制度研究

刘小楠　彭雨宸[*]

摘　要： 挪威是世界上性别平等程度最高的国家之一，经过长期的历史演进，已经形成了一套较为完善的促进性别平等的法律体系。2017 年通过的《平等与反歧视法》整合了挪威已有的零散的反歧视法律，不仅禁止歧视，更提出一系列积极促进性别平等实现的措施和要求，并进一步完善了保障性别平等的实施机制。本文通过梳理挪威法律框架中涉及性别平等的规定，明晰挪威性别平等法律制度的发展脉络和现行体系架构，以期总结挪威性别平等法律制度的经验供中国借鉴。

关键词： 挪威；性别平等；法律制度；平等与反歧视法

现代挪威以高福利、性别平等和经济稳定闻名，其中高度的性别平等尤其让挪威人引以为傲。根据世界经济论坛发布的《2022 年全球性别差距报告》，挪威以 0.845 的得分（表示已经缩小了 84.5% 的性别差距）在全球性别平等排行中位列第三。在"经济参与和机会、教育程度、健康和生存以及政治赋权"四个维度中，"教育程度"得分（0.989）最高，接近完全平等；在"政治赋权"维度，挪威则以 0.662 的得分跻身前三。[①] 挪威如何通过法

---

[*]　刘小楠，中国政法大学人权研究院教授，法学博士，研究方向为人权法、反歧视法；彭雨宸，中国政法大学人权研究院硕士研究生，研究方向为人权法学。

[①]　挪威总得分为 0.845，略低于 2021 年的最高分。最高分指数得分是"教育程度"，接近完全平等（full parity）。其第二强的表现是"健康和生存"，排名第 119 位，并保持 2021 年登记的平等水平（the level of parity）。在"经济参与和机会"方面，2022 年挪威的得分（0.765）下降了三个百分点，低于 2007 年登记的水平。这些年度数字反映了女性参与劳动以及担任立法者、高级官员和管理人员的比例较低。估计的收入也有所下降，而女性参与专业和技术工作的比例保持不变。2022 年，挪威在政治赋权子指数上的得分比去年略有提高，女性担任国家元首的时间份额和议会中女性人数的增加与得分的上升趋势一致。

律制度来促进性别平等，尤其是保障女性的平等权利值得我们研究和借鉴。

一 挪威性别平等法律制度的历史演进

挪威王国位于北欧斯堪的纳维亚半岛西部，与瑞典、芬兰和俄罗斯接壤。根据 1814 年通过的《挪威王国宪法》（以下简称《宪法》）①，挪威推行有限的君主世袭制，国家权力分别配置给了承担立法职能的议会、承担行政职能的政府和承担司法职能的法院。

挪威的性别平等历程可以追溯到 1839 年的《手工艺法》和 1842 年的《贸易法》。1801 年至 1835 年，挪威未婚妇女人数增加了 42%，这给国家和供养她们的父亲增加了大量经济负担。因此，"为了保护国家和父亲们，新法案让未婚和单身女性有机会通过手工艺和贸易自给自足"。由于立法的目的并不是在权利方面缩小性别差距，而是减轻国家和男性的经济负担，《手工艺法》和《贸易法》中关于女性贸易权利的规定都极为有限，如《手工艺法》规定，40 岁以上无法以任何方式自给自足的虚弱女性有权生产自己的商品。但客观而言，这些规定还是打破了"只有男性有权进行贸易"的桎梏，在横向上拓宽了女性的权利范围。②

19 世纪 60 年代末 70 年代初，妇女运动在欧洲各国展开，对挪威社会产生了很大影响。1854 年，挪威妇女取得了继承权，但直到 19 世纪 90 年代她们才拥有管理自己财产的权利。1882 年，女性得以接受高等教育，1903 年，首位女性获得了奥斯陆大学的博士学位。在那一时期，第二次工业革命带来了大量就业机会，女性开始涌入劳动力市场，从事秘书、教师、工人等职业。1913 年，挪威女性获得了选举权。③ 1978 年，挪威颁布了第一个性别平等法案——《性别平等法》④，并在此后对该法案进行多

---

① The Constitution of the Kingdom of Norway（The Constitution），LOV – 1814 – 05 – 17.
② Ida Irene Bergstrøm，*The History of Norwegian Equality*，Kilden（Sept. 27，2013），https://kjonnsforskning. no/en/2015/09/history-norwegian-equality，最后访问日期：2022 年 10 月 25 日。
③ 《挪威、丹麦的男女平等和妇女进步状况》，中国妇女研究会内部资料，2002，第 44 页。
④ Act Relating to Gender Equality（Gender Equality Act），LOV – 1978 – 06 – 09 – 45.

次修改和完善，该法案也设立了性别平等监察专员负责该法的执行。1999
年，《人权法》① 生效，该法案的目的在于提高人权在挪威的法律地位。
该法案将联合国《消除对妇女一切形式歧视公约》等若干人权条约纳入挪
威法律，并规定在公约与其他法律冲突时，公约的规定优先于与其冲突的
其他法律规定。2006 年，《平等与反歧视监察专员和平等与反歧视法庭
法》② 开始实施，一个新的独立的监察专员办公室由此诞生。法律中规定
了平等与反歧视监察专员和平等与反歧视法庭关于监督《性别平等法》实
施的义务，其中平等与反歧视监察专员的主要职责包括提供法律指导和建
议、处理个人申诉的案件、促进平等以及监督《消除对妇女一切形式歧视
公约》等三项公约的实施。

2013 年，议会通过了新的《性别平等法》③、《种族反歧视法》④、《反
歧视和无障碍法》⑤、《性倾向反歧视法》⑥ 等四项平等与反歧视法案。
2014 年，在《宪法》颁布两百周年之际，若干有关人权的条款被纳入
《宪法》。2018 年，《平等与反歧视法》⑦ 开始实施，该法取代了原先四项
平等与反歧视法案，同时出台的《平等与反歧视监察专员和平等与反歧视
法庭法》⑧ 则对 2006 年的法律中规定的平等与反歧视监察专员和平等与反
歧视法庭的职责加以修改，以便更好地实施《平等与反歧视法》。

---

① Act Relating to the Strengthening of the Status of Human Rights in Norwegian Law（Human Rights Act），LOV－1999－05－21－30.

② Act on the Equality and Anti-Discrimination Ombud and the Equality and Anti-Discrimination Tribunal（The Anti-Discrimination Ombud Act），LOV－2005－06－10－40.

③ Act Relating to Gender Equality（Gender Equality Act），LOV－2013－06－21－59.

④ Act Relating to a Prohibition Against Discrimination on the Basis of Ethnicity，Religion and Belief（Ethnicity Anti-Discrimination Act），LOV－2013－06－21－60.

⑤ Act Relating to a Prohibition Against Discrimination on the Basis of Disability（Anti-Discrimination and Accessibility Act），LOV－2013－06－21－61.

⑥ Act Relating to a Prohibition Against Discrimination on the Basis of Sexual Orientation，Gender Identity and Gender Expression（Sexual Orientation Anti-Discrimination Act），LOV－2013－06－21－58.

⑦ Act Relating to Equality and a Prohibition Against Discrimination（Equality and Anti-Discrimination Act），LOV－2017－06－16－51.

⑧ Act Relating to the Equality and Anti-Discrimination Ombud and the Anti-Discrimination Tribunal（Equality and Anti-Discrimination Ombud Act），LOV－2017－06－16－50.

二　挪威保障性别平等的主要法律渊源

（一）　国际公约

挪威于 1968 年签署了《公民权利和政治权利国际公约》和《经济、社会及文化权利国际公约》，并于 1972 年通过了两公约。1980 年挪威签署了《消除对妇女一切形式歧视公约》，次年予以批准，后于 2002 年批准了该公约的任择议定书。在联合国核心人权公约之外，挪威还是国际劳工组织若干公约（包括《同酬公约》《（就业和职业）歧视公约》《关于有家庭责任的男女工人享受平等机会和平等待遇公约》《保护生育公约》等），联合国教育、科学及文化组织《取缔教育歧视公约》以及欧洲委员会《保护人权与基本自由公约》《防止和打击暴力侵害妇女行为和家庭暴力公约》等公约的缔约国。

在挪威，国际公约的批准并不导致公约在国内自动、直接地适用，而需要经过立法行为转化为明确的国内法规则，才能在国内法中发生效力。因此，执行各项人权公约的最通常方法是查明国内法是否符合有关的公约，即确定规范的一致性。此外，对挪威具有约束力的国际公法中的义务是进行法律解释的依据之一，这一原则在国际人权义务方面特别适用。

值得一提的是，挪威 1999 年的《人权法》纳入了多项公约，包括《公民权利和政治权利国际公约》及其议定书、《经济、社会及文化权利国际公约》《消除对妇女一切形式歧视公约》及其任择议定书以及欧洲委员会《保护人权与基本自由公约》及其议定书，并规定如果国内立法对给予的权利和自由提供的保护弱于公约提供的保护，则应优先适用后者。①

---

①　Human Rights Act, Section 3: "The provisions of the conventions and protocols mentioned in section 2 shall take precedence over any other legislative provisions that conflict with them."

（二）欧盟法律

挪威不是欧盟成员国，却是《欧洲经济区协议》①的缔约国。为了确保同质性，与欧洲经济区相关的欧盟法律不断被纳入《欧洲经济区协议》，作为协议缔约国的挪威自然也受这些欧盟法律的约束。目前，自1992 年签署协议以来，已有超过 12500 条欧盟法律被纳入《欧洲经济区协议》。②

在已纳入的欧盟法律中，不乏若干有关促进性别平等和保障妇女权益的法律，其涉及领域囊括了社会保障、职业与就业、个体经营、怀孕职工权益保障等各方面。《欧洲经济区协议》的附件显示，成员国须遵守的欧盟法律包括《在社会保障事务中逐步实施男女平等待遇的指令》③、《在就业和职业问题上实施男女机会平等和待遇平等的指令》（以下简称《平等待遇指令》)④、《采取措施鼓励改善怀孕工人和最近分娩或正在哺乳的工人的工作安全和健康的指令》⑤、《从事个体经营活动的男女平等待遇的指令》⑥、《男女在获得和供应商品和服务方面平等待遇的指令》⑦、《关于父

---

① 《欧洲经济区协议》是欧盟成员国与冰岛、列支敦士登及挪威签署的协议，该协议的目的是建立一种全面的经济伙伴关系，将欧盟内部市场扩大至参加欧洲自由贸易联盟的国家。根据该协议，挪威参加欧洲联盟（欧盟）内部市场。

② *EEA Statistics*，EFTA，https：//www. efta. int/Legal-Text/EEA-Agreement-1327，最后访问日期：2022 年 10 月 25 日。

③ Council Directive 79/7/EEC of 19 December 1978 on the Progressive Implementation of the Principle of Equal Treatment for Men and Women in Matters of Social Security.

④ Directive 2006/54/EC of the European Parliament and of the Council of 5 July 2006 on the Implementation of the Principle of Equal Opportunities and Equal Treatment of Men and Women in Matters of Employment and Occupation.

⑤ Council Directive 92/85/EEC of 19 October 1992 on the Introduction of Measures to Encourage Improvements in the Safety and Health at Work of Pregnant Workers and Workers Who Have Recently Given Birth or Are Breastfeeding［Tenth Individual Directive within the Meaning of Article 16（1）of Directive 89/391/EEC］.

⑥ Directive 2010/41/EU of the European Parliament and of the Council of 7 July 2010 on the Application of the Principle of Equal Treatment Between Men and Women Engaged in an Activity in a Self-Employed Capacity and Repealing Council Directive 86/613/EEC.

⑦ Council Directive 2004/113/EC of 13 December 2004 Implementing the Principle of Equal Treatment Between Men and Women in the Access to and Supply of Goods and Services.

母和照顾者工作与生活平衡的指令》①，以及附件提示需要成员国注意的《关于男女均衡参与决策的决议》②、《关于广告和媒体中描绘的男女形象的决议》③ 和《关于男女平等参与决策过程的建议》④ 等。其中，指令是欧盟法律的一种类型，其内容源自欧盟条约原则和目标，属于次级法律。欧盟成员国必须将指令纳入国内法，作为欧洲经济区联盟成员的挪威也有在国内法中实施上述欧盟指令的义务。

（三）宪法

1814 年起草的《宪法》以人民主权、权力分立及尊重人权和基本自由等原则为基础，但并没有包含完整的权利法案，而是对当时一致认可的人权和基本自由作了规定。在第五章"人权"中，《宪法》采取的是不分性别公平对待的方式，罗列了"任何人皆享有"的权利。2014 年 5 月 13日，根据议会的决定，挪威《宪法》补充了一些人权条款，平等和非歧视原则被纳入《宪法》第 98 条："法律面前人人平等。任何人都不得受到不公平或不成比例的差别待遇。"

（四）平等与反歧视法

2018 年开始实施的《平等与反歧视法》是挪威现行有效的国内法中禁止性别歧视、促进性别平等的专门性立法。该法律整合并替代了之前的四项反歧视法案，将禁止基于性别、怀孕、生育/照顾子女或直系家庭成员、种族、宗教、信仰、残障、性倾向、性别认同、性别表达、年龄，或上述若干种理由的歧视的有关规定都容纳于一部法律中，适用于社会的所

---

① Directive（EU）2019/1158 of the European Parliament and of the Council of 20 June 2019 on Work-Life Balance for Parents and Carers and Repealing Council Directive 2010/18/EU.

② 95/C 168/02：Council Resolution of 27 March 1995 on the Balanced Participation of Men and Women in Decision-Making.

③ 95/C 296/06：Resolution of the Council and the Representatives of the Governments of the Member States，Meeting Within the Council of 5 October 1995 on the Image of Women and Men Portrayed in Advertising and the Media.

④ 96/694/EC：Council Recommendation of 2 December 1996 on the Balanced Participation of Women and Men in the Decision-Making Process.

有领域。

该法的目的是促进平等，防止基于上述理由的歧视和基于其他个人基本特征的歧视。该法将平等界定为公平、平等机会和平等权利，并强调无障碍是平等的一项先决条件。该法特别旨在加强妇女和少数群体的地位，减少和防止残障人士平等参与的障碍。

与 2013 年的《性别平等法》相比，考虑到现实中歧视产生的缘由可能并不单一，存在交叉和重叠的情况，因此《平等与反歧视法》第 6 条关于禁止歧视的界定，在原有的禁止基于性别等各类因素的歧视的基础上，增加了"禁止基于上述因素组合的歧视"，也使其对受歧视者提供了更全面的保护。此外，《平等与反歧视法》加强了对基于怀孕和育儿假的歧视的保护，并且明确了怀孕的学生、劳动者和求职者缺乏合理的个人便利也是歧视。该法案规定了基于照顾责任的差别待遇是歧视，且男性和女性都受到免受该歧视的保护。雇主促进性别平等和报告的责任也得到了加强。从该法案实施起，所有雇主，无论规模大小，都必须促进性别平等，雇员超过 50 人的雇主有义务遵循法案所规定的促进性别平等的方法。

（五）其他法律

除了专门的平等与反歧视法，挪威许多其他法律也对促进性别平等、保障妇女权益作出具体规定。

1.《刑法典》[①]

《刑法典》第 282 条规定了亲密关系中的虐待罪，以威胁、武力、剥夺自由、暴力或其他有辱人格的待遇，严重或屡次虐待现任或前任配偶或同居者的，处六年以下有期徒刑。虽然该条文属于性别中立的规定，并未突出强调某一性别，但考虑到在挪威，发生在配偶之间的亲密关系虐待的受害者主要是女性，该条文实质上也体现了对女性的保护。

此外，第 284 条规定了残割女性生殖器罪。任何人对妇女的生殖器进行损伤或永久性改变生殖器的手术，将被处以不超过六年的监禁，且被害

---

① Penal Code, LOV - 2005 - 05 - 20 - 28.

人的同意并不能免除对加害人的处罚。如果日托中心、儿童福利服务、社会服务、保健和护理服务、学校、课前和课后护理服务和宗教社区的工人和雇员未能通过向警方报案或其他方式避免切割生殖器，应处以罚款或不超过一年的监禁，这同样适用于宗教社区的长者和宗教领袖。无论他们的保密义务如何，都适用前述的避免义务。

2. 《工作环境法》①

《工作环境法》第十二章规定了与怀孕、分娩、收养、儿童和看护人疾病、照顾近亲、教育、兵役、公职义务和宗教节日有关的休假，女性在孕检、临产、产后和育儿阶段都有带薪休假的权利。在分娩过程中以及产后育儿阶段，父亲也有权请假。此外，法律还对养父母、哺乳孩子的女性员工、照顾生病孩子的员工以及拥有子女单独监护权（或"事实上"的唯一照顾责任）的雇员的休假权进行了详细的规定。

第十三章则从反歧视角度出发，禁止在就业关系中基于政治见解、雇员组织成员、性倾向、年龄及临时或兼职工作的歧视，且具体规定了一些防止产生歧视的举措，包括雇主的披露义务、举证责任以及一些禁止性义务，如禁止在任命过程中收集不必要的信息。

为防止雇员在怀孕期间或在孩子出生或收养后被解雇，该法第十七章也明确禁止雇主解雇相关雇员，为怀孕、生育、收养子女的员工提供了就业保护。

3. 《国家保险法》②

《国家保险法》的目的是通过确保收入和补偿失业、怀孕和分娩、单独照顾儿童、伤病、残障、老年和死亡时的特殊费用来提供财务保障。居住在挪威的人都是国家保险的强制性对象，保险内容涵盖养老金、丧葬津贴、医疗保健服务津贴、失业救济金、退休金、与家庭有关的福利等。

---

① Act Relating to Working Environment, Working Hours and Employment Protection, etc. (Working Environment Act), LOV - 2005 - 06 - 17 - 62.

② Lov Om Folketrygd (folketrygdloven), LOV - 1997 - 02 - 28 - 19. 目前该法律暂无官方英文译本，根据挪威最新一次提交的《作为缔约国报告组成部分的核心文件（2017）》［Common Core Document Forming Part of the Reports of States Parties（2017）］第201段，该法律的英文名称为 National Insurance Act。

《工作环境法》关于怀孕、分娩、照顾等方面的规定主要适用于雇员，但《国民保险法》还照顾到自由职业者、个体经营者、失业者等群体。《工作环境法》规定了与 15 岁以下儿童的出生或收养有关的休假权，而《国家保险法》实质上规定了获得福利的权利，因此二者在这方面的规定必须结合起来看待。

4. 教育类立法

《大学和学院法》①、《中小学培训教育法》② 和《幼儿园法》③ 都对禁止教育领域中的性别歧视、保障性别平等作出了规定。

5. 住房类立法

在挪威的相关住房类立法中，也禁止以性别、怀孕、族裔、宗教、信仰、残障、性倾向、性别认同、性别表达和年龄为由加以歧视。

三 挪威性别平等法律的具体规定和典型案例

（一）禁止性别歧视的一般性规定

《平等与反歧视法》禁止在社会所有领域中基于性别、怀孕、与分娩或收养有关的休假、照顾责任、种族、宗教、信仰、残障、性倾向、性别认同、性别表达、年龄或一个人的其他重要特征的歧视。也就是说，挪威性别平等立法禁止的不仅仅是对女性的歧视，同样也禁止对男性的歧视。

1. 歧视的定义和分类

根据《平等与反歧视法》第 6 条，"歧视"是指直接或间接差别待遇（Direct or Indirect Differential Treatment）。其中，直接差别待遇是基于法律规定的歧视因素（如性别、怀孕、与分娩或收养有关的休假等），对一个

---

① Act Relating to Universities and University Colleges（University and University Colleges Act），LOV – 2005 – 04 – 01 – 15.

② Act Relating to Primary and Secondary Education and Training（The Education Act），LOV – 1998 – 07 – 17 – 61.

③ Act Relating to Kindergartens（The Kindergarten Act），LOV – 2005 – 06 – 17 – 64.

人的待遇比在相应情况下已经或将要给予其他人的待遇更差；间接差别待遇则指任何看似中立的规定、条件、做法、作为或不作为，根据法律规定的歧视因素，导致某人处于比其他人更糟的境地。前者意味着，相同条件下不同对待构成歧视；后者意味着，如果给所有人以相同待遇，但在事实上导致不平等的结果，也可能构成歧视。同时，该法也禁止多重歧视，即性别、怀孕、与分娩或收养有关的休假、护理责任、种族、宗教、信仰、残障、性倾向、性别认同、性别表达、年龄这些因素的组合的歧视，这样为那些残障、少数族裔、怀孕生育或有家庭照顾责任等更弱势的女性提供了更好的平等保障。

2. 不构成歧视的情况

并不是所有的差别待遇都构成歧视，《平等与反歧视法》中也明确允许合法的差别待遇。该法第 9 条规定，如果这种差别待遇"有客观的目的，是实现目的所必需的，且不会对受到差别待遇的人产生不成比例的负面影响"，那么这种差别待遇是合法的，不构成第 6 条规定的歧视。而在雇佣领域中，对求职者和劳动者的差别对待除了满足上述条件，还要求这种差别对待是工作岗位的内容要求，即"所涉特征对工作的执行或职业的追求具有决定性意义"才是法律所允许的。

与 2013 年的《性别平等法》相比，《平等与反歧视法》新增了第 10 条的规定，即基于怀孕、分娩或哺乳的合法差别待遇以及与分娩或收养有关的休假不构成歧视。为了确保差别待遇不会对接受差别待遇的人产生不成比例的负面影响，该条也强调，父母的休假"只有在为保护与怀孕、分娩或母乳喂养有关的妇女、胎儿或儿童或有其他明显理由而需要区别对待时才允许"。同时，为了防止雇主以此为借口而对女性进行不合理的差别对待，该条也强调"在招聘和解雇方面，绝不允许基于怀孕、分娩、哺乳或因分娩或收养而休假的差别待遇。这也适用于临时职位的延长"。该条规定与《消除对妇女一切形式歧视公约》第 4 条第 2 款"缔约各国为保护母性而采取的特别措施，包括本公约所列各项措施，不得视为歧视"的精神是一致的。

此外，允许的积极差别待遇也不构成歧视。挪威立法为了促进实质平等，对《消除对妇女一切形式歧视公约》第 4 条第 1 款暂行特别措施的规定①也作出回应和体现。比如，《平等与反歧视法》第 11 条规定了"允许的积极差别待遇"（Permitted Positive Differential Treatment）。《工作环境法》第 13 - 6 条也规定"有助于促进待遇平等的特殊待遇不违反本章规定"。但是积极的差别待遇是有限度的，必须符合某些条件，即"得以促进本法的目的；考虑到预期目的，差别待遇带来的负面影响是合理相称的；并且该差别待遇将在其目的达到时停止"才被《平等与反歧视法》所允许。《工作环境法》也要求"这种特殊待遇在其目的达到时停止"。例如，这种积极的差别待遇可以体现为鼓励女性申请男性主导企业的职位。但在招聘时限制男性申请或对女性实行配额制是不合法的，只有在同等或几乎同等资格的情况下，女性才能优于男性。

3. 禁止骚扰和性骚扰

《平等与反歧视法》第二章禁止歧视的规定中，也禁止基于性别、怀孕、与分娩或收养有关的休假、照顾责任、种族、宗教、信仰、残障、性倾向、性别认同、性别表达、年龄或一个人的其他重要特征的骚扰行为。该法第 13 条对骚扰和性骚扰分别进行了定义："骚扰"是指具有攻击性、恐怖性、敌对性、有辱人格或羞辱性的目的或效果的行为、忽略或陈述；"性骚扰"是指任何形式的不受欢迎的性关注，其目的或效果具有攻击性、恐怖性、敌对性、有辱人格、羞辱性或造成烦恼的性质。②

其中，性骚扰的定义相比于 2013 年《性别平等法》中的定义有所修改，以使得其更好地符合欧盟《平等待遇指令》中对性骚扰的定义。在《性别平等法》中，性骚扰的定义为"不受欢迎的性关注，且使被关注者感到烦恼"③。2017 年提交给第 81 届议会的关于《平等与反歧视法》的提

---

① 缔约各国为加速实现男女事实上的平等而采取的暂行特别措施，不得视为本公约所指的歧视，亦不得因此导致维持不平等或分别的标准；这些措施应在达到男女机会和待遇平等的目的之后停止采用。

② "Sexual Harassment" means any form of unwanted sexual attention that has the purpose or effect of being offensive, frightening, hostile, degrading, humiliating or troublesome. Equality and Anti-discrimination Act, Section 13.

③ "Sexual Harassment" shall mean unwanted sexual attention that is troublesome to the person receiving the attention. Gender Equality Act (LOV - 2013 - 06 - 21 - 59), Section 8.

案中，儿童与家庭事务部建议对该定义进行完善，在判断是不是性骚扰时不仅考虑受害者的感受和看法，也应加入一些客观的因素综合判断，以使得该定义更加客观。在修改中，"造成困难或烦恼"（Troublesome）一词被保留下来，其理由是有一些应属于性骚扰的行为虽然不是冒犯性、恐吓性、敌对性、有辱人格或羞辱性的，但可能非常令人困扰，并会影响受害者的日常工作。同时，"受到关注的人"这一措辞被删去了，因为担心该措辞从受害者的角度出发且过于主观，可能会被误解成受害者必须表达这种行为是不可接受的，该行为才有可能被界定为性骚扰。而这种要求是不合理的，尤其是在"利益交换"型性骚扰的情况下，受害者处于权力上的弱势而可能害怕拒绝。[①]

挪威最高法院于 2020 年就性骚扰作出了具有里程碑意义的裁决，该裁决为构成性骚扰行为的最低标准提供了指导。该案中，一名年轻的女工业机械师（以下简称"甲"）对她工作的公司的两名客户（以下简称"乙"和"丙"）提起诉讼，要求因受到性骚扰而获得赔偿和补救。甲于 2017 年 7 月正式被该公司聘为工业机械师，随后不久，甲向总经理报告客户乙和丙的冒犯行为。经法庭证实，乙曾趁甲身体前倾坐在地上进行机械作业时，把手放在甲下背部毛衣下的裸露皮肤上。后来乙遇到从公司休息室出来的甲时，伸出一只手模仿在她蹲下时抓住她的动作。丙是一名渔民，在船只修理期间，他常待在车间并紧密靠近甲。有几次，丙用手指挠了甲的腰，并在甲多次要求停止后仍然持续该行为。有一次，丙在超市遇见甲时打了她的臀部。甲因此数次请病假，并在第一次病假后向雇主明确表示，如果乙或丙可能出现在车间，除非雇主采取行动，否则她就拒绝上班。2018 年 2 月，甲辞去该工业机械师的工作，并向法院提起诉讼。上诉法院认为乙曾两次对甲采取冒犯性行为，但整体而言没有达到性骚扰定义的门槛标准。丙则被判定实施了性骚扰，并应承担损害赔偿责任。基于

[①] Prop. 81L（2016 – 2017），pp. 185 – 186，https://www. regjeringen. no/contentassets/51354b7 13e3a4b17bf2c85f7dad51789/no/pdfs/prp201620170081000dddpdfs. pdf，最后访问日期：2022 年 10 月 25 日。该提案中儿童与家庭事务部提到，这些对性骚扰定义的解读在 2013 年《性别平等法案》第 8 条的准备工作中也有所说明，但未体现在法律条文中。因此，对定义措辞上的修改不是对现行法律的修正，而只是一个澄清。

此，最高法院针对两名客户（主要是乙）的行为是否构成性骚扰进行了论证。

通过对法律规定和相关提案的解读①，最高法院认为判定性骚扰有两个关键要素：①是否给予了"性关注"，也即行为是否带有性色彩（Sexually Accented）或具有性本质（Sexual Nature），但并不要求行为是出于性欲；②对于接受关注的人而言是不是"不受欢迎的"，这一点并不必然要求受关注者的明确表达，而是应当通过性关注的性质和严重性判断一般人在该情况下是否能意识到这是对方不想要的。在满足这两个条件的基础上，该不受欢迎的性关注还必须"造成困难或烦恼"才能构成性骚扰。而这一标准的判定需要综合各类因素，如性关注是否产生了与生理、精神或就业相关的负面后果，关注的性质，关注发生的时间、地点、背景、持续时间以及各方之间的权力关系是否均衡等。但无论如何，判定标准应当以"女性的标准"（Woman's Norm）而不是性别中立的标准为基础，因为女性遭受的性骚扰通常比男性多，以女性标准进行界定在一定程度上降低了认定性骚扰的门槛，从而提供足够有效的保护。

在本案中，针对乙，上诉法院认为其将手放在甲下背部的行为并不特别具有性意味（Particularly Sexualised）。最高法院则认为，乙实施该行为时甲蹲坐在地上进行工作操作，处于相对弱势的状态。并且，假如真如乙所辩称的，他是出于告诉甲缺少工具的意图而将手搭在甲的下背部，则该行为完全没有必要，在这种情况下，下背部是一个相对私密的身体部位。因此，虽然该行为本身并不特别具有性意味，但明显带有性色彩，已经达到了"性关注"的标准。此外，甲被触摸后的反应是立即站起身并离开，上诉法院认为甲表达反感的方式不够明确，但最高法院认为，不论甲是否提前给出明确的信号，在综合各种因素后乙应当明白该行为是"不受欢迎的"，这些因素包括甲乙各自的身份（乙是该公司的大客户的代表，且是一名成年男性，而甲是年轻许多的、车间里唯一的女性）。何况，甲在被

---

① 由于挪威的所有法律都不溯及既往，而该案发生于 2017 年，彼时《平等与反歧视法》尚未生效，因此法院以 2013 年《性别平等法》为法律依据进行分析。在解释法律时则参照了 2017 年提交给第 81 届议会的关于《平等与反歧视法》的提案。

触摸后立即起身离开而不是继续进行工作，这足以使乙意识到甲不希望受到他的任何性关注，因此乙的行为满足了"不受欢迎"的条件，且后续发生在休息室外的事件中甲表示出明显的愤怒更证明了这一点。此外，无论是从甲的主观感知还是从客观因素出发，该行为都已构成法律意义上的"造成困难或烦恼"。最终，最高法院认为乙和丙的行为都构成对甲的性骚扰。他们分别被勒令支付 15000 挪威克朗和 20000 挪威克朗，作为对非经济性质损害的赔偿。①

4. 禁止其他歧视行为

《平等与反歧视法》也对报复性歧视、歧视指令等作出禁止性规定。报复性歧视即禁止对任何就违反本法提出投诉的人进行报复②，以保护提出歧视投诉的人和协助他的任何人不至于因其行为而受到不公正待遇（报复）。此外，该法也禁止指使他人歧视、骚扰或报复③，以及禁止参与歧视、骚扰、报复或指使④，以防止更多人成为歧视的助虐者。

（二）积极促进性别平等的措施

为促进平等的实现，《平等与反歧视法》不仅禁止性别歧视行为，也致力于积极促进平等的实现，强调"平等以无障碍和便利为前提"，并把"提高妇女和少数群体的地位"作为特定目标。为此，该法设立专章"积极的平等努力"，规定了公共当局⑤、官方委员会和雇主、学校积极促进平等的义务。有关雇主和学校等教育机构积极促进性别平等的义务将在下文劳动就业部分和教育部分详细论述。

《平等与反歧视法》第 24 条规定了公共当局活动的义务和发表声明的义务，要求公共当局应当在其所有活动中积极、有针对性和系统性地努力

---

① Appeal Against Hålogaland Court of Appeal's Judgment 12 December 2019，Supreme Court of Norway，6 December 2020，HR‑2020‑2476‑A，（Case no. 20‑027579SIV-HRET）and （Case no. 20‑027583SIV-HRET）.

② Equality and Anti-Discrimination Act，Section 14.

③ Equality and Anti-Discrimination Act，Section 15.

④ Equality and Anti-Discrimination Act，Section 16.

⑤ 公共当局包括属于中央、地方和县当局并行使公共权力的行政机构、行使公权力的国有企业或国有有限责任公司，以及行使公共权力的私人法律实体，如私立学校和私人诊所。

促进平等和防止歧视。该职责包括其有义务防止骚扰、性骚扰和性别暴力，并反对刻板印象。此外，公共当局还有发表声明和报告义务。2020年1月1日之后，《平等与反歧视法》中公共当局的报告义务得到加强。按照国际公约的要求，加强促进性别平等和报告的义务是打击性别暴力的一项措施。过去，公共当局仅作为雇主的角色报告性别平等状况，而不作为公共当局的角色报告性别平等状况，2020年开始则有所不同。此外，性别平等报告必须包含在年度报告或其他公开文件中，以便公众获取。在报告中，公共当局应当说明他们正在采取哪些措施将与性别和反歧视有关的内容纳入其工作，以及他们为将平等和非歧视原则、程序和标准转化为行动所做的工作。公共当局必须评估这些努力已经取得的成果，并概述他们对这项工作未来努力的期望。

《平等与反歧视法》第 28 条还对公共机构任命或选择的委员会、董事会、理事会、法庭、代表团等的性别比例进行了特别规定。[①] 但为避免过度保护而造成新的歧视，这一条款也有限制，如果事实证明无法找到足够数量的代表两性的合格成员，则可以免除性别平等要求。此外，依法只能从选举中产生的委员会也不适用该规则。

（三）劳动就业领域中性别平等的法律规定

《平等与反歧视法》在招聘广告的内容，聘任、调动和晋升，培训和技能发展，工资和工作条件，以及雇佣关系的终止等雇佣关系的所有方面全面禁止性别歧视[②]，并且要求雇主为怀孕的员工和求职者在招聘流程、工作场所和工作任务方面提供合理便利。《平等与反歧视法》和《工作环境法》尤其对招聘和解聘、薪酬待遇、与生育有关的休假和福利等方面进

---

① 公共机构任命或选择委员会、董事会、理事会、法庭、代表团等时，男女代表设置如下：
  1. 如果委员会有两名或三名成员，则应有男女代表。
  2. 如果委员会有四名或五名成员，则每个性别应至少有两名成员代表。
  3. 如果委员会有六名至八名成员，则每个性别应至少有三名成员代表。
  4. 如果委员会有九名成员，每个性别应至少有四名成员代表。
  5. 如果委员会成员较多，则男女至少各占成员代表人数的 40%。

② Equality and Anti-Discrimination Act, Section 29; Working Environment Act, Section13 – 2.

行了详细规定，并要求雇主承担积极促进性别平等的义务。

1. 禁止招聘和解聘中的性别歧视

《平等与反歧视法》第 10 条规定，在招聘和解聘方面，绝不允许基于怀孕、分娩、哺乳或因分娩或者收养而休假的差别待遇。第 30 条规定，在招聘过程中，包括在面试或其他期间，雇主不得收集应聘人有关怀孕、计划生育或收养孩子的信息，且没有任何例外情况。《工作环境法》在第 13 - 4 条重申了这一点。

《平等与反歧视法》第 31 条以及《工作环境法》第 13 - 7 条还规定了雇主对求职者的披露义务。认为自己因被歧视而未被聘用的求职者可以要求雇主提供有关被聘用者的书面信息，而雇主应提供被聘用者有关教育、经验和其他可明确衡量其资格的信息。该条款在一定程度上使招聘过程更加透明，可以有效避免隐性歧视的发生。

《工作环境法》第 15 - 9 条还规定，不得以怀孕为由解雇员工。为防止雇主假借其他理由解雇怀孕员工，本条还规定除非雇主可以将其他原因证明到具有极高可能性的程度，否则将把怀孕视为解雇怀孕员工的理由。

2. 薪酬待遇平等

《平等与反歧视法》第 32 条规定了雇主有关薪酬的披露义务，怀疑工资设定存在歧视的员工可以要求雇主提供工资水平的书面确认以及工资设定标准。与第 31 条相同，这项规定也使得工资设定透明化，以防止员工受到歧视而无从证明。

此外，第 34 条为等值同酬条款，即受雇于同一雇主的、从事同样工作或同等价值工作的男女员工，其薪酬应以相同方式设定，不分性别。其中，判断工作是否具有同等价值需通过整体评估确定，评估尤其强调执行工作所需的专业知识和其他相关因素，如努力、责任和工作条件等。

3. 与生育有关的休假和福利

挪威有多部法律对生育保障作出规定。《工作环境法》详细制定了完善的与生育相关的休假权；《国家保险法》中规定了休假期间雇员可获得的福利津贴；《平等与反歧视法》则禁止了基于怀孕、与分娩或收养有关的休假、照顾责任而产生的歧视行为。

《工作环境法》第十二章规定了与怀孕、分娩、收养、照顾责任等有关的休假。第 12 - 1 条和第 12 - 2 条规定了员工在怀孕期间的休假权利，若员工无法合理地在工作时间以外进行产前检查，则该怀孕员工有权获得带薪休假以便进行产前检查。此外，雇员在怀孕期间有权获得最多 12 周的休假。该法也规定，母亲在分娩后的前 6 周内应休假，该休假是强制性的，除非有医疗证明说明她最好重返工作岗位。在分娩过程中，父亲有权享受 2 周的照顾假来协助母亲。如果父母不住在一起，休假的权利可以由其他协助母亲的人行使。养父母在承担照顾孩子的责任时也有权获得 2 周假期，但这不适用于收养继子女或者孩子超过 15 岁的情况。该法规定的育儿假中包括"父亲和母亲各自的配额"和"共同/共享假期"。第 12 - 8 条规定了哺乳母亲的休假权。哺乳孩子的妇女有权申请母乳喂养所需的必要时间。例如，可以每天申请两次至少半小时休息，或者每天最多减少一小时的工作时间。此外，因哺乳而休假的妇女有权在孩子出生后的第一年，在约定工作时间为七小时及以上的工作日获得最多一小时的全薪。此外，根据《工作环境法》，父母有权为每个出生的孩子额外休 12 个月的假期，但在这种情况下，雇主支付工资或国家保险计划的福利不是法律要求的。父母可以选择同时休该假期，但必须按照第 12 - 5 条立即延长"常规育儿假"。

根据《国家保险法》，父母通常有权获得总共 49 周 100% 工资或 59 周 80% 工资的福利，在双胞胎或同时收养两个孩子的情况下，福利期分别延长 17 周（全工资）和 21 周（80% 工资），生产或收养三个及以上的孩子则分别延长 46 周和 56 周。2018 年，父母亲各自的配额时长有所增加：当选择 100% 工资时，父亲和母亲都有权各自享有至少 15 周的福利期配额；当选择 80% 工资时，则各自享有至少 19 周的配额。此外，孩子出生前的最后 3 周和出生后的前 6 周是为母亲保留的福利期，其中，出生后的前 6 周包含在母亲个人的配额中。因此，共享期是在提取了预产期最后 3 周和父母亲各自的配额后剩下的那几周。

《国家保险法》也规定了提供福利以支付在怀孕期间进行检查和分娩

时助产士的费用①；因终止妊娠而无法工作时可获得疾病津贴②；因怀孕休病假，且无法被安排或调动到公司其他工作的雇员，雇员本人或雇主可申请社保支付病假工资③；因照顾孩子而离开工作岗位的雇员、自由职业者或个体经营者可获得护理津贴④；员工可获得怀孕津贴、育儿津贴等。法律对这些社会福利的申请条件、津贴、福利期时长、可能产生的各类特殊情况等都作了详细的规定，并且制定了完善的福利发放流程和申诉渠道，以确保社会福利为需要的人提供切实的财务保障。

《平等与反歧视法》第 33 条强调了正在或曾经休育儿假的员工的权利，包括返回相同或相应的工作岗位，受益于在缺勤期间本有权获得的工作条件的改善，以及提出薪酬要求，并在薪酬谈判中以与企业中其他员工相同的方式进行评估。

4. 雇主积极促进性别平等的义务

《平等与反歧视法》第 25 条和第 26 条规定了雇主和雇员组织促进平等的义务，要求所有雇主，无论其规模大小，都必须在其活动领域内采取积极措施促进性别平等，此类努力应包括招聘、薪酬和工作条件、晋升、发展机会、便利条件以及将工作与家庭生活相结合的机会等方面。公共企业和雇员超过 50 人的私营企业有义务在其经营范围内遵循法定方法采取积极措施，这些方法包括调查企业是否存在歧视风险、分析已识别风险的原因、实施适合消除歧视和促进平等的措施以及评估以上努力的结果。如果雇员提出要求，则雇用人数在 20—50 人的私营企业也有义务遵循以上方法。此外，该方法已扩大到调查男女薪酬差异和非自愿兼职的义务。

经过修订后的《平等与反歧视法》在第 26 条下新增了三项雇主促进性别平等的积极义务的具体规定，分别是报告义务、披露义务和公司董事会的支持义务。报告义务指的是雇主应就企业中性别平等的实际情况和企业为履行促进平等义务所采取的措施进行报告，且报告应当以公众可获取

---

① National Insurance Act, Lov Om folketrygd, §5 – 12.
② Lov Om Folketrygd, §8 – 4.
③ Lov Om Folketrygd, §8 – 20.
④ Lov Om Folketrygd, §9 – 5.

的形式发布。但报告中不得涉及员工的个人情况，薪酬审查的结果也应以匿名形式呈现，以保护个人隐私。披露义务则是指，企业员工、反歧视法庭、平等与反歧视监察专员和研究人员有披露与平等工作有关的文件的权利。同样地，信息只能在必要范围内披露，如果披露的文件包含员工个人信息（包括薪酬、性别认同、性别表达等），则信息接收者有保密义务。公司董事会的支持义务指公司董事会应确保按照《平等与反歧视法》的规定履行积极参与平等工作和报告的义务。

（四）教育方面的性别平等制度

为了促进教育领域的性别平等，挪威也制定了若干有关平等教育的法律。

《平等与反歧视法》适用于包括教育在内的社会各领域。除了适用该法一般性的禁止歧视规定，第 13 条也强调了组织和教育机构的雇主及管理人员应在其职责范围内排除并设法防止骚扰和性骚扰的义务。此外，由于"学校"是"公共当局"的下位概念[①]，因此学校也受公共当局的积极义务和报告义务的约束。该法第 27 条进一步规定了这项义务，对教具和教学内容作出要求：托儿所、学校及其他依法提供训练的教育机构所提供的教具和教学，应体现本法宗旨，包括体现性别平等。

在第三章"通用设计和个人便利"中，除了对残障学生个人便利权的规定，第 23 条也规定"怀孕的学生有权在学习、教学和考试地点获得适当的个人便利"。该权利适用于不会造成不成比例负担的便利。在评估是否会造成不合比例的负担时，需要特别考虑：便利在消除怀孕学生参与教育的障碍方面的作用、提供便利的相关费用、学校等教育机构的资源。

除了《平等与反歧视法》，《中小学培训教育法》和《幼儿园法》的第 1 条关于立法目的的阐述都规定"必须打击一切形式的歧视"。《中小学培训教育法》在以上有关禁止一切形式歧视的表述以外，第 8 - 2 条规

---

① 其中幼儿园、公立中小学和大学是从属于中央或地方当局并行使公权力的公共实体，私立教育机构和研究机构属于行使公权力的私人法律实体。

定，对于某些教学，可能会根据需要将学生分成其他组，但通常不得根据学生的能力水平、性别或种族归属对学生进行分组。第9A-3条指出，学校必须对欺凌、暴力、歧视和骚扰等违法行为采取零容忍态度。第9A-4条进一步规定了学校具有采取行动确保学生良好的社会心理环境的义务，在学校工作的每个人都必须密切关注学生，并在可能的情况下对欺凌、暴力、歧视和骚扰等违法行为进行干预。《大学和学院法》第4-3条第2款要求董事会必须确保学习环境适用于男女学生。在第6-2条中，大学和大学学院必须做出积极、有针对性和系统性的努力，以确保该机构所有类别的就业中的性别平等。

这些法律规定落实到学校后，政府在平等与反歧视的价值原则的基础上为中小学设立了新的课程，在开发选修科目的新课程时，也特别强调开发不分性别的内容以及性别中立的课程，这有助于选课学生的性别比例更加均衡。

四　性别平等立法的实施机制

（一）执行机构的发展沿革

1. 性别平等事务议会监察专员和性别平等申诉委员会

挪威的性别平等事务曾经由专门的监察专员来负责实施。1978年的《性别平等法》设立了性别平等事务议会监察专员和性别平等申诉委员会。性别平等事务议会监察专员由政府指定，任期6年，其主要任务是保障《性别平等法》的遵守和实施：议会监察专员可以受理个人提出的违反本法的指控，也可以主动处理违反本法的案件。个人、群体和组织（如工会和雇主组织）都可以将案件提交给议会监察专员，议会监察专员需对所提交的每一个案件进行调查并判定是否违反了本法的规定。议会监察专员无权作出有约束力的决定，但如果发现存在违反《性别平等法》的情况，会努力促使双方自愿达成调解协议。如果议会监察专员的建议没有被争议当事人遵守，那么该案件可以由争议当事人一方或者议会监察专员提交给性别平等申诉委员会。委员会由 7 名成员组成，全部是律师和法官。与议会监察专员不同，委员会有权作出有拘束力的决定，但不能作出损害赔偿或者其他金钱补偿的决定。上述执行《性别平等法》专门机构的存在，并不排斥当事人直接向法院提起诉讼，但是由于议会监察专员和申诉委员会处理案件是免费的，也可以不需要律师的帮助，因此这些案件很少提交给法院解决。①

2. 平等与反歧视监察专员和平等与反歧视法庭

随着新的反歧视法的制定以及其引发的广泛讨论，挪威政府决定设立一个共同的监察专员机制，最终于 2005 年通过并于 2006 年开始实施《平等与反歧视监察专员和平等与反歧视法庭法》。新的机制是设立一个共同的平等与反歧视监察专员和处理上诉的平等与反歧视法庭，二者负责监督并协助《性别平等法》以及其他十部法律的执行。新的平等与反歧视监察专员取代了原来的性别平等事务议会监察专员和性别平等中心以及种族歧视中心，与之前的性别平等事务议会监察专员相比具有更广泛的职权。②

平等与反歧视监察专员是一个独立的公共行政机构，行政上隶属儿童与平等事务部，但该部不能给平等与反歧视监察专员的专职活动下指示。平等与反歧视监察专员由国王任命，任期六年，且不得连任。《平等与反歧视监察专员和平等与反歧视法庭法》规定了平等与反歧视监察专员的几个主要职责，其中最首要的职责就是努力促进社会各领域真正的平等，该职能尤其要求平等与反歧视监察专员确定和提醒注意妨碍平等和平等待遇的因素，提高公众意识，对公众进行教育，提供一般信息和指导，在工作领域中的种族多样性问题上向雇主提供咨询，以及监测歧视的性质和程度。其次，平等与反歧视监察专员还有权处理提交给他们的案件或主动处理案件，但如果不是案件当事人提交的案件，那么必须在受害人同意的情况下，平等与反歧视监察专员才能处理。这一规定有例外情况，若有特殊

---

① 李薇薇、Lisa Stearns 主编《禁止就业歧视国际标准和国内实践》，法律出版社，2006，第 664~665 页。

② 李薇薇、Lisa Stearns 主编《禁止就业歧视国际标准和国内实践》，法律出版社，2006，第 666~667 页。

考虑，即使没有得到受害人同意，平等与反歧视监察专员仍然可以处理这种情况。在处理案件的其他方面，平等与反歧视监察专员的职责和权限与以往的性别平等事务议会监察专员相类似。再次，给对平等和反歧视以及工作生活中的权利和义务有疑问的个人、雇主和其他人提供指导，这项义务涵盖与疑问有关的所有事项，因此不局限于法律指导，也包括其他建议。最后，平等与反歧视监察专员负责监督挪威的法律法规是否符合挪威根据《消除对妇女一切形式歧视公约》《消除一切形式种族歧视公约》《残疾人权利公约》三项国际公约所承担的义务。

平等与反歧视监察专员处理的大多数案件都与性别歧视有关——尤其是与怀孕和育儿假有关的歧视。根据平等与反歧视监察专员发布的年度报告，在其每年处理的案件中，基于性别因素的歧视案件总是占比最大的。2015 年，平等与反歧视监察专员共处理案件 1974 件（包括投诉案件和咨询指导案件），其中 643 起案件涉及性别歧视，占比 32.57%。2016 年和 2017 年，这个数字分别为 32.08% 和 34.18%。[①] 在 2018 年平等与反歧视监察专员改革后，这一趋势仍未改变。

同为 2006 年《平等与反歧视监察专员和平等与反歧视法庭法》设立的执行机构还有平等与反歧视法庭。平等与反歧视法庭接受政府资助，但是作为独立机构行使职能，不服从政府的指示。公众可求助于平等与反歧视法庭，该法庭免费提供服务。针对平等与反歧视监察专员发表的声明，如不接受，可向平等与反歧视法庭提出上诉，而平等与反歧视法庭只有在平等与反歧视监察专员发表声明之后才能审理案件。

平等与反歧视法庭的裁决具有行政约束力，但法院可推翻其裁决。平等与反歧视法庭可以处以强制性的罚款以确保遵守，也可以要求赔偿歧视案件的经济和非经济损失。但是在市镇和国家机构作出的行政决定上，平等与反歧视法庭的权力则更加有限。在这方面，法庭只能发表建议，而不能推翻或修改其他行政当局作出的决定。

---

① 2016 年平等与反歧视监察专员共处理案件 2045 件，其中有 656 件与性别歧视有关。2017 年平等与反歧视监察专员共处理案件 2115 件，其中有 723 件与性别歧视有关。

为使法庭的运转更有效，2014 年 1 月 1 日，法庭的组织改组。正、副庭长将不再参加两个分庭，将任命额外成员和候补成员。法庭由政府任命的 10 名成员和 6 名候补成员组成。在审理案件时，法庭成员将分为两个分庭，每个分庭由 5 名成员组成。大多数成员是律师。[①]

3. 改革后的平等与反歧视监察专员和反歧视法庭

2018 年，新的《平等与反歧视监察专员和平等与反歧视法庭法》开始实施，新的平等与反歧视监察专员和平等与反歧视法庭隶属于文化与平等事务部。平等与反歧视监察专员进行了人员精减和部门重组，且不再负责执行《平等与反歧视法》的实施。该法第 35 条规定了"平等与反歧视法庭执行本法的权力。平等与反歧视法庭执行该法案的权力来自《平等与反歧视监察专员和平等与反歧视法庭法》"。而根据《平等与反歧视监察专员和平等与反歧视法庭法》，《平等与反歧视法》由平等与反歧视法庭和普通法院执行。除了少数例外，平等与反歧视法庭可以作出有约束力的决定，并可以命令纠正、停止和其他必要的措施，以结束歧视性情况。平等与反歧视法庭可以处以强制罚款，以确保命令的执行。平等与反歧视法庭还有权在涉及就业和雇主对自雇人士和合同工的选择和待遇的案件中下令进行补救。2020 年，平等与反歧视法庭以性别、怀孕、与分娩或收养有关的育儿假以及照顾责任为歧视事由登记的案件有 104 件。[②] 从 2020 年 1 月 1 日起，平等与反歧视法庭也有权执行性骚扰案件。这一年中，平等与反歧视法庭共审理了 10 件性骚扰案件。

处理投诉案件的职责完全转移至平等与反歧视法庭后，平等与反歧视监察专员的主要职责调整为：负责与《平等与反歧视法》相关的扩展指导义务，监督挪威当局根据三个公约履行职责，以及开展普遍的平等和反对歧视宣传工作。鉴于"努力促进社会各领域真正的平等"这一目标，平等与反歧视监察专员最重要的职责在于事先预防。这部分工作包括向雇主、机构和其他人提供建议和指导（这也正是平等与反歧视监察专员的大部分

---

① 挪威《作为缔约国报告组成部分的共同核心文件》，HRI/CORE/NOR/2013，2013，第 204 段。

② 同年登记在种族歧视类别下的案件有 97 件，登记在残障类别下的案件有 96 件。

指导工作），向社会宣传有关平等和歧视的信息等。为了让雇主、雇员组织、管理机构和其他责任方了解他们的职责以及应该如何积极地争取平等和防止歧视，也为了使人们了解自己的权利以确保真正地免受歧视，平等与反歧视监察专员开展了大量不同主题的讲座、课程和活动，提供有关权利、平等与反歧视监察专员工作以及围绕平等和反歧视挑战的信息。每年宣传和培训的主题会根据社会需求等因素决定，比如从 2018 年起，由于"Metoo"活动的发起和现实中关于性骚扰的大量咨询，平等与反歧视监察专员针对性骚扰开展了一系列主题为"我们一起制止性骚扰"的课程和讲座。又如，由于每年都有大量关于因怀孕和产假而受到歧视的咨询，平等与反歧视监察专员委托挪威奥斯陆大学劳工研究所撰写了一份相关的报告，根据对法律和教育行业雇员和雇主的调查和访谈，调查与怀孕和育儿假有关的雇员差别待遇。① 2021 年平等与反歧视监察专员发布了该报告，且开展了一项反对针对怀孕歧视的运动。为遭受歧视的人提供指导是一种事后救济工作，从分工来说，事后救济更偏向于平等与反歧视法庭的工作内容，而不是平等与反歧视监察专员的主要任务。2020 年，平等与反歧视监察专员对 558 件与性别②、怀孕、育儿假、分娩或收养有关的案件以及 33 件因照顾责任而受到歧视的案件提供了指导。指导的内容包括根据相关的反歧视法规和实践对具体案件进行评估并给出下一步行动的建议，或是将案件推荐给更合适的权威机构。

（二）性别歧视行为的举证责任与法律责任

《平等与反歧视法》第六章和《工作环境法》第十三章明确了雇主的举证责任和赔偿义务。根据《平等与反歧视法》第 37 条，在违反第二章禁止歧视的规定以及第五章有关雇佣关系的部分特别规定的情形下，如果有理由相信已经发生歧视，而雇主未能证明事实上没有发生，则推定发生

---

① Diskriminering av foreldre i arbeidslivet-Forekomst av og erfaringer med negativ forskjellsbehandling, Oslomet, https://oda. oslomet. no/oda-xmlui/handle/11250/2757601，最后访问日期：2022 年 10 月 25 日。

② 性骚扰案件登记在性别歧视类别下。

了歧视。① 《工作环境法》第 13 - 8 条也规定："如果雇员或求职者提交的信息有理由相信发生了违反本章规定的歧视，雇主必须证明没有发生此类歧视或报复。"也就是说，挪威对涉嫌性别歧视的案件采用了举证责任倒置，这与欧盟平等法令的要求以及国际上普遍的做法是一致的。

《平等与反歧视法》第 38 条规定了赔偿和损害赔偿，如果遭遇了《平等与反歧视法》第二章中规定的禁止歧视行为②，或者未能按照法律规定获得个人住宿方面的便利权③，或者在雇佣领域中遭遇歧视，均可以要求赔偿。④ 在雇佣关系中以及与雇主选择和对待个体经营者和雇员有关的情况下，无论雇主是否有过错，都不可以免责。涉及骚扰、性骚扰的案件，以及雇佣关系中与雇主选择和对待个体经营者和雇员以外的社会领域，可归责的，责任人应当承担责任。损害赔偿包括因不合法对待造成的经济损失。非经济损失的赔偿，应当根据损害的性质和范围、当事人之间的关系以及其他情况，确定合理的数额。

五　挪威性别平等法律制度的特点与评价

挪威在促进性别平等和保障妇女权益方面做了很多努力，建立了较为完善的政府管理体系和法律实施机制。挪威政府文化与平等事务部、儿童与家庭事务部主要负责与性别平等相关的事务，在力促所有政策领域和各级行政部门增强性别平等权观念方面发挥着主导作用。近年来尤其是加强了儿童、青年与家庭事务局在平等和反歧视领域的职责，将一些工作任务从部一级下放到该局。平等与反歧视监察专员和反歧视法庭隶属于文化与平等事务部。2018 年改革后，平等与反歧视监察专员和反歧视法庭在促进性别平等、保障相关法律实施方面的分工更加明确合理。平等与反歧视

---

① 这适用于涉嫌违反《平等与反歧视法》：1. 第 13 条第 6 款以外的第二章的规定；2. 第 17 条和第 18 条关于通用设计的规定；3. 第 20 条至第 23 条关于个人便利的规定；4. 第 29、30、33、34 条。

② 违反《平等与反歧视法》第 13 条第 6 款以外的第二章的规定。

③ 违反《平等与反歧视法》第 20 条至第 23 条中关于个人便利的规定。

④ 违反《平等与反歧视法》第 29、30、33、34 条。

监察专员的任务重点转为通过各种宣传手段预防歧视发生、促进平等实现，而反歧视法庭则致力于为受法律保护的群体在遭受歧视后提供免费的事后救济。同时，受歧视者也可以选择直接向普通法院起诉。

挪威促进性别平等的法律制度与相关的国际公约和欧盟法律的要求和原则是高度一致的，尤其是在 2018 年开始实施的《平等与反歧视法》中经常可以发现与相关公约精神和内容高度相契合的规定。平等与反歧视监察专员的职能之一就是确保挪威的法律和行政惯例符合挪威根据联合国《消除对妇女一切形式歧视公约》、《消除一切形式种族歧视公约》和《残疾人权利公约》承担的义务。这也保证挪威搭建了一个较为完善的消除对妇女的歧视、促进性别平等的法律体系和政策框架。

挪威促进性别平等的法律在内容上主要有以下两方面的特点。

第一，禁止歧视的种类、事由和领域都比较全面。《平等与反歧视法》明确在社会各领域中禁止基于性别的直接歧视和间接歧视，以及性别骚扰、性骚扰、报复性歧视、教唆歧视等各种歧视类型。除了性别歧视，《平等与反歧视法》把怀孕、与分娩或收养有关的休假、照顾责任这些实践中女性经常受到歧视的事由单独列出以明确禁止，更有助于促进性别平等的实现。另外，与性别密切相关的基于性倾向、性别认同和性别表达的歧视也被单独列出，有助于保障性/别少数群体的权益。同时，对多重歧视的禁止，有助于保障兼具多种易受歧视的身份和特征的女性亚群体的平等权利。

挪威立法对于劳动领域中性别歧视的禁止更为细致和具体，覆盖了雇佣关系的各个方面。尤其是雇主对求职者的披露义务、有关薪酬的披露义务以及同值同酬的规定，都有助于消除隐性歧视，值得我国研究和借鉴。

第二，关注实质平等，强调促进性别平等实现的积极义务。挪威的法律一般不带有性别色彩，但这种性别中立的做法在某些语境中可能导致无法充分保护妇女免受直接和间接的歧视，从而阻碍了性别之间的实质平等。消除对妇女歧视委员会在 2017 年的结论性意见中也表明了这样的担忧，其理由是即使对妇女和男子给予相同或中性的待遇，如果不承认妇女在性别方面本来已处于弱势地位且面临不平等，上述待遇的后果使得妇女

无法行使其权利，则仍可能构成对妇女的歧视。[①] 挪威 2018 年开始施行的
《平等与反歧视法》在继续保证妇女享有法律政策规定的形式平等外，进
一步加强了对实质平等的关注，新增了关于基于怀孕、分娩或哺乳的合法
差别待遇以及与分娩或收养有关的休假不构成歧视的规定，进一步明确了
加强妇女地位、积极差别对待也是促进实质平等的措施而非性别歧视。
2021 年挪威提交的第十次缔约国报告则通过数据等事实证明，时至今日，
性别中立的立法模式并未阻碍性别间的实质平等，融合型的反歧视法律也
没有削弱对性别平等的关注。

　　生育保障一直是挪威在性别平等方面关注的重点议题。《工作环境法》
《国家保险法》《平等与反歧视法》对与生育相关的休假和福利以及就业
保障作了较为完善的规定。这些规定在保障妇女权利的同时，也致力于消
除性别刻板印象和传统性别分工观念，倡导父亲承担更多的照管子女和料
理家庭生活的责任，积极帮助男女员工平衡工作和家庭的关系。父亲的育
儿假制度是挪威为了促进性别平等在 1993 年设立的制度。在过去的几十
年里，父亲休假的比例逐渐上升，除了休育儿假的男性比例上升外，父亲
休陪产假的比例也逐年上升。截至 2018 年，71% 的父亲请了全职父亲
假。[②] 带薪休育儿假、弹性工作时间及完善的托儿设施等福利，使人们更
容易兼顾家庭生活和工作。

　　挪威为了促进实质平等，在法律政策和实践中都比较关注性别平衡，
尤其是努力提高女性在男性主导领域中的比例。2003 年，挪威成为全世
界第一个要求公营责任有限公司董事会中男女比例平衡的国家。这意味
着，这类公司董事会中男女成员的比例至少达到 40%。总体而言，妇女的
比例从 2003 年的约 7% 上升到 2016 年的约 42%。此外，挪威研究委员会
发起了计划期限为十年（2012—2022 年）的高级职位和研究管理性别平
衡计划（BALANCE），该计划的主要目的是促进挪威研究中的性别平衡，

---

① 消除对妇女歧视委员会第 28 号一般性建议：《关于缔约国在〈消除对妇女一切形式歧视
　 公约〉第二条之下的核心义务》，CEDAW/C/GC/28，2010，第 5 段。
② Karin Hamre Gram, The Paternity Leave Is Still Popular, Statistics Norway（Dec. 5, 2019），
　 https://www.ssb.no/en/befolkning/artikler-og-publikasjoner/the-paternity-leave-is-still-popular，
　 最后访问日期：2022 年 10 月 25 日。

以使得资源和机会得到更公平的分配，以及更好地挖掘人才。该计划包括奥斯陆大学的"FRONT"项目，该项目着眼于管理和组织发展等问题。①大多数大型大学也都有不同形式的导师计划，旨在促进不同工作类别的女性（如博士后研究员）的职业发展。许多大学都有自己的"进修计划"来帮助女性获得高级职位（教授和讲师）②，但这些积极促进性别平衡的措施也颇受争议，对于其性质是实质平等抑或是反向歧视的讨论从未停止。

总体而言，挪威作为福利国家的代表，在促进性别平等和保障妇女权利领域，一方面采用性别中立的立法模式和语言，综合保护不同性别群体的平等权利，致力于消除男女定型任务的偏见和做法；另一方面并不满足于形式平等，而是采用积极行动的路径，强调国家和雇主在消除性别歧视、促进性别平等方面的积极义务，致力于推动实质平等和保障妇女权益的实现。挪威关于性别平等的立法在经过长期的实践后已经达到较为完善的程度，且在政府机构的行动纲领和民间团体的社会活动的相互作用下，创造出高度性别平等的社会标志，这对其他国家促进性别平等有着重要的借鉴意义。

---

① Programme on Gender Balance in Senior Positions and Research Management, The Research Council of Norway, https://www.forskningsradet.no/en/apply-for-funding/funding-from-the-research-council/balanse/，最后访问日期：2022 年 10 月 25 日。

② Norway: Tenth Periodic Report Submitted by Norway Under Article 18 of the Convention, CEDAW/C/NOR/10, 2021, para. 113.

挪威有关平等和禁止歧视的法案
（平等和反歧视法案）

日　　期：LOV – 2 – 17 – 06 – 16 – 51

部　　门：文化和平等部

生　　效：2018 年 1 月 1 日

缩写标题：平等和反歧视法案

原始标题：Lov om likestilling og forbud mot diskriminering

（likestillings-og diskrimineringsloven）

第一章　介绍性规定

第 1 条　目的

本法的目的是促进平等和防止基于性别、怀孕、与分娩或收养有关的

---

* 彭雨宸，中国政法大学人权研究院硕士研究生，研究方向为人权法学。

休假、照顾责任、种族、宗教、信仰、残障、性倾向、性别认同、性别表达、年龄或一个人的其他重要特征的歧视。

"平等"意味着平等的地位、平等的机会和平等的权利。平等以无障碍和便利为前提。

本法的特定目标是提高妇女和少数群体的地位。本法应有助于消除社会造成的障碍，防止产生新的障碍。

第 2 条　事实范围

本法适用于社会各领域。

本法不适用于在《工作环境法》第十三章或《船舶劳工法》第十章规定的情况下基于年龄的歧视。

文化和平等部可根据《工作环境法》第 1 - 7 （1）条颁布关于本法适用于外派劳动者的规定。

第 3 条　地理范围

本法适用于整个王国，包括斯瓦尔巴群岛和扬马延岛。本法还适用于在挪威大陆架上运行的固定和移动设施，以及挪威船舶和挪威飞机上的固定和移动设施，无论其位于何处。

但是，关于通用设计和个人便利的第三章，以及关于与残障相关的积极平等努力的第 24 条、第 25 条和第 26 条，不适用于斯瓦尔巴群岛和扬马延岛、挪威大陆架上运行的设施或从事外贸的挪威船舶或挪威飞机上运行的设施。国王可就上述规定在这些领域的适用颁布条例。

第 4 条　不变性

本法之规定及依本法颁布之规定，不得协议变更。

第 5 条　联合国《消除一切形式种族歧视公约》

1965 年 12 月 21 日通过的联合国《消除一切形式种族歧视公约》应作为挪威法律适用。

第二章 禁止歧视

第 6 条 禁止歧视

禁止基于性别、怀孕、与分娩或收养有关的休假、照顾责任、种族、宗教、信仰、残障、性倾向、性别认同、性别表达、年龄或这些因素的组合的歧视。"种族"包括国籍、血统、肤色和语言。

上述禁止包括基于第 1 款中规定的实际、假设、以前或未来因素的歧视。

如果一个人因与他人的关系而受到歧视，而这种歧视是基于第 1 款规定的因素，则该禁令也适用。

"歧视"是指不合法（根据第 9 条、第 10 条和第 11 条）的直接或间接差别待遇（根据第 7 条和第 8 条）。

第 7 条 直接差别待遇

"直接差别待遇"是指根据第 6 条第 1 款规定的因素，对一个人的待遇比在相应情况下正在、已经或将要给予其他人的待遇更差。

第 8 条 间接差别待遇

"间接差别待遇"是指任何看似中立的规定、条件、做法、作为或不作为，根据第 6 条第 1 款规定的因素，导致某人处于比其他人更差的境地。

第 9 条 合法的差别待遇

如果是以下情况，差别待遇不违反第 6 条的禁令：

1. 有一个客观的目的；
2. 是实现目的所必需的；并且
3. 不会对受到差别待遇的人产生不成比例的负面影响。

在雇佣关系中以及在选择和对待自雇人士和雇工方面，基于性别、种族、宗教、信仰、残障、性倾向、性别认同或性别表达的直接差别待遇只有在以下情况下才被允许：所涉特征对该工作的执行或职业的追求具有决定性意义，并且满足本条第 1 款中的条件。

法律或法规规定的年龄限制，以及基于年龄的优惠定价，不违反第 6 条的禁止规定。

第 10 条 基于怀孕、分娩或哺乳的合法差别待遇以及与分娩或收养有关的休假

基于以下的区别对待：

1. 怀孕、分娩或哺乳，包括根据《工作环境法》第 12 - 1 条、第 12 - 2 条、第 12 - 3（1）条第 1 句、第 12 - 4 条或第 12 - 8 条的休假，或

2. 留给每个父母的假期；参见《国家保险法》第 14 - 12 条第 1 款

只有在为保护与怀孕、分娩或母乳喂养有关的妇女、胎儿或儿童而需要区别对待或有其他明显理由时才允许。差别待遇不得对受到差别待遇的人产生不成比例的负面影响。

第 9 条第 1 款适用于在本条第 1 款未涵盖的期间基于与分娩或收养有关的休假的差别待遇。

在招聘和解雇方面，绝不允许基于怀孕、分娩、哺乳或因分娩或收养而休假的差别待遇。这也适用于临时职位的延长。

第 11 条 允许的积极差别待遇

如果是以下情况，根据第 6 条第 1 款规定的因素进行积极的差别待遇是允许的：

1. 差别待遇适合促进本法的目的；

2. 考虑到预期目的，差别待遇对处境将恶化的人的负面影响是合理相称的；并且

3. 差别待遇将在其目的达到时停止。

第 12 条 违反确保通用设计或个人便利的义务

违反关于通用设计的第 17 条或第 18 条或关于个人便利的第 20 条、第 21 条、第 22 条或第 23 条应被视为构成歧视。

对于适用这些规定的法人和领域，由于缺乏物理便利而造成的歧视应受到第 17 条至第 23 条的全面管制。

第 13 条 禁止骚扰

禁止基于第 6 条第 1 款规定的因素的骚扰和性骚扰。

"骚扰"是指具有攻击性、恐怖性、敌意、有辱人格或羞辱性的目的或效果的行为、忽视或陈述。

"性骚扰"是指任何形式的不受欢迎的性关注，其目的或效果具有攻击性、恐怖性、敌对性、有辱人格、羞辱性或造成烦恼的性质。

该禁令涵盖基于第 6 条第 1 款中规定的实际、假设、以前或未来因素的骚扰。

如果某人因与他人的关系而受到骚扰，且此类骚扰是基于第 6 条第 1 款规定的因素，该禁令也适用。

组织和教育机构的雇主和管理人员应在其职责范围内排除并设法防止骚扰和性骚扰。

第 14 条 禁止报复

禁止对任何就违反本法提出投诉或表示可能提出投诉的人进行报复，除非该人的行为有重大过失。

第 1 款的禁令，相应地适用于控告案件的证人，以及在控告案件中提供协助的人。

禁止对未遵守第 15 条指示的任何人进行报复。

第 15 条 禁止指示他人歧视、骚扰或报复

禁止指示任何人进行违反第 6 条的歧视、违反第 13 条的骚扰或违反

第 14 条的报复。

第 16 条　禁止参与歧视、骚扰、报复或发布指令

禁止参与违反第 6 条的歧视、违反第 13 条的骚扰、违反第 14 条的报复或违反第 15 条的指示。

第三章　通用设计和个人便利

第 17 条　通用设计

面向公众的公共和私有企事业单位有责任确保其一般功能具有通用设计。

"通用设计"是指设计或适应与物理条件相关的主要解决方案，以便尽可能多的人，无论是否残障，都可以使用该企事业单位的一般功能。

该义务不适用于对企事业单位造成不成比例负担的设计或便利。在评估中，应特别重视：

1. 消除残障人士的障碍的效果；
2. 企事业单位的一般职能是否具有公共性质；
3. 与便利相关的费用；
4. 企事业单位的资源；
5. 安全考虑；
6. 文化遗产的考虑。

企事业单位符合法律、法规的通用设计要求的，视为履行第 1 款规定的义务。

国王可就其他法律或法规要求未涵盖的领域中确保通用设计的义务内容发布规定。

第 18 条　ICT 的通用设计

公共和私有企事业单位有责任确保以用户为中心或向用户提供的信息

和通信技术（ICT）的主要解决方案具有通用设计，以便尽可能多的人，无论是否残障，都可以使用企事业单位的一般功能。ICT 解决方案应在第 41 条规定的日期进行通用设计。

"ICT"是指用于表达、创建、转换、交换、存储、复制或发布信息或以其他方式使信息可用的技术和技术系统。

如果第 1 款规定的义务对企事业单位造成不成比例的负担，则不适用。在评估中，应特别重视：

1. 消除残障人士的障碍的效果；

2. 企事业单位的性质；

3. 与便利相关的费用；

4. 企事业单位的规模和资源。

企事业单位符合其他法律、法规的通用设计要求的，视为已履行第 1 款规定的义务。

国王可颁布法规，进一步规定职责的范围和内容，以确保 ICT 解决方案的通用设计。

第 19 条　与推广通用设计有关的活动义务

公共企事业单位应积极、有针对性地在其运营活动中推广通用设计。这同样适用于以公众为重点的私有企业。

第 19a 条　活动义务和发布与 ICT 通用设计有关的报告的义务

公共和私有企事业单位应积极、有针对性地在其运营活动中推广 ICT 的通用设计。

公共企事业单位应就其与 ICT 通用设计相关的工作发表报告。

国王可颁布关于报告义务的内容和遵守义务的详细规定。

第 20 条　市政服务方面的个人便利权

残障儿童有权在市政日托设施方面获得适当的个人便利，以确保平等的发展和活动机会。

残障人士有权在根据《健康和护理服务法》提供的个人长期市政护理服务方面获得适当的便利，以确保他们获得平等的服务。

第 1 款和第 2 款规定的权利适用于不会造成不成比例负担的便利。在评估中，应特别重视：

1. 便利设施在消除残障人士障碍方面的效果；

2. 与便利相关的费用；

3. 企事业单位的资源。

第 21 条　学生的个人便利权

就读学校或教育机构的残障学生有权在学习、教学、教具和考试地点方面获得适当的个人便利，以确保平等的培训和教育机会。

该权利适用于不会造成不成比例负担的便利。在评估中，应特别重视：

1. 便利设施在消除残障人士障碍方面的效果；

2. 与便利相关的费用；

3. 企事业单位的资源。

第 22 条　求职者和劳动者的个人便利权

残障劳动者和求职者有权在招聘流程、工作场所和工作任务方面获得适当的个人便利，以确保他们有与其他人一样的机会来确保或维持就业，从培训和其他技能发展措施中受益，并有机会在他们的工作中取得进展。

该权利适用于不会造成不成比例负担的便利。在评估中，应特别重视：

1. 便利设施在消除残障人士障碍方面的效果；

2. 与便利相关的费用；

3. 企事业单位的资源。

第 23 条　怀孕的学生、劳动者、求职者的个人便利权

怀孕的学生有权在学习、教学和考试地点获得适当的个人便利。怀孕

的劳动者和求职者有权在招聘流程、工作场所和工作任务方面获得适当的个人便利。

该权利适用于不会造成不成比例负担的便利。在评估中，应特别重视：

1. 便利设施在消除妇女参与教育和工作的障碍方面的效果；

2. 与便利相关的费用；

3. 企事业单位的资源。

第四章　积极的平等努力

第 24 条　公共当局的活动义务和发表声明的义务

公共当局应在其所有活动中积极、有针对性和系统地努力促进平等和防止第 6 条规定的歧视。该职责应包括公共当局有义务防止骚扰、性骚扰和基于性别的暴力，并反对刻板印象。

公共当局应发表声明，说明他们正在采取哪些措施将与性别和非歧视有关的考虑纳入其工作。公共当局应说明他们为将平等和非歧视原则、程序和标准转化为行动所做的工作。公共当局应评估这些努力所取得的成果，并概述对该领域未来努力的期望。该声明应在年度报告、每年发布的另一份报告或其他可供公众获取的文件中提供。

第 25 条　雇主和雇员组织促进平等的义务

雇主和雇员组织应在其活动领域内，积极、有针对性和系统地努力促进平等，防止基于性别、怀孕、与分娩或收养有关的休假、照顾责任、种族、宗教、信仰、残障、性倾向、性别认同和性别表达的歧视。

第 26 条　雇主的活动义务

所有雇主都应在其运营中积极、有针对性和系统地努力促进平等，防止基于性别、怀孕、与分娩或收养有关的休假、照顾责任、种族、宗教、信仰、残障、性倾向、性别认同、性别表达或这些事由的组合的歧视，并应设法防止骚扰、性骚扰和基于性别的暴力。此类努力应包括招聘、薪酬和工作条件、晋升、发展机会、便利以及将工作与家庭生活相结合的机会等领域。

所有公共企事业单位，无论规模大小，以及通常雇用 50 人以上的私有企业，都应在其运营范围内：

1. 调查是否存在歧视或其他平等障碍的风险，包括通过参考性别和每两年使用非自愿兼职工作来审查薪酬条件；

2. 分析已识别风险的原因；

3. 实施适合消除歧视和促进企事业单位更大程度的平等和多样性的措施；以及

4. 评估根据 1 至 3 所做的努力的结果。

如果雇员或雇员代表提出要求，通常雇用 20 人至 50 人的私有企业也应如此。

"非自愿兼职"是指担任该职位的人希望并且可以从事更多工作的兼职工作。

根据本条所作的努力应当记录在案。本条第 2 款规定的工作应在与员工代表合作的情况下持续进行。

国王可颁布条例，对薪酬审查的内容和行为进行补充规定。

第 26a 条　雇主有义务发表声明

根据第 26 条第 2 款承担义务的雇主应就企事业单位中性别平等的实际状况以及企事业单位为履行第 26 条规定的活动义务而采取的措施发表声明。

第 1 款规定的声明，应当在年度报告或者其他向公众公开的文件中发表。如果声明是在其他公众可以获取的文件中出具的，并且企事业单位有责任出具年度报告，则年度报告应当以公众可以获取的形式告知其该文件的查找方式。公共企事业单位不负年度报告编制义务的，应当将第 1 款规定的声明，载于每年发布的另一份报告或其他公众可获取的文件中。

该声明的制定不得透露个别员工的个人情况。薪酬审查的结果应以匿名形式包含在声明中。

企事业员工及其代表、反歧视法庭、平等和反歧视监察署和研究人员有权披露薪酬审查的结果，包括结果不能匿名的情况。该信息只能在必要的范围内披露，以调查是否存在与薪酬设定相关的非法差别待遇。

依照第 4 款规定接收薪酬资料的人，应当承担保密义务，并应当签署保密声明。这不适用于根据《信息自由法》公开的信息。

国王可以发布关于发布平等声明的职责标准化的规定。

第 26b 条　雇主与平等工作有关的披露义务

企事业单位员工及其代表、反歧视法庭、平等和反歧视监察署和研究人员有权披露与平等工作有关的文件。如果披露的文件包含与员工个人的薪酬、种族、宗教、信仰、残障、性倾向、性别认同或性别表达相关的信息，则信息的接收者应承担保密义务，并应签署保密声明。这不适用于根据《信息自由法》公开的信息。

该信息只能在必要的范围内披露，以调查雇主是否遵守其根据《平等和反歧视法》第 26 条具有的活动义务和提供文件的义务。

第 26c 条　公司董事会的正式支持

有限责任公司和公共有限责任公司的董事会应确保按照《平等和反歧视法》第 26 条和第 26a 条以及《会计法》第 3 – 3 条的规定履行积极参与平等工作的义务和就此发表声明的义务。

第 27 条　教具的内容和教学

托儿所、学校及其他依法提供训练之教育机构所提供教具及教学，应体现本法之宗旨。

第 28 条　官方委员会等的性别平衡

公共机构任命或选择委员会、董事会、理事会、法庭、代表团等时，男女代表设置如下：

1. 如果委员会有两名或三名成员，则应有男女代表；

2. 如果委员会有四名或五名成员，则每个性别应至少有两名成员代表；

3. 如果委员会有六名至八名成员，则每个性别应至少有三名成员代表；

4. 如果委员会有九名成员，则每个性别应至少有四名成员代表；

5. 如果委员会成员较多，则男女至少各占成员代表人数的40%。

第1款也适用于副委员的任用和遴选。

如果事实证明无法找到足够数量的代表两性的合格成员，文化和平等部可以豁免性别平衡要求。

第1款不适用于成员依法只能从直接选举产生的议会中选出的委员会等。民选的市或县政府机构对委员会等的选择受《地方政府法》的规定约束。

国王将发布有关执法和报告的规定。国王还可以根据本条颁布包含补充规定的法规。

第五章　有关雇佣关系的特别规定

第 29 条　禁止雇佣关系等方面的歧视

第二章中的禁令适用于雇佣关系的所有方面。这包括以下内容：

1. 招聘公告；

2. 任用、调动和晋升；

3. 培训和技能发展；

4. 工资和工作条件；以及

5. 解聘。

第1款相应适用于用人单位对自雇人士和雇工的选择和待遇。

第 30 条　禁止在招聘过程中收集信息

在招聘过程中，包括在面试或其他期间，雇主不得收集有关求职者的以下信息：

1. 怀孕或计划生育或收养孩子；

2. 宗教或信仰；

3. 种族；

4. 残障；

5. 性倾向、性别认同或性别表达。

但是，如果信息对工作或追求职业具有决定性意义，则允许收集有关种族、宗教、信仰、残障和生活安排的信息。

如果工作的目的是宣传特定的信仰或宗教观点，并且该工作职位对实现该目的很重要，则允许收集有关求职者的生活安排、宗教或信仰的信息。如果要求提供此类信息，则必须在职位招聘公告中说明。

第 31 条　雇主对求职者的披露义务

认为自己因违反本法而被忽视的求职者可以要求雇主提供有关被雇者的书面信息。雇主应提供有关教育、经验和其他可明确衡量资格的信息。

第 32 条　雇主与薪酬有关的披露义务

怀疑工资设定存在歧视的劳动者可以要求雇主提供工资水平的书面确认以及与该劳动者与之相比较的人的工资设定标准。

依照本条规定收到薪酬信息的人，应当承担保密义务，并应当签署保密声明。这不适用于根据《信息自由法》公开的信息。

依据本条规定提供劳动者薪酬信息的雇主，应当同时告知劳动者提供了哪些信息以及提供给谁。

第 33 条　与育儿假有关的劳动者权利

根据《工作环境法》第 12 - 5 条，正在或曾经休育儿假的劳动者有权：

1. 返回相同或相应的岗位；

2. 受益于劳动者在缺勤期间本来有权获得的工作条件的改善；以及

3. 提出薪酬要求，并在薪酬谈判中以与企事业单位中其他劳动者相同的方式进行评估。

第 1 款不适用于育儿假以外的情况导致的工资和工作条件的设定或修改。

根据《工作环境法》第 12 - 2 条至第 12 - 8 条，本条相应地适用于与怀孕和分娩有关的其他类型的假期。

第 34 条　同等价值工作同等报酬

受雇于同一雇主的、从事同样工作或同等价值工作的男女员工，薪酬应以相同方式设定，不分性别。

无论工作是否涉及不同的部门或薪酬是否受不同的工资协议管辖，根据第 1 款的权利均适用。

工作是否具有同等价值是通过整体评估来确定的，其中强调执行工作所需的专业知识和其他相关因素，如努力、责任和工作条件。

"工资"是指普通工作报酬以及雇主提供的所有其他补助、好处和其他福利。

第六章　执行、举证责任和处罚

第 35 条　反歧视法庭执行本法的权力

反歧视法庭执行该法案的权力来自《平等和反歧视监察署法》。

第 36 条　ICT 通用设计规定的执行

挪威数字化局应监督第 18 条关于 ICT 通用设计的要求的遵守情况，另见第 41 条和第 19a 条第 2 款关于发布声明的义务。

挪威数字化局可命令不遵守第 18 条规定的确保 ICT 通用设计的义务、不遵守第 19a 条第 2 款规定的发布声明的义务、不遵守第 18 条第 5 款和第 19a 条第 3 款规定的企事业单位进行补救，并可以作出行政决定，在违反遵守命令的期限的情况下施加强制性的罚款，以确保命令的执行。当事人可以申请复核强制罚款的决定。《公共行政法》第 28 条至第 36 条相应适用。

挪威数字化局可以要求提供其根据本法执行任务所需的信息，并要求获得第 18 条规定的 ICT 解决方案。如果对根据本法作出的行政决定提出上诉，上诉机构同样适用第 2 款。

必须在收到行政决定通知后 3 个月内提起有关挪威数字化机构或上诉机构作出的行政决定有效性的法律诉讼。除非已行使上诉权并已就上诉作出最终决定，否则不得将行政决定提交法院。然而，在任何情况下，只要在最初提交申诉后的 6 个月内，并且上诉机构没有作出决定不是由于申诉人方面的疏忽，就可以提起诉讼。

文化和平等部可以颁布条例，进一步规定监督活动的实施、强制罚款的评估和强制罚款行政决定的执行。

第 36a 条　监管机构实施控制和提交报告的职责

挪威数字化局应定期评估公共机构的网站和移动应用程序是否符合适用的通用设计要求。

文化和平等部可以发布关于控制行为和向欧空局报告的规定。

第 37 条　举证责任

如果适用的情况有理由相信已经发生歧视，而责任人未能证明事实上没有发生歧视，则应假定发生了歧视。

这适用于涉嫌违反：

1. 第 13 条第 6 款以外的第二章的规定；

2. 第 17 条和第 18 条关于通用设计的规定；

3. 第 20 条至第 23 条关于个人便利的规定；以及

4. 第 29 条、第 30 条、第 33 条、第 34 条。

第 38 条　赔偿和损害赔偿

遭受了违反以下规定的待遇的人可以要求补偿和损害赔偿：

1. 第 13 条第 6 款以外的第二章的规定；

2. 第 20 条至第 23 条中关于个人便利的规定；

3. 第 29 条、第 30 条、第 33 条、第 34 条。

在雇佣关系中以及与雇主选择和对待自雇人士和雇工有关的情况下，无论雇主是否具备可指责性，雇主的责任都存在。涉及骚扰、性骚扰的案件，以及第 1 句规定以外的社会领域，可以责备责任人的，责任人应当承担责任。

损害赔偿包括因非法处理造成的经济损失。非经济损失的赔偿，应当根据损害的性质和范围、当事人之间的关系以及其他情况，确定合理的数额。

第 39 条　多人共同行动严重违反禁止歧视禁令的处罚

任何人与其他至少两个人共同严重违反以下条款将被处以罚款或不超过三年的监禁：

1. 第 6 条中基于种族、宗教或信仰的歧视；

2. 第 13 条中基于种族、宗教或信仰的骚扰；

3. 第 14 条中基于种族、宗教或信仰的报复；或

4. 第 15 条中指示某人基于种族、宗教或信仰进行歧视。

任何先前因违反此规定而受到处罚的人，即使违反行为并不严重，也可能受到处罚。

在评估违规行为是否严重时，应特别重视罪责程度、违规行为是否出于种族动机、是否构成骚扰、是否涉及人身攻击或严重侵犯他人心理完整性、是否可能引起恐惧，以及是否针对 18 岁以下的人。

就第 1 款规定的事项起诉前，应当考虑民事处罚是否足够。

第 37 条第 1 款中关于举证责任的规定不适用于本规定的执行。

第 40 条　组织作为授权代表的权利

在平等和反歧视监察署和反歧视法庭处理的案件中，以反歧视工作为唯一或部分目的的组织可以作为授权代表。

在法院审理的案件中，由以反歧视工作为唯一或部分目的的组织任命并与其有关联的人可以担任律师。这不适用于最高法院。

如果法院认为律师可能没有足够的资格来令人满意地维护当事人的利益，法院可以拒绝接受律师的任命。

除了《争议法》第 3－4 条规定的授权外，律师还应同时提交组织关于律师资格的书面信息。

第七章　最后条款

第 41 条　过渡性规定

第 18 条第 1 款规定的义务和第 19a 条规定的发表声明的义务，在有关第 18 条第 5 款规定的义务内容的条例生效 12 个月后，或在该条例适用于新缔约方 12 个月后生效，除非条例中规定了更短的期限。现有的 ICT 解决方案应从 2021 年 1 月 1 日起进行通用设计。

如果遵守这些最后期限会造成不相称的负担，挪威数字化局可能会对这些期限给予豁免。

第 42 条　生效

本法自国王确定之日起适用。[1] 同日，2013 年 6 月 21 日关于禁止基于性倾向、性别认同和性别表达的歧视的第 58 号法案，2013 年 6 月 21 日关于性别平等的第 59 号法案，2013 年 6 月 21 日关于禁止基于种族、宗教和信仰的歧视的第 60 号法案和 2013 年 6 月 21 日关于禁止基于残障的歧视的第 61 号法案应予废除。

1 根据 2017 年 6 月 16 日第 751 号决议，2018 年 1 月 1 日。

第 43 条　法规的延续

根据 1978 年 6 月 9 日关于性别平等的第 45 号法案或根据 2008 年 6 月 20 日关于禁止基于残障的歧视的第 42 号法案颁布的条例在该法案生效后继续适用。

第 44 条　其他法案的变更

自本法实施之日起，对其他法案作如下修改：由 2017 年 12 月 19 日第 115 号法案修订（2018 年 1 月 1 日生效）。

1. 1992 年 9 月 25 日关于市和县议会的第 107 号法案（市政法）；

2. 1998 年 7 月 17 日关于年度账目等的第 56 号法案（会计法）；

3. 2017 年 6 月 16 日关于平等和禁止歧视的第 51 号法案（平等与反歧视法）。

（责任编辑：梁硕）

学术专论

从《消除对妇女一切形式歧视公约》看中国女性生育权利与就业权利保障

刘伯红　宋　瑜[*]

摘　要：本文从《消除对妇女一切形式歧视公约》等国际人权法律文书中有关妇女生育权利和反对生育歧视的规定出发，分析我国20世纪80年代以来各阶段妇女生育权利的实现情况，以及生育对妇女就业权利实现的影响，由此提出市场经济条件下对完善"三孩生育政策"和保障女性就业权利的建议。特别是基于作为生育主体的青年女性的视角，提出尊重和承认女性生育贡献、完善反对生育歧视和性别歧视立法、彻底改变性别刻板观念和促进女性全面发展的建议。

关键词：《消除对妇女一切形式歧视公约》；妇女生育权利；妇女就业权利；反歧视

一　问题的提出

2021年5月31日，中共中央政治局审议了《关于优化生育政策促进人口长期均衡发展的决定》，作出"实施三孩生育政策及配套支持措施"

* 刘伯红，中华女子学院客座教授，原全国妇联妇女研究所研究员、副所长，主要研究方向为社会性别与公共政策、社会性别与发展；宋瑜，西交利物浦大学西浦智库主任、教授，主要研究方向为社会性别与公共政策、老龄化社会。

的重大决策。① 这是继"单独两孩"政策②和"全面两孩"政策③后，我国人口和生育政策的第三次重大调整。"三孩政策"的全面实施，意味着我国"严格"的计划生育政策向"宽松"的计划生育政策的转变。④ 这一转变将对我国女性生育权、就业权和发展权的保障与实现带来哪些影响？作为生育主体，我国新一代青年女性对妇女权利保障和公共政策制定有哪些要求？这是本文关切之处。

二 妇女生育权的法律规范

（一）妇女生育权利的国际规范

1948 年《世界人权宣言》中并未提到生育权利。1968 年第一次国际人权大会通过的《德黑兰宣言》第十六条规定"父母享有自由负责决定子女人数及其出生时距之基本人权"，首次将"父母"的生育权利确认为基本人权，其第十五条还指出："世界各地区妇女仍受歧视，此种歧视，必须消除。妇女地位卑下，与联合国宪章以及世界人权宣言之规定有悖。

---

① 2021 年 6 月 26 日，中共中央、国务院颁布了《关于优化生育政策促进人口长期均衡发展的决定》，详见《中共中央 国务院关于优化生育政策促进人口长期均衡发展的决定》，中央人民政府网站，http://www.gov.cn/zhengce/2021 - 07/20/content_5626190.htm，最后访问日期：2022 年 10 月 21 日。

② 2013 年 11 月 15 日，中共十八届三中全会通过了《中共中央关于全面深化改革若干重大问题的决定》，明确"坚持计划生育的基本国策，启动实施一方是独生子女的夫妇可生育两个孩子的政策"，标志着"单独两孩"政策出台。"单独两孩"政策适用于一方为独生子女的夫妇，两孩不是两胎，指的是孩子的数量而不是胎次。"单独两孩"政策于2014 年 1 月 1 日起正式实施。

③ 2015 年 10 月 29 日，中共十八届五中全会公报提出："促进人口均衡发展，坚持计划生育的基本国策，完善人口发展战略，全面实施一对夫妇可生育两个孩子政策，积极开展应对人口老龄化行动。"同年 12 月 27 日，全国人大常委会通过了修正后的《人口与计划生育法》，"全面两孩"政策于 2016 年 1 月 1 日起正式实施。

④ 有人将 1980～2013 年我国的计划生育政策概括为"独生子女政策"，笔者不太赞成此种提法。理由是：相关政策和法律规定给生育两个孩子放开了条件；不少家庭，特别是农村家庭实际上生育了两个或以上的孩子。故笔者将此阶段的生育政策称为"严格"的计划生育政策，将 2013 年后特别是 2015 年后的计划生育政策称为"宽松"的计划生育政策。

人类欲求进步，非充分实施消除一切形式对妇女歧视宣言不可。"① 联合国妇女地位委员会 1967 年颁布的《消除对妇女歧视宣言》第十条第二款明确规定："为防止妇女因结婚或生育而受歧视，并为保障其对工作之有效权利，应采取措施，防止因结婚或生育而被解雇，规定有给生育假，保证回任原职，并供给必要之社会服务，包括照料儿童之设施在内。"② 由此可见，生育是基本人权，妇女生育权利的实现，有赖于保障多项人权、社会服务支持以及消除对妇女的歧视。

1974 年世界人口会议通过的《世界人口行动计划》，对生育权作了经典性的定义："所有夫妇和个人都享有负责自由地决定其子女数量和生育间隔以及为达此目的而获得信息、教育与方法的基本权利；夫妇和个人在行使这种权利的责任时应考虑他们现有的和将来的子女需要，以及他们对社会的责任。"③ 这一定义将生育权利的主体由"父母"扩展为"夫妇和个人"，并明确生育者的"责任"包括"对子女的责任"和"对社会的责任"两方面。此后联合国系统文件中对生育权的定义，都遵循了上述概念。

1979 年联合国制定了《消除对妇女一切形式歧视公约》（以下简称《消歧公约》）。该公约第十六条第一款（e）项明确规定，应保证妇女在男女平等的基础上"有相同的权利自由负责地决定子女人数和生育间隔，并有机会获得使她们能够行使这种权利的知识、教育和方法"。显然，《消歧公约》也延续了《世界人口行动计划》对生育权利的界定，但其更全面的意义在于：一是界定了对妇女的歧视（第一条），包括直接歧视和间接歧视等；二是表明生育权是所有妇女的个人权利，不论妇女已婚还是未婚，这种权利建立在男女平等的基础上，排除了"传宗接代""生育机

---

① 《国际人权会议蔵事文件（一九六八年四月二十二日至五月十三日，德黑兰）》，联合国网站，https://documents-dds-ny.un.org/doc/UNDOC/GEN/N68/232/15/PDF/N6823215.pdf?OpenElement，最后访问日期：2023 年 1 月 5 日。

② 《消除对妇女歧视宣言》，联合国网站，https://documents-dds-ny.un.org/doc/RESOLU-TION/GEN/NR0/234/84/PDF/NR023484.pdf? OpenElement，最后访问日期：2022 年 10月 21 日。

③ 国家计生委外事司编《计划生育、人权和妇女权利——国外有关观点综述》（内部资料），1995，第 1~2 页。

器"等传统角色或文化的胁迫；三是明示了"养育子女是男女和整个社会的共同责任"，"妇女对家庭的福利和社会的发展所作出的巨大贡献至今没有充分受到公认"，"妇女不应因生育而受到歧视"（序言）；四是要求"缔约各国为使妇女不致因结婚或生育而受歧视，又为保障其有效的工作权利起见，应采取适当措施……"，包括禁止以怀孕或产假为理由解雇妇女、实施带薪产假制度、提供必要的辅助性社会服务、孕期保护、职业健康保护等（第十一条第二款）；五是强调"认识到为了实现男女充分的平等需要同时改变男子和妇女在社会上和家庭中的传统任务"（序言）。《消歧公约》极大地丰富了生育权利的内涵和外延。

1984 年和 1994 年联合国召开的两次国际人口与发展会议，分别通过了《墨西哥宣言》和《国际人口与发展会议行动纲要》（《开罗行动纲领》），重申了上述作为基本人权的生育权利。《开罗行动纲领》史无前例地提出，应当通过赋予妇女权力和提高妇女地位来实现人口与发展的目标，专门撰写了第四章"男女平等、公平和赋予妇女权力"。人类和国家人口目标的实现，应该建立在提高妇女地位和赋予妇女权力的基础上，通过使妇女接受教育、参与经济社会发展、参与政治进程，获得发展进程的知识、技能和自信，消除贫困、文盲和体弱多病，让妇女自己作出生育决定。其不但重申了世界人口会议和《消歧公约》对生育权利的界定，还强调生育权利应包括"人人有在没有歧视、强迫和暴力的状况下作出有关生育决定的权利"（第 7.3 段）。《开罗行动纲领》的特别意义还在于，对与生育权密切相关的"生殖健康"和"性健康"① 均作出明确定义，呼吁联

---

① "生殖健康是指于生殖系统及其功能和过程所涉一切事宜上身体、精神和社会等方面的健康状态，而不仅仅指没有疾病或不虚弱。因此，生殖健康表示人们能够有满意而且安全的性生活，有生育能力，可以自由决定是否和何时生育及生育多少。最后所述的这一条件意指男女均有权获知并能实际获取他们所选定的安全、有效、负担得起和可接受的计划生育方法，以及他们所选定的、不违反法律的调节生育率方法，有权获得适当的保健服务，使妇女能够安全地怀孕和生育，向夫妇提供生育健康婴儿的最佳机会。……性健康，其目的是增进生活和个人关系，而不仅仅是与生殖和性传播疾病有关的咨询和保健。"《国际人口与发展会议的报告（1994 年 9 月 5 至 13 日，开罗）》，联合国网站，ht-tps://documents-dds-ny. un. org/doc/UNDOC/GEN/N95/231/25/IMG/N9523125. pdf？ Open-Element，最后访问日期：2022 年 10 月 21 日。

合国各成员国在提供服务与保障人权的基础上，实施国家人口政策，实现国家人口目标。

此外，国际劳工组织还制定了第 100 号《同酬公约》（1951 年）、第 111 号《（就业和职业）歧视公约》（1958 年）、第 156 号《有家庭责任的工人公约》（1981 年）和第 183 号《关于修订 1952 年保护生育公约》（2001 年），上述公约明确规定保护妇女的生育权利、就业权利、等值同酬权利，消除（因生育而带来的）就业和职业歧视，平衡工作和家庭的矛盾。由此可明证，生育权利的实现与就业权利的相应保障不可分割。

（二）我国生育权利相关规定

20 世纪 70 年代以来，面对巨大的人口压力，中国加大了推行计划生育政策的力度。1980 年 9 月，中共中央发表《关于控制我国人口增长问题致全体共产党员、共青团员的公开信》（以下简称《公开信》），提倡一对夫妇只生育一个孩子，要求所有共产党员、共青团员，特别是各级干部带头响应，并向广大群众进行宣传教育。《公开信》在我国人口发展的关键时刻发表，是我国全面推行计划生育政策的重要标志，也是我国人口与计划生育工作史上的里程碑。《公开信》发表于我国签署《消歧公约》之后，全国人大常委会批准《消歧公约》之前。这一政策的推出将我国妇女的生育权利限定于国家整体发展利益之中。

1982 年 3 月，中共中央、国务院发出《关于进一步做好计划生育工作的指示》①，明确要"坚定地毫不动摇地实行计划生育"。同年 12 月，"计划生育基本国策"被写入新通过的《宪法》，《宪法》第二十五条规定："国家推行计划生育，使人口的增长同经济和社会发展计划相适应。"第四十九条第二款规定："夫妻双方有实行计划生育的义务。"《宪法》将

---

① 中共中央、国务院发出《关于进一步做好计划生育工作的指示》，要求国家干部和职工、城镇居民，除特殊情况经过批准者外，一对夫妇只生育一个孩子，农村普遍提倡一对夫妇只生育一个孩子，某些群众确有实际困难要求生育两胎的，经过审批可以有计划地安排。不论哪一种情况都不能生三胎。参见《1982 年 3 月 13 日中央将计划生育定为基本国策》，搜狐网，http://news.sohu.com/20060313/n242255918.shtml，最后访问日期：2022 年 10 月 21 日。

计划生育作为我国人口发展的基本要求和夫妻义务，将生育权利限定于夫妻双方。

2001 年制定的《人口与计划生育法》，在全面总结二十多年计划生育政策实施经验和教训的基础上，参照《开罗行动纲领》和《北京行动纲领》等国际文件，将相关政策上升为法律规范。在实施计划生育的目的和目标部分，该法第二条规定："我国是人口众多的国家，实行计划生育是国家的基本国策。国家采取综合措施，控制人口数量，提高人口素质……"在实施计划生育的途径部分，该法第三条规定："开展人口与计划生育工作，应当与增加妇女受教育和就业机会、增进妇女健康、提高妇女地位相结合。"关于生育权利和义务，该法第十七条规定："公民有生育的权利，也有依法实行计划生育的义务，夫妻双方在实行计划生育中负有共同的责任。"关于生育数量，该法第十八条规定："国家稳定现行生育政策……提倡一对夫妻生育一个子女；符合法律、法规规定条件的，可以要求安排生育第二个子女……"关于计划生育服务，该法第十九条规定："实行计划生育，以避孕为主。国家创造条件，保障公民知情选择安全、有效、适宜的避孕节育措施……"第二十一条第一款规定："实行计划生育的育龄夫妻免费享受国家规定的基本项目的计划生育技术服务。"关于反对性别歧视，该法第二十二条规定："禁止歧视、虐待生育女婴的妇女和不育的妇女。禁止歧视、虐待、遗弃女婴。"第三十五条规定："严禁利用超声技术和其他技术手段进行非医学需要的胎儿性别鉴定；严禁非医学需要的选择性别的人工终止妊娠。"关于就业女性的生育权利保护，该法第二十六条规定："妇女怀孕、生育和哺乳期间，按照国家有关规定享受特殊劳动保护并可以获得帮助和补偿。公民实行计划生育手术，享受国家规定的休假……"关于生育健康服务，该法第三十条规定："国家建立婚前保健、孕产期保健制度，防止或者减少出生缺陷，提高出生婴儿健康水平。"第三十一条规定："各级人民政府应当采取措施，保障公民享有计划生育技术服务，提高公民的生殖健康水平。"上述法律规定，考虑到我国人口众多的实际状况，除自由选择生育数量外，基本体现了《消歧公约》、《开罗行动纲领》和《北京行动纲领》关于生育权利保障的原则和精神。

进入"宽松"的计划生育政策阶段后，2021年修订的《人口与计划生育法》针对新时期人口状况作出了更多有利于公民生育权利保障与实现的规定。例如，将国家人口目标和政策修改为"国家采取综合措施，调控人口数量，提高人口素质，推动实现适度生育水平，优化人口结构，促进人口长期均衡发展"（第二条第二款）；将生育数量和质量规定修改为"国家提倡适龄婚育、优生优育。一对夫妻可以生育三个子女"（第十八条第一款）；鼓励男女共同承担育儿责任，增加了"国家支持有条件的地方设立父母育儿假"这一规定（第二十五条第二款）；增加了多项条款，开展普惠性托育养育公共服务，减轻家庭生育、养育、教育负担（第二十七条、第二十八条、第二十九条、第三十条等）；取消"社会抚养费"等。上述变化体现了促进性别平等、提高优生优育服务水平、发展普惠托育服务体系、降低生育养育教育成本、更大限度保障人权等精神。

1992年制定的《妇女权益保障法》也对妇女生育权利作出明确规定。其第四十七条规定："妇女有按照国家有关规定生育子女的权利，也有不生育的自由。育龄夫妻双方按照国家有关规定计划生育，有关部门应当提供安全、有效的避孕药具和技术，保障实施节育手术的妇女的健康和安全。"①《妇女权益保障法》2005年修订时重申和保留了这一条款（改为第五十一条），还增加了"国家实行婚前保健、孕产期保健制度，发展母婴保健事业。各级人民政府应当采取措施，保障妇女享有计划生育技术服务，提高妇女的生殖健康水平"的规定。上述法律规定贯彻了《消歧公约》、《开罗行动纲领》和《北京行动纲领》倡导的政府服务于国家人口政策和保障家庭及个人生育权利、生育健康的精神。

对于妇女在其职业生涯中免受生育歧视，保障就业妇女生育健康、职业健康及社会保障等，我国《劳动法》《就业促进法》《劳动合同法》《社会保险法》《女职工劳动保护特别规定》等法律法规中均有明确规定。因篇幅原因，此处不再赘述。

---

① 我国2001年修正的《婚姻法》总则中，也重申了在婚姻家庭中"实行计划生育"的原则。

三 "严格"的计划生育政策时期妇女 生育权利保障和影响

对于"严格"的计划生育政策（1980～2013 年）对妇女生育权利的保障和影响，本文拟分 1980～1994 年和 1995～2013 年前后两个阶段讨论。在前一个阶段，党和政府在新中国建立起来的主流意识形态和法律原则下制定和执行计划生育政策，彼时人权保障意识和国际标准尚未在全社会确立，但计划经济时代为人民服务和男女平等原则下保护女性的传统还在继续发挥作用。在后一个阶段，改革开放力度加大，随着 1994 年联合国国际人口与发展会议的召开和 1995 年联合国第四次世界妇女大会的召开，联合国人权框架和社会性别主流化战略传入我国，特别是 2004 年人权入宪，① 对计划生育政策中妇女人权的保障起到重要的倡导与推动作用。

在中共中央发出《公开信》的 1980 年，我国刚刚签署了《消歧公约》。据笔者所知，起初《消歧公约》只在妇联系统内得到短时间的宣传推广，政府其他部门和人民群众对"妇女人权"、"妇女生育权利"和"对妇女歧视"等概念还不甚清楚。党和政府当时制定的计划生育政策，仍建立在党和国家"男女平等"与"为人民服务"的主流意识形态和法律原则的基础上，同国际社会倡导的性别平等和妇女权利保障的要求基本一致。

第一，在"负责任"的基础上，行使妇女生育权利。20 世纪七八十年代，我国经济社会发展不足和人口快速增长的矛盾十分突出，这直接关系到国家"四个现代化"建设的速度和前途，关系到子孙后代的健康和幸福，关系到全国人民的长远利益和当前利益。我国人民，特别是妇女坚决承担起上对国家负责、下对后代负责的历史责任，在牺牲"小我"和"个人自由"的前提下，在国家人口政策的整体框架下，行使自身的生育权利，符合《消歧公约》"负责任"地行使生育权利的精神。自由决定生

---

① 2004 年修订的《宪法》第 33 条第 3 款规定："国家尊重和保障人权。"

育数量的权利让位于每个公民应承担的人口发展义务，这体现了我国妇女以国家和民族利益为重的自觉奉献精神和集体主义精神。

第二，在男女平等的基础上，行使计划生育权利。《公开信》和计划生育宣传材料都反复提及，计划生育是一场移风易俗的革命，它提倡男女平等，"生儿生女都一样""女儿也是当（养）家人"，极大地冲击了"生育儿子才能传宗接代""男尊女卑""养儿防老""多子多福"以及妇女的价值在于"生儿育女"等传统生育观念和性别刻板印象，坚持了计划生育政策中男女平等的原则。节育避孕科学知识的宣传，打破了生儿生女单纯由女性生育能力决定的偏见，在一定程度上减轻了妇女因生育女儿而遭受的压力和负担；生育政策对孩子数量的严格规定，在一定程度上实现了女性少生的意愿，客观上缓解了妻子没有生出儿子的压力。计划生育政策中贯彻的这一重要原则，与《消歧公约》第五条"改变男女的社会和文化行为模式，以消除基于性别而分尊卑观念或基于男女定型任务的偏见、习俗……"的要求是一致的。

第三，在计划生育服务的整体框架下，享有行使生育权利的知识、教育和方法，提高了妇女生育健康的水平。在新中国刚刚成立的 20 世纪 50 年代，出于鼓励生育、增加劳动力从事社会主义建设的考量，人工流产在当时并不合法，避孕措施也少有提供。[1] 1980 年后计划生育政策全面推行和对应开展的生殖健康及避孕知识、信息和服务普及，才使妇女从不断怀孕、过多生育的苦恼中解脱出来，实现了生育权利的全面意义，即愿意生育时可以自由负责任地选择生育，不愿生育时可以得到安全的避孕服务而不生育。这同时减少了因生育或过多生育而带来的健康风险，提高了妇女生育健康的水平。

第四，在实现"优生优育"生育服务的同时，推动女性受教育权利、就业权利、参与社会发展权利和获得社会保障权利等充分实现。全面实施

---

[1] 1952 年 12 月，卫生部发布《限制节育及人工流产暂行办法》，参见杨魁孚、梁济民、张凡编《中国人口与计划生育大事要览》，中国人口出版社，2001，转引自刘鸿雁《全面二孩政策与相关家庭政策》，载刘伯红、〔德〕贝安娜主编《国家·社会·家庭：生育保障制度与女性的全面发展》，中国法制出版社，2021，第 81 页。

"严格"的计划生育政策时恰逢改革开放初期，中国大力推动计划经济向市场经济转型，大力发展教育事业，促进城乡人口流动。这些都为妇女上述权利的实现和全面发展创造了条件，特别是联合国人权大会（1993年）、联合国人口与发展大会（1994 年）、联合国第四次世界妇女大会（1995 年）等一系列联合国层面会议的召开，极大地促进了中国人权理念的推广和性别平等事业的发展，中国妇女在低生育水平的前提下，有了更多精力和机会参与改革开放伟大事业，并在日益广阔的发展舞台上取得成就。可以说，"严格"的计划生育政策在客观上赋权了中国妇女，实践了联合国人口与发展大会所倡导的通过提高妇女地位赋权妇女以实施国家人口政策、实现人口目标的理念。

第五，妇女实现生育权利的同时，下一代女性获得平等资源、平等发展、相对健康成长的权利在一定程度上得到了保障。过去中国长期存在偏好男孩的文化，在多子女家庭，特别是农村多子女家庭中，在资源短缺的情况下，女孩的权利和生存发展资源容易受到忽视或限制。在独生子女家庭中，女孩的各项权利得到了一定保障，特别是在接受教育方面，而接受教育是赋权妇女和妇女发展的基础。迈入 21 世纪后，我国女性专业技术人员的比例持续增长，这与在中等和高等教育中持续增长的女性受教育者比例密不可分，女性受教育权利的实现成为其获得就业权利和经济权利的重要基础。

由于我国长期受封建社会"男尊女卑"传统影响、农村仍然存在父权制家庭制度及从夫居习惯，以及人们对国际人权标准不甚了解，"严格"的计划生育政策也给对妇女人权的尊重和保障带来一定负面影响。例如，我国曾有省市一级计划生育条例规定，在农村或山区"如果第一胎是女孩的家庭，允许四年或若干年后生育二孩"。该规定尽管出于照顾农村或山区家庭缺少男性劳动力的考虑，但却暗示了女孩价值低于男孩。一些政策制定者没有认识到，这是"基于性别的区别对待"，不符合《消歧公约》反歧视的精神。又如，在重男轻女观念的影响下，数以千万计女孩的生命权被剥夺或遭到遗弃，造成我国出生婴儿性别比长期严重失调。这与遗留到今天的一定数量农村底层男性失婚问题密切相关，也在一定程度上导致拐卖妇女现象屡禁不止。再如，"严格"的计划生育政策在实施早期存在强迫命令现象，影响了妇女的身心健康和对避孕服务的知情选择权和隐私权。这种状况到20世纪90年代中期联合国人口与发展大会和世界妇女大会后有所改变。还如，在"男尊女卑"文化影响严重的农村落后地区，没有生出男孩、没有完成传宗接代任务的妇女会受到终生歧视甚至虐待。还如，生育者因违反计划生育政策而在受教育权利、就业权利、婚姻家庭权利和政治权利等方面遭到损害，甚至受到行政处分或罚款等。总之，在"严格"的计划生育政策实施早期，我国妇女的生育权利受到一定程度的限制和侵犯，这一现象也受到国际社会和国际妇女运动的批评和纠正，我国妇女为中国的崛起和人口的可持续发展作出了重大牺牲和默默奉献。

自20世纪90年代起，我国加大了改革开放的力度，积极参加一系列联合国旨在促进人类可持续发展的大会，包括1990年联合国儿童首脑会议、1992年联合国环境与发展大会、1993年联合国人权大会、1994年联合国人口与发展大会、1995年社会发展问题世界首脑会议和1995年联合国世界妇女大会等。上述大会均建立在联合国倡导的基本人权框架的基础上，极大地推动了联合国各成员国履行人权保障义务。即使在"严格"阶段（1995~2013年），随着人们对国际人权标准理解的不断深入和扩展，我国的计划生育政策也发生了诸多改变。例如，计划生育政策的执行由早期的强迫命令转向1995年开始实施的"计划生育优质服务"，避孕措施的"规定动作"（一胎上环，二胎结扎）转为避孕服务"知情选择"，等等。上述举措体现了对于妇女的生育权利和人身权利的尊重。此外，还有一系列配套政策的完善与转变，本文将在下一节展开叙述。

四 "宽松"的计划生育政策时期的妇女生育权利保障和生育态度变化

进入"宽松"的计划生育政策时期（2013年至今）后，女性生育权利保障进一步加强，最明显的变化有以下几点。第一，在计划生育政策规定的生育数量内，妇女有选择不生育、少生育和多生育的自由，有选择一定数量和间隔生育子女的自由。当丈夫和妻子在生育问题上产生矛盾时，社会文化接受了由妻子做决定而不是由常常为一家之主的丈夫说了算，扩大了妇女的生育选择权和自主权。第二，妇女拥有享受可获得的、较高水平的生育健康服务和避孕节育服务的权利，有知情选择和保护隐私的权利。第三，女孩生存权遭到剥夺的现象有所变化，2021 年出生婴儿性别比回落至 108.3，比 2012 年降低 9.4，接近正常值 103～107 的上限。① 社会对于女孩和男孩的态度发生了变化，在一定程度上促使性别结构趋于合理。第四，妇女因违反计划生育政策而丧失其他权利的情况有所改变，某些惩罚性措施被取消。例如，妇女不再因超生而不能享受产假等生育保护待遇，② 不再因违反计划生育政策而不能享有离婚权利，③ 在法律层面取消了行之多年的"社会抚养费"（超生罚款）等。④ 女性的生育权利及与此相关的基本权利得到了更大范围的尊重和保障。

但是，生育权利保障的加强并未显著提高女性生育意愿和改变生育行为。自 2013 年"单独两孩"政策实施以来，我国年出生人口数并未实现预期增长。根据国家统计局发布的数据，2011～2015 年中国年出生人口数都在 1600 万以上；2016 年"全面两孩"政策落地，当年出生人口达到 1786 万人，2017 年出生人口也达到 1723 万人，"全面两孩"政策效益逐

---

① 刘星辰：《我国出生人口性别比十年下降 9.4 距离正常区间还有多远?》，《成都商报》2022 年 10 月 13 日，第 5 版。

② 例如，1988 年 7 月 21 日国务院颁布的《女职工劳动保护规定》第十五条规定："女职工违反国家有关计划生育规定的，其劳动保护应当按照国家有关计划生育规定办理，不适用本规定。"即超生的女职工不能适用普通女职工的生育保护规定。而 2012 年 4 月 28 日国务院颁布的《女职工劳动保护特别规定》不再设有这样的规定，意味着所有女职工产后都能享受生育保护，不再受到超生的限制和影响。

③ 例如，1992 年 4 月 3 日第七届全国人大第五次会议颁布的《妇女权益保障法》第四十二条规定："女方按照计划生育的要求中止妊娠的，在手术后六个月内，男方不得提出离婚……"这就意味着，未遵守计划生育规定的妇女，不能享有此条规定的妇女的离婚决定权。而 2005 年 8 月 28 日第十届全国人大常委会第十七次会议修正的《妇女权益保障法》第四十五条规定："女方在怀孕期间、分娩后一年内或者终止妊娠后六个月内，男方不得提出离婚……"该规定将对离婚的单独决定权拓展至所有妇女，又拓展了妇女单独决定是否离婚的条件。

④ 参见 2021 年 8 月 20 日第十三届全国人大常委会第三十次会议修正的《人口与计划生育法》第六章"法律责任"部分。

渐显现；但从 2018 年开始，出生人口呈下行趋势，2020 年出生人口只有 1200 万人，2021 年出生人口降至 1062 万人，创下近十年来新低。① 我国资深人口学家翟振武认为，育龄妇女总体规模下降、当代年轻人婚育推迟以及社会发展带来的生育意愿下降是 2021 年出生人口数量下降的三个最主要原因。②

妇女生育率在一定程度上的下降是妇女地位提高和经济社会发展的必然产物，中国妇女生育意愿和生育率的变化也遵从这个规律。然而，在笔者看来，这与市场经济带来的性别分化、政府不再承担企业职工生育成本、企业不再负责职工生活福利、生育责任转入家庭（私人化）密切相关。上述变化使得女性不得不同时承受生产和生育两种负担，进而受到劳动力市场和传统文化的多方面歧视。这极不利于她们平等享有经济、政治、家庭、文化、健康等多方面权利。女性只能无奈地在生育和发展中作出不得已的选择。

五　女性生育对就业权利和发展权利的影响

在计划经济时代，"严格"的计划生育政策对女性就业权利的实现具有积极推动和保证作用，中国女性劳动参与率居世界之首，妇女较少因生育和家庭责任受到歧视。在市场经济时代，特别是进入 21 世纪以后，劳动力市场对女性的排斥和歧视逐渐显现。女性承担的生育和家庭照料责任被视作"理所应当"的"家庭理性"，且得不到社会承认，也未进入 GDP 或常规劳动力统计范围。相反，一方面，妇女承担的生育和家庭照料责任成为她们进入劳动力市场和进行职业选择的阻碍，导致劳动力市场性别歧视、工资差距等问题；另一方面，妇女承担的这种责任又对她们的个人权利、能力增长和自主选择造成负面影响，成为新一代青年女性"独立自

---

① 《中国新生儿数量趋势（近十年全国人口出生率）》，直播好站，https：//www.zzhaoz.com/TVmeilizhongguo/126426.html，最后访问日期：2022 年 10 月 16 日。
② 《中国新生儿数量趋势（近十年全国人口出生率）》，直播好站，https：//www.zzhaoz.com/TVmeilizhongguo/126426.html，最后访问日期：2022 年 10 月 16 日。

主""自我实现""全面发展"的障碍。① 以下重点分析生育和无酬照料劳动对女性就业与女性发展的负面影响。

(一) 承担生育及家庭照料责任对女性劳动参与的影响

女性参与经济发展是女性解放的标志，也是女性自由和独立的基础。中国女性的劳动参与率高于世界上多数国家。② 但自 20 世纪 90 年代以来，中国的劳动参与率，无论男女都有所下降。其中，城市比农村下降得快，女性比男性下降得快 (见图 1)。劳动参与率下降并不都是坏事，伴随科技进步导致劳动生产率提高以及劳动者收入增加、抚养人口增多而来的劳动参与率下降，反映了经济社会的进步。

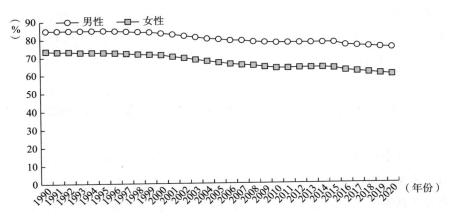

图 1 1990～2020 年中国分性别的劳动参与率

资料来源：国际劳工组织数据库。

关键问题在于，为何越来越多的女性退出劳动力市场。有研究发现，学龄前儿童母亲的劳动参与率下降幅度更大。③ 由国家统计局数据可见，男性和女性因生育和照料家务而退出劳动力市场的比例逐年增长，但女性

---

① 刘伯红、李玲、杨春雨：《中国经济转型中的性别平等》，《山东女子学院学报》2015 年第 2 期。

② United Nations, *The World's Women 2000：Trends and Statistics*, United Nations New York, 2000, p. 146.

③ 姚先国、谭岚：《家庭收入与中国城镇已婚妇女劳动参与决策分析》，《经济研究》2005 年第 7 期。

退出比例的增长更多、更快（见表1），男女两性的差距日益扩大，女性因生育和家庭照料退出劳动力市场的问题日益凸显。表1显示的是2015年全面两孩政策实施前女性因生育和料理家务而退出劳动力市场的数据，妇女因生育两孩、三孩而退出劳动力市场的情况又是如何，可想而知。因生育子女或生育多个子女而退出职业生涯，似乎是新一代渴求全面发展的独立女性不可接受的生活选择。

表1　分性别的不在业人口及因料理家务不在业的情况

单位：%

年份	不在业人口		因料理家务（包括生育）不在业	
	女	男	女	男
1990	15.0	8.0	8.8	0.2
1995	16.0	8.0	9.0	0.3
2000	21.7	12.3	10.5	0.4
2005	37.2	23.2	38.7	5.7
2010	38.3	23.9	40.5	7.1

资料来源：国家统计局社会与科技统计司编《中国社会中的女人和男人——事实和数据（1995）》，中国统计出版社，1995，第43页；国家统计局人口和社会科技统计司编《中国社会中的女人和男人——事实和数据（1999）》，中国统计出版社，1999，第41页；国家统计局人口和社会科技统计司编《中国社会中的女人和男人——事实和数据（2004）》，中国统计出版社，2004，第36页；国家统计局社会和科技统计司编《中国社会中的女人和男人——事实和数据（2007）》，中国统计出版社，2007，第41页；国家统计局社会科技和文化产业统计司编《中国社会中的女人和男人——事实和数据（2012）》，中国统计出版社，2012，第35页。

（二）承担生育及家庭照料责任对女性就业结构的影响

女性承担生育责任和较重的家庭照料工作常常导致她们职业生涯中断或职位薪水下降，以致在劳动力市场竞争中处于不利地位，无奈选择非正规就业或从事非全日制工作。本文以女性非正规就业的数据为例。第三期中国妇女社会地位调查发现，2010年在业城镇女性非正规就业的比例已达51.6%，比男性相应比例高5个百分点，与2000年（41.0%）相比，提高了10.6个百分点。[①] 这表明，在2000年到2010年间，城镇非正规就

---

① 蒋永萍、杨慧：《妇女的经济地位》，载宋秀岩主编《新时期中国妇女社会地位调查研究》，中国妇女出版社，2013，第158～162页。

业女性在以较快的速度增长。

通过交互分析发现，工作中断（多因生育）提高了非正规就业的概率。从未中断过工作的女性从事非正规就业的占 42.9%，而中断工作后再就业女性从事非正规就业的比例超过七成，这表明，工作中断后的女性很难回归正规就业，只能非正规就业，工作中断进一步增加了女性非正规就业的可能性。[①] 而女性的工作中断更多与生育和家庭照顾有关，承担生育和家庭照料责任使得女性在劳动力市场结构中处于边缘地位，是女性因承担双重负担而不得不接受的经济生活现实。

（三）承担生育和家庭照料责任对女性就业收入的影响

《消歧公约》所主张的平等是实质平等，也就是事实上和结果上的平等。就业收入是反映结果平等的重要指标。无论是教育结果还是就业结果上的平等，都是劳动价值和社会公正的体现，也是《消歧公约》对同等价值获得同等报酬的要求。多个课题组、多位学者的研究发现，自 20 世纪 90 年代中国市场经济转型和国企改革以来，中国的劳动力市场出现了明显的工资性别差距，且这一差距随着经济体制改革的深入不断扩大。[②]

第一、二、三次中国妇女社会地位调查显示，中国城乡劳动者收入的性别差距在 1990 年至 2010 年这二十年间呈现不断扩大的趋势（见图 2）。如图 2 所示，二十年间城镇在业女性平均收入占男性平均收入的比例由 77.5% 降至 67.3%，下降了 10.2 个百分点；农村在业女性平均收入占男性平均收入的比例由 79.0% 降至 56.0%，下降得更快，多达 23 个百分点。数据还显示，在我国的高收入群体中，女性仅占 24.4%，而在低收入群体中，女性占比高达 65.7%。[③]

[①] 蒋永萍、杨慧：《妇女的经济地位》，载宋秀岩主编《新时期中国妇女社会地位调查研究》，中国妇女出版社，2013，第 158～162 页。

[②] 刘晓昀在她的研究报告中列表展示了众多研究工资差距的文献，参见刘晓昀《性别工资差异分析：平均工资差异分解》，载张莉琴、杜凤莲、董晓媛主编《社会性别与经济发展：经验研究方法》，中国社会科学出版社，2012。

[③] 国家统计局社会科技和文化产业统计司编《中国社会中的女人和男人——事实和数据（2012）》，第 54 页。

劳动力市场存在收入性别差距的原因是多方面的，有横向的行业职业结构问题，如女性较多在照顾性、服务性的岗位就业，这些行业职业的收入偏低；也有纵向的玻璃天花板问题，女性难以升任高层导致收入偏低。此外，还有能力差异或歧视问题。就能力而言，衡量能力差异的一项重要指标就是受教育程度。眼下，我国各级教育性别差距极小，高等教育阶段女性在校人数比例在性别比例不平衡的前提下仍然超过男性，这是史无前例的。但是，教育领域中性别差距的缩小并没有自然而然带来收入性别差距的减少。有研究发现，职业内歧视和职业间歧视都会对性别工资差距产生影响。[1] 李实、马欣欣的研究发现，职业内性别工资歧视对性别工资差距的影响高达68%。[2] 前文所述的职业横向和纵向隔离，实际上也是劳动力市场歧视的结果。

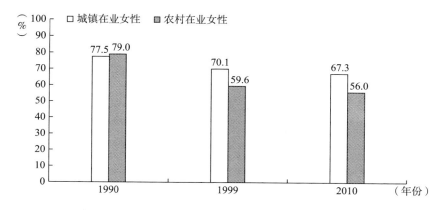

图2　1990～2010年平均收入性别比较（以男性为100）

资料来源：第三期中国妇女社会地位调查课题组《第三期中国妇女社会地位调查主要数据报告》，《妇女研究论丛》2011年第6期。

收入平等既是社会公正的体现，又是当代女青年实现人生理想、获得幸福生活的基础，劳动力市场上的不平等和歧视是她们不能和不愿接受的。当她们不能平等地获得高收入的工作时，她们又怎能愿意选择付出高成本抚养孩子？

---

① 王美艳：《中国城市劳动力市场上的性别工资差异》，《经济研究》2005年第12期。
② 李实、马欣欣：《中国城镇职工的性别工资差异与职业分割的经验分析》，《中国人口科学》2006年第5期。

（四）承担生育和家庭照料责任对女性享有社会保障的影响

社会保障作为社会再分配的重要手段，对于消除贫富差距，促进可持续发展和社会公正具有重要作用，这也是《消歧公约》第十一条的明确要求。进入 21 世纪，特别是 2011 年《社会保险法》颁行以来，我国社会保障事业取得极大进展，惠及广大城乡妇女，社会保障性别差距不断缩小。整体而言，我国社会保障体系包括"社会保险、社会福利、社会优抚和社会救助"四个方面，社会保险是目前社会保障体系的核心。我国的社会保险制度是劳动关联性制度，即劳动者在劳动力市场上的状况决定了劳动者享有社会保险的程度和水平。因此，劳动者的受教育状况、户籍性质、年龄、就业部门（含所有制性质）、区域、职位、工作年限等因素与劳动者享有的社会保险程度和水平密切相关。有研究发现，城镇国有单位和公共部门正式编制、连续就业的劳动者的社会保险水平，明显高于个体工商户、非正规就业人员、异地流动就业人员和失业人员。[1] 女性多因生育或照顾家庭退出劳动力市场或非正规就业，其享有的社会保险程度和水平明显偏低。"对劳动者来说，社会保障水平在一定程度上是就业质量高低的复制"[2]，女性在劳动力市场上的不利状况势必反映在社会保障的性别差距上。

表 2   2010、2020 年我国社会保险参保人数及性别构成

单位：万人，%

险种	年份	参保人数		性别构成	
		女	男	女	男
城镇职工基本养老保险	2010	11202	14505	43.6	56.4
	2020	20857	24764	45.7	54.3

---

① 黄桂霞、高庆波：《社会保障与妇女地位》，载宋秀岩主编《新时期中国妇女社会地位调查研究》，中国妇女出版社，2013，第 215～268 页。

② 黄桂霞、高庆波：《社会保障与妇女地位》，载宋秀岩主编《新时期中国妇女社会地位调查研究》，中国妇女出版社，2013，第 267 页。

险种	年份	参保人数		性别构成	
		女	男	女	男
城乡居民基本医疗保险	2010	7531	14585	34.1	65.9
	2020	48597	53079	47.8	52.2
失业保险	2010	5149	8227	38.5	61.5
	2020	9207	12482	42.5	57.5
工伤保险	2010	5699	10462	35.3	64.7
	2020	10270	16493	38.4	61.6
生育保险	2010	5367	6969	43.5	56.5
	2020	10298	13269	43.7	56.3

资料来源：国家统计局社会科技和文化产业统计司《中国妇女儿童状况统计资料—2021》，中国统计出版社，2021，第44～47页。

（五）对女性进入职业高层领域的影响

女性参与政治决策和管理，是女性高层次就业的表现，也是女性地位提高的标志。因此，《消歧公约》用了三条（第七条至第九条）来确认女性的这项权利。通过对近年来我国女性参与政治决策和管理的情况开展研究，笔者发现，随着女性受教育程度的不断提高和社会发展领域的不断拓展，我国女性进入各领域基层的人员数不断增加，但进入高层岗位的领导者数并没有同步增长。例如，在中国共产党党员中，女性党员的比例从2010年的22.5%上升为2020年的28.8%，但第十九届中央委员中女性的比例仅为4.9%；[1] 在全国人民代表大会代表中，女性代表的比例从第十一届的21.3%上升为第十三届的24.9%，但全国人大常委会中女性常委的比例却从第十一届的16.2%下降至第十三届的11.3%；[2] 2020年我国

---

[1] 国家统计局社会科技和文化产业统计司：《中国妇女儿童状况统计资料—2021》，中国统计出版社，2021，第65～66页。

[2] 国家统计局社会科技和文化产业统计司：《中国妇女儿童状况统计资料—2021》，中国统计出版社，2021，第62页。

研究与开发机构研究与试验发展人员中,女性的比例为 33.4%,[①] 但中国科学院女性院士的比例仅为 6.54%,中国工程院女性院士的比例为 5.18%;[②] 2017 年全国党政机关女性干部人数从改革开放初期的 42.2 万人增加至 190.6 万人,占干部总数的 26.5%,[③] 但第十三届国务院各部正部长中却没有女性[④]……女性的社会分工及其承担的家庭和社会责任,是影响女性进入高层管理和决策岗位的重要因素之一。

再以笔者研究的女性就业较集中的高等教育领域为例。2010 年之后,普通高校教职工和专任教师中女性占比都达到 45% 以上,接近 50%。然而,2016 年 "京津沪渝" 四个直辖市高校领导层中女性仅占 18%。如果按照国际议会联盟只统计担任正职的女性数量的惯例(为促进妇女参政的实质性),高校正职领导中女性仅占 11.26%。其中,正职女党委书记占党委书记总数的 15.50%,正职女校长占校长总数的 7.00%,距国际社会 30% 的基线要求和国内高校女教师数量占比都相差较远。[⑤] 究其原因,这与女性因承担生育和家庭照顾责任而遭受的歧视关系密切。

具体而言,女性承担生育和家庭照料责任的同时,仍遭受着不平等的政策对待。第一,歧视性政策导致歧视性结果。例如,多年来,很多高校仍实行 "女性 55 岁、男性 60 岁退休" 的政策,这在一定程度上限制了女性向高层发展和就业的权利与机会。第二,中立性政策导致间接歧视结果。例如,某校规定的《资深教授评定暂行办法》中,资深教授的参评条

---

① 国家统计局社会科技和文化产业统计司:《中国妇女儿童状况统计资料—2021》,中国统计出版社,2021,第 79 页。

② 国家统计局社会科技和文化产业统计司:《中国妇女儿童状况统计资料—2021》,中国统计出版社,2021,第 74 页。

③ 中华人民共和国国务院新闻办公室:《平等 发展 共享:新中国 70 年妇女事业的发展与进步(2019 年 9 月)》,人民出版社,2019,第 22 页。

④ 2018 年第十三届政府中有一位女部长,她是审计长胡泽君。2020 年第十三届全国人大常委会第二十次会议免去了她的审计长职务。至此,国务院 26 个部委中一个女正部长都没有了,这是中华人民共和国成立后前所未有之事。参见刘伯红、范思贤《妇女参政助推科学民主决策和社会治理——近五年中国妇女参政状况简要评估》,《山东女子学院学报》2020 年第 6 期。

⑤ 刘伯红:《京津沪渝四直辖市高校女校长发展状况研究》,载张李玺主编《中国女性教育发展报告 No.3——高等教育中的女性》,社会科学文献出版社,2018,第 373~424 页。

件之一是"年龄不低于 62 岁、不超过 80 周岁，累计任教授职务 20 年以上的在册正式教师"。由女教师 55 岁退休、职称层次偏低、任职时间较短的现实可见，这一中立政策实质上是为男性教授设置的。[①] 第三，系统性的中立政策导致女性教师整体性不利结果。女性教师因承担生育和家庭照料责任，在职称评定、授课时间、课题立项、论文发表、国内外学术交流、获奖机会、培训提拔等方面，与男性教师相比，更容易处于不利地位，上升机会受到影响，难以进入学校高层。第四，性别角色定型导致女性难以成为学科带头人。高校校长一般是某学科领域的权威或学科带头人，"男理工女人文"的角色教育和文化浸染，使得高校女教师集中于人文社会科学领域或行政管理部门，难以成长为作为学术权威的高校校长。

教师是学生的榜样，女性教师是女性学生的榜样，也是新一代女性学生反思和挑战的对象；而新一代青年女性科学家（女性教授）在自然科学领域挑战性别刻板印象，勇攀科学高峰，对生活和事业作出多元选择的态度和行为，也对新一代青年学生产生积极影响。

（六）对老一代女性生活和发展的影响

儿童养育观念的变化、育儿社会服务的缺乏和低劣质量、昂贵的育儿嫂（家政工）服务价格等，使得 0 ~ 3 岁儿童的照料成为女性生育的"首先一公里"，她们不得不将照顾儿童的责任托付给最值得信任的人，即家中老一代妇女或父母。有研究发现，目前中国有 94% 以上的老年人在不同程度地养育孙辈。[②] 也有研究者主张挖掘家庭中老一代人的照料潜力，帮助年轻一代解决生育和儿童照料负担。

尽管中国有着老一代人帮助子女照料孙辈的传统，"养儿防老"延伸

---

① 刘伯红、李亚妮：《机会和限制：对我国高等教育的社会性别分析》，载北京大学法学院人权与人道法研究中心编《中国妇女权利状况考察》（内部资料），2009，第 239 页。

② 参见《"新老人"带孙，也是家庭互助传统》，快资讯，https://www.360kuai.com/99dd9a953cd74edeb? djsource = XsgsZg&hsid = 7ca047c248d9ab4d&nsid = f98f21d9b9e9cc91549aac4a01997b4a&refer_scene = 0&scene = 1&sign = 360_36e79513&tj_url = 99dd9a953cd74edeb&tmprtp = expf%3Dcomindexb2043%26reqid%3Df98f21d9b9e9cc91549aac4a01997b4a&uid = ded7ad7c3651dea9e295c8423ead93f7，最后访问日期：2022 年 10 月 21 日。

为"养孙防老",有的职业妇女甚至自愿提前退休,"趁着胳膊腿能伸,帮助孩子带娃"。但是,也有越来越多的老年妇女更愿意过自己独立自主的老年生活。不得不说,这种"被迫带娃"实际上影响了老年妇女的生活与发展。调查结论显示,照料孙辈的老人的幸福度低于不照料孙辈的老人的幸福度,照料孙辈明显降低了老人的幸福度,卷入程度越深幸福度越低。① 目前社会上的老年人,大都为"40后""50后""60后",是顾全大局、甘愿奉献、忍辱负重、克己为人的一代人,追求实现自我、致力于个人奋斗的年轻一代,还愿意承担无酬照料责任吗?

六 新时代青年女性期待获得平等权利实现全面发展

中国当今这一代女性是我国历史上接受教育程度最高、自我实现愿望最强烈、自我权利意识最充分、物质生活最丰厚、眼界最开阔、学习吸收能力最强、对未来生活充满期待的一代人。一方面,她们看到女性并没有因为承担生育和家庭照料责任而得到社会承认、尊重与平等对待,她们对女性在劳动力市场上受到的歧视、职业排斥和发展限制感到不满,她们也看到已有的反歧视政策(如 2019 年人力资源和社会保障部、教育部等九部门下发的《关于进一步规范招聘行为促进妇女就业的通知》等)或未落实或不全面,她们不服气、不甘心、不满意,用自己的方式进行抗争。比如,越来越多的女性继续考研,其中很大一部分人是出于提高自己在劳动力市场上的竞争力、以实力获得劳动力市场承认的考虑。

另一方面,科技的发展和大众传媒的全球化又让她们看到不同文化、不同制度、不同国家女性的不同生活方式。她们看到新西兰女总理杰辛达·阿德恩带着小婴儿去联合国开会,而照顾小婴儿的人竟是女总理的未

---

① 《"新老人"带孙,也是家庭互助传统》,快资讯,https://www.360kuai.com/99dd9a953cd74edeb?djsource=XsgsZg&hsid=7ca047c248d9ab4d&nsid=f98f21d9b9e9cc91549aac4a01997b4a&refer_scene=0&scene=1&sign=360_36e79513&tj_url=99dd9a953cd74edeb&tmprtp=expf%3Dcomindexb2043%26reqid%3Df98f21d9b9e9cc91549aac4a01997b4a&uid=ded7ad7c3651dea9e295c8423ead93f7,最后访问日期:2022 年 10 月 21 日。

婚夫；她们也看到欧盟委员会女主席乌尔苏拉·冯德莱恩生了七个孩子，拿到博士学位，还在德国政府先后当过三任部长（其中包括国防部部长）；她们还看到德国前女总理默克尔、泰国前女总理英拉，发现无论结婚与否、生育与否都可以当总理。她们可以在职业和家庭、生育之间自由选择，且社会也尊重和包容这些女性所选择的角色和生活。因此，新一代青年女性也希望在比较和思考中对自己的事业和生活作出选择。基于此，她们对公共政策的制定有着如下期待。

第一，生育是女性与生俱来的基本权利，但她们是生育的主体，不是生育机器，也不是人口学家实现人口目标的工具，更不希望被"招之即来，挥之即去"。她们希望决策者在作出人口问题决策时不要高高在上，用以往的经验和理论指教她们，用过时的数据规划她们。她们希望得到决策者的尊重，希望决策者深入她们中去，倾听她们的声音，了解她们的需求和愿望，和她们一起决定科学的实事求是的人口发展政策。

第二，希望决策者学习和了解国际人权公约中实质平等和不歧视的原则，认识到在制定人口政策（如"三孩配套"政策）时，不要把眼睛仅盯在帮助女性解决生育、养育、教育（所谓"三育政策"）问题上，其背后的价值定位还是把女性界定在生育和养育的角色上。一定要改变"女性负责家庭事业、男性负责社会事业"的传统思维定式，真正树立起"男女共同承担家庭责任，男女共同承担社会责任"的价值理念，并使之成为公共政策制定的原则和基础。

第三，女性选择不婚不育绝不仅是因为存在生育养育成本。更重要的是，她们的付出不但不被承认和尊重，反而受到各种各样的歧视，她们的全面发展受到限制和阻碍。因此，女性生育权利的充分实现必须建立在反歧视的基础上，包括直接歧视、间接歧视、交叉性歧视（多重歧视）和制度性歧视（系统性歧视）。人口发展的配套政策不应仅局限在"三育政策"内，更应真正扩展到就业、参政治理、文化教育、社会、家庭等保障男女两性全面发展和人权充分实现的各项政策中去。

第四，妇女的生育权利不仅包括妇女自由地、负责任地决定其是否生育、何时生育和生育多少的权利，也包括在整个生命周期内享有可以获得的最高标准的生育健康和性健康的权利，即获得促进生育健康及发展的各种信息、方法、技术和服务，包括生育辅助技术的服务。

第五，人口的健康和可持续发展是文明社会发展的必然趋势，政策制度建设和文化改造是必须的。实践已证明，实现合理的人口替代率和人口可持续增长的国家，恰恰是那些经济社会文明发达和实现性别平等的国家。高福利和金钱换不来人口的健康和可持续发展，强有力的社会规范、人权保障和文明价值观才是最重要的。在这样的环境下，妇女的生育才能真正成为其自由选择和幸福源泉。

（责任编辑：余若凡）

残障人平等获得司法保护的制度创新

丁　鹏[*]

摘　要：《残疾人权利公约》在残障人获得司法保护领域为国家创新设定了若干积极义务。据此，国家应当主动采取措施，消除司法全过程的外部障碍，提供程序支持，提高残障当事人在与其他人平等的基础上诉诸司法的可行性。合理便利的积极义务贯穿于公约诸多条款，将回应残障人个性需求的区别对待推到了极致。中国政府在提高法院审判、公共法律服务环节的无障碍，提供司法便利，培训司法工作人员等方面都积累了丰富经验。

关键词：残障；获得司法保护；积极义务；程序便利

为确保残障人平等实现司法正义，传统法治模式中的形式主义制度提供了一些现实路径，包括司法各环节存在的程序保障。但残障人仍面临独特风险、多样脆弱及深层挑战。为此有必要深入分析《残疾人权利公约》为国家设定的新的积极义务，阐释国家如何确保司法环节的无障碍、程序便利与合理便利，以此制度创新应对前述挑战。

一　公约对国家积极义务的更新阐释

《残疾人权利公约》没有为残障人创造任何"特权"或新的权利，但是，在追求"实质平等"的道路上，公约间接确立了"特别保护"[①] 的原

---

*　丁鹏，武汉大学人权研究院研究人员，武汉东湖公益服务中心项目主管，法学博士，研究方向为人权法、残障权利。

①　与此类似，中国《国家人权行动计划（2021—2025 年）》确立了对残障人、妇女、儿童、老年人等特定群体"平等保护和特殊扶助"的目标。

则，相应扩展了国家在国际人权法上的积极义务（positive duties）。① 公约第 11 条规定的"危难情况"下残障人获得保护和安全、第 16 条"免于剥削、暴力和凌虐"、第 20 条"个人行动能力"、第 26 条"适应训练和康复"都没有"在与其他人平等的基础上"或"不受基于残疾的歧视"这一限定语。结合语境来看，是因为残障人在这些情景中，源于残障的脆弱或风险如此严重，必须予以独特的保护措施；② 这种积极保护措施在最大限度上生效，也不会导致残障人"超过"非残障人的优势，而只能勉强补救其遭受的创伤。

在《残疾人权利公约》之后，国家的人权义务进一步强化。人权除了在消极意义上具有启蒙时代"天赋人权"以抵抗国家专断权力的内涵，③ 还具有积极意义，要求国家承担积极义务，在司法和政治领域采取适当措施，确保每个人切实参与和进行有意义的选择，以及培育公民德性，促进社会团结。④ 在司法领域，相关人权内容既包括约束公权力的程序保障，还包括公益诉讼、公共法律服务（法律援助）以及程序便利等，体现出国家权力的介入、公共资源的投入以及采取措施的积极性。

国家尊重、保障和实现残障人获得司法保护的权利（出发点是公约第 13 条），也有义务采取各种措施，包括建设无障碍环境，提供程序便利、合理便利，消除实现司法正义各环节中的歧视。其中，程序便利的义务看

---

① Gauthier de Beco, *Disability in International Human Rights Law*, Oxford University Press, 2021, p. 27.

② 《残疾人权利公约》序言第 10 段强调必须促进和保护所有残障人的人权，包括"需要加强支助的"（who require more intensive support）残障人人权，这里的"require more intensive support"意味着克服独特的残障脆弱性所需要的格外支持。这种对残障的格外支持可能是长期的，所以相关举措不同于《消除对妇女一切形式歧视公约》中的"暂行特别措施"。就现实而言，这种格外支持，也很难"拉平"重度残障人与其他残障人在司法和其他领域的功能发挥结果，而主要是在权利禀赋、主张、论辩的过程中，最大限度贯彻平等原则。

③ 人权概念在五四时期传入中国，就像陈独秀所言："个人之自由权利，载诸宪章，国法不得而剥夺之，所谓人权是也。"陈独秀：《东西民族根本思想之差异》，《青年杂志》第 1 卷第 4 号，转引自夏勇《论和女士及其与德、赛先生之关系》，载夏勇《人权概念起源——权利的历史哲学》，中国社会科学出版社，2007，第 217 页。

④ Sandra Fredman, *Human Rights Transformed：Positive Rights and Positive Duties*, Oxford University Press, 2008, pp. 85, 134.

起来比合理便利更加严格，更注重司法体系本身付出更多努力，确保公平正义。此外，公约第 9 条关于无障碍、第 21 条关于获得信息的机会而为缔约国设定的积极义务，也与此权利的实现密切相关。①

二 国家提供"合理便利"义务的内涵与发展脉络

联合国残疾人权利委员会在 2014 年发布《关于"第九条：无障碍"的第 2 号一般性意见》，② 其第 37 段指出："如果执法机构和司法机构所在的建筑物没有实行无障碍，如果它们提供的服务、信息和通信没有对残疾人实行无障碍，那么就不可能有效地获得公正（第十三条）。"

此外，《残疾人权利公约》第 2 条把合理便利放到了一个非常高的位置。"合理便利"是指：根据具体需要，在不造成过度或不当负担的情况下，进行必要和适当的调整，以确保残障人在与其他人平等的基础上，享有或行使一切人权和基本自由。合理便利的英文是"reasonable accommodation"，将其翻译为"合理调整"可能更有助于揭示其包含的国家积极义务。便利，不是一般意义上的"与人方便"，更不是"随自己的便"，而是采取措施（take measures）、进行调整（adjust）或修改（adapt），以实现接纳或包容（accommodate）。合理调整通常意味着公共部门例如司法机关采取措施，调整一些既定的对所有人同等适用的工作场所、设施、诉讼程序、证据规则、执行方法等，③ 以便利（facilitate）和确保残障人的充分参与及融合。此外，"合理"作为限定语，指的是这些调整措施对于需求方来说有实质必要性，同时对提供者并没有造成过度或不当负担（dis-

---

① Anna Lawson, Disabled People and Access to Justice, From Disablement to Enablement? in Peter Blanck, Eilionóir Flynn, ed., *Routledge Handbook of Disability Law and Human Rights*, Routledge, 2017, pp. 100 – 101.

② CRPD/C/GC/2.

③ "便利"或"调整或修改"的形式包括物质层面和非物质层面，对此相关讨论可见曲相霏《残疾人权利公约中的合理便利——考量基准与保障手段》，《政法论坛》2016 年第 2 期。

proportionate or undue burden），或者并没有实质上改变原来的工作性质。①

　　合理便利概念进入残障平权领域，有其国际人权法上的发展脉络。1993年《残疾人机会均等标准规则》规则 7 指出："各国应鼓励企业雇主为安排残疾人工作做出合理的调整。"1994 年经社文公约委员会发布《第 5 号一般性意见：残疾人》②，其第 15 段指出："'基于残疾的歧视'可界定为以残疾为理由，其结果是取消或损害经济、社会、文化权利的承认、享受或行使的任何区分、排斥、限制或偏向、或合理的便利的剥夺。"2009 年经社文公约委员会发布《关于公约第 2 条第 2 款"经济、社会和文化权利方面不歧视"的第 20 号一般性意见》③，其第 9 段指出："这种积极措施在某些特殊情况下可能必须是持久性的，例如，为语言少数者提供翻译服务，为在进入医疗保健设施方面有感觉障碍的人提供合理住宿（reasonable accommodation）。"这里的"合理住宿"是"合理便利"的错误翻译。

　　《残疾人权利公约》明确认定，拒绝提供合理便利构成一种歧视。④在人权法脉络中，从《联合国宪章》《世界人权宣言》到核心人权条约，对平等对待以及特定群体免受歧视的概念不断丰富。⑤ 最开始界定也最好识别的歧视是直接歧视，亦即直接适用对某种认同或身份的分类标准，并对特定人群造成了不公平的不利影响，比如规定残障人一律不能打官司。随后禁止的是间接歧视，亦即看起来平等适用的标准实际上不合理地排除了某类

---

① 就调整措施之"合理"限度的协商与衡量，包括"合法可行""合比例"标准以及举证责任分配等，相关讨论可见崔凤鸣《平等参与原则下的无障碍和合理便利——以中国的实施现况为例》，《台湾人权学刊》第 5 卷第 4 期，2020。

② 人权高专办网站，https://tbinternet.ohchr.org/_layouts/15/treatybodyexternal/Download.aspx?symbolno = INT%2fCESCR%2fGEC%2f4760&Lang = zh，最后访问日期：2022 年 10 月 25 日。

③ 人权高专办网站，https://tbinternet.ohchr.org/_layouts/15/treatybodyexternal/Download.aspx?symbolno = E%2fC.12%2fGC%2f20&Lang = zh，最后访问日期：2022 年 10 月 25 日。

④ 根据全国人民代表大会常务委员会法制工作委员会编的《中华人民共和国残疾人保障法释义》，中国《残疾人保障法》第 3 条中"基于残疾的歧视"包括一切形式的歧视——包括拒绝提供合理便利，并且该书对合理便利的定义与《残疾人权利公约》中的定义完全一致。参见全国人民代表大会常务委员会法制工作委员会编《中华人民共和国残疾人保障法释义》，法律出版社，2008，第 15 页；但中国法律条文中并未明确纳入和界定合理便利；相关评述另可见曲相霏《"合理便利"概念的起源和发展》，《人权》2015 年第 6 期。

⑤ 相关条文梳理可见林建军、靳世静《"歧视"的规范内涵——基于国际人权文书的体系化考察》，《中华女子学院学报》2021 年第 6 期。

无法适用的人，对其造成了不公平的不利后果。比如所有当事人都要自行阅读并抄写权利义务告知书，这个标准看起来对所有人同等适用，但其实排除了特定类型的残障人。在间接歧视之后，人们又引入了合理便利的概念，作为一种更深入的、个性化的干预措施，以认可人性能力的多样性、回应个体经受脆弱及风险的动态性，从而更好地实现所有人的平等权利与自由。

残疾人权利委员会 2014 年《关于"第十二条：在法律面前获得平等承认"的第 1 号一般性意见》① 有 4 处提到合理便利。其指出，合理便利要求的修改或调整，包括但并不局限于无障碍进出如法庭、银行、社会福利机构、选举场所等重要建筑物，同时方便地获得关于具有法律效力的各项决定的信息以及获得个人协助。残疾人权利委员会 2014 年《关于"第九条：无障碍"的第 2 号一般性意见》有 9 处提到合理便利。其区分了无障碍与合理便利，并强调二者的互补，特别是有一些残障个人不会使用为实现无障碍而提供的模式、方法或手段（例如不会盲文），因此，即使实行了无障碍标准也可能不足以确保他们能无障碍地利用。此外，经受不常见障碍的人可以要求提供无障碍标准范围以外的便利。

残疾人权利委员会 2016 年《关于残疾妇女和女童的第 3 号一般性意见》有 10 处提到合理便利。委员会尤其援引了另外一个人权条约机构的意见，亦即消除对妇女歧视委员会在最近的判例中，提到残障妇女在获得就业机会方面的合理便利，一个例子是在工作场所提供便于残障妇女哺乳的无障碍设施。

残疾人权利委员会 2016 年《关于包容性教育权的第 4 号一般性意见》有 31 处提到合理便利。其据此强调"整个人"（whole person）方针，承认人人具有学习能力，对所有学生，包括残障学生都抱有较高期望。这一方针意味着将提供支助、合理便利和早期干预，使所有学生都能发挥潜力。学生的能力和信心得到加强，获得合理便利，在评估和考核程序中得到平等对待，他们的能力和成绩在与他人平等的基础上得到认证。不得以

---

① 此处及下文引用的联合国残疾人权利委员会发布的第 1～8 号一般性意见，都可见人权高专办网站（英文版，有部分一般性意见中文版尚未发布），https://www.ohchr.org/EN/HRBodies/CRPD/Pages/GC.aspx，最后访问日期：2022 年 10 月 25 日。

紧急情况下疏散困难为由，拒绝让残障学生入学，相反，必须提供合理便利。提供合理便利不得取决于关于残障状况的医疗诊断书，而是应当基于对受教育的社会障碍的评估。"合理"应该是情景测试的结果，该测试分析提供便利的相关性和有效性，以及消除歧视的预期目标。评估负担是否过度时，可以考虑现有资源和所涉经费。但应该认识到，需要基于人权标准而不是资源的有效利用，提供合理便利以支持包容性，对没有提供合理便利的情况加以处罚。

残疾人权利委员会 2017 年《关于独立生活和融入社区的第 5 号一般性意见》有 1 处提到合理便利，其强调提供合理便利的义务（依照第 5 条第 3 款）不属于逐步实现的义务。委员会 2018 年《关于平等和不歧视的第 6 号一般性意见》有 46 处提到合理便利。其指出，基于残障的歧视涵盖一切形式的歧视，包括拒绝提供合理便利。该定义的依据是国际人权条约对歧视的法律定义，如《消除一切形式种族歧视国际公约》第 1 条和《消除对妇女一切形式歧视公约》第 1 条。《残疾人权利公约》在两个方面超越了这些定义：首先，它将"拒绝提供合理便利"作为基于残障的歧视的一种形式；其次，"在与其他人平等的基础上"这一短语是新加的内容。此外，合理便利必须与申请人协商提供。在某些情况下，提供的合理便利成了一种公益物。在其他情况下，提供的合理便利只对申请人有益。不应将合理便利与独立生活和融入社区权利下提供私人助理等协助相混淆，也不应与提供行使法律能力方面的协助相混淆。获得司法保护的"程序便利"不应与合理便利相混淆，后者受到过度概念的限制，程序便利则不然。

残疾人权利委员会 2018 年《关于残疾人包括残疾儿童通过其代表组织参与公约的执行和监测的第 7 号一般性意见》有 13 处提到合理便利。其指出，要为获取所有相关信息，包括为访问公共机构的网站提供无障碍的数字格式，必要时提供合理便利，如手语翻译、"易读"文本和浅白语言、盲文和触觉交流等。在所有对话和协商过程中，应始终提供合理便利，必须与残障人组织密切协商并让这些组织积极参与制定关于合理便利的法律和政策。残疾人权利委员会 2022 年《关于残疾人工作和就业权利的第 8 号一般性意见》中专门强调，就业场所的合理便利（其不同于无障碍）是公私部门的雇主所应承担的义务。该意见第 57 段明确将雇主拒绝提供合理便利与工作场所的骚扰等界定为基于残障的就业歧视，进而吁求国家承担相应的司法保护义务。

在加拿大、美国等地，合理便利概念最开始出现在残障之外的领域。1966 年美国修订《民权法》，增加要求雇主在职场中包容雇员或求职者基于宗教信仰的特殊需求，并在不造成过度负担的前提下为其宗教活动提供"合理便利"。1985 年加拿大联邦最高法院在安大略人权委员会案（*Ont. Human Rights Comm. v. Simpsons Sears*）中也确立了类似原则：企业雇主有义务为员工的信仰实践进行灵活调整，只要这个调整没有给企业造成过度困难（undue hardship）。① 美国、加拿大从宗教领域开始，把这样一种合理调整的范围扩展到对残障、② 怀孕、种族、性别等因素的考虑，目的都在于实现实质平等。此后，不少国家和地区（例如欧盟）③ 也在消除间接歧视的运动中，界定了相关主体提供合理便利的义务。提供合理便利起初发生在资本主义社会的雇佣或劳动合同领域，这个背景有助于理解合理便利为什么会有"计算成本"的要求。

在《残疾人权利公约》中，以下三个条文非常典型地规定了合理便利的"用途"。第 14 条关于残障人自由和人身安全，要求绝对不可基于残障而剥夺残障人的自由；并应当确保残障人在与其他人平等的基础上，参与司法程序，为影响剥夺自由的相关裁量而努力，在此过程中，要确保提供合理便利。在第 24 条"教育"和第 27 条"就业"领域，公约要求提供合理便利，目的还是确保残障人在与其他人平等的基础上实现教育和就业权。在公约框架下，合理便利与无障碍密切联系，④ 其不是独立的实体权

① 曲相霏：《"合理便利"概念的起源和发展》，《人权》2015 年第 6 期。
② 例如 1990 年《美国残疾人法案》（Americans with Disabilities Act，ADA）。
③ 例如 2000 年欧盟《关于禁止工作场所宗教信仰、年龄、残障和性倾向歧视的指令》（EU Directive 2000/78/EC）。
④ 关于合理便利与无障碍的概念辨析，另可参见崔凤鸣《平等参与原则下的无障碍和合理便利——以中国的实施现况为例》，《台湾人权学刊》第 5 卷第 4 期；曲相霏《残疾人权利公约中的合理便利——考量基准与保障手段》，《政法论坛》2016 年第 2 期；黄裔《合理便利概念的浅析》，载刘小楠主编《反歧视评论》（第 1 辑），法律出版社，2014，第 29~50 页。

利，而是残障人平等参与社会生活各领域的必要可行路径。

公约其他条文对合理便利也提出了要求，但在具体阐释中不无争议。例如第 16 条规定的是免于剥削暴力和凌虐，并没有直接提合理便利，甚至都没有写"在与其他人平等的基础上"这句话。这一条旨在特别突出残障人比非残障人遭受了更多的经济剥削、身心暴力，尤其是机构内部或者各种照护场所中的虐待。为此要有一个专门的识别、保护和预防机制。残疾人权利委员会指出，第 16 条要求国家在采取保护和预防暴力的措施时，要考虑到年龄、性别和残障的因素——确保无障碍并进行合理调整。[①] 这些识别、保护和预防机制，需要一个包容的、有效的司法保护制度作为兜底。例如委员会在给加蓬、意大利等国的建议中，关注保护残障人免受虐待的设施，比如庇护所，是否提供无障碍信息以便社群了解相关救济渠道，这些设施在物理上是否符合无障碍标准，以及能否"容纳"残障人，特别是残障妇女和儿童。委员会还要求培训"警察、司法工作者、健康工作者和其他代理人员，以便通过保护和预防措施，包括有效的报案渠道等，确保残障人免受剥削、虐待和暴力"。[②]

三 国家在司法中提供"程序便利"的义务

在梳理残障人实体权利保护的"无障碍"与"合理便利"之后，由此对照，可以进一步理解公约第 13 条中规定的残障人获得司法保护中的"程序便利"（procedural accommodations）。[③] 当残障人打官司或接受审判

[①] Ilias Bantekas, Michael Ashley Stein, and Dimitris Anastasiou eds., *The UN Convention on the Rights of Persons with Disabilities*: *A Commentary*, Oxford University Press, 2018, pp. 481 – 482, pp. 486 – 487.

[②] 残疾人权利委员会关于培训司法人员的建议，与公约第 13 条第 2 款的内容发生了交叉。CRPD Committee, Concluding Observations on the Initial Report of Gabon para 39；另可参见 Concluding Observation on the Initial Report of Italy para 44。

[③] 《残疾人权利公约》第 13 条第 1 款：缔约国应当确保残疾人在与其他人平等的基础上有效获得司法保护，包括通过提供程序便利和适龄措施，以便利他们在所有法律诉讼程序中，包括在调查和其他初步阶段中，切实发挥其作为直接和间接参与方，包括其作为证人的作用。

时，国家有义务提供程序便利，这个概念与上文介绍的合理便利应有区别。直接看文本，"程序便利"去掉了"合理便利"中的"合理"，意味着提供这样一种司法程序中的便利或调整，应当不那么在乎成本。残疾人权利委员会在 2018 年发布的《关于平等和不歧视的第 6 号一般性意见》中指出："这些便利有别于合理便利，因为程序便利不受不得过度的限制。程序便利的一个例子是承认残疾人在法院和法庭的多种沟通方式。"① 到了司法环节，涉及残障人非常重大的人身财产权利以及重要社会利益时，有必要为他们提供便利，比如手语翻译；或者是进行制度调整，包括证据规则、庭审规则上的调整。

由此回溯到残疾人权利委员会 2014 年发布的《关于在法律面前获得平等承认（第 12 条）的第 1 号一般性意见》第 34 段，其强调残障人为了行使平等法律能力，既需要"合理便利"，也需要外部"协助或支持"，二者互补，且"不得以存在过度或不当负担为由，限制残障人在法律能力方面获得协助（right to support）的权利。各国绝对有义务为残障人行使法律能力提供协助"。

《残疾人权利公约》第 12 条对残障人平等法律能力的激进规定，加上残疾人权利委员会对公约第 12 条的以上激进阐释，已经让诸多缔约国有些"抵触"和"不知所措"了。这种激进阐释及其与公约其他条文之间的张力如何在司法领域得到"调和"，仍然是个难题。

残疾人权利委员会在关于哥斯达黎加的结论性意见当中，认为哥斯达黎加要保证国家在法院里面提供手语翻译，在法院的言辞辩论环节，或者是其他交流环节当中，要使用替代性的办法。当然还包括整个法院的物理环境、交通交流的无障碍。② 委员会界定的"程序便利"，既包括无障碍，也包括一些个性化的调整。委员会在给厄瓜多尔的结论性建议当中还指出，需要一些立法上的变革，比如建立专门的法律援助制度，让贫困残障人可以获得免费的律师帮助，并且在刑法、民法、劳动法和行政程序法当

---

① 残疾人权利委员会《关于平等和不歧视的第 6 号一般性意见》第 51 段。

② CRPD Committee, Concluding Observations on Costa Rica, UN Doc CRPD/C/CRI/CO/1 (2014) para 26.

中，纳入为残障人提供程序便利的要求。① 这些"程序调整"可以理解为包括了开庭程序、证据证人规则等方面的调整，以确保残障人在与其他人平等的基础上获得司法保护。

此外，由于缺乏无障碍或拒绝提供合理便利导致歧视，当事人诉诸司法救济人格尊严权利，其所承担的举证责任不同于一般侵权法责任。残疾人权利委员会指出，在合理便利的案件中，"确保声称负担过度或不当的义务承担方负有举证责任"；在残障人遭受歧视的案件中，"如果有事实可以推定存在歧视，则程序规则应将民事程序中的举证责任从原告转向被告"。②

概言之，国家在司法程序中为残障人提供无障碍与各种"便利"的义务，体现出以下两个向度。第一，国家在司法中提供"程序便利"比起"合理便利"而言，确实不应那么看重所谓的成本限制。残疾人权利委员会尤其鼓励国家超越成本顾虑，多提供司法程序中的调整，以实现公平正义这个重大社会利益。第二，计算正义的成本还是必要的。从全世界来看，人权的实现都离不开国家投入充分的资源。公约要求国家为残障人提供无障碍环境，也允许其依照有具体进度安排的时间表来逐步改进落实。③残疾人权利委员会在建议、说服缔约国投入资源的时候，也会犹豫和妥协。当国家确实没有资源、缺乏能力去保障某一种司法程序上的便利时，其可以主张"过于困难"。于是，对程序便利的要求"降级"为合理便利，受到成本的约束。例如公约第 14 条关于自由权就提供了不同的阐释"合理便利"的依据，当残障人可能被司法程序剥夺自由时，公约只是要求国家确保残障人"在与其他人平等的基础上……享有符合本公约宗旨和原则的待遇，包括提供合理便利的待遇"。把第 14 条和第 13 条合起来理解，说明公约规定有时候会理想、激进一点，希望义务承担者不计成本地提供更好的程序便利，有的时候也会妥协一点，允许义务承担者提供一种

---

① CRPD Committee, Concluding Observations on Ecuador, UN Doc CRPD/C/ECU/CO/1 (2014) para 27.

② 残疾人权利委员会《关于平等和不歧视的第 6 号一般性意见》第 27 段、第 73 段。

③ 残疾人权利委员会《关于无障碍的第 2 号一般性意见》第 24 段。

考虑成本的合理便利。

四　通过司法审查无障碍与合理便利的经验比较

通过司法保护机制实现和促进残障人的权利公平、机会公平、规则公平，有其国际人权法和国内法上的制度依据，有成功案例，也有可复制推广的经验做法。比较不同法域中通过司法审查无障碍与合理便利、保护残障人权利的策略和效果，有助于人们认识到，残障权利的司法保护机制本身存在一些前提条件、可能路径和功能限度。在中国特色社会主义法治体系中，司法扮演了独特作用，也与其他法治实施、保障、监督机制存在密切联系。

2018 年 12 月《最高人民法院关于增加民事案件案由的通知》第 1 条规定，在《民事案件案由规定》第一部分"人格权纠纷"的第三级案由"9、一般人格权纠纷"项下增加一类第四级案由"1、平等就业权纠纷"。该规定为残疾人平等就业相关权利提供了更强有力的司法保障，也为其诉诸司法反对歧视、救济权利的案件范围提供了新的参照。①

法院在诉讼中促进合理便利作为无障碍的重要补充，发挥着不可替代的作用。例如在肢体障碍者乔博申请中考合理便利、起诉教育局并胜诉的案例中，法院认为，评估程序的缺失，致使被告作出的复核意见以及第三人作出的审查决定在程序方面有明显瑕疵，事实依据方面亦有不足，足以影响涉案决定的合法性。"至于延长考试时间、提供电子工具答题以及专人协助画图等便利请求是否超过《残疾人教育条例》以及《管理规定》所规定的合理便利范畴，在缺少对原告个人的综合评估意见的情况下，本院亦不宜径行实质审查、评判。"② 法院判定教育局程序违法，其没有基

---

① 丁鹏、张万洪：《残疾人权利保障的新进展》，载樊崇义、施汉生主编《中国法律援助制度发展报告 No.1（2019）》，社会科学文献出版社，2019，第 97～98 页。

② 何利权等：《脑瘫考生申请多项便利未获批起诉教育局，法院：应有更多关怀》，澎湃新闻，https://www.thepaper.cn/newsDetail_forward_3052582，最后访问日期：2022 年 10 月 25 日。

于个案考虑对申请人进行综合评估。这个要求很接近《残疾人权利公约》关于"合理便利"的概念。此外，法院不对教育局的裁量做实质审查，将其留给行政部门，并不过度干预行政。

相比之下，美国联邦最高法院在职业高尔夫球协会诉马丁案①中的多数派意见值得反思。本案中，一名血循环紊乱致右腿变形的职业高尔夫球员凯西·马丁起诉职业高尔夫协会，主张该协会禁止他在一些联赛中使用高尔夫球车违反了《美国残疾人法案》。一审法院颁布要求协会允许球员使用高尔夫球车的永久令，协会一路上诉到联邦最高法院。法院认为，高尔夫球步行规则的目的在于，将体力消耗纳入击球技能的考量之中。一般情况下，在高尔夫球场上步行导致的体力消耗不应该被视作主要考量因素。即便使用高尔夫球车，马丁因应对其残障而产生的体能消耗也远大于那些身体健全的（able-bodied）竞争对手在球场上步行的体能消耗。因此允许马丁使用高尔夫球车并不会根本上改变球赛的性质。美国联邦最高法院的多数法官认为，应该为肢体障碍的球员平等参与竞技提供合理调整。依照《美国残疾人法案》，运营"公共场所"应当为残障人提供便利条件，使其得以和非残障人同样方便地使用各类设施。但是，斯卡利亚大法官激烈反对，他认为：由一群大法官来比较高尔夫球球员坐电动车消耗的体力和别人走路消耗的体力，这是很荒唐的事情。本案根本就不应该由法院来做实质审查。

此外，就合理便利的广泛落实而言，"计算成本"还是很重要的。易言之，有必要把激进的法律理念推行后的社会"成本"纳入考虑范围。司法判决要求高尔夫球协会做出改变，好像高尔夫球协会没有承担什么不合理的成本，无非就是提供电动车。但长远来看，这个社会可能承担更大的成本。因为可能会有更多的高尔夫球协会和运动场通过别的更加隐蔽的手段排除残障的球员报名参加比赛。因为他们觉得麻烦，也害怕这样一个允

---

① *PGA TOUR, INC., Petitioner, v. Casey MARTIN*, 532 U. S. 661, 149 L. Ed. 2d 904. 本案判决中文翻译和简要评述可见后萍译、丁鹏评述《职业高尔夫球协会巡回赛公司诉马丁案》，载张万洪主编《残障权利研究》（第 4 卷第 1 期），社会科学文献出版社，2018，第 1 ~ 35 页。

许球员"搞特殊"的比赛安排降低了游戏的趣味性和吸引力。在特定社会环境下，一味追求让眼下这个残障选手平等参加比赛，他赢了官司，获得了合理便利，但是潜在的社会成本其实由所有的观众和更多未来的球员来承担。问题症结就在于整个高尔夫球协会以及社会大众还没有完全接受合理便利及其背后的残障平等融合理念。

如同其他社会，美国社会对残障人权利的平等保护，也存在不同意见。通过法律途径处理这种分歧，常常比理解和传播胜诉案件中的多数方意见更为重要。仅仅重复政治上正确的原则，还不足以让平等保护的理念深入人心。只有真正体会反对派的立场，才能更有效地在理论上指出残障群体主张"公平优先，兼顾效率"的正当价值，在策略上与平权社会运动、司法审查以及制度变迁的节奏相互契合，创造出残障人平权的"宪法时刻"①。

虽然在合理便利领域，《残疾人权利公约》似乎存在"犹豫"之处：是为了平等不惜代价，还是总得考虑"正义的成本"？但是，公约也明确告诉世人：首先，为了实质平等和自由提供合理便利，不（只）是由金钱量化的成本收益分析的结果；其次，人们可以有策略地、坚持不懈地通过诉诸司法提升抗辩"合理负担"的门槛，包括要求计算人的潜能得以发挥的收益，找更多方面的资源，持续倡导，提升社群和全社会对残障人权利的认识。直面"分类"处理的效率追求，人们坚持在个案审查、反归类原则铺就的平等之路上，追求合理便利的不断落实，进步就是进步。

中国法院探索确立的前述典型案例和积极经验，有助于通过司法保护深入落实无障碍相关法律制度和标准，明确和协调义务承担者渐进的无障碍建设义务和即刻的合理便利义务，在无障碍环境建设未达到国家标准或未能满足个性化需求时，将合理便利作为有效补充。② 新的地方立法如2021年《北京市无障碍环境建设条例》将"通用设计、合理便利"确定为无障碍环境建设的基本原则，不仅强化了平等保护和广泛受益理念，还强调对有需求者的个性化服务和实质保障。这些新的立法进展为各地法院

---

① 此处"宪法时刻"的含义可参照〔美〕布鲁斯·阿克曼《我们人民：转型》，田雷译，中国政法大学出版社，2014，第16～19页。

② 张万洪：《用法治推进无障碍环境建设》，《光明日报》2021年12月18日。

通过司法促进无障碍与合理便利提供了更多有力支撑。

五 中国促进残障人权利司法保护的 良好实践

(一) 中国法院促进残障人平等获得司法保护的经验做法

依据《残疾人权利公约》和相关国内法律体系，中国法院应采取积极措施完善相应设施设备和诉讼服务规则，为残障人平等参与诉讼提供无障碍与程序便利支持。早在 2007 年，《北京市高级人民法院关于在审判工作中依法维护残疾当事人合法权益的意见》即提出要求，法院应当平等保护残障人的合法权益，不得歧视残障人，包括：逐步健全无障碍设施；对符合条件的残障当事人实行诉讼费的"缓、减、免"；对于需要用手语、字幕、翻译等方式交流的残障人，在诉讼中应帮助联系、聘请援助人员，解决交流障碍；确需辅助、陪护人员的残障人参加诉讼，可允许 1 名至 2 名辅助、陪护人员到庭，帮助残障人办理必要事宜。[①]

2017 年，最高法院首次发布该院行政审判十大典型案例，其中包括 2016 年 4 月 15 日，最高人民法院在山东省济南市中级人民法院开庭审理的残障退休工人林建国诉山东省济南市住房保障和房产管理局房屋行政管理再审案。[②] 这是最高人民法院行政审判庭首次就残障人权益保障赴当事人住所地的基层法院开庭，便利残障人参加诉讼，彰显了人民法院司法为民的宗旨。[③] 2018 年最高人民法院、中国残疾人联合会《关于在审判执行工作中切实维护残疾人合法权益的意见》第 18 条指出，要"完善诉讼无障碍设施及服务。大力推进法院接待场所、审判场所的无障碍设施建设，方便残疾人参加诉讼。积极推进信息交流无障碍环境建设，根据案件情

---

① 李健：《残疾人诉讼不得受歧视》，《北京社会报》2007 年 5 月 12 日。
② 最高人民法院行政调解书（2016）最高法行再 17 号。
③ 田禾、吕艳滨主编《中国人权法治（2002—2016）》，社会科学文献出版社，2018，第 155 页。

况，允许相关辅助、陪护人员陪同残疾当事人出庭"。

第四期《国家人权行动计划（2021—2025年）》在"公正审判"部分要求人民法院推进智慧诉讼服务建设。2021年最高人民法院发布《人民法院在线诉讼规则》，要求人民法院应从在线诉讼服务、诉讼规则、设施设备和技术支持等方面消除信息鸿沟和数字歧视，确保无障碍和平等获得司法保护。其中涉及对残障人等特定群体加强诉讼引导，提供相应司法便利。司法便利既包括《残疾人权利公约》第13条中的程序便利，例如为听障人当事人提供手语翻译，为在线阅读图片材料有困难的当事人提供人工朗读，以及确保残障人在司法中的其他多种信息交流和沟通方式。司法便利也包括公约第2条、第14条等界定的合理便利，在无障碍设施设备尚不能符合需求的情况下，为残障当事人提供不构成过度负担的个性化调整，例如上门服务、以录制视频代替直接言辞等。2022年3月，最高人民法院、最高人民检察院、公安部、司法部、中国残联共同发布了《关于深入学习贯彻习近平法治思想 切实加强残疾人司法保护的意见》，要求不断完善司法为民服务体系，切实将无障碍服务贯穿诉讼全流程。

在此背景下，近年来各地法院采取一系列促进无障碍与程序便利的举措，取得以下成效。①

首先，在完善物理环境无障碍建设方面，各地法院采取的措施包括加速无障碍通道、设施和无障碍诉讼服务专线的建设等。如浙江龙游县法院是全国首家将盲道覆盖到法院大楼内部的法院、舟山法院专门设置了残障人车位和残障人诉讼服务电话等。西安市刚刚举办了全国残运会，城市无障碍建设提升；法院物理环境无障碍和相关辅助设施更加完善。贵州多家法院在改建、新建审判法庭，改造升级诉讼服务中心的过程中，标准化配套建设残障人无障碍通道、盲人通道和无障碍指引标识，部分法院还配备

---

① 关于云南、浙江法院系统的无障碍建设经验，参见王晓娟《残疾人平等获得司法保护的实践进展》，《人民法院报》2021年11月11日；柴鑫《保障残疾人平等获得司法保护的浙江实践》，《人民法院报》2021年11月11日。关于西安、贵州、上海法院的经验，参见姚建军《让残疾人感受司法的温度和力量》，《人民法院报》2021年11月25日；韩德洋《依法保护残疾人的公民权利和人格尊严》，《人民法院报》2021年11月25日；郭伟清《落实对残疾人法律援助 推动司法改革成果共享》，《人民法院报》2021年11月25日。

了残障人可无障碍使用的座位、休息室、洗手间。上海二中院为残障人打造全流程无障碍的环境，包括安检中的便利、提供辅具等。

其次，在提升诉讼服务制度的无障碍及程序便利方面，各地法院在立案、审判和执行全过程为残障人开辟绿色通道，并考虑到残障人群体的不同需求，在个案中合理调整庭审工作制度和诉讼参与规则，以保障残障人实现司法正义。例如云南、海南等地法院以一站式多元解纷和诉讼服务体系建设为突破口，方便残障当事人参与诉讼。浙江法院通过设立特殊群众立案服务窗口、助残上门立案和简化残障人立案流程等诉讼服务的优化，让残障人可以及时获取有效司法信息和平等、充分、方便的司法服务。上海法院辅导残障人使用手机端设备参与在线诉讼，聘请手语翻译参与审判，确保无障碍交流；并在先予执行、判决执行、司法救助等环节重点考虑残障人的需求。西安等地的智慧法院建设取得成效，全面开展远程立案、网上审判、智慧执行，让残障人"少跑路"甚至"不跑路"，切实减轻残障人诉累。

在确保诉讼制度对于残障人"可接近""可通达"方面，尤其值得称赞的是，上海法院审慎审查残障人代理人的代理权限，尊重残障（特别是心智、精神障碍）当事人的自主决定和真实意愿。这涉及对《残疾人权利公约》第 12 条规定的残障人平等"法律能力"的深刻理解运用，令其成为残障人权利司法保护的坚实基础。

最后，中国政府对法官、警察开展了关于尊重残障人权利的培训。例如最高人民法院举办了针对地方法院刑事法官的人权培训班，公安部要求各级公安机关学习包括《残疾人保障法》在内的相关法律法规，监狱警察培训内容也包含对残障人的权利保护。[①] 中国政府就国内残障人司法保护的相关良好实践向人权高专办提交的经验总结指出：法律工作者得到手语方面的培训，而手语翻译人员得到法律方面的培训，[②] 以促进这些人在司

---

① 中国政府 2018 年向联合国残疾人权利委员会提交的《〈残疾人权利公约〉的实施情况：缔约国第二次和第三次合并定期报告》，第 46 段。

② 中国的经验总结可见联合国人权高专办网站，https://www.ohchr.org/EN/Issues/Disabili-ty/SRDisabilities/Pages/GoodPracticesEffectiveAccessJusticePersonsDisabilities.aspx，最后访问日期：2022 年 9 月 30 日。

法程序中合力为听障人提供更有效的服务。

（二）通过公共法律服务促进残障人平等获得司法保护

在法院体系的努力之外，中国政府重视依照《残疾人权利公约》以及2012 年国务院《无障碍环境建设条例》等规范来推进公共服务部门的无障碍建设。近年来，全国法律援助机构在无障碍建设方面已经积累了丰富经验，比如强化硬件设施建设，确保残障人无障碍设施全天畅通，方便行动不便人群出行等。

2018 年，司法部发布《关于深入推进公共法律服务平台建设的指导意见》，要求整合各项服务平台，简化服务手续，完善服务功能，应用技术手段实现音频、视频、文字信息无障碍快速转换，适应不同受众服务需求。为此，湖北省以及该省十堰市法律援助中心积极开展公共法律服务平台无障碍改造，主动咨询当地公益服务机构，参照《无障碍环境建设条例》、《银行无障碍环境建设标准》、《湖北省无障碍环境建设和服务管理办法》和《北京 2022 年冬奥会和冬残奥会无障碍指南》等标准，拟采纳低位柜台、无障碍卫生间、声光一体报警设备、无障碍标识等设计，以充分便利残障人获得各项公共法律服务。

此外，在刑事案件中，由于刑事诉讼法的直接规定，公检法等办案部门都会提供费用确保听障人获得手语翻译。但法律援助律师的手语翻译如何安排，各地做法不一，常常导致律师放弃请手语翻译，影响与当事人沟通的质量。民事案件中听障人手语翻译也一直未有明确规定。对此，2018 年 12 月，武汉市法律援助中心颁布《办理法律援助案件补贴（差别化）发放办法》，该办法第 17 条规定："根据案情需要聘请翻译人员的，发放案件补贴的同时，按照每件 600 元支付翻译费；小语种翻译的，按每件 1500 元支付。"当地从事法律援助的律师认为，以后聘请手语翻译也可以参照小语种翻译执行，或至少有 600 元的翻译费可以主张。该做法值得其他地区借鉴。

在获得司法保护的公共法律服务环节，有关部门采取的有益做法包括进行培训，确保由了解残障议题、善于沟通、维权经验丰富的律师承办残障人法律援助案件，司法行政部门和地方残联举办各种专门培训班。① 相关经验被写入中国政府向联合国残疾人权利委员会提交的履约报告。②

六　结语

本文阐释了《残疾人权利公约》创新设定的国家积极义务，并着重分析了在残障人平等获得司法保护领域，这些积极义务应当指向：消除司法全过程的外部障碍，提供程序支持，提高残障当事人知法用法、在与其他人平等的基础上诉诸司法的可行能力。公约规定了司法各环节的无障碍、程序便利与合理便利。合理便利的积极义务贯穿于公约诸多条款，令公约成为国际人权法中的道义制高点，其将残障人真正当作"不同能力者"，是"反归类原则"的激进应用，将回应个性需求的区别对待推到了极致。比较不同法域中司法审查无障碍与合理便利、保护残障人权利的策略和效果，可以揭示残障权利的司法保护机制本身的一些前提条件、可能路径和功能限度。中国政府要求不断完善司法为民服务体系，切实将无障碍服务贯穿诉讼全流程，在此领域积累了丰富的经验。其中，加强司法领域工作人员的人权培训，对提升司法工作人员的残障平等意识和服务技能具有显著成效。

（责任编辑：谢灵卓）

---

① 《湖北省残障法律援助实务培训示范推广班在丹江口举行》，湖北省司法厅网站，http://sft. hubei. gov. cn/sfxz/bmfb/flyzzx/201911/t20191129_1565239. shtml，最后访问日期：2022年9月30日。

② 中国政府 2018 年向联合国残疾人权利委员会提交的《〈残疾人权利公约〉的实施情况：缔约国第二次和第三次合并定期报告》第 46 段："2017 年，在司法部法律援助中心指导下，湖北省法律援助中心与武汉大学法学院合作开展残障法律援助实务技能培训示范班，并在全省以及全国推广该培训模式。"

非婚育龄妇女生育权保障反思：
从"婚本位"至"孕本位"

刘佳琪*

摘　要："婚本位"的生育权保障范式与当下多元化的婚恋观念以及不断变化的社会现实不相适应，陷入无法为非婚育龄妇女的生育权益保障提供服务的尴尬困境之中。从"婚本位"的生育权保障范式转向"孕本位"的生育权保障范式，是推动我国生育权保障法律体系以及相关制度继续完善的有力举措。"孕本位"的生育权保障范式具有《宪法》第 45 条的规范依据，亦契合中国当下婚育相关社会现实。非婚育龄妇女依据《宪法》，可在生育期间因自身短暂丧失劳动能力而合法获得国家与社会提供的经济帮扶。必须继续完善当前生育权保障法律体系以及相应社会福利制度以促进基本权利的真正实现。以社会保险制度为主要关注点，赋予非婚育龄妇女包括生育假期、生育保险以及生育基本医疗保险等内容的生育权利，使其与婚内女性在生育期间具有同等权益。这既有助于推动贯彻落实全部妇女权益保障，也能够从侧面有效缓解当前关于生育的负向社会文化倾向，促进生育友好型观念落地生根。

关键词：非婚育龄妇女；生育权；《宪法》第 45 条；社会保险制度

一　问题的提出

长期以来，做好妇女权益保障工作、完善妇女权益保障法律体系是我

---

* 刘佳琪，吉林大学法学院 2020 级博士研究生，研究方向为宪法学与行政法学。

国人权事业发展的主要内容。在第十三届全国人民代表大会第五次会议中，全国人民代表大会常务委员会发布的工作报告明确提及了立法修法过程中对妇女权益保障的重点关注与积极展开。① 习近平总书记更是强调，要将"保障妇女权益系统纳入法律法规，上升为国家意志，内化为社会行为规范"。② 依法维护妇女权益是党的一贯主张，也是我国法律系统完善的着力点。然而，与妇女权益保障息息相关的非婚育龄妇女生育法律问题不断涌现，且难以在司法实践中得到圆满解决，频频引发争议。既有研究中，有对独身女性生育权存在与否的讨论，③ 也有因代孕而引发的争议，④ 可谓种类繁多、问题复杂。由相关讨论可见，随着权利属性由身份权转向人格权，⑤ 对生育权权利主体的讨论从一开始的夫妻到将男性与女性分开

---

① 工作报告中写道："起草并初次审议妇女权益保障法修订草案，对妇女权益保障中的突出问题深入调研，在预防性保障、侵害处置、救济措施、责任追究等方面完善相关规定。"详见《全国人民代表大会常务委员会工作报告——2022 年 3 月 8 日在第十三届全国人民代表大会第五次会议上》，中国人大网，http://www.npc.gov.cn/npc/c30834/202203/0c6b255cc4104ff2b03ee5c42f1eb145.shtml，最后访问日期：2022 年 10 月 11 日。

② 《促进新时代妇女权益更有保障》，光明网，https://m.gmw.cn/baijia/2022 - 06/17/35818176.html，最后访问日期：2022 年 10 月 11 日。

③ 自 2002 年《吉林省人口与计划生育条例》增设"达到法定婚龄决定不再结婚并无子女的妇女，可以采取合法的医学辅助生育技术手段生育一个子女"这一规定起，单身女性是否享有生育权便一直存在争议，早期讨论参见汤擎《单身女性生育权与代际平等——评〈吉林省人口与计划生育条例〉第 30 条第 2 款的非合理性》，《法学》2002 年第 12 期；陈明立《法律不是儿戏——立法应审慎对待无婚无性生育》，《人口研究》2003 年第 1 期；刘志刚《单身女性生育权的合法性——兼与汤擎同志商榷》，《法学》2003 年第 2 期。当前对单身女性生育权较为系统和典型的研究亦有很多，例如参见于晶《单身女性生育权问题探讨》，《中国政法大学学报》2021 年第 1 期；徐娟、卢康颖《单身女性生育权的确认及其制度化保障》，《南海法学》2021 年第 2 期。

④ 代孕问题作为学界近年来讨论的热点，涉及权益主体、亲子关系认定以及人体冷冻胚胎法律属性及其处置权等一系列法律问题。具体参见何悦、俞风雷《我国代孕生殖立法研究——以英国代孕生殖立法为视角》，《法学杂志》2017 年第 5 期；陈文军《丈夫废弃冷冻胚胎案件中的侵权责任认定》，《法律适用》2018 年第 9 期；齐湘泉、安朔《跨境代孕法律规制研究——兼议跨境代孕产生的亲子关系认定》，《中国青年社会科学》2021 年第 5 期。

⑤ 生育权的权利性质问题一直都是该领域的重点讨论内容。在持"生育权是民事权利"这一观点的学者中，对生育权具体性质的讨论存在一个由"身份权"向"人格权"转变的过程。具体参见陈智慧《妇女生育权实现的法律保护》，《政法论坛》2000 年第 4 期；湛中乐、谢珂珺《论生育自由及其限制》，《人口研究》2009 年第 5 期；李倩、张建文《后民法典时代生育权的人格权地位证成》，《重庆大学学报》（社会科学版）（录用定稿），网络首发时间：2021 年 9 月 29 日。

探讨，再扩展至祖父母、代孕母亲以及服刑人员（或罪犯）等其他主体，呈现出主体多元化的趋势。与之形成强烈对比的是，非婚育龄妇女在当前生育权保障法律体系与法律制度中明显处于"缺位"状态。

本文讨论的非婚育龄妇女，主要指处在生育年龄阶段的非婚已孕女性。这类群体在未形成法定婚姻关系的情况下具有了怀孕的自然事实，便会连带产生生育权利诉求。《人口与计划生育法》第 26 条规定："妇女怀孕、生育和哺乳期间，按照国家有关规定享受特殊劳动保护并可以获得帮助和补偿……"而前述这类非婚育龄妇女是否属于该条的涵摄范围这一问题，当前学界有涉猎但未有定论。事实上，诸如此类的法律法规及政策还有很多。例如，《母婴保健法》第 2 条明确规定："国家发展母婴保健事业，提供必要条件和物质帮助，使母亲和婴儿获得医疗保健服务。"重庆市近期也发布了《关于优化生育政策促进人口长期均衡发展的实施方案》，其主要内容之一便是强调要提高优生优育服务水平，加强孕产妇和儿童健康服务。[①] 这里的"妇女"、"母亲"以及"孕产妇"等概念，依据文义解释都应当指向具有怀孕事实的生育女性，而非仅指向具有怀孕事实的"婚内"生育女性。

然而，仅由"依法按期缴纳生育保险金却无资格申领生育保险待遇"这一司法实践中常见的现象即可见，[②] 司法机关在非婚育龄妇女生育期间能否享有生育保险以及相关福利待遇这一问题上，基本持否定态度。多数法院的裁判逻辑都是：非婚女性系计划外生育，不符合计划生育政策甚至违反法律，因此认定其不满足待遇享受条件并否定其生育保险申请资格。

---

① 《关于优化生育政策促进人口长期均衡发展的实施方案》，《重庆日报》2022 年 7 月 30 日。

② 司法实践中，非婚生育女性诉各类行政机关争取生育保险的案例不在少数。该类案件的裁判结果和裁判说理，时常引发热议且确实存在值得商榷的法理疑问。典型案例参见邹小琦与上海市社会保险事业管理中心劳动和社会保障审判监督行政案，上海市高级人民法院（2019）沪行申 753 号行政裁定书；和林格尔县社会保险事业管理局与云杰其他行政行为二审行政案，内蒙古自治区呼和浩特市中级人民法院（2019）内 01 行终 17 号行政判决书；彭若男与广州市耐贝西照明有限公司劳动争议一审民事案，广东省广州市白云区人民法院（2017）粤 0111 民初 5971 号民事判决书；河北璃匠玻璃制品有限公司、孙伟霞劳动争议二审民事案，河北省沧州市中级人民法院（2019）冀 09 民终 6505 号民事判决书。

但是，通过梳理相关裁判文书可见，法院在回答"这些自然怀孕的女性为什么仅因为没有婚姻关系便无法申领生育保险"这一问题时，裁判说理部分往往只有"法据"，没有"法理"，甚至对某些明显的法条冲突没有更进一步的解释，仅以"规定如此"就驳回了原告的权利诉求。这不仅让部分育龄妇女在最需要照顾的生育期间无法"合法"地得到来自国家与生育保险制度的经济帮助，① 而且也引发了一个基本的疑惑：具有自然怀孕事实的育龄生育妇女在怀孕、生产和哺乳期间所享受的基本权利以及法律化后的具体生育权利，会因缺少"结婚证"而受到多少影响。本文以此为出发点，深入探究非婚育龄妇女生育这一现象在现有生育权保障法律体系及生育制度体系中处于何种位置，以及存在哪些问题、如何改进，力图推动妇女生育权益保障的发展与完善。

二 既有现实："婚本位"的 生育权保障范式

自历史维度考察我国生育权和人权之发展，可发现其经历了自然生育阶段、原始生育阶段、义务生育阶段以及生育权利化阶段等多个时期。② 无论是生育权保障体系的发展还是基本国策的完善，都印证着生育行为逐

---

① 事实上，就在 2022 年 8 月 17 日，国家卫生健康委员会就《关于进一步完善和落实积极生育支持措施的指导意见》有关情况举行了发布会。国家医保局强调，未婚已育女性办理生育津贴不需要结婚证等材料，并就领取生育津贴的门槛作出回应：社会保险法遵循权利和义务对等，只要履行了生育保险的缴费责任，国家层面在待遇享受方面是没有门槛的，而且在经办服务清单上，关于享受生育保险生育津贴所需要提供的相关材料也不需要结婚证这一前置条件。当前，确实存在一些地方有提供该类材料的要求，使得部分未婚但已生育的女性办理生育津贴可能存在障碍，后续国家医保局也会同相关部门跟踪有关情况，更好地保障参保人的合法权益。参见《国家卫生健康委员会 2022 年 8 月 17 日新闻发布会文字实录》，国家卫生健康委员会官网，http：//www.nhc.gov.cn/xcs/s3574/202208/ba716cdb23264a3bb3d83a271d4a320d.shtml，最后访问日期：2022 年 10 月 11 日。这里的"未婚已育女性"与本文研究对象"非婚育龄生育妇女"指代的是同一群体，也证实国家层面及有关法律法规对其有效参保并依法申领权利的认可，但非婚育龄生育妇女在行使该权利的过程中仍有阻碍，司法机关对该问题持有的态度也与医保局的观点背道而驰。

② 华东政法大学生育权和人权课题组、何勤华：《关于生育权和人权的思考》，《法学杂志》2009 年第 8 期。

渐由国家战略规划下的义务转变为公民普遍享有的权利。当前，针对生育权，无论是其性质与主体，还是其内容与限制，都有着较为翔实的理论研究成果。然而，对于非婚育龄妇女生育期权益保障这一问题，相关讨论并不充沛。

（一）现状总结

根据当前中国的生育制度，一名妇女在怀孕后，通常需要经历检查怀孕、社区登记、建档立卡、生育登记、孕产期保健、生产以及申领生育保险等一系列固定的流程或程序（见表1）。以怀孕、生产和哺乳这三个生理阶段为划分依据，再结合现有法律法规中的妇女生育权利条款，[1] 可预见到育龄妇女在整个生育期间享有的生育权利大致包括特殊劳动保护以及在经济方面的各类帮助和补偿（见表2）。

表1　我国女性生育期间的必经制度及流程梳理

生育制度大致流程	B超证明	挂号检查，确认是否怀孕并留存怀孕证明。
	社区登记	去居住地社区做信息登记，领取母子健康手册。
	生育登记	不同省区市文件名称不同，如生育登记服务单、生育证、准生证、生育登记凭证等，但基本都是出院医保结算和报销生育险的必备材料。
	建档立卡	母子健康手册通常作为医院建档的前置性条件，妇女在拿到手册后，再选择公立或私立医院，通过门诊挂号排队建档。
	产前检查	即通常说的"产检"，指为妊娠期妇女提供的一系列医疗和护理建议和措施，妊娠期妇女需要在建档的医院进行定期检查。
	医院生产	所在医院为孕产妇提供安全分娩技术服务以及新生儿疾病筛查等基本项目服务，费用亦可通过生育保险进行报销。
	生育保险	上述在医院的花费，基本都能通过申领生育生活津贴和生育医疗费补贴的方式进行报销，同时目前也有些费用（例如产检费用）是通过基本医疗保险进行报销的。

---

[1]　权利内容具体源自下列法律法规中的条款：《人口与计划生育法》、《母婴保健法》、《妇女权益保障法》、《劳动法》、《社会保险法》、29个省区市的人口与计划生育条例以及14个省区市的（城镇/职工）生育保险办法等。

表 2　现行法律体系下的女性生育权利内容归纳

妇女生育权利大致内容	怀孕期间	生育登记 建立保健手册（卡） 定期进行产前检查 孕前优生健康检查 孕产妇健康管理 产前筛查 其他生育相关基本项目的技术服务
	生育期间	手术费用 为孕产妇提供安全分娩技术服务 新生儿疾病筛查
	哺育期间	享受产假 附条件享有护理假、育儿假 申领生育生活津贴 申领生育医疗费补贴

由社会实践层面上的经验总结和规范依据层面上的条文梳理可发现，在我国逐渐成形的生育制度下，妇女在整个生育期间的各方面权益均得到了全方位的保障。然而，在司法实践中，上述权利内容仅有婚内育龄生育妇女能够主张并享受。育龄妇女在知悉自己怀孕后，需要去居住地社区办理生育登记，领取母子健康手册以及保健手册等文件。这是女性享受生育期间各项权益保障的起点，也是地方制定的人口与计划生育条例大都明文规定的应当提供给孕产妇的基本服务。① 然而，多数条例又同时规定妇女在登记时必须提供结婚证。② 这意味着本文提到的非婚育龄妇女在实践中很难进行登记，此后也会因为手续不全而无法在医院进行建档立卡、产检医疗报销以及孕产妇分娩手术费用报销。因此，事实上一名非婚女性在生育期间是被排斥于国家建立的孕产妇保健制度之外的。除了无法享受孕产

---

① 例如《四川省人口与计划生育条例》第 12 条规定："提倡适龄婚育，优生优育。县级以上地方人民政府卫生健康主管部门落实生育登记制度，做好生育咨询指导。"
② 例如《苏州市人口与计划生育办法》规定第 13 条第 2 款规定："生育两个以内子女的夫妻，应当凭居民身份证、结婚证、户口簿（居住证）到户籍地或者现居住地办理生育登记，自主安排生育。"

妇保健服务及附带的福利待遇之外，非婚育龄妇女在哺育期间也会因未处于婚姻状态而在权益享受方面与婚内育龄妇女存在明显差别。《劳动法》明确规定生育妇女享有产假。[①] 但在广东省"彭某案"中，当原告彭某提出其因怀孕生产需要休产假时，被告用人单位却以彭某不符合计划生育政策及公司考勤制度为由，以事假代替产假，不允其享受产假期间的工资待遇和生育保险待遇。[②] 同省与之类似的还有"黄某案"，同样因黄某系计划外生育，用人单位就将其"产假"替换为"事假"。[③] 在上述案例中，法院甚至都未支持非婚育龄妇女的正常产假权利诉求，更不用说对非婚育龄妇女申领生育保险的反对态度。

综上所述，一方面妇女权益保障法律体系不断完善，以社会秩序维度和社会福利维度为核心的双维度生育权保障法律体系与保障制度已然形成（见图 1）。另一方面，不断健全的管理制度和保障体系仍以婚内女性为主要服务对象，[④] 未将全部妇女纳入保障范围。这意味着，非婚育龄妇女一旦因意外或其他不可控因素而受孕，便会因未处于法定婚姻关系被排除于相关社会福利保障制度之外。同样是孕产妇，她们仅仅因为缺少"结婚证"，就陷入和"婚内"生育女性在各项生育权利上不平等的尴尬地位。

（二）范式形成

"非婚育龄妇女被排斥在生育权保障之外"这一现象的形成，与我国一直以来实行的计划生育制度密不可分。计划生育是现行《宪法》第 25 条明确规定的国家生育制度。[⑤] 同时，这一制度经由《人口与计划生育法》而得以在法律上具体化。有学者将中国计划生育调控方式的转变总结

---

① 《劳动法》第 62 条规定："女职工生育享受不少于九十天的产假。"
② 广东省广州市白云区人民法院（2017）粤 0111 民初 5971 号民事判决书。
③ 广东省广州市天河区人民法院（2018）粤 0106 民初 8855 号民事判决书；广东省广州市中级人民法院（2018）粤 01 民终 13765 号民事判决书。
④ 綦松玲等：《吉林省已婚育龄流动妇女婚育状况分析》，《人口学刊》2017 年第 1 期。
⑤ 《宪法》第 25 条规定："国家推行计划生育，使人口的增长同经济和社会发展计划相适应。"

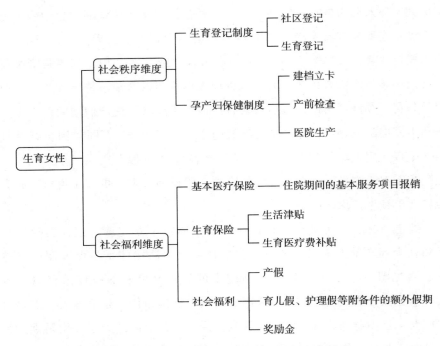

图 1　双维度的生育权保障法律体系与保障制度

为由纯粹的政策主导到形式法治的治理，再进入实质法治；[1] 而计划生育法律体系又大致经历了宪法原则性规定、地方计划生育立法以及《人口与计划生育法》出台三个阶段，[2] 湛中乐教授将之概括为从战略规划到权利保障的阶段变迁。[3] 从只看人口调控经济效果到兼顾个人权利，这确实是对计划生育制度近年来的发展最为贴近的总结。然而，即便已将权利意识慢慢嵌入生育制度，现行的计划生育制度仍将"夫妻"视为主要保障对象，并形成了一种以婚姻关系存续为前提条件的权利保障逻辑：只有婚姻关系中的生育，才是符合计划生育要求的生育，才是可以依据法律规定享有相关权利的生育。在当前的中国社会，一种"婚本位"的生育权保障范

---

[1]　耿玉娟：《计划生育制度法治化路径及合宪性转型研究》，《兰州大学学报》（社会科学版）2017 年第 5 期。

[2]　郭未、孙远君、李冰：《合理性与合法性之间的冲突：〈人口与计划生育法〉面临的困局及破解》，《社会主义研究》2014 年第 3 期。

[3]　湛中乐：《从战略规划到权利保障：我国人口法制的变迁与反思》，《清华法学》2013 年第 1 期。

式已然形成。

1. 权利条款的"婚本位"

通览计划生育制度相关法律法规，可以清晰地发现，无论是《宪法》和《人口与计划生育法》还是各地人口与计划生育条例，均将"生育"与"夫妻"绑定，明文规定"一对夫妻可以生育三个子女"。[①] 但是，对于非婚育龄妇女在生育期间享有的权益，法律并未明确规定。尤其是在计划生育初期，未婚生育、超出法定数量生育子女等一系列行为均被认定为"违法"行为，当事人会受到缴纳社会抚养费的处罚，连同非婚生子女的户口问题和母亲的生育保险申领问题一起构成非婚生育范畴内的争议焦点。非婚生育中的子女落户、社会抚养费和生育保险等问题，实则源于非婚生育行为被生育制度视为"计划外生育行为"。现有法律缺乏对"计划外生育行为"的详细规定，导致诸多非婚生育行为即便形成原因不同，也被归入"计划外生育"范畴。

2. 理论研究的"婚本位"

学界对于单身女性生育权的讨论更多集中在"能不能生"的生育许可阶段，抑或直接开始列举并讨论生育权的具体内容。一方面没有针对性地对非婚育龄妇女生育期间应当享有的权利及待遇做总体梳理，导致对单身女性生育权的讨论变成纸上谈兵。另一方面，讨论权利内容时不区分权利主体，很大一部分原因在于当前诸多研究在提及生育时仍会自动将其归于"婚内生育"范畴。即便存在生育权到底谁有谁无的争议，这些争议仍限于婚姻关系内的生育，这一点在整个计划生育制度中都体现得非常明显。

三　正视变化：非婚育龄妇女生育权保障的价值正当性

事实上，"婚本位"生育权保障范式的形成与我国生育制度和婚姻制

---

① 该项规定《人口与计划生育法》第 18 条、《北京市人口与计划生育条例》第 18 条、《上海市人口与计划生育条例》第 23 条、《山西省人口和计划生育条例》第 11 条、《吉林省人口与计划生育条例》第 30 条以及《江西省人口与计划生育条例》第 3 条等 29 个省区市的人口与计划生育条例中都有原文。

度间高程度的耦合关系有关。费孝通先生的《生育制度》一书中始终贯穿一个基本观点，即"个人有生死，社会需接替，人类就是通过个体的新陈代谢来取得集体长存的。但社会成员新陈代谢的再生产过程不能单纯依生物机能来完成，还必须得有社会的抚育"。[①] 这意味着生育制度作为一种社会制度，以保障人类种族延续为目的，而种族的延续不仅在"生"，还要靠"育"。"育"指抚育，在当前主要是指将性别作为分工基础而形成的社会结构之下两性分工合作抚育子女。由此而言，婚姻制度便是社会为儿童确立父母的手段，尤其是确立社会性的父亲。[②] 换言之，婚姻制度本身就是为生育中的抚育一节而服务，同时以抚育为内容的生育制度又是为维持种族延续服务，以实现整个社会的结构完整与有序运行。但是，即便如此，这也全然不妨碍非婚育龄妇女生育权保障的正当性证成。

（一）规范依据

现行法律法规体系确实对非婚育龄妇女是否享有哪些生育方面的权利未作明确规定，但并不妨碍非婚育龄妇女享有公民基本权利及作为生育期女性应当享有的一些生育权利。通常而言，女性在怀孕及生产后的一段时期内都处于短暂失去劳动能力的状态，这也是法律规定妇女享有产假，享有在固定时期内休息的权利的原因。因此，女性在生育期间，除了享有生育权外，至少还有可能享有获得物质帮助权。同时，生育保险制度下的社会保障也可与其关联讨论。

1. 获得物质救助权

我国宪法对基本权利采取列举式模式，[③] 将获得物质帮助权置于社

---

① 费孝通：《日译〈生育制度〉序》，载费孝通《费孝通全集第十卷》，内蒙古人民出版社，2009，第 447 页，转引自谷家荣《费孝通生育制度思想溯源》，《湖北民族大学学报》（哲学社会科学版）2022 年第 3 期。

② 费孝通：《乡土中国 生育制度 乡土重建》，商务印书馆，2015，第 170～174 页。

③ 林来梵教授曾将现行宪法中的公民基本权利划分为：（1）平等权；（2）政治权利；（3）精神、文化活动的自由；（4）人身自由与人格尊严；（5）社会经济权利；（6）获得权利救济的权利。而生存权是社会权利之下的一项子权利。其中，"生存权是人按其本质在一个社会和国家中享有的维持自己的生命的最起码的权利"。参见林来梵《从宪法规范到规范宪法：规范宪法学的一种前言》，商务印书馆，2017，第 114～245 页。

经济类权利之下，作为一项子权利而存在。《宪法》第 45 条第 1 款明确规定："中华人民共和国公民在年老、疾病或者丧失劳动能力的情况下，有从国家和社会获得物质帮助的权利。国家发展为公民享受这些权利所需要的社会保险、社会救济和医疗卫生事业。"该款至少包含两方面内容：一则，公民享有能够在年老、疾病、丧失劳动能力这三种情况下获得来自国家和社会的物质帮助的基本权利；二则，国家和社会负有建构社会保险、社会救济和医疗卫生事业的积极义务，以保障该项基本权利的实现。那么，非婚育龄妇女是否能够成为这项基本权利的权利主体呢？本文简要分析如下：首先，生育过后妇女会短暂性地处于丧失劳动能力的状态且需要数月来恢复状态，这是毋庸置疑的事实，否则也不会有产假、育儿假以及各类长期休假的规定；其次，《宪法》第 45 条第 1 款规定的获得物质帮助权意在通过国家给付义务的实现保证公民在经济困难时期至少能够达到最低物质生活水平，而非婚育龄妇女通常在生育后期处于减薪或无薪状态，除少部分经济基础好的女性，更多女性在没有原生家庭、配偶帮助的情况下势必会落入经济困境。由此可见，非婚育龄妇女被纳入该项基本权利主体范围具有正当性。

2. 社会保险权

国家建构包含生育保险在内的社会保险制度，是为"保障公民在年老、疾病、工伤、失业、生育等情况下依法从国家和社会获得物质帮助的权利"。[①] 从文义上看，妇女在生育情况下享有相应的物质帮助与福利保障待遇并无问题，应当享有生育保险权，包括获得生育医疗费用、生育津贴以及生育假等。[②] 法律法规一方面未对非婚育龄妇女作出针对性规定，另一方面也未能明确地对"妇女"一词作出类型划分，将权利主体限定为"已婚妇女"或"在婚女性"。《劳动法》中关于产假的规定，写明对象是"劳动者"；[③] 《妇女权益保障法》中明确提出要向"贫困妇女"

---

① 《社会保险法》第 2 条。

② 关于生育保险权规范构成的学理分析，参见龚向和《地方立法能限制计划外生育公民的生育保险权吗？——从地方立法的备案审查制出发》，《甘肃政法学院学报》2019 年第 6 期。

③ 《劳动法》第 73 条规定："劳动者在下列情形下，依法享受社会保险待遇：……（五）生育……劳动者享受社会保险待遇的条件和标准由法律、法规规定……"

提供生育救助;① 《母婴保健法》第 1 条就表明本法的保护对象是"母亲和婴儿健康";② 就连规定了具体执法流程的《母婴保健法实施办法》也在其条文中使用"妇女""孕产妇""孕妇""婴儿"等名词,未将"婚姻"或"在婚状态"作为前缀。综上可见,由上述法律法规构成的我国现行妇女生育权利保障体系,原初目的在于实现妇女生育权利和获得物质帮助权,而非仅旨在促进计划生育。这与《人口与计划生育法》第 24 条规定的"促进计划生育"这一社会保障制度建构目的形成明显冲突。③ 同级别法律间是否存在效力冲突暂且不论,单就前述建构社会保障制度的两种不同目的而言,前一种无疑涵摄法律更多,对非婚育龄妇女生育权利的肯定更加明显,也得到过国家执法部门的官方认证,即在国家层面非婚育龄妇女从未被排除在妇女生育权利保障体系之外。④

(二) 现实依据

随着我国计划生育制度不断趋于完善,"生育友好型社会"概念被反复提及,妇女的生育权利也随着权利意识普遍化和妇女权益保障得到始终贯彻而逐渐走入公众视野。在这一过程中,非婚状态下的同居及生育产生

---

① 《妇女权益保障法》第 51 条规定:"国家实行生育保险制度,建立健全婴幼儿托育服务等与生育相关的其他保障制度。国家建立健全职工生育休假制度,保障孕产期女职工依法享有休息休假权益。地方各级人民政府和有关部门应当按照国家有关规定,为符合条件的困难妇女提供必要的生育救助。"

② 《母婴保健法》第 1 条规定:"为了保障母亲和婴儿健康,提高出生人口素质,根据宪法,制定本法。"同时第 2 条规定:"国家发展母婴保健事业,提供必要条件和物质帮助,使母亲和婴儿获得医疗保健服务。国家对边远贫困地区的母婴保健事业给予扶持。"

③ 《人口与计划生育法》第 24 条第 1 款规定:"国家建立、健全基本养老保险、基本医疗保险、生育保险和社会福利等社会保障制度,促进计划生育。"

④ 2022 年 8 月 17 日,国家卫生健康委召开新闻发布会介绍《关于进一步完善和落实积极生育支持措施的指导意见》有关情况时,国家医保局待遇保障司副司长刘娟表示,随着生育保险和医疗保险制度的健全完善,目前全体妇女生育医疗费用都有相应的制度安排予以保障,也都可以由基金按规定来支付待遇,同时在问答环节表达出未婚已育女性在办理生育津贴方面在国家层面没有门槛与障碍。这充分证明国家在帮助促进妇女在各项权益保障的实现时,是以"全体妇女"为目标的,没有限制或划分"在婚女性"与"非婚女性"的意图。具体新闻参见《速览 | 国家卫生健康委介绍〈关于进一步完善和落实积极生育支持措施的指导意见〉有关情况》,新华网,http://www.news.cn/2022 - 08/17/c_1128922557.htm,最后访问日期:2022 年 10 月 11 日。

的法律难题也逐渐引发诸多讨论，① 非婚育龄妇女的生育权益保障问题逐渐得到关注。

首先，需要说明的是本文的研究对象限于自然怀孕生育子女的非婚适龄妇女，与希望借助医疗技术手段孕育子女的同性恋者或异性恋者等不同。当前，后面这类非婚育龄妇女在法理上"能生"或"不能生"的问题事实上还未能得到正式解决。若"不能生"，后续的女性生育期间权益保障问题并不存在，更无须探讨生育保险申领等具体权利待遇争议。对于非婚育龄妇女而言，其通常或有男性陪伴，或在分手后发现怀孕。她们的问题可能仅在于缺乏有效的法律婚姻关系，导致其在生育期间及术后恢复期间不能"合法"地享受生育权利待遇。当下对这类群体施以必要关注也是基于下列考量。（1）这些非婚女性并不存在"违法"初衷。《人口与计划生育法》明确规定，夫妻既有生育权利，也有实行计划生育的义务，包括不超生、优生优育等。对于希望借助医疗技术手段或代孕等方式生育的同性恋或异性恋者而言，他们争取生育权的动机仍在于解除现有法律体系下这一生育行为的"违法"属性。前述女性则不然，她们通常属于正常交往、自由恋爱。但基于现实中的诸多意外，她们不得已需要独自面对因意外怀孕而产生的"生与不生"的选择题。同时，她们又基于身体原因及对孩子的负责任态度而最终选择了生育。其初衷并不违法，而是在法理与人情中选择了后者。这与其他更具争议性的群体诉求有着本质区别。（2）这些女性实则可能更需要国家与社会的积极帮助。仍以前述两类群体为例，选择背离传统文化，本身也意味着其可能具有更好的经济基础、更强的社会能力以及更多的勇气来面对未知的风险。前述女性则不然。她们通常在怀孕前没有对主流文化的挑战欲望，也基本是遵循着世俗规律在进行社会交往。相较于前两类群体，她们通常是由于另一方未能承担责任而独自生育，因此也无法在限定时间内和对方进行婚姻登记。她们成了现实与法律

---

① 参见杨立新《同性同居者与其所生子女的亲子关系认定——依照〈民法典〉规定的亲子关系规则之解读》，《河北法学》2021 年第 9 期；张亮《未婚怀孕：意外还是计划之内？——流动青年同居者的怀孕意愿与经历研究》，《妇女研究论丛》2021 年第 1 期；杨彪、林艳祺《非婚同居中的家务劳动补偿请求权》，《政治与法律》2020 年第 12 期。

面前真正的弱势群体。

其次，随着社会发展与婚恋文化意识的转变，我国结婚率屡创新低，离婚与未婚同居率却逐步提升，非婚育龄生育女性在整个人口社会结构中的占比不断提高。国家统计局女性人口抽样调查数据显示，20～40 岁女性人口数基本占到女性人口总数的 39% 且随着年份呈下降趋势（见表3）。① 2020 年人口普查显示女性人口数为 688362330 人，根据平均占比估算便能得出，至 2020 年为止我国适龄生育女性有近 2.7 亿人，而第七次人口普查数据显示，2020 年 15 岁及以上人口中，有配偶的女性人口总数为 41451061 人。② 这足以证明，婚内育龄生育女性占总育龄生育女性的比例远远不足。然而，2016 年至 2020 年，结婚率从 8.3% 一步步降到5.8%，离婚率则一直保持在 3%。整个社会婚恋文化的改变使得婚内育龄生育女性占比不增反降。反过来，这也能证明育龄生育女性中非婚生育女性的数量在逐年增加。虽然缺乏明确的官方统计数据，但由不断出现的未婚妈妈诉求为孩子登记户口以及生育保险纠纷案例均能看出，非婚育龄女性生育已不再是极少数现象，逐渐形成了具有规模的一类群体。③ 另外，由非婚生子女数量逐年走高的数据可见，婚姻关系之外的生育现象的确存在且越发凸显。

表 3　2012 年至 2019 年对我国女性人口抽样调查的数据统计

单位：人，%

指标	2019 年	2018 年	2017 年	2016 年	2015 年	2014 年	2013 年	2012 年
女性人口数	534042	559349	559174	564932	10395195	548391	545005	548307
20～24 岁女性人口数	28665	31965	34689	37736	745694	43894	46446	49709

① 数据来自国家统计局官方网站，参见《统计数据—年度数据—人口—人口抽样调查样本数据—按年龄分女性人口数（人口抽样调查）》，国家统计局官网，https://data. stats. gov. cn/easyquery. htm? cn = C01，最后访问日期：2022 年 8 月 24 日。

② 关于 2020 年各地区分性别、婚姻状况的 15 岁及以上人口统计数据，详见《2020 年中国人口普查年鉴》，国家统计局官网，http://www. stats. gov. cn/tjsj/pcsj/rkpc/7rp/zk/index-ch. htm，最后访问日期：2022 年 10 月 19 日。

③ 曾有新闻报道称，中国未婚生子女人可能超百万。参见《中国未婚生子女人超百万，未婚宝妈有多难？致使弃养成常态》，搜狐网，https://www. sohu. com/a/451644464_120873199，最后访问日期：2022 年 8 月 24 日。

指标	2019 年	2018 年	2017 年	2016 年	2015 年	2014 年	2013 年	2012 年
25～29 岁女性人口数	39555	45268	49251	52439	985108	49044	46443	44679
30～34 岁女性人口数	46686	46358	44249	43503	778959	40768	40691	41047
35～39 岁女性人口数	38447	40370	40609	39492	738538	40032	41277	43530
40～44 岁女性人口数	37810	41017	42983	46388	892759	49873	50753	52620
20～44 岁女性人口数	191163	204978	211781	219558	4141058	223611	225610	231585
20～40 岁女性人口数占比	36	37	38	39	40	41	41	42

　　总而言之，无论在法理情理层面，还是在实证数据层面，非婚生育都已成为无法被视而不见的一种社会现象，非婚育龄妇女也已成为现行生育制度下无法被忽视的一类群体。多年以来，计划生育制度的实施早已从以"降低生育率"为核心的限制生育模式转为以"提高生育率"为核心的鼓励生育模式。随着"二胎""三孩"政策等的开启和运行，我国逐渐开始放宽家庭生育数量限制，通过"生育友好型社会""全面放开生育政策"等概念与理论，试图改善日渐式微的婚育现状，避免步入低生育率陷阱。[①]近年来有关生育权的讨论，无论是权利性质争论还是权利主体辨析，都已明确：生育不再仅是计划生育制度下被控制与管理的一种个人行为，也是一项人之为人能够享有的自由。其中，非婚生育也从早先绝对违法的"禁区"变为能够被社会接受和法律研究的"议题"。[②] 因此，在国家和社会对非婚生育的态度从"绝对违法"到"模棱两可"的转变过程中，对这一问题进行深入思考既有现实意义，也有理论必要。非婚育龄妇女，尤其是已经自然受孕的女性，与婚内生育女性事实上或许只存在有无婚姻关系存续这一项差别，这一项差别却直接导致其与后者间存在一系列的权利待遇差别。这无疑是因社会变迁而慢慢浮现出的新变化，也是生育制度发展

[①]　有关研究参见肖子华、林颖《生育政策变革后的计划生育管理策略——基于新修订的地方〈人口与计划生育条例〉视角》，《人口与经济》2018 年第 5 期；王军、王广州《中国低生育水平下的生育意愿与生育行为差异研究》，《人口学刊》2016 年第 2 期；张丽萍、王广州《中国育龄人群二孩生育意愿与生育计划研究》，《人口与经济》2015 年第 6 期。

[②]　李文珍：《1957 年以来出生女性群体的婚孕新趋势——以未婚怀孕为中心的分析》，《人口学刊》2020 年第 6 期。

到今天需要面对的新问题。

四 未来道路:"孕本位"的生育权保障范式

从规范依据和现实依据两方面证立非婚育龄妇女的生育权保障,主要在于阐明我国的生育权保障议题至少在教义学层面并不仅限于"婚内女性"。一方面,当前孕产妇权利保障侧重以婚姻状态为前提条件,原因在于,计划生育制度实施以来,国家与社会想要利用婚姻和生育权保障的高程度耦合来尽量将生育维持在婚内,以落实计划生育这一基本国策。另一方面,随着计划生育制度的发展,无论是当前"提高生育率"的生育政策需求,还是完善妇女权益保障法律体系、促进妇女各项权益保障实现的法治建设追求,都强调对全部妇女的关注,以实现性别平等与人权事业的不断完善。既然价值正当、法理证立,那么如何更好地让非婚育龄妇女通过宪法法律化和制度保障建设来实现其必要的基本权利,是应当继续追问的问题。要实现全部妇女的权益保障,实现非婚育龄妇女的生育权保障,应当适度调整婚姻关系在整个生育制度中的基础性地位,至少不能再是唯一的前提条件。换言之,应当由"婚本位"的生育权保障范式向"孕本位"的生育权保障范式逐渐转换。

(一) 理论概述

"孕本位"生育权保障范式,是与"婚本位"生育权保障范式相对应的概念。与后者不同的是,"孕本位"生育权保障范式为妇女提供了一条进入生育保障制度的路径:孕产妇依据自然怀孕事实而享有生育权利。换言之,"孕本位"生育权保障范式重塑了生育权主体范围,使之更贴合《宪法》规定的国家实现全部妇女权利的义务,同时也从根本上帮助促进《宪法》第 45 条规定的获得物质帮助权的实现,形成非婚育龄妇女与婚内育龄妇女在孕产妇生育权益保障及社会福利待遇方面的平等地位。具体来说,这一新范式主要包括以下几个方面。

1. 基本权利及其限制

由前文可见，非婚育龄妇女在生育期间享有的权利，主要源于《宪法》第 45 条规定的获得物质帮助权。这一权利对应的国家义务旨在保证生育女性获得帮扶，这是基于规范、理论及现实等诸多依据均能被认可的结论。然而，宪法中并不存在绝对的基本权利，获得物质帮助权亦会受到内部和外部两种限制。[①] 获得物质帮助权的内部限制是指，生育权保障制度自身的入宪逻辑和价值目标对获得物质帮助权的限制。从这一角度而言，获得物质帮助权的内部限制形成于社会权受宪法保护的范畴，即获得物质帮助权的保护范围构成基本权利的内涵边界，也成为社会保险制度保护的核心地带。获得物质帮助权的外部限制是指，外在于社会保险制度的公共利益、社会利益及他人权利间的冲突与取舍形成的限制。[②] 就非婚育龄妇女的生育权利而言，宪法法律化后形成的各类具体权利或待遇，仍需以保障女性生育期间基本社会生活水平、维持社会基本秩序、保护女性实质平等地位等基本价值为指引。但是，同时也必须考虑计划生育政策、社会资源有限性、社会家庭伦理文化等其他外部因素。举例而言，如果仅依据自然怀孕事实建构生育权保障制度，不加以限定条件，则代孕、非婚或其他情况均会出现，将导致整个生育状况和社会运行面临陷入混乱的危险。

2. 制度保障的两个基本点

"孕本位"生育权保障范式虽以自然怀孕事实为本位，但其并非妇女享有具体生育权的唯一要件。婚姻关系仍是其主要的基本点之一，即形成以婚姻关系与自然怀孕事实为双核心的生育权保障制度。婚姻关系仍是整个生育制度的基本点之一，这意味着现有的、仍在不断健全完善的生育权保障制度不需要大幅度变动。当前，无论是法律权利理论，还是国家层面上的制度建设起点，本身都未将非婚育龄妇女排除于权利主体之外。只是

---

① 关于基本权利内部限制与外部限制等基础性理论，参见王锴《基本权利保护范围的界定》，《法学研究》2020 年第 5 期。

② 《宪法》第 51 条规定："中华人民共和国公民在行使自由和权利的时候，不得损害国家的、社会的、集体的利益和其他公民的合法的自由和权利。"

在制度建构过程中，早期生育政策的发展导致对权利条款及其内容作了限缩解释。因此，选择更合适于当下社会现实的文义解释方法便能够呈现出想要实现的原初目标，无须直接质疑整个制度建构，仅在现有制度的基础上作出更加合适的规范调整即可。具体而言，就是增设另一个基本的前提：妇女依据自然怀孕事实即应享有生育权利。此后，又依据不同的权利限制因素与婚姻关系加以牵制，在其权利申领范围、权利内容等一系列问题上进行适当的规范和限缩，既能实现公民权益保障，又能防止公民权利滥用。

（二）体系建构

当然，"孕本位"生育权保障范式及其相关制度，尚需通过与现有生育制度进行对比得以确立和完善。权利是现代法律的逻辑起点和根本目的。建构"孕本位"生育权保障范式不仅需要对权利基础理论进行解析和论证，同样需要对整个生育权保障法律体系及相关制度进行分析，以更体系化和规范化的制度机制来帮助推动具体权利的落实。

首先，是对育龄妇女的生育权保障体系的思考，即如何调整当前关于育龄妇女的生育保障制度，更好地将非婚育龄妇女纳入制度实际保障范围。从生育女性的社会福利维度来看，育龄妇女保障可从医疗保险、生育保险以及社会福利三个方面展开。同时，《社会保险法》也规定国家为实现获得物质帮助权而建立社会保险制度，具体内容主要包括养老保险、基本医疗保险、工伤保险、失业保险、生育保险等五大类。[①] 与生育行为相关的为基本医疗保险与生育保险两类，与前述社会福利维度不谋而合。育龄妇女在社会福利维度享有的生育权利与福利待遇，与生育类社会保险制度所涵盖的业务范围在事实上存在高度重合，也能被视作非婚育龄妇女生育期间获得物质帮助权通过立法得以具体化，并由国家建构的生育类社会保险制度对其进行制度性保障。因此，讨论生育类社会保险制度对于妇女生育权保障法律体系及社会福利制度的完善具有直接意义。作为最能体现

---

① 《社会保险法》第 2 条。

妇女权益保障和生育权利实现的环节，非婚育龄妇女在生育期间能够享有的待遇基本都被纳入生育类社会保险制度当中。因此，推进生育类社会保险制度权利主体扩大化、权利内容规范化，是帮助非婚育龄妇女实际享有生育权利的更优选择。

其次，生育权保障体系下的生育保险制度主要包括生育假期、生育津贴、生育补助以及医疗服务等内容。①通过《劳动法》《社会保险法》《人口与计划生育法》及根据前述法律和行政法规制定的一系列地方性法规、部门规章以及地方政府规章，使得非婚育龄妇女的生育权在内容方面获得了更为细致的规范构造。同时，以此为基础，尝试建构非婚育龄妇女生育期间的各项权利内容或福利待遇实为更合适的方法。具体来说，可包含以下三个方面。（1）生育假期。这主要与社会福利相对应，在《劳动法》《妇女权益保障法》中均有体现，属于对妇女在生育期间从时间或身体方面给予的一种福利待遇，让妇女享有产假以帮助其身体得到恢复。（2）生育保险。这主要是与生育津贴、生育补助等福利待遇相对应，在《社会保险法》及配套的地方性法规、地方政府规章等中均有体现，属于妇女能够通过生育保险而获得的经济方面的补助与福利待遇。（3）生育基本医疗保险。与前述生育保险不同，生育基本医疗保险意味着当前妇女在孕产妇保健过程中产生的一些费用可以通过基本医疗进行报销，而生育保险主要是指妇女因足额按月缴纳生育保险而最终能够由此获得生育津贴等。

五　结语

"婚本位"生育权保障范式有着独特的历史背景。作为我国人口法制发展至今的主流生育权保障模式，其在计划生育政策的贯彻落实和妇女权益保障的有效推进过程中发挥了奠基性的作用。然而，我国结婚率屡创新低、离婚与未婚同居率不断升高，直接导致"婚本位"生育权保障范式难

---

① 龚向和：《地方立法能限制计划外生育公民的生育保险权吗？——从地方立法的备案审查制出发》，《甘肃政法学院学报》2019年第6期。

以适应时代变化，无法有效实现非婚育龄生育妇女群体应当享有的基本权利。与"婚本位"生育权保障范式不同，"孕本位"生育权保障范式不再将婚姻关系视为进入生育权保障法律体系及制度的唯一前提条件，增设了自然怀孕事实作为另一类前提，使得非婚育龄妇女在生育期间也能够依法享有各类生育权利和福利待遇。一方面，《宪法》第 45 条规定的获得物质帮助权为此提供了基本权利依据；另一方面，不断凸显的非婚已孕现象倒逼计划生育制度作出相应改变。在继续推进妇女权益保障工作的法治新时期，依据宪法建构能够囊括全部妇女的生育权保障制度，是继续完善妇女权益保障相关法律制度的必然趋势。

（责任编辑：余若凡）

将男女平等理念融入家庭教育促进法[*]

唐　芳[**]

摘　要：男女平等是我国宪法和法律的一项原则，也是我国的基本国策。为了保障未成年人特别是女童在家庭中平等享有受教育权，摆脱父母性别刻板印象的束缚实现平等发展权，保障父母平等地履行家庭教育义务、形成夫妻平等的家庭关系，引导未成年人树立和践行男女平等价值观，构建新时代和谐、共享家庭观，应该将男女平等理念融入家庭教育促进法。具体实现途径为规定男女在家庭中平等享有受教育权，改变父母的性别刻板印象，在实施家庭教育主体上更应当强调父母共同承担家庭教育的责任，在教育内容方面应该将性别平等内容纳入家庭教育之中，同时要明确政府在推动性别平等家庭教育中的职责，将性别平等教育纳入家庭教育指导内容之中。我国《家庭教育促进法》在一定程度上体现了男女平等理念，但仍存在不足亟待完善。

关键词：男女平等；家庭教育；家庭教育法；性别平等教育

一　问题提出

家庭教育与我们每个人、每个家庭都息息相关，更与我们的千秋大业紧密相连。家庭教育是整个社会主义教育事业的一个组成部分，与学校教育、社会教育共同构成了现当代教育体系。家庭教育不仅是"私事"，还

---

　*　本文系中华女子学院青年教师科研能力提升课题研究项目"我国法律政策性别平等评估机制研究"（项目编号：2017QN－0203）阶段性成果。

　**　唐芳，中华女子学院法学院讲师，法学博士，研究方向为性别与法律、社会法。

是"公事"，需要公权力进行适度干预。我国已颁布的《中华人民共和国家庭教育促进法》（以下简称《家庭教育促进法》）为家庭教育实施和促进提供了法治保障，截至 2022 年 1 月，我国已有 10 个省市①制定了家庭教育促进条例。男女平等是我国宪法和法律中的一项原则，也是我国的基本国策。《中国妇女发展纲要（2021—2030 年）》提出教育工作全面贯彻男女平等基本国策，要将"男女平等基本国策落实到教育法规政策和规划制定、修订、执行和评估中，落实到各级各类教育内容、教学过程、学校管理中"。目前学界从男女平等视角研究家庭教育者寥寥无几，教育学界研究内容主要集中在家庭教育理念和方法研究、对特殊儿童家庭教育研究等方面，仅赵忠心和李曦等少数学者关注家庭教育中的男女不平等问题，指出传统的家庭教育和父母传统观念是造成男孩与女孩存在很大差异的根本所在，希望父母从根本上改变传统的"男强女弱的教育观念和教养态度"，② 有意识地培养孩子的性别意识。③ 部分社会学者关注到学校教育中的性别平等和性别平等教育缺失问题，但对于家庭教育中的性别平等问题关注较少。法学界从男女平等的视角研究家庭教育立法的更是屈指可数。然而我国家庭教育实践中与男女平等理念不相符的现象却屡见不鲜：家庭教育中重男轻女、父亲教育缺位、对子女的性别平等教育缺失。充满性别刻板印象的家庭教育不仅危害儿童健康，也阻碍其发展。因此本文将从"男女平等"内涵的界定、将男女平等理念融入家庭教育促进法之必要性和路径，以及我国《家庭教育促进法》男女平等理念融入的不足与完善这几个方面进行阐述。

二 "男女平等"内涵的界定

将男女平等理念融入家庭教育促进法首先必须对"男女平等"的内涵

---

① 分别是重庆市、安徽省、福建省、江苏省、江西省、山西省、湖南省、湖北省、贵州省、浙江省。

② 赵忠心：《家庭教育和女童发展》，《中华女子学院学报》1999 年第 1 期。

③ 李曦：《家庭教育中的性别意识研究》，《华东交通大学学报》2012 年第 6 期。

进行界定。通常理解的"男女平等"是关于男女平等宪法原则的规定，即"妇女在政治、经济、文化的、社会的和家庭的生活等各方面享有同男子平等的权利"，但实际上"男女平等"具有丰富的内涵，它不仅要求"男女两性作为人的人格尊严、价值的平等以及男女权利、机会和责任的平等"，还强调"社会性别平等"和"男女实质平等"。

"社会性别"概念在联合国第四次世界妇女大会上被普遍关注，它与生理性别相对，"指的是社会塑造的男女的身份、属性和角色以及社会对这类生理差异赋予的社会和文化含义。正是这类差异导致了男子与妇女等级关系，还导致男子在权力分配和行使权利方面处于有利地位，妇女处于不利地位"。[1] 马克思指出："人的本质不是单个人所固有的抽象物，在其现实性上，它是一切社会关系的总和。"[2] 人既具有自然属性又具有社会属性。女性与男性相比既有人的一般性又有特殊性：一是生理机能造成的差异；二是社会文化造成的差异。社会文化造成的差异是在两性生物差别的基础上经由社会制度化力量的作用而形成的一系列行为规范和社会角色以及性别分层和性别等级导致男女两性的差异。"现实世界存在着众多的社会性别的鸿沟，人们感受到的两性差异多数与自然生理无关，而是社会化过程中被文化逐步建构形成的男性或女性的群体特征和差异，是后天习得的两性行为和规范……在现实世界中，真正影响两性地位的并非源自性别的先天生物遗传，而正是这种后天社会文化塑造的性别差异。这些社会差异无一例外地表现为男性的优势，以男性为中心。"[3] 不仅如此，上述与一整套社会性别规范和性别角色联系在一起的还有传统的性别刻板印象。[4] 因此，根据《消除对妇女歧视委员会第 28 号一般性建议》，男子与妇女之间的平等，或者两性平等原则的内在含义是：所有人类，无论其性别，都有发展个人能力、从事其专业和做出选择的自由，不受任何陈旧观

---

[1] 《消除对妇女歧视委员会第 28 号一般性建议》第 5 段。

[2] 《马克思恩格斯选集》（第 1 卷），人民出版社，1995，第 36 页。

[3] 林建军：《平等对待与倾斜保护——妇女法立法目的及其价值理念分析》，《河北法学》2007 年第 9 期。

[4] 佟新：《社会性别研究导论》，北京大学出版社，2011，第 3 页。

念、僵化的性别角色和偏见的限制。① 既然男女两性的社会差异是社会建构的，法律作为社会系统中极为重要的因素，也应该有能力去矫正这一不平等的现象和行为，推动实现社会性别平等。我国《民法典》婚姻家庭篇立法时充分体现了这一点。② 针对人类两性生理方面的自然差异，法律应给予尊重；针对社会文化观念造成的两性社会性别不平等，法律应加以矫正。

男女平等还强调"男女实质平等"。实质平等，即指结果的平等或事实上的平等，是与机会平等和法律平等相对应的概念。它承认男性和女性生理和社会文化上的差异，并且确保实现男性和女性的平等权利。结果平等相对于机会平等，强调不仅应有机会平等，且能获得平等的结果（也强调了过程的平等）；事实上的平等相对于法律平等，强调不仅应有平等的法律，更应有平等的事实。实质平等还强调国家通过提供有利条件或采取积极行动，创造支持性环境，使妇女行使并享有平等权利。③

三　将男女平等理念融入家庭教育
促进法之必要性

"家庭教育"是指父母或者其他监护人为促进未成年人全面健康成长，对其实施的道德品质、身体素质、生活技能、文化修养、行为习惯等方面的培育、引导和影响。家庭教育具有"二元属性"，一方面，家庭教育是父母对未成年子女的教育行为，是父母履行民法所规定的对子女照顾抚育义务范围内的行为；另一方面，家庭教育是整个社会主义教育事业的组成部分，是与学校教育、社会教育并列的三大教育方式之一，关系到未成年

---

① 刘伯红、刘小楠：《消除对妇女一切形式歧视公约导读》，中国政法大学出版社，2022，第 16～17 页。

② 李明舜、党日红：《科学建构体现男女实质平等的新时代婚姻家庭制度——兼论民法典编纂中的女性权益保护》，《妇女研究论丛》2018 年第 3 期；夏吟兰：《〈民法典·婚姻家庭编〉男女平等原则之发展与思考》，《中华女子学院学报》2020 年第 4 期。

③ 刘伯红、刘小楠：《消除对妇女一切形式歧视公约导读》，中国政法大学出版社，2022，第 16 页。

人受教育权的实现，肩负着培养合格的社会主义接班人和未来国家栋梁之重任。家庭教育"公私交融"的特点决定了阐述男女平等理念融入家庭教育促进法之必要性时须从多元维度展开。

（一）保障未成年人特别是女童在家庭中平等地享有受教育权

多数学者认为我国《家庭教育促进法》的立法目的是赋予父母家庭教育权，笔者认为其立法逻辑起点应该立足家庭场域，以保障未成年人的受教育权（学习权）并在此基础上形成家庭教育实施法律关系和家庭教育促进法律关系。[①] 其规定的父母家庭教育义务、责任和提高父母的家庭教育能力内容都旨在保障未成年人受教育权在家庭中得到充分良好实现。在家庭场域，儿童无论男女均应该平等地享有受教育权，但是现实中却常常受到挑战，因此有必要予以立法保障。

1. 要保证女童和男童平等享有家庭教育资源和受教育的权利

家庭教育关系子女的成人和成才。近现代随着男女平等原则的确立，女童的受教育权得到了比较充分的保障。但是，由于重男轻女的观念依然存在，部分地区家庭的女童还不能在家庭中享有平等的受教育权，主要表现在同时有子女的家庭，女童和男童不能公平地享有家庭教育资源，父母对儿子存在偏爱。许多学者使用不同国家和地区的微观数据进行了实证研究，发现在我国的台湾地区和香港特别行政区，以及加纳、坦桑尼亚、日本、土耳其和玻利维亚等地，都存在"同胞竞争效应"。这些实证研究认为，家庭在考虑教育投入时，会认为男孩的投资回报率高于女孩，在家庭面临教育投入预算约束的情况下，子女之间的教育资源配置一般会偏向于男孩。[②]

新中国成立以来，我国非常重视男女教育平等，特别是我国独生子女计划生育政策实施之后，家庭的教育资源都给予唯一的子女，因此当女童作为独生子女时其享有的受教育的权利得到了比较充分的保障。"中国于

---

① 林建军：《家庭教育法调整对象及逻辑起点》，《河北法学》2021 年第 5 期。
② 张克中、陶东杰、江求川：《中国农村子女教育同胞竞争效应研究》，《教育与经济》2013年第 6 期。

2011 年实现了千年发展目标（MDG）中关于普及初等教育的目标，并提前实现了到 2015 年在各级教育中消除性别差异的目标。"① 但是在现实中，父母往往对儿子的关爱较多，对女儿的关爱较少，特别体现在农村地区、少数民族地区家庭。张克中、陶东杰、江求川研究发现中国家庭营养健康调查（CHNS）数据显示，在中国农村普遍存在的家庭教育资源约束、父母重男轻女思想观念和养儿防老的现实诉求下，同胞竞争效应表现为：对男孩来说，有姐妹或者年龄差距较大的哥哥，有利于其获得教育；对女孩来说，有兄弟或者有年龄差距较大的妹妹，不利于其获得教育。同胞竞争效应主要发生在低收入家庭和父母受教育水平低的家庭。② 如有学者调研发现，一些藏族女童完成小学教育后回归家庭，补充家庭劳动力资源。农区的藏族女性在家庭劳动中扮演配角，且农区的藏族家庭受到汉族典型的儒家思想的影响，所以藏族女童在家长的教育之下，要按未来家庭期待的模式塑造自己，家庭教育的内容主要是教育女童如何操持家务、照顾家人等，学习如何成为贤妻良母。③ 随着我国全面放开"三孩"人口政策的出台，家庭子女有可能增加，在家庭资源有限的条件下，家庭教育立法中应该保障女孩能够享有和男孩平等的受家庭教育权，避免出现"重男轻女"现象。

2. 亟待消除父母在教育子女过程中基于"性别刻板印象"实施的"无意识的性别歧视"

由于受传统的社会性别观念影响，从儿时玩具的选择、教育种类的内容到未来职业道路的期待，父母基于社会性别意识产生的角色期待，衍生出对待子女的不同教育方式。如教育男孩子要勇敢坚强，女孩要温柔细腻；男孩要成家立业、养家糊口，女孩子要做贤妻良母……这种性别刻板印象阻碍了未成年人健康发展。以新兴的人工智能领域为例，该领域存在新的职业性别隔离和性别工资差距，造成这种结果的直接原因是女性在

---

① 国务院妇女儿童工作委员会、国家统计局社会科技和文化产业统计司：《中国儿童发展指标图集 2018》，联合国儿童基金会出版，2018，第 104 页。
② 张克中、陶东杰、江求川：《中国农村子女教育同胞竞争效应研究》，《教育与经济》2013 年第 6 期。
③ 王娜：《藏族女童家庭教育研究》，《普洱学院学报》2015 年第 5 期。

STEM（代表科学、技术、工程、数学四个学科）领域占比例偏低，减少了她们跨入新兴产业等科技界的机会，① 深层次原因是传统文化对男女的刻板印象——认为女性不适合这些领域的学习。家长持有的"女孩学不好数理化"的陈规定型观念阻碍着女孩学习 STEM。丽丝·艾略特认为，人的大脑受到后天兴趣和经历的影响，女生先天不适合从事 STEM 工作的假设是毫无根据的。从个体身心发展规律来看，青春期后，男生的智力发育突飞猛进，STEM 学习能力突出，这使社会产生了男生更擅长 STEM 的偏见。而当社会偏见和学生自我认知固化交织在一起时，个体按照社会群体的偏见进行自我归类，产生了内在压迫，② 它造成了中小学女生在 STEM 中的学习效果期待降低，这反过来又加深了性别区隔。尽管我国民众的"男女平等"意识有了大幅度提高，但是在家庭教育中传统的性别刻板印象仍不同程度存在。马先敏、罗燕珍对广东省中山市东升镇 19 所中小学13978 位家长做调查的结果表明：家长存在比较明显的性别刻板印象，分别在职业期待、人格特征、外表形象、角色行为上有所反映。③ 谢桂华、刘昕毓通过调研发现，有相当比例的学生和家长在数学学习认同方面存在性别刻板印象，数据表明 52.4% 的学生和 39.6% 的家长认同男生比女生更擅长数学的说法，特别是认同此看法的女生达到 44.2%。④ 这些偏颇的性别刻板印象会给未成年人的认知和行为带来负面影响，严重危害其发展权。而青少年的性别刻板印象，不断复制与传递，势必会对女性的生存与发展，乃至人类的生存与发展产生不利的影响。⑤ 其实刻板的性别气质印象对男孩来说也是一种压迫。法国社会学家布迪厄在《男性统治》中指出："性别气质的建构对男女皆是压迫性的，其社会压迫的机制在于不断

① 朱雅兰：《"妇女与科技"应成为性别平等领域的新关切》，《山东女子学院学报》2021年第 1 期。
② 张运红：《美国中小学 STEM 教育中性别区隔问题研究》，《上海教育科研》2019 年第 1 期。
③ 马先敏、罗燕珍：《家长性别刻板印象现状的调查与分析》，《中小学心理健康教育》2020年第 17 期。
④ 谢桂华、刘昕毓：《数学的性别——性别观念对初中生数学水平影响》，《社会学研究》2021 年第 4 期。
⑤ 魏国英、陈雪飞：《家庭文化对青少年性别刻板印象形成的影响》，《妇女研究论丛》2005年第 1 期。

强化两性气质的对立。女性在服从于贬低和否定其自身的社会化过程中，学会克制、顺从和沉默的消极道德；男人同样是统治者的囚徒和暗中受害者，和那些旨在使人服从的社会配置一样，男性气质并非天性，而是社会化作用的结果。"① 因此，作为孩子首任教师的父母，要树立社会性别平等的理念去教育孩子，避免幼儿性别刻板印象的过度发展，在实现幼儿性别认同的基础上，使孩子发展成为具有健康的双性化人格特征的人。

（二）是父母共担家庭教育责任、形成夫妻平等家庭关系的要求

家庭的本质是社会关系，在家庭中应建立平等的人际关系，平等的人际关系包括夫妻关系平等和子女关系平等。② 男女平等理论要求男女在家庭中具有平等的地位，不仅体现在财产关系和人身关系方面，还应该体现在包含家庭教育、劳动在内的活动的其他方面。坚持夫妻双方平等，就会充分考虑到男女的现实差异和妇女的特殊利益。"因为在男性中心文化的社会背景下，一些看似中立的法律规范，也往往会产生不利于女性的影响，会使夫妻之间的现实利益失去平衡。"③《民法典》规定父母双方平等享有对未成年子女抚养、教育和保护的权利，共同承担对未成年子女抚养、教育和保护的义务。但由于受"男主外、女主内"的传统性别刻板印象影响，现实生活中母亲承担照料和教育子女的大部分责任甚至是全部责任。儿童的照料和教育往往密不可分。2015 年 6 月 16 日，联合国发布了《世界上的父亲》报告，指出女性至少要比男性多花 2 倍的时间照顾孩子，呼吁世界各地的男性承担更多照顾家庭的责任。④ 第四期妇女社会地位调查发现，0～17 岁孩子的日常生活照料、辅导作业和接送主要由母亲承担的比例分别占 76.1%、67.5% 和 63.6%；女性平均每天用于照料/辅导/

---

① 〔法〕皮埃尔·布尔迪厄：《男性统治》，刘晖译，海天出版社，2002，第 67～72 页。

② 蒋珠丽、李永枫：《马克思恩格斯婚姻家庭观及其当代价值》，《公关世界》2021 年第 14 期。

③ 李明舜：《男女平等：婚姻家庭编应始终坚守的立法初心》，《中国妇女报》2019 年 7 月 10 日。

④ 杜晓菲：《联合国发布报告 呼吁男性承担更多的家庭责任》，环球网，https://world.huanqiu.com/article/9CaKrnJM9jL，最后访问日期：2022 年 11 月 9 日。

接送孩子和照料老人/病人等家人的时间为 136 分钟。已婚女性平均每天进行家务劳动的时间为 120 分钟。① 蔡迎旗、刘庆在对武汉市 1083 名儿童的调查中发现，父亲参与亲子互动少，亲子陪伴质量不高。仅有 41.6% 的父亲经常或者一直参与新生儿养育，55.7% 的父亲偶尔参与养育，2.7% 的父亲从不参与养育。② 近年来，女性面临着育儿的困境和"母职惩罚"，"父职的缺失"导致的丧偶式育儿已经成为男女职场不平等的重要因素，也影响着家庭中夫妻关系的和谐。父职的缺失不但造成男女不平等，而且对儿童健康成长也构成伤害。"教育学、心理学和社会学研究表明，父亲的角色对于儿童的发展具有重要意义。现代父亲的角色不再是传统的'养家糊口'，而是多维度的。不仅仅是经济支持，还包括对孩子进行认知和全面发展的教育等。"③ 阿玛托调查显示，儿童在童年时期与父亲的亲密关系与其成年后在学业和事业上的灵活性、心理适应能力和幸福感有密切的联系。④ 父职在育儿参与上的缺乏则会导致"父爱缺乏症"：情商较低、不善交际、责任心和进取心较差，甚至伴有反社会性行为。⑤ 周恩来同志在《论"贤妻良母"与"母职"》一文中特别指出男女两性在家庭中都应尽好父职母职，"贤妻良母"对应的是"贤夫良父"，只提一方面是偏颇的。⑥ 习近平总书记也指出，"男性也不能当甩手掌柜，要同妻子分担养老育幼等家庭责任，共担家务劳动"。⑦ 因此家庭教育促进法应该推动父亲和母亲共同参与对未成年子女的家庭教育工作，实现家庭中夫妻实质平等。

---

① 《第四期中国妇女社会地位调查主要数据情况发布》，中国妇女研究网，https://www.wsic.ac.cn/index.php？m = content&c = index&a = show&catid =51&id =11，最后访问日期：2022 年 8 月 7 日。

② 蔡迎旗、刘庆：《家庭教育中父母履职现状、困境和对策研究》，《少年儿童研究》2021年第 5 期。

③ 唐芳：《从奖励到权利——生育护理假的正当性论证》，《中华女子学院学报》2012 年第1 期。

④ 陈小萍、张海钟：《父亲缺失研究评述》，《中华女子学院学报》2008 年第 6 期。

⑤ 王雨磊：《父职的脱嵌与再嵌：现代社会中的抚育关系与家庭伦理》，《中国青年研究》2020 年第 3 期。

⑥ 中华全国妇女联合会编《毛泽东　周恩来　刘少奇　朱德论妇女解放》，人民出版社，1988，第 74 页。

⑦ 中共中央党史和文献研究院编《习近平关于注重家庭家教家风建设论述摘编》，中央文献出版社，2021，第 71 页。

（三）是引导未成年人树立和践行男女平等价值观的需要

男女平等不仅是我国基本国策，也是社会主义核心价值观"平等"的应有内涵之一。从小培养未成年人具有男女平等价值观对社会成员的男女平等价值观的形成至关重要，不仅有利于未来正确处理性别关系和家庭关系，还有利于减少社会基于社会性别的暴力违法行为，保障未成年人身心健康。社会性别刻板印象会导致偏见和不平等，社会性别不平等、社会规范和权力差异会影响性行为，并可能增加性胁迫、性虐待和基于社会性别的暴力的风险。性虐待和基于社会性别的暴力是源于权力和支配欲望的犯罪，并非由于一个人没有能力控制自己的性欲望。近年来有研究表明，由于大众对主流性别规范具有高度服从性，因此性别表达不一致的个体更容易遭遇校园欺凌，例如男生遭遇"娘娘腔"这类言语攻击和洗手间里的侮辱性调侃。[1]

社会主义核心价值观是我国社会主义意识形态的主体，"是社会主义制度的内在精神和生命之魂，在社会主义价值目标中处于统摄和支配地位"。[2] 但并非社会中每一个个体都知晓、认同该价值观，因此加强社会成员的社会主义核心价值观认同感非常重要。社会成员的社会主义核心价值观认同是社会成员通过显性的学习、实践、体验和内在的思辨、选择、融合等活动，将社会主义核心价值观的思想精髓逐步融入自身价值观并不断固化的过程。社会主义核心价值观认同机制具有多方面内容，其中教育机制是非常重要的一个方面。儿童时期是一个人生长发育的关键时期，是价值观包括性别角色观念和人格形成的重要时期。对未成年人进行男女平等价值观的教育不仅要关注学校教育方面，同样要关注对于家庭教育中的男女价值观、社会性别平等观念的培养。习近平总书记强调："要在家庭中培育和践行社会主义核心价值观，引导家庭成员特别是下一代热爱党、热爱祖国、热爱人民、热爱中华民族。要积极传播中华民族传统美德，传

---

① 郭凌风、刘文利、李雨朦、刘爽：《全面性教育对基于性别的校园欺凌的预防作用》，《教育科学研究》2021 年第 4 期。

② 田海舰、蔺红宾：《中国特色社会主义理论体系与社会主义核心价值体系辨微》，《保定学院学报》2011 年第 1 期。

递尊老爱幼、男女平等、夫妻和睦、勤俭持家、邻里团结的观念……"①
家庭教育是将男女平等价值观融入国民教育的起点，是学校教育和社会教育的有效补充。只有在这个阶段把性别平等的理念、男女平等的价值观介绍给孩子，把两性平等的社会关系、社会角色告诉孩子，才能培养出具有性别平等观的儿童。儿童在家庭中形成的性别刻板印象往往是根深蒂固的，有研究发现，幼儿在 5 岁时已经形成了关于智力的性别刻板印象，②这应该与家庭教育缺乏社会性别平等视角有密切关系，通过学校等进行后期教育来更改观念并非易事。

（四）是构建新时代和谐、共享家庭观的必然要求

在 21 世纪的今天，家庭教育与国家治理和民族命运紧密联系在一起，家庭教育必须以新时代的家庭观为基础展开，构建新时代和谐、共享家庭观也离不开家庭教育的实施，以增进家庭幸福和社会和谐。新时代要求树立新的家庭观，"爱国爱家的家国情怀、相亲相爱的家庭关系、向上向善的家庭美德和共建共享的家庭追求构成新时代家庭文明新风尚的精神内核"。③相亲相爱的家庭关系包含男女平等、夫妻和谐的理念，新型家庭观要求采用男女平等的视角进行家庭建设，倡导男女两性都要反省传统角色分工对自身的限制，树立"共同为家国"奋斗的理念，在拥有平等发展机会的前提下，平等地承担社会责任和家庭责任，共同获得自由和发展。

四　将男女平等理念融入家庭教育
促进法的路径

依据前述性别平等内涵，父母双方应该秉承男女平等的观念教育子女，培养子女的性别平等理念，使其不受性别刻板印象限制。然而转变

---

① 习近平：《论党的宣传思想工作》，中央文献出版社，2020，第 283 页。
② L. Bian, S. J. Leslie and A. Cimpian, *Gender Stereotypes about Intellectual Ability Emerge Early and Influence Children's Interests*, *Science*, vol. 355, issue. 6323, pp. 389 – 391.
③ 李明舜：《以新时代家庭观引领家庭文明新风尚》，《中国妇女报》2021 年 5 月 8 日。

深陷充满性别刻板印象文化规范中的父母的观念并非易事，需要国家贯彻"男女实质平等"理念，通过立法等积极措施改变男女的社会和文化观念模式。国家在构建新的家庭关系上不应当只是守夜人，而应当积极促进家庭教育的开展，建立良好的家庭关系。《消除对妇女一切形式歧视公约》第 5 条规定："缔约国应采取一切适当措施：（a）改变男女的社会和文化行为模式，以消除基于性别而分尊卑观念或者基于男女定性任务的偏见、习俗和其他一切做法；（b）保证家庭教育应包括正确了解母性的社会功能和确认教养子女是父母共同责任，但了解在任何情况下应首先考虑子女的利益。"《中国妇女发展纲要（2021—2030 年）》也提出探索构建学校教育、家庭教育、社会教育相结合的性别平等教育模式。国家应促进夫妻共同承担未成年子女的抚养、教育、保护责任，为未成年子女身心发展创造良好的家庭环境。促进家庭成员践行社会主义核心价值观。加强教育引导、舆论宣传、文化熏陶、实践养成，宣传尊老爱幼、男女平等、夫妻和睦、勤俭持家、邻里团结等家庭美德。增强父母共同承担家庭教育责任的意识和能力。将男女平等理念融入家庭教育促进法主要从两个方面展开。

（一）在家庭教育实施中融入男女平等理念

1. 主体视角

首先，要保障女童和男童在家庭中享有平等受教育权。家庭教育促进法应该明确规定女童和男童一样享有平等受家庭教育的权利，不得实施性别歧视。

其次，强调父亲和母亲共同承担家庭教育的责任。父母实施家庭教育既是权利也是义务和责任。家庭教育立法应该摒弃性别中立地对"父母"作出规定，明确规定父亲应该和母亲共同承担家庭教育的责任，而且规定鼓励父亲参与家庭教育活动。

2. 将性别平等教育纳入家庭教育内容

在家庭教育内容条款中应该明确规定父母应该对子女进行性别平等教育。性别平等教育是指以教育方式教导孩子尊重多元性别差异，消除性别刻板印象和性别歧视，促进男女实质平等。目前国际社会已将性别平等教育纳入"全面性教育"之中，2018 年联合国发布的《国际性教育技术指导纲要（修订版）》中提出"全面性教育"理念，全面性教育培养相互尊重的社会关系和性关系，帮助儿童和年轻人学会思考他们的选择如何影响自身和他人的福祉，并终其一生懂得维护自身权益。① 其中"理解社会性别"是在这一理念下的八个核心概念②之一，其主要教育主题就是让受教育者理解社会性别及其规范的社会建构，每个人看待自己的社会性别或向别人描述自己的社会性别的方式都是独特的，应该受到尊重；应该建立基于社会性别平等的关系，每个人都有责任倡导社会性别平等，并公开反对侵犯人权的行为，包括性虐待、有害行径和其他形式的基于社会性别的暴力等。父母应该通过言传身教等一系列方式教育孩子形成性别平等的理念。

（二）在家庭教育促进中融入男女平等理念

1. 明确政府具有推动性别平等家庭教育的职责，将男女平等理念融入家庭教育指导

政府应该意识到将男女平等理念纳入家庭教育之中的重要性，家庭教育促进法应该明确政府推动性别平等家庭教育的职责，将性别平等教育内容纳入全国家庭教育指导大纲。家庭教育指导机构也应该将性别平等教育纳入家庭教育指导方面内容中。并非所有父母都具有性别平等理念，因此需要家庭教育指导中心通过家庭教育指导改变父母的理念，在对家长的培训中突出性别平等的主题，在家庭教育指导者的培训中加入性别平等理论的培训内容。

目前许多国家都采取措施鼓励父亲参与育儿，除了规定父育假外，一些国家还在家庭政策中开展鼓励父亲参与育儿的项目。美国"开端计划"

---

① 夏卉芳：《贵州地区特殊儿童性教育需求现状与性教育干预研究》，《中国性科学》2021年第 11 期。

② 八个核心概念分别为：关系，价值观、权利、文化与性，理解社会性别，暴力与安全保障，健康与福祉技能，人体与发育，性与性行为，性与生殖健康。

自 20 世纪 90 年代后期一直倡导父亲参与，其主要内容分为四个方面：父亲作为儿童最重要的教育者参与、父亲作为计划的主要决策者参与、父亲作为计划的雇员或志愿者参与和父亲作为计划的培训对象参与。[①] 美国开端计划办公室于 2013 年进一步推出与之相一致的《开端计划 0—5 岁儿童父亲参与项目指南》，为"开端计划"的父亲参与项目提供了具体且有针对性的实践指导。[②]

2. 将男女平等理念融入社会协同育人机制，提升家长的性别平等意识

幼儿园、学校、居民委员会、村民委员会在"家园合作、家校合作"中组织家庭教育指导服务和实践活动时应注重性别平等理念的传输，通过开设讲座、绘本亲子共读等各种各样的活动向家长宣传男女平等观念，特别是对反对性别刻板印象、父母共担家庭育儿责任的宣传，提升家长的性别平等意识。

五 我国《家庭教育促进法》男女平等理念融入的不足与完善

2021 年通过的《家庭教育促进法》体现了一定程度的男女平等理念：该法第 23 条明确规定未成年人的父母或者其他监护人在家庭教育中不得进行性别歧视；[③] 第 17 条规定强调父母平等地履行家庭教育义务。[④] 但与前述融入体系相比明显存在不足：教育内容中缺乏性别平等教育的内容。国家和社会支持家庭教育方面也缺乏性别平等视角。我国家庭教育促进地

---

① 林银新、海鹰：《美国"开端计划"父亲参与项目及其启示》，《教育导刊》2020 年第 9 期。

② 林银新、海鹰：《美国"开端计划"父亲参与项目及其启示》，《教育导刊》2020 年第 9 期。

③ 《家庭教育促进法》第 23 条规定："未成年人的父母或者其他监护人不得因性别、身体状况、智力等歧视未成年人，不得实施家庭暴力，不得胁迫、引诱、教唆、纵容、利用未成年人从事违反法律法规和社会公德的活动。"

④ 《家庭教育促进法》第 17 条规定："未成年人的父母或者其他监护人实施家庭教育，应当关注未成年人的生理、心理、智力发展状况，尊重其参与相关家庭事务和发表意见的权利，合理运用以下方式方法：（一）亲自养育，加强亲子陪伴；（二）共同参与，发挥父母双方的作用……"

方法规对男女平等理念融入家庭教育的重视不够，除《湖北省家庭教育促进条例》提及构建男女平等的家庭美德，① 其他地方立法均未提及"男女平等"或者"性别平等"。我国颁布的《全国家庭教育指导大纲（修订）》、《关于加强家庭教育工作的指导意见》和《家长家庭教育基本行为规范》等多部指导家庭教育的规范性文件也均未明确规定促进性别平等的相关内容。近年来，为了帮助父母提高家庭教育能力，各地家庭教育指导中心组织家庭教育的专家讲座，这些专家谈到了家庭教育的重要性、我国家庭教育面临的难题以及积极的应对策略，"唯独没有提到在家庭教育中如何关注性别平等的问题。在这些专家的眼里只看到了家庭教育，他们认为性别平等是无需在此强调的，认为男女平等、性别平等是成年人意识领域解决的问题，在孩子的教育中是不须强调的"。②

因此将男女平等理念融入《家庭教育促进法》，亟须从以下方面进行完善。

1. 家庭教育内容条款增加父母应该对子女进行性别平等教育

建议将《家庭教育促进法》第 16 条修改为："未成年人的父母或者其他监护人应当针对不同年龄段未成年人的身心发展特点，以下列内容为指引，开展家庭教育：……（二）教育未成年人崇德向善、尊老爱幼、男女平等、热爱家庭、勤俭节约、团结互助、诚信友爱、遵纪守法，培养其良好社会公德、家庭美德、个人品德意识和法治意识。"

2. 明确政府推动性别平等家庭教育的职责和其他社会组织的责任

建议明确政府推动性别平等家庭教育的职责，将性别平等理念融入社会协同育人机制，提升家长的性别平等意识。

（1）将性别平等教育内容纳入全国家庭教育指导大纲；

（2）家庭教育指导中心也应该将性别平等教育纳入家庭教育指导方面的内容中；

---

① 《湖北省家庭教育促进条例》第 30 条第 1 款规定："家庭应当倡导尊老爱幼、男女平等、夫妻和睦、勤俭持家、邻里互助的家庭美德，维护平等、和睦、文明的家庭关系。"

② 孟广宇：《如何将性别平等纳入到家庭教育领域》，2010 年中国社会学年会"社会性别视野下的中国道路和社会发展"论坛论文集，第 237 页。

（3）对家长的培训中突出性别平等的主题，在家庭教育指导者的培训中加入性别平等理论的培训内容。

（4）县级以上地方人民政府及有关部门组织建立家庭教育指导服务专业队伍，应加强对专业人员社会性别平等意识的培训。

六　结语

将男女平等理念融入家庭教育促进法不仅是社会性别主流化、构建男女平等社会的需要，也是遵循儿童利益最大化原则、促使儿童健康成长的需要。国家应该通过立法帮助父母转变传统性别刻板印象，树立社会性别平等的理念，在家庭教育中平等地履行家庭教育义务和责任，加强对子女性别平等教育，促使其形成男女平等的价值观，从而在家庭中形成爱国爱家、相亲相爱、向上向善、共建共享的社会主义家庭文明新风尚。

（责任编辑：熊卓文）

不应被遗忘的性少数群体：加拿大中小学 SOGI 教育实践研究[*]

不应被遗忘的性少数群体：加拿大
中小学 SOGI 教育实践研究[*]

郑　璐[**]

摘　要： 加拿大是世界上对待性少数群体最宽容的国家之一。20 世纪 80 年代以来，加拿大教育领域相关利益群体开始运用法律武器捍卫性少数群体的尊严与权利，并尝试对性少数群体进行更为准确的定义。具体到中小学场域内部，加拿大中小学通过制定政策与规程，创建全纳环境，构建 SOGI123 课程体系，寻求多方协作与支持等路径形成了独具特色的 SOGI 教育体系。一方面，加拿大中小学对性少数群体的尊重与包容，特别是 SOGI 教育为我国中小学开展多元性别教育提供了借鉴与参考；另一方面，由于各国政治体制、教育体制有所不同，应该对西方国家一些政党以获取政治选票为目的，刻意向学生推广甚或鼓吹性少数群体文化的行为加以警惕。

关键词： 加拿大中小学；SOGI 教育；性少数群体；性取向和性别认同

　　加拿大是世界上对待性少数群体最宽容的国家之一。2005 年 7 月 19 日，加拿大上议院通过了同性婚姻法，并于次日获得英国皇室认可。加拿大成为继比利时、西班牙、荷兰之后世界上第四个承认同性婚姻的国家。[①] 同性婚姻得到法律认可，对教育领域产生了颠覆性的影响。尤其是在基础教育领域，面对未成年儿童的性别认同以及可能发生的性别选择，学校教

---

　*　本文系全国教育科学规划 2019 年度教育部青年课题 "加拿大中小学国家认同教育研究"（EDA190477）阶段性成果。

　**　郑璐，北京教育学院教育管理与心理学院副教授，教育学博士，主要研究方向为比较教育。

　①　李昌道：《〈加拿大同性婚姻法〉透视》，《比较法研究》2006 年第 1 期。

育应当任其发展，还是规训其融入主流，抑或不理不问、将其悬置，展现出的是一个地区，甚至一个国家截然不同的教育理念与学校文化。

2016 年，修订后的《加拿大不列颠哥伦比亚省人权法案》充分保护了公民性别认同与性别表达的权利，这意味着在所有学校都不应该存在任何形式的性别歧视。然而，根据加拿大男女同志平权协会（Egale）发布的报告，64% 的性少数学生在学校感到不安全。[①] 近年来，社会各界日益认识到性别教育在基础教育中的重要性。不列颠哥伦比亚大学教授萨怀克（Saewyc）等人研究发现，伴随着严重的歧视与霸凌，加之家庭、学校与社区的漠不关心，年轻的性少数群体面临着极高的自杀、滥用药物等健康风险；反之，当他们在学校和家庭感受到支持与安全，发生这些危险的概率要大大降低。[②]

2018 年 9 月 29 日，持续论战数日的加拿大"性取向和性别认同"（Sexual Orientation and Gender Identity，以下简称 SOGI）教育项目终于尘埃落定。不列颠哥伦比亚省教育厅、省校董协会、省校长和副校长协会、省教师协会等 13 家教育协同部门发表联合声明："不列颠哥伦比亚省中小学的所有合作伙伴都将致力于 SOGI 建设，无论公立学校还是私立学校都会为不同性取向、不同性别认同、不同种族、不同宗教、不同背景的学生创设一个安全、被接纳、被尊重、受欢迎的学习场所。"[③] 若想厘清今日加拿大教育界这场轰轰烈烈的 SOGI 运动中的纷争与妥协，首先需要回溯历史，特别是那场发生在 20 年前的加拿大校园性少数群体第一案。

一 加拿大校园性少数群体第一案
——张伯伦 VS 素里地区教育委员会

身为一名同性恋教师，加拿大不列颠哥伦比亚省温哥华郊区素里地区

---

① Egale, Every Class in Every School, https://bc. sogieducation. org/sogi1/，最后访问日期：2018 年 9 月 30 日。

② E. Saewyc, C. Poon, K. Kovaleva, J. Tourand & A. Smith, School-Based Interventions to Reduce Health Disparities Among LGBTQ Youth: Considering the Evidence, 2016.

③ Minister and K-12 Education Partners' Statement on Support for SOGI, https://news. gov. bc. ca/releases/2018EDUC0058-001893，最后访问日期：2018 年 10 月 18 日。

（Surrey）的詹姆斯·张伯伦（James Chamberlain）希望能够传授给学生关于家庭的更为宽泛的理解与认知，包括混合家庭（blended families，父母是继父或继母的家庭）、不同信仰与种族组成的家庭（mixed-faith and race families）、单亲家庭、性少数父母组成的家庭等。为此，张伯伦精心挑选了三本绘本，分别是 1990 年出版的《阿莎的妈妈们》（Asha's Mums）、1991 年出版的《贝琳达的花束》（Belinda's Bouquet）以及 1994 年出版的《爸爸们》（One Dad，Two Dads，Brown Dads，Blue Dads）。绘本中的故事内容均包含着对于同性恋家庭的描述。其中，《阿莎的妈妈们》主要讲述了主人公阿莎为了能够与自己的两个妈妈一起参加学校组织的郊游活动，努力说服老师和同学们接受自己的另类家庭。最终，大家都意识到家庭构成的复杂性，阿莎如愿可以和妈妈们一起去郊游了。《爸爸们》是一本专门为 4～8 岁孩子们编撰的绘本，书中讨论了各种各样的爸爸们，既有传统家庭的父亲，又有由两个父亲组成的家庭；既有单一肤色的父亲，又有来自不同种族的父亲。最终，希望孩子们能够认知到多元化在家庭成员构成中的现实存在，特别是父亲角色的多元性。1997 年初，素里地区教育委员会准许张伯伦在幼儿园和一年级将这些绘本作为家庭生活教育的补充教材。

然而，这些绘本牵动着校内外各方相关利益者的神经。支持者认为，学校敢于触及有时连家长都难以启齿的多元性别教育，不仅勇气可嘉，还传递着多元、包容、平等等加拿大主流价值观；反对者对此观点恼羞成怒，比如加拿大学者洛兰·韦尔（Lorraine Weir）指出，绘本中呈现的同性恋画面充斥着淫秽的内容，在学生们的脑子里种下了同性恋是"正常"（normal）的果子，向学生灌输如此错误的观念十分危险。① 迫于种种压力，1997 年春天，素里地区教育委员会禁止中小学教师将这三本绘本作为学校教材。教育委员会声称，通过几个月的试行发现这些书致使学校教育与家庭教育之间出现裂痕，在一定程度上甚至引发了宗教冲突。尽管张

---

① Lorraine Weir, Making Up Stories：Law and Imagination in Contemporary Canada, *English Studies in Canada*, 2009, vol. 29, no. 3 - 4, pp. 25 - 33.

伯伦班上 20 个学生家庭中的 17 个家庭都向教育委员会递交了请愿信，表示支持张伯伦继续使用这些绘本教材，但素里地区教育委员会仍坚定地发出一纸禁令。①

1997 年夏天，张伯伦与不列颠哥伦比亚省同性恋教育工作者联盟创始人詹姆斯·沃伦（James Warren）等 5 人前往不列颠哥伦比亚省最高法院起诉素里地区教育委员会，认为禁书事件侵犯了他们自由与平等表达的权利。诉讼案在加拿大全境引发巨大争议的同时，得到了来自多个性少数群体的声援与支持。1998 年 12 月，不列颠哥伦比亚省最高法院认定禁书事件确实侵犯了张伯伦等人自由与平等表达的权利，推翻了素里地区教育委员会的禁令。2000 年 9 月，素里地区教育委员会向不列颠哥伦比亚省巡回法院提起上诉，援引联合国《公民权利和政治权利国际公约》，声称必须尊重父母基于信仰对子女实施宗教和道德教育的自由。尽管巡回法院推翻了此前不列颠哥伦比亚最高法院的裁决，但其判决相当模糊，从严格意义上讲，辩诉双方都可以宣称自己获胜。

对此，加拿大最高法院不得不于 2002 年 6 月在首都渥太华举行听证会。六个月之后，加拿大最高法院裁决张伯伦及其共同原告（co-plain-tiffs）以 7 比 2 获胜。首席大法官贝弗莉·麦克劳克林（Beverly McLaugh-lin）认为，素里地区教育委员会的禁书举动毫无道理。学校固然需要从宗教或非宗教视角考虑家长的感受，但学校也有责任提升包容度，促进多元化，从而保护来自同性恋家庭的孩子。② 最终，禁书事件被判违反宪法，张伯伦在与素里地区教育委员会的终极对决中取得了胜利。

二 举步维艰的校园多元性别教育

虽然性少数群体在法理上占据了优势，但加拿大校园中性少数群体的

---

① Jen Gilbert, *Sexuality in School：The Limits of Education*, University of Minnesota Press, 2014, pp. 17 – 18.

② Jen Gilbert, *Sexuality in School：The Limits of Education*, University of Minnesota Press, 2014, pp. 17 – 18.

现实处境却并不乐观，正如威廉·派纳（William Pinar）所言："教育学环境……的一个中心任务是通过丑化同性恋者，甚至把他们说成魔鬼，来培养顺从的异性恋。"[1] 长期以来，恐同症（homophobia）弥散在加拿大中小学，歧视性少数群体的场景随处可见。

场景一：8 年级的小姑娘米歇尔酷爱冰球，遗憾的是，学校只有一支男子冰球队，而没有女子冰球队。米歇尔的父母与老师们一起努力为米歇尔组建了一支混合冰球队，米歇尔刻苦训练，不负众望，甚至比一些男孩子打得还要好。这招致了队内一些男生的嫉妒与不满，他们开始对米歇尔恶语相向，并威胁她。最为恶劣的一幕发生在罗素女士的课上，其中一个男生朝着米歇尔大吼："女孩儿不应该打冰球，你肯定是个变态的女同性恋（dyke），只有你们这些女同才玩男孩的游戏。你彻底毁了我们的队伍，你最好离我们的球队远一点，否则我们让你好看。"罗素女士听到了大部分对话后，向所有人说："坐下，闭嘴。"米歇尔被吓坏了，她不想同莱纳德一样成为班里的异类，更不想成为球队的局外人。由于莱纳德只爱读书，不喜欢参加任何体育运动，其他男生总是嘲笑他，有时喊他"娘炮"。米歇尔现在也同莱纳德的遭遇一样，几乎每天都有人喊她"同性恋"，对此她不知所措。[2]

场景二：8 年级的布莱恩经常和好朋友大卫在一起玩。上周，这两个男孩抱在一起摔跤时，布莱恩突然被激发起了生理欲望。大卫也意识到了："你是同性恋吗？"一时间，布莱恩感到非常尴尬。后来，大卫似乎已经忘记了这件事，但布莱恩却一直忧心忡忡，他担心自己真的成为同性恋。"如果告诉别人，别人会取笑我吗？""同性恋究竟意味着什么？"布莱恩胡思乱想着。果不其然，大卫开始和其他几个同学一起对布莱恩说一些脏话，布莱恩只能默默忍受着。[3]

---

① 〔美〕威廉·F. 派纳等：《理解课程——历史与当代课程话语研究导论（上）》，张华等译，教育科学出版社，2003，第 414 页。

② Judy M. Iseke-Barnes, Njoki Nathani Wane, Equity in Schools and Society, 2000, pp. 336 - 337.

③ Judy M. Iseke-Barnes, Njoki Nathani Wane, Equity in Schools and Society, 2000, pp. 336 - 337.

难道仅仅因为生理性别是女生的米歇尔打冰球，就认为她是同性恋？难道仅仅因为生理性别是男生的莱纳德不喜欢体育运动，就用刻薄的词语侮辱他？难道仅仅因为布莱恩还未能确定自己的性别认同与性取向就将其定义为异类？在美国著名性别研究学者朱迪斯·巴特勒（Judith Butler）看来，性别身份不过是形而上学话语下的一个理论设定，在实践层面，并不存在一个固定的性别实体。不论生理性别还是社会性别，都是动态的"成为"（becoming），而非本质性的"是"（be）。

借鉴福柯的系谱学方法，巴特勒站在后结构主义立场，重新解构了性与性别研究领域中生理决定论与社会建构论长达半个多世纪的论争。巴特勒认为："生理性别范畴先于所有对性差异的范畴化，它本身就是通过某种具有历史特殊性的性模式所建构的。把生理性别建构为分立、二元的范畴这样的生产手段，通过假定'生理性别'是性经验、行为和欲望的'原因'，而隐藏了这个生产机制本身的策略目的。"[1] 除了生理性别与社会性别，在一定程度上，还存在由染色体决定的基因性别，由个体性别自我认知决定的心理性别等，个体性别的流动性、变化性、不确定性通过不同维度的审视得以彰显。最终，身体能以无数方式来对付规范、超越规范、重塑规范，肉体的主动性并没有被规范所完全束缚住。[2]

北美教育领域试图打破异性恋霸权的实践始于 20 世纪 80 年代。由青少年领导的、以学校或社区为基础的北美同性恋—异性恋联合俱乐部（gay-straight alliance），简称"同直联盟"（GSA）应运而生。该联盟为性少数群体学生、对自身性倾向或性别身份有疑问的青少年、同性恋家庭的子女提供安全、友善、肯定的环境，以及物质上和精神上的支持，以帮助他们更好地成长。20 世纪 90 年代，由于单单通过"同性恋"已经无法完整呈现其他相关群体，诞生了取自女同性恋（Lesbians）、男同性恋（Gays）、双性恋（Bisexuals）以及跨性别者（Transgender）首字母缩写而

---

① 〔美〕朱迪斯·巴特勒：《性别麻烦：女性主义与身份的颠覆》，宋素凤译，上海三联书店，2009，第 32 页。

② 〔美〕朱迪斯·巴特勒：《消解性别》，郭劼译，上海三联书店，2009，第 222 页。

成的"LGBT"，随后，又加入了"酷儿"（Queer），从此"LGBTQ"被用来泛指性少数群体。

2015 年底，自由党执政以来，性别越发成为加拿大政治的一大议题。随着性少数群体人数的增加以及性别种类的不断细化，为了给予各个性别群体平等待遇，加拿大安大略省小学教师协会（Elementary Teachers' Federation of Ontario，ETFO）公布了升级版的"LGBTQ"，即"LGGBDTTTIQQAAPP"[①]。精准划分性少数群体的类别之后，2017 年 11 月，加拿大安大略省小学教师协会开设了名为"LGGBDTTTIQQAAPP 训练"的社会包容性课程，并强制当地的所有小学教师参加学习。加拿大不列颠哥伦比亚省教育厅等 13 个部门的最新联合声明也指出："全省 60 个学区发布了最新的行为准则，所有私立学校也都更新了预防骚扰和霸凌的规章政策，确保学生免于遭受因性取向和性别认同造成的霸凌行为。"[②]

由此可见，一方面，加拿大基础教育领域尝试着对性少数群体进行更为准确的定义与认知；另一方面，加拿大正在试图通过中小学性别教育使那些来自性少数家庭或属于性少数群体的孩子摆脱性别刻板印象与性别歧视，得到应有的保护与尊重。那么，具体到中小学场域内部，如何开展多元文化主义下的性别教育、如何针对性少数学生营造校园环境、如何创设更为多元和更为包容的课程成为加拿大中小学亟待解决的问题。

三　日臻完善的加拿大 SOGI 教育

每个人都有属于自己的性取向和性别认同。基于自身特点与选择，学生对于自我性别的理解与表达各不相同，有时与生理性别吻合，有时与生理性别不同。一些学生可能还未确定自己的性取向，一些学生可能已经明

---

① "LGGBDTTTIQQAAPP"指加拿大安大略省小学教师协会对社会特殊性取向及性别人群的 15 类划分，具体包括：性别酷儿（Genderqueer）、半性恋者（Demisexual）、变性人（Transsexual）、觉得自己同时兼备男女两种灵魂的双灵人（Twospirit）、双性人（Intersex）、无性恋者（Asexual）、泛性恋者（Pansexual）以及多元恋者（Polyamory）等。

② Minister and K-12 Education Partners' Statement on Support for SOGI, https://news.gov.bc.ca/releases/2018EDUC0058-001893，最后访问日期：2018 年 10 月 18 日。

确了自己属于异性恋、同性恋、双性恋、跨性别者等。SOGI 全纳学校的建立意味着学生们的这些经验与身份都应得到接受与尊重，SOGI 全纳教育则意味着确保每个学生都能找到自我认同感与归属感。

（一） 制定政策与规程

可视、保护和包容成为加拿大 SOGI 全纳教育的三大目标。首先，性取向的多样化，性别认同与表达的多元化应该受到平等的识别与尊重；其次，具有任何性取向、位于性别认同光谱的所有人应该得到保护与关注；最后，平等地接纳、包容性少数群体。

基于三大目标，加拿大每个学区以及每所私立学校均制定了符合自身特点的 SOGI 教育政策与规程。例如，兰利（Langley）教育局意识到学生面临着性少数群体引发的社会问题，为了提供更加安全、友好、平等、多元的教育环境，2014 年兰利学区公布了《学生反骚扰与反歧视》政策，将对任何基于性取向、性别认同、外貌、能力、残疾、种族和宗教做出的故意贬低、诋毁、标签化、刻板印象、煽动仇恨、偏见与歧视等行为和言语采取零容忍政策。① 同时，兰利教育局发布了与该政策配套的十大规程，包括具体的行动指南、支持举措、惩罚条款等。纳奈莫（Nanaimo-Ladysmith）学区在 2016 年 6 月通过了一项新的全纳政策法案，用以取代之前实施的 SOGI 和 MCRR（Multicultural and Race Relations）政策，旨在强化管理程序。纳奈莫教育局要求学区内所有教职工、学生以及学区内成员在实践中遵守教育性、预防性、修复性三大行为准则；回应个人与群体的多元化的社会、文化需求，并理解多元化对教育产生的影响；认识边缘化带来的不公正，主张社会正义；参与提升平等与幸福的社会活动。② 乔治王子（Prince George）学区也在 2018 年 1 月实施了新的 SOGI 政策，新政策增加了关于支持跨性别者和性别未确定者的包容性语言，并要求所有学校提供

---

① LANGLEY-Inclusive Anti-Harassment Policy, https://district. public. sd35. bc. ca/wp-content/uploads/sites/2/2015/07/Policy-7200. pdf，最后访问日期：2018 年 10 月 22 日。

② NANAIMO-Inclusion Policy, https://www. sd68. bc. ca/wp-content/uploads/Policy/2. 0/2. 10-Inclusion-Policy-. pdf，最后访问日期：2018 年 10 月 22 日。

中性洗手间与更衣室。①

　　为了使政策更加可行、有效，不列颠哥伦比亚省教育厅 SOGI 工作组发布了构成 SOGI 政策的十大要素，具体包括：共同语言、安全/反骚扰、自我认知、保密性、着装规定、性别整合与全纳活动、教育者培训、全纳学习、设施设备、全纳课外活动。例如，在保密性方面，学生有权对个人正式的或偏爱的性别保密；在着装规定方面，学校应尽可能地包容，允许学生穿着表达自身性别认同的服装；在设施设备方面，学校需要提供无性别卫生间及无性别更衣室，并允许学生根据自己的性别认同选择、更换洗手间；在全纳学习方面，教材和活动应该传递关于性别多样化的准确且积极的信息，介绍 SOGI 的历史与文化，展示性少数群体对社会做出的贡献。②

（二）创建全纳环境

　　全纳学习环境通过为性少数群体设立相关标识、选择专业词汇、组织课外活动，从而给所有学生提供一个安全、积极的学习场所。

　　构建包容性的校园和教室。无论在校园、教室还是办公室，尽可能构建尊重、欢迎性少数群体的环境。例如，通过在楼道墙壁贴上彩虹贴纸，在办公桌摆放彩虹旗等方式，让家长和学生感受到他们处于一个安全的环境。再如，引用出自性少数群体偶像的话语，传递来自性少数社区的信息，使用性少数群体组织提供的材料支持属于性少数群体的学生和家庭。当提供指令或说明时，尝试使用不同的社会类型对学生进行分类，而不仅仅依靠性别分类。为所有学生提供关于 SOGI 的相关知识与话题。例如，图书馆需要适度张贴 SOGI 主题的海报，提供一定比例 SOGI 主题的书籍供学生选择。

　　选择包容性语言。首先，针对学生精心地选择性别中立词。比如使用

---

① New SOGI Policy，https：//bc. sogieducation. org. 2016 - 06 - 01/2018 - 10 - 26，最后访问日期：2018 年 10 月 22 日。

② Supporting Diverse Sexual Orientations，Gender Identities and Expressions，https：//bc. sogieducation. org/sogi1/，最后访问日期：2018 年 10 月 22 日。

"大家早上好！"取代"男孩儿、女孩儿们早上好！"，使用"请学生们交作业"代替"请每个人交他的/她的作业"。其次，针对学生家庭运用性别中立词。比如运用"家庭"、"父母"代替"爸爸和妈妈"，这样可以更好地照顾到那些来自单亲家庭、继父母家庭、性少数群体组成的家庭以及监护人轮换家庭的孩子。最后，需要扩充一些与 SOGI 相关的词。这些词总是处于形成过程之中，积极地汲取它们有助于包容语言的多样性。比如，双性恋恐惧症（Biphobia）、泛性恋（Pansexual）、异装者（Transvestite）等。

举行仪式活动。庆祝与性少数群体相关的纪念日，如一年一度的彩虹日、反歧视日（BC Pink Shirt Day）等。2007 年，加拿大 9 年级男生查尔斯·麦克尼尔（Charles McNeill）仅仅因为穿了一件粉红色衬衣就在开学第一天遭受欺辱。加拿大新斯科舍省大卫·谢菲德（David Shepherd）、特拉维斯·普莱斯（Travis Price）与小伙伴们一起向学校所有男生派发粉红色 T 恤衫，以此声援遭受欺凌的麦克尼尔。从此，加拿大全境人们身着粉红色 T 恤衫对一切校园歧视与霸凌行为的抗议活动拉开帷幕。反歧视日的宗旨是：反对一切因年龄、种族、肤色、宗教、性取向、家庭状态、婚姻状态、身心障碍产生的歧视与霸凌。每年设立一个主题，2018 年反歧视日的主题是"反对恐同者（homophobic）、跨性别恐惧症（transphobic）以及由此带来的所有形式的歧视行为与言语"。[①] 反歧视日提醒同学们，他们可以玩各种玩具，可以参加各类游戏；可以同任何性别的小伙伴做朋友；可以穿着任何颜色和款式的衣服，留任何样式的发型；可以成为自己并帮助他人做自己；可以对谩骂和歧视挺身而出。仪式过后，学校组织学生参加反歧视日大讨论，每个年级依据学生身心发展特点形成主题。帮助学生打破那些关于性别的刻板印象以及所持有的恐同症的意识与行为，并将其与其他形式的霸凌建立联系，强调"挺身而出"的重要性。

学校需要形成"向排斥说'不'"的校园文化，当遇到歧视性少数群

---

① BC Pink Shirt Day, https://static1. squarespace. com/static/58056b68f5e2316903750b43/t/5a7 36bc30852293130ae3ae0/1517513671380/Pink + Day + Guide + 2018. pdf, 最后访问日期：2018 年 10 月 22 日。

体的言论与行为时，每个人都应该勇敢地站出来，阻止这些行为与言论，并告知对方如何采取更合理的行为与语言。学校要让学生们感受到，他们身处于一个能够讨论、允许质疑、能够做自己的安全且友善的学习环境之中。

（三）构建 SOGI123 课程体系

尽管加拿大并不存在独立的 SOGI 学科，但 SOGI 作为主题或项目贯穿于学校课程与活动。那么如何将 SOGI 嵌入课程之中？如何使 SOGI 理念落地？如何使其融入现有的教育体系、课程结构等成为各方教育部门协同攻坚的难题。对此，加拿大不列颠哥伦比亚省教育厅以全纳包容、简洁实用、分级指导为原则组织建构起 SOGI123 课程体系。

SOGI123 课程体系的核心特点如同其名，就像"1、2、3"一样简单可行。例如，当 SOGI123 与 1 年级社会科课程和身体与健康课相结合时，便形成了年度主题"何为家庭？"。课程旨在探索当今社会存在的各种家庭组织形式，了解家庭的多元化与个性化。通过互动活动使学生了解到每一个家庭都是独一无二的，应该像对自己的家庭一样，对其他的家庭也充满敬意、充满爱。该课程涵盖了三大宏观理念：我们身处于一个由个体组成的多元化社区（与社会科课程结合）；健康的社区能够尊重个体的多样性（与社会科课程结合）；学会关爱自己与他人，建立健康的人际关系（与身体与健康课结合）。

在教学环节，首先，教师向学生抛出问题："家庭由谁组成？"以关键词和图片（人的头像）的形式在图表中记录学生们的答案，记录过程中避免采用男孩与女孩之类性别的刻板印象图谱，比如用穿裙子的人代表女性，用穿裤子的人代表男性，或用蓝色代表男性，粉色代表女性。然后，向学生介绍各种各样的家庭组织形式，随后组织学生阅读多元化家庭的读本，更大程度上强调，家庭与家庭之间的不同点要多于相同点，然而重要的是，要学会家庭与家庭之间的尊重与关怀。接下来进行角色扮演，学生们轮流扮演老师，向大家介绍自己的家庭。一些孩子可能发现自己的家庭符合多种家庭形式的标准。教师需要在上课之前了解所有学生的家庭结构，课上重点帮助那些不能够轻易识别出家庭结构的孩子。需要注意的是，当涉及同性恋父母组成的家庭时，一些学生可能会傻笑，并认为这些是不好的词。教师一定要抓住这个最佳教学时机，传授给学生描述同性恋的礼貌用语。下次上课时，教师可以组织学生阅读另一个家庭多元化的故事，检验学生是否能够挑选出不同的家庭组织结构，并将其匹配到家庭形式的图标中。

在课程评价环节，教师可以让学生在画册中根据问题指出答案。如：你能找出单亲家庭吗？你能指出有两个妈妈的家庭吗？哪个家庭由多种族构成？等等。另外，还可以使用形成性评价策略，组织学生进行头脑风暴，讨论家庭形式之间的异同，并以小组为单位使用 T 形图描绘讨论结果。最后，教师可以尝试形成拓展课程。恐同症仍是当今社会比较普遍的现象，基于此，家庭这一学习单元提供了一个绝佳的学习机会，教师可以根据实际情况，将课程扩展到关于同性父母组成家庭的阅读环节。

再如，当 SOGI123 与 2、3、4、5 年级英文课和身体健康课结合时，便形成了年度主题"质疑性别刻板印象"（gender stereotypes）。其中，2、3 年级英文课的宏观理念是了解自我、家庭和社区；4、5 年级英文课的宏观理念是理解自己，并同他人建立联系；2、3 年级身体健康课的宏观理念是我们的身体、情感与心理健康相互连接；4、5 年级身体健康课的宏观理念是建立平衡健康的生活方式。课程旨在甄别那些社会上关于性别的刻板印象，这些怎样影响着我们的生活，以及如何鼓励个体根据自己的意愿做真实的自己。对此，教师应该了解基于身体外部特征的生理性别有时不同于人类后天根据性别光谱发展出的性别认同。

课程第一部分的研究主题为"性别刻板印象"。首先，组织学生分组讨论他们在学校和家里擅长做什么、喜欢做什么，每个人在小纸条上写出三个活动。要求学生将收集后的答案按照仅限女孩、仅限男孩、不限性别三类贴到黑板上。随后，进一步讨论性别与颜色，哪种颜色属于男孩？哪种颜色属于女孩？哪种颜色不限性别？接下来，让学生思考是否当有些游戏或活动更适合男孩玩时，人们就开始将其贴上了仅限男孩的标签，反之亦然，这样区分合理吗？有没有一些工作只能男人做？有没有一些工作只能女人做？如果一些人喜欢的游戏、活动或工作恰好在社会刻板印象中与他或她的生理性别相反，那么人们会怎样对待他们呢？最终引出"刻板印象"的概念。下一步，教师通过故事引入（一个男性刻板印象的故事和一个女性刻板印象的故事），询问学生是否曾经遭受过来自性别刻板印象的同伴压力或社会压力，他们又是如何处理这种压力的？当人们遵循自己的内心、激情、能力与兴趣时，他们是否会更加快乐，获得感也会更强烈呢？作为第一部分的课程评价，可以安排写作练习。如果你是两个故事中遭遇性别刻板印象的主人公的好朋友，当他们遭遇到嘲笑、歧视与不公正的待遇时，你如何挺身而出帮助他们？

课程第二部分的研究主题为庆祝性别自由。告诉学生们你将讲述一个故事，当他们听到性别刻板印象时，他们可以说："什么！"并将拇指朝下以示抗议，例如，"蓝色属于男孩"。当学生们已经能够掌握并运用"刻板印象"的概念时，可以开展一些活动。比如，学唱彩虹之歌，这首歌向学生传递了性别多样化、友好以及包容的理念。教师还可以尝试一些可能的课程拓展：课程可以融入多样化、尊重与平等的学习单元，通过了解和拒绝刻板印象，学生能够帮助建立一个人人受到尊重，人人能够做真实自我，并以自己为傲的世界。最后，通过学生的日常表现来观察他们是否在言语、行为上做到尊重他人，做到能够打破固有的性别刻板印象，甚至当发生性别歧视时，能够勇敢地挺身而出。

（四）寻求多方协作与支持

加拿大 SOGI 教育体系不仅涵盖校园内部，还搭建起校外合作网络，特别是得到了一些社会组织与网站的支持。社会组织方面，不列颠哥伦比亚省教师联盟（BC Teachers' Federation）为教师提供各类 SOGI 教育资料、工具以及免费工作坊，培养教师应对恐同、恐跨的技能与知识；不列颠哥伦比亚省酷儿资源中心（BC's Queer Resource Centre）为性少数群体提供安全的空间，令大家感受到接纳与包容，从此改善他们的生活；成立于1995 年的加拿大同性恋平权信托（Equality for Gays and Lesbians Everywhere Canada Human Rights Trust，Egale）是加拿大唯一的致力于通过教育、研究和社区参与提升性少数群体权利保障的国家级慈善机构，为性少数群体活动提供了充足的资金；不列颠哥伦比亚省跨性别者关怀项目（Trans Care BC）通过跨省合作提升跨性别者的健康服务，同时尽可能为社区居民提供性别确认服务。在网站方面，彩虹猫头鹰网站（The Rainbow Owl）聚焦于性少数青年群体以及他们的家庭，为其提供一些国际化的服务资讯；骄傲教育网站（Pride Education Network）联合家长、政府官员等多方利益群体力争使不列颠哥伦比亚省的教育系统变得更为包容，能够平等地对待性少数学生、员工、家庭。

四　结语

通过近半个世纪的努力，加拿大基础教育领域对于多元性别教育的探索与实践已然走在了世界前列，不仅制定了相关政策与规程，还形成了独具特色的 SOGI 教育体系。

一方面，我们应该正视性少数学生的权利与教育。性少数群体是人类历史长河中普遍存在的一种基本行为模式。20 世纪 40 年代初，潘光旦先生在《中国文献中的同性恋举例》一文中便直言："同性恋的现象在动物生活史就有它的地位。它和人类的历史是同样的悠久，大约是一个合理的推论，一般的历史如此，中国的历史大概也不成一个例外。"[1] 世界各国不同研究显示的同性恋人口占国民人口的比例从 2% 到 10% 不等，若只以2% 计算，那么我国仅同性恋人口就达到近 3000 万人，加上其他性少数群体后，无疑更是一个不容忽视的庞大群体。基础教育应该对这一社会现象做出理性回应，对这一社会群体提供权利保障，正如福柯所言："在性选择的自由问题上，我们绝对不应该妥协，包括对这种选择的表达的自由。"[2] 对此，加拿大 SOGI 教育，特别是 SOGI123 课程体系为我国中小学嵌入多元性别教育提供了借鉴与参考。

---

[1]　转引自〔英〕霭理士《性心理学》，潘光旦译注，上海三联书店，2006，第 338 页。

[2]　包亚明主编《权力的眼睛——福柯访谈录》，严锋译，上海人民出版社，1997，第123 页。

另一方面，由于各国政治体制、教育体制有所不同，我们有必要警惕加拿大一些激进派站在所谓"绝对政治正确"的道德高地，以寻求政治影响力、获取政治选票为目的，刻意向学生推广甚或鼓吹性少数群体文化，将学校沦为政治秀场，从而摧毁公立教育的核心使命与社会角色。

（责任编辑：熊卓文）

北欧反性别歧视法律制度研究

杨　帆[*]

摘　要： 北欧国家是世界上性别平等程度最高的国家。研究北欧的反性别歧视法律制度对中国具有借鉴意义。本文从纵向的历史发展、横向的立法和相关机构方面对北欧反性别歧视法律制度进行研究，总结北欧各国反性别歧视法律制度的共性，并分析其在立法思路、法律制度基础以及与福利制度的关系三个方面的特点。

关键词： 北欧；性别歧视；反歧视；法律制度

北欧[①]反性别歧视法律制度具有极高研究价值。北欧国家通常以性别平等的出色程度而闻名。在世界经济论坛发布的《全球性别差距报告2022》[②] 中，冰岛位居全球男女平等状况的排名榜榜首，芬兰、挪威和瑞典也位居前5名。北欧国家是最接近实现性别平等的国家，正如经济合作与发展组织的一份报告所言："北欧国家在性别平等方面处于领先地位。"[③] 同时，北欧的反性别歧视法律制度具有极高的相似性。本文旨在全景概览北欧反性别歧视法律制度。

---

* 　杨帆，德国科隆大学博士研究生，研究方向为人权法学。

① 　本文以北欧四国为研究对象，即丹麦、瑞典、挪威和芬兰四国。

② 　Global Gender Gap Report 2022，https://www.weforum.org/reports/global-gender-gap-report-2022/，最后访问日期：2022 年 10 月 10 日。

③ 　Is the Last Mile the Longest? Economic Gains from Gender Equality in Nordic Countries，https://www.oecd.org/els/emp/last-mile-longest-gender-nordic-countries-brief.pdf，最后访问日期：2020 年 11 月 20 日。

一 北欧反性别歧视法律发展过程

北欧的性别平等理念根植于维京时期。[①] 那时的北欧社会通过赋予女性更多的自由和权利而使北欧女性具有很高的法律地位，她们享有财产权、自卫权、离婚主动权，并且对村落有一定的支配、管理权。[②] 这种情况一直持续到中世纪独立国家出现。

北欧国家的性别平等，或者说性别方面的平等权利，随着父权制的瓦解，在 19 世纪逐渐获得了政策上的支持。在 19 世纪 70 年代和 80 年代，女性组织的建立带来了追求男性与女性平等的呼声。在这一阶段，社会见解并不完全统一，但解放女性、赋予女性独立地位的呼声得到了许多支持。从 19 世纪末开始，女性的公民身份在家庭与继承法的层面得到了认可。

在 20 世纪初，与结婚、离婚以及婚姻财产有关的法律制度改革陆续在北欧各国展开，丹麦、挪威、瑞典以及芬兰都陆续通过了一系列法律，引入了现代化的婚姻制度，提高了女性的独立地位，在婚姻关系中丈夫不再具有法律上的支配地位。这次改革在结婚方面提高了女性的最低婚龄，在离婚方面引入了无过错原则[③]、提高了离婚自由度，确定了结婚双方对共同财产享有平等的权利，对家庭事务共同负责，互相具有扶持义务。法律上承认了家庭劳动与带薪职业都具有维持家庭运转的功能，并赋予已婚女性选择带薪职业的自由，性别平等得到了极大促进。婚姻法律制度的改革还获得了一系列政策的扶持，主要通过增强女性经济地位、将经济权利附加到家庭劳动之上的方式进行，国家被认为有责任进入私人家庭领域以

---

① 维京人（Viking）就是北欧海盗，他们从 8 世纪到 11 世纪一直侵扰欧洲沿海和英国岛屿，其足迹遍及欧洲大陆至北极广阔疆域。这一时期被称为欧洲的"维京时期"。

② Kirsten Wolf, *Viking Age: Everyday Life During the Extraordinary Era of the Norsemen*, New York Sterling, 2013.

③ 指要求离婚的一方无须证明对方存在过错，而只需简单说明夫妻双方无法继续共同生活便可离婚。

保护个人利益，这远远早于其他国家。^① 不过，那时的平等与当代社会所谈的平等并不相同，虽然已婚女性具有了选择带薪职业的自由，但这时的婚姻改革仍然是建立在"男主外，女主内"的传统性别分工基础上的，从这一角度出发，平等意味着带薪职业和家庭劳动对家庭来说同样重要。因此，这一阶段的法律改革虽然提高了已婚女性在经济领域的地位，但并没有跳出传统性别分工，女性获得独立经济来源的条件没有得到保障。

获得独立经济来源所依赖的基本权利是工作权，直到 20 世纪下半叶，已婚女性才在法律层面真正实现了这一权利。这一阶段，北欧的学者们挑战了传统性别观念，传统性别分工也受到越来越多的质疑，这种新的思想和理论格局导致国家平等话语的转变。^② 北欧各国的法律逐渐转向社会的、结构性的歧视，实质平等成为各国追求的目标。以瑞典为例，女性的职业成为整个 20 世纪 70 年代最重要的改革主题，这段时间的立法改革目标有两点：一是激励女性进入劳动力市场，并为其创造必要的条件；二是采取措施鼓励男性照顾子女。^③ 这时，瑞典已婚女性获取独立经济来源才真正开始获得法律上的支持。在瑞典之后，其他北欧国家也陆续实现了这种转变，国家在促进性别平等方面对私人生活的干预已被北欧人民接受。

但在 20 世纪末之前，性别平等法律多为积极措施的规定而非反歧视规定。20 世纪末，反歧视法开始在北欧崛起。欧盟法对这种转变具有重要影响。丹麦在 1973 年加入欧盟，瑞典和芬兰在 1995 年加入欧盟。挪威虽不是欧盟成员国，但挪威所属的欧洲自由贸易联盟与欧盟达成了欧洲经济区协议，挪威自 1994 年起也开始受欧盟的法律的影响。欧盟法律极大促进了反歧视法的发展。其中，瑞典在加入欧盟前就开始向欧盟法律看

---

① Kari Melby, Anna-Birte Ravn, Bente Rosenbeck & C. C. Wetterberg, What is Nordic in the Nordic Gender Model? in P. Kettunen, K. Petersen (eds.), *Beyond Welfare State Models: Transnational Historical Perspectives on Social Policy*, 2011, pp. 147 – 169.

② Åsa Lundqvist, Family Policy Between Science and Politics, *Gender Equality and Welfare Politics in Scandinavia*, Policy Press, 2008, pp. 97 – 114.

③ 如 1971 年的税收改革，1974 年的父母保险和 1974 年的离婚法案。

齐，其在 1991 年通过了《公平机会法》，禁止了职场中的性别歧视；加入欧盟后出台了《平等对待在校生法》和《反歧视法（2003）》等一系列与性别歧视相关的法案。芬兰、丹麦则根据欧盟法律的要求分多次对以前各自的《男女平等法》进行了更新，使其包含了大量反歧视条文，成为实质上的反歧视法，同时设置了其他国内法以禁止性别歧视与基于其他事由的歧视。挪威也出台了包括新《性别平等法案》① 在内的一系列反歧视法②。2014 年以来，除丹麦以外的北欧各国对反歧视法进行改革，出台了综合性的统一的反歧视法。虽然芬兰也出台了综合性的反歧视法，但其对性别歧视的规定仍保留在《男女平等法》中。

二 北欧反性别歧视立法

经过长期的发展，北欧国家各自形成了完备、成熟的反性别歧视法律体系，各国之间虽有不同，但具有高度相似性。北欧反性别歧视立法主要体现在各国的宪法、反歧视专门法以及其他国内法中，且北欧国家都属大陆法系国家，依赖成文法，宪法和成文法具有最高法律效力。国际条约和欧盟法则通常需要通过转化才能在国内适用。另外，准备性立法材料、判例、习惯以及法律研究等则用于解释特定案件中的法律。

（一）宪法

宪法作为国家的根本大法，在国内法中具有最高法律效力，将包括性别平等在内的平等与反歧视原则作为宪法条款进行规定，有利于确立法律体系的价值取向，指导法律制度的形成和改革。芬兰、挪威和瑞典关于性

---

① Act（No. 59 of 2013）on Gender Equality（Gender Equality Act），http://www. ub. uio. no/ujur/ulovdata/lov-20130621-059-eng. pdf，最后访问日期：2020 年 5 月 1 日。

② Act（No. 58 of 2013）Prohibiting Discrimination Based on Sexual Orientation，Gender Identity and Gender Expression（Anti-Discrimination Act on Sexual Orientation）；Anti-Discrimination Act of 03. 06. 2005 No. 33；Act of 20. 06. 2008 No. 42 Relating to a Prohibition Against Discrimination on the Basis of Disability；Working Environment Act（WEA）of 17. 06. 2005 No. 6.

别平等与反歧视的规定首先以宣示性条款体现在宪法条文中。芬兰和挪威都具有成文宪法①，且宪法中都具有平等与反歧视条款②，芬兰宪法这一条款还专门引用了促进男女平等、消除性别歧视的专门法案，即《男女平等法》③。虽然瑞典没有成文宪法，但其根本法是由四个宪法性文件④组成的。其中《政府组织法》⑤作为最重要的宪法性文件，也对平等和反歧视作出了原则性规定。⑥它们的主要目的是确保形式平等，即对待处境相似的人应有类似的原则，但也旨在在实践中实现充分的实质平等。在法律效力方面，这些条款都可以用作法律解释的依据，芬兰和挪威的法院可以直接援引宪法中的平等与反歧视条款，但瑞典的法院则不能直接援引宪法中的条款。与其他北欧国家不同，丹麦宪法中并没有与性别平等和反歧视相关的条文。虽然丹麦在宪法层面上对性别平等的规定有缺失，但欧盟法律和国际条约的平等原则也处处体现在丹麦的国内法中，后文将会对此进行分析。

（二）反歧视专门法

北欧各国都出台了专门的反歧视法案，这也是本文研究的重点所在。这些反歧视法案通过规定具体的禁止歧视条款和积极措施条款以消除性别歧视、促进性别平等。因此，反歧视法案中的规定又可以分为两种。一种是性别中立（gender neutral）的禁止歧视的规定，另一种是植根于福利国家思想、致力于改变结构性性别歧视、为受歧视群体采取积

---

① Finland, Constitution (perustuslaki) 731/1999; Constitution of the Kingdom of Norway (LOV - 1814 - 05 - 17).

② 芬兰宪法第 2 章第 6 节规定："法律面前人人平等。在没有可接受理由的情况下，任何人都不得因其性别（sex）、年龄、来源国（origin）、语言、宗教、信念、见解、健康、残疾或其他个人原因而被区别对待。""在社会活动和工作活动中促进性别平等，尤其是报酬和其他工作方面，由另一法案进行详细规定。"挪威《宪法》第 98 条规定："法律规定人人平等。任何人都不得受到不公平或不成比例的差别对待。"

③ 根据立法筹备工作的解释，该法案指《男女平等法》。

④ 《政府组织法》、《王位继承法》、《出版自由法》和《表达自由的基本法》。

⑤ The Instrument of Government（1974：152）.

⑥ Chapter 1 Section 2（5）and Chapter 2 Section 13, The Instrument of Government（1974：152）.

极措施的规定。① 还有学者分别称之为"显性的性别平等法"和"隐性的性别平等法",认为前者出发点和目标都是形式上的平等,重点是消除异常,后者是以真实的不平等为出发点,旨在实现实质平等。② 对于积极措施的规定,也有学者称之为"性别敏感"(Gender Sensitive)类法律,以与性别中立的法律相对应。③ 北欧各国的反歧视法案全都采用了禁止歧视与积极措施相结合的形式。

1. 禁止歧视的规定④

禁止歧视的规定根植于平等原则,是平等原则的必然要求,是实现平等的重要方式。北欧各国的反歧视法案有大量禁止歧视的规定,对为不同性别群体提供相同的机会起到了重要作用。其中,瑞典的《反歧视法》⑤和挪威的《平等与反歧视法》⑥ 是以统一的、涵盖性别等多种歧视理由的法案的形式存在的,这种法案统一了所有反歧视的措施,对受保护的人进行了广泛定义。芬兰则将关于性别歧视和基于性别的平等待遇的规定单独作为一个法案——《男女平等法》⑦。丹麦在性别领域的反歧视法则散见于几个不同的法案。首先,在职业领域,《男女同工同酬法案》⑧ 禁止在薪酬方面实施性别歧视,《男女职业平等待遇法案》⑨ 则在整体上禁止职

---

① Svensson, Eva-Maria (2005), *Ökad ma̅lstyrning och ny kunskap inom jämställdhetsomra̅det.* In Rothstein, Bo and Vahlne Westerhäll, Lotta (eds), Bortom den starka statens politik, SNS Förlag, Stockholm; Gunnarsson, Åsa, Svensson, Eva-Maria (2009), *Genusrättsvetenskap*, Studenlitteratur, Lund.

② Svensson, Eva-Maria, *Contemporary Challenges in Nordic Gender Equality Policy and Law*, Equality and Diversity in Europe, International Interdisciplinary Conference, Helsinki, pp. 12 – 13, 2006, http://www. helsinki. fi/oik/tdk/rpol/naisoikeus/tulevat%20tapahtumat/Programme. htm, 最后访问日期: 2020 年 6 月 2 日。

③ E. M. Svensson, A. Gunnarsson, Gender Equality in the Swedish Welfare State, feminists@ law, https://doi. org/10. 22024/UniKent/03/fal. 51, 最后访问日期: 2020 年 6 月 4 日。

④ 笔者本部分所分析的反歧视法,不包括法律中规定积极措施的部分,规定积极措施的法律条文将在"积极措施类法律"部分分析。

⑤ Discrimination Act (2008: 567).

⑥ Act Relating to Equality and a Prohibition Against Discrimination (LOV – 2017 – 06 – 16 – 51).

⑦ Act on Equality Between Women and Men, 609/1986.

⑧ Consolidation Act No 156/2019 on Equal Pay.

⑨ Consolidation No 645/2011 on Equal Treatment of Men and Women as Regards Access to Employment etc.

业领域的性别歧视,《男女保险、退休金等平等待遇法案》① 则是从社会保障的维度禁止了在保险、抚恤金、退休金等事宜上的性别歧视,其他领域则由《性别平等法案》② 进行规制。

各国禁止歧视的规定虽然在形式和具体内容上有很大不同,但从性别歧视的角度来看,北欧各国具有高度相似性,也具有很多共同特色。第一,禁止歧视包含的歧视类型多。性别歧视的不同类型在反歧视规定中得到了解释,这些规定禁止了直接歧视(Direct Discrimination)、间接歧视(Indirect Discrimination)、性别骚扰(Gender-based Harassment)以及性骚扰(Sexual Harassment),还禁止了歧视指令(Instructions to Discriminate)。例如,某人因其性别而受到不利待遇,可以寻求禁止歧视的规定的保护;即使未遭受不利待遇,如果因某一看似中立的规定的适用而使整个性别群体处于劣势,也可以寻求禁止歧视的规定的保护。其中,前一种情况为直接歧视,后一种情况为间接歧视。第二,禁止歧视的覆盖范围广。这些规定涉及社会各个领域,不仅适用于私营部门也适用于公共部门。以芬兰为例,只有宗教活动、家庭和其他私人关系以及议员和总统的行为被排除在《男女平等法》的适用范围外。③ 虽然每个国家禁止歧视的规定的适用范围都很广,但几乎所有国家都尤其重视职业领域的平等。例如挪威在《平等与反歧视法》中为雇佣关系专门设置了一个章进行特别规定。④第三,都规定了歧视的例外,也就是说,某些行为虽然符合性别歧视的概念,但是不应被视为性别歧视。例如,瑞典的《反歧视法》在就业方面规定了两种性别歧视例外,第一个例外是行为体现的是"具有决定性的有合法目的的职业要求,并且对于实现此目的是适当的和必要的"⑤,第二个例外是

---

① Consolidation Act No 950/2015 on Equal Treatment Between Men and Women in Insurance, Pension and Similar Matters.

② Consolidation Act No 1678/2013 on Gender Equality.

③ Section 2, Act on Equality Between Women and Men, 609/1986.

④ Chapter 5, Special Provisions Relating to Employment Relationships, Act Relating to Equality and a Prohibition Against Discrimination (LOV – 2017 – 06 – 16 – 51).

⑤ 刘小楠:《瑞典反歧视法律制度及其新发展》,载刘小楠主编《反歧视评论》(第 3 辑),法律出版社,2016,第 3 ~ 24 页。

"有助于促进男女平等的措施"①，即积极措施。挪威的《平等与反歧视法》用多个条款规定了性别歧视的例外，也主要体现在两个方面：一是"这种区别对待有客观目的，且区别对待行为对实现这种目的是必需的，同时没有对某些人造成不合比例的负面影响"②；二是一些积极措施，如"生育或者养育相关的基于怀孕、生产或者哺乳和休假是合法的区别对待"③。丹麦和芬兰的法律也都有类似规定。可以看到，各国性别歧视的例外主要集中在两种类型：一种是内在要求，例如某种工作本身对性别的要求是必须的，另一性别群体无法胜任工作；另一种是后文所要分析的积极措施。对例外进行规定，有利于在实践中更好地识别性别歧视，也有利于改变结构性歧视，促进实质意义上的性别平等。

值得注意的是，性别歧视可能会以多重歧视④的形式出现。在立法上，挪威法律明确禁止了多重歧视⑤，但其他北欧国家的反歧视立法中并未对多重歧视进行规定。消除对妇女歧视委员会也曾就此对瑞典提出过意见。⑥但在实践中，各国均承认并禁止多重歧视。例如，芬兰的法院就存在基于性别和残障的多重歧视判例⑦，不歧视和平等法庭也处理过基于性别、语言、年龄和居住地的多重歧视案⑧。再如，瑞典平等监察专员收到的投诉

---

① 刘小楠：《瑞典反歧视法律制度及其新发展》，载刘小楠主编《反歧视评论》（第3辑），法律出版社，2016，第3～24页。

② Section 9, Act Rrelating to Equality and a Prohibition Against Discrimination (LOV – 2017 – 06 – 16 – 51).

③ Section 10, Act Relating to Equality and a Prohibition Against Discrimination (LOV – 2017 – 06 – 16 – 51).

④ "多重歧视"（multiple discrimination）指基于两种或两种以上事由的歧视，具有两种表现形式。第一种是"加性歧视"（additive discrimination），指基于几个独立的事由而存在的歧视。第二种是"交叉歧视"（intersectional discrimination），指基于几个相互依存的事由而存在的歧视。https：//eige. europa. eu/thesaurus/terms/1297，最后访问日期：2020年6月5日。

⑤ Article 6（1），Act Relating to Equality and a Prohibition Against Discrimination (LOV – 2017 – 06 – 16 – 51).

⑥ 关于瑞典第八次和第九次合并定期报告的结论意见，https：//tbinternet. ohchr. org/_ layouts/15/treatybodyexternal/Download. aspx? symbolno = CEDAW% 2fC% 2fSWE% 2fCO% 2f8 – 9& Lang = zh，最后访问日期：2020年6月5日。

⑦ Rovaniemi Appeal Court, 23. 10. 2014, 483/23. 10. 2014, S13/536.

⑧ The National Non-Discrimination and Equality Tribunal, 21. 3. 2018 decision, 216/2018, http：//www. yvtltk. fi/material/attachments/ytaltk/tapausselosteet/45LI2c6dD/YVTltktapausseloste-21. 3. 2018-luotto-moniperusteinen_ syrjinta-S-en_ 2. pdf，最后访问日期：2020年6月4日。

中大部分也是与多重歧视有关的投诉。① 可以说，北欧社会实践中出现的多重歧视缺乏立法指导，多重歧视的处理面临着立法缺失的挑战。

2. 积极措施的规定

禁止歧视的规定必须要配合促进性别平等的积极措施才能真正实现结果平等、实质平等。欧洲法院的判例表明，过于依赖性别中立的禁止歧视的规定不利于实现结果平等。欧洲法院曾针对一项瑞典国内的法令作出判决，该法令的内容中包含这样的要求——必须采取积极措施提高瑞典大学教授中弱势性别的就业率。法院的判决结果是，该法令由于对女性有利，因此具有歧视性。② "在北欧的福利背景下，男女平等被理解为再分配问题。"③ 换句话说，在北欧国家，性别平等不仅仅是机会均等，结果平等才是法律的目标，积极措施的重要性就这样凸显出来。一旦积极措施的重要性被否认，仅依赖禁止歧视的条款，有可能出现类似判例，这种判决不利于结果平等和实质平等的实现。积极措施明确旨在促进性别平等，在美国被称为"平权行动"（Affirmative Action），在欧盟被称为"优惠待遇"（Preferential Treatment）、"积极行动"（Positive Action）或"积极歧视"（Positive Discrimination），通常仅适用于属于代表性不足或处于弱势地位的群体的个人。

各国的反歧视法案中也都包含着积极措施的规定。芬兰的《男女平等法》、挪威的《平等与反歧视法》、瑞典的《反歧视法》以及丹麦的《男女同工同酬法案》《男女职业平等待遇法案》《性别平等法案》《男女保险、退休金等平等待遇法案》在包含大量禁止歧视条文的同时，也规定了一系列积极措施。这类规定有两个特点。首先，条文规定了有义务采取积极措施的主体，北欧各国的雇主和教育机构都有义务采取积极措施促进平等，这远远高于欧盟法律的要求。④ 除了雇主和教育机构，芬兰、丹麦和

---

① Country Report Non-Discrimination Transposition and Implementation at National Level of Council Directives 2000/43 and 2000/78, Sweden.

② C-407/98-Abrahamsson and Anderson.

③ Pylkkänen, Anu, Transformation of the Nordic Model: From Welfare Politics to Gendered Rights, *Canadian Journal of Women and the Law*, vol. 19, 2007, pp. 335 – 354.

④ Article 23, Charter of Fundamental Rights; Article 3, Gender Recast Directive 2006/54/EC; Article 6, Goods and Services Directive 2004/113/EC. 欧盟法律鼓励公共机关和雇主采取积极措施，不具有强制性，只有极少数国家在法律中规定了雇主、教育机构采取积极措施的义务。

挪威还要求公权力机关采取积极措施促进性别平等，公权力机关也是积极措施的义务主体。其次，条文规定了具体可行的措施。例如在瑞典，雇主的义务体现在工作条件、招聘、报酬等各个方面，还被要求制订性别平等计划，在积极措施方面对于性别平等的要求高于其他群体的平等要求。① 反歧视法中的积极措施条文呼应了禁止歧视的例外规定，在尊重个人选择的同时，有助于更准确地对个人进行权利救济，也有助于鼓励责任主体推进实质平等，从而达到反歧视专门法的目的。不过，积极措施有时也会带来很大争议。例如，给公共机关任命的委员会、董事会成员设置性别方面的配额就是一个非常受争议的措施，挪威的《平等与反歧视法》中就有这种规定。②

（三）其他法律

北欧各国的其他法律中也包含着禁止性别歧视的条款。例如，严重的性别歧视行为是犯罪。各国的刑法典中有禁止歧视的规定，将一部分性别歧视行为规定为犯罪。一个典型的例子就是严重的性骚扰行为，这在北欧各国的刑法典中都可能构成犯罪。除了严重的性骚扰行为，芬兰刑法典③还针对歧视设置了三个罪名——歧视（Discrimination）、工作歧视（Work Discrimination）与严重工作歧视（Extortionate Work Discrimination），这些歧视可以包含性别歧视，其中歧视罪涵盖范围更广，尤其是在提供服务和履行公职方面的歧视。将严重的性别歧视行为纳入刑法典，使行为人承担刑事责任，能够起到更好的教育和威慑作用，有助于实现性别平等。

北欧各国也规定了一系列其他与积极措施有关的法律。各国刑法典中不仅有反歧视规定，也有积极措施类规定，例如瑞典将家庭暴力规定为严重侵犯人格尊严的犯罪④，并着重规定了针对女性的家庭暴力。一些行为

---

① 刘小楠：《瑞典反歧视法律制度及其新发展》，载刘小楠主编《反歧视评论》（第3辑），法律出版社，2016，第3~24页。

② Section 28, Act Relating to Equality and a Prohibition Against Discrimination (LOV - 2017 - 06 - 16 - 51).

③ Criminal Code, 39/1889.

④ Chapter 4, Section 4a, Penal Code (1962：700).

被纳入刑法典，能够表明国家对社会关系的涉入程度，但有时这种程度会引发质疑，一个具有争议的例子是瑞典禁止购买性服务。① 除了刑法之外，积极措施类法律还体现在生活的各个方面，包括工作、家庭、教育、公共服务等。其中，工作与育儿的关系受到了所有国家的重视。北欧各国都规定了一系列基于家庭的假期，包括产假、育儿假、陪产假和家庭护理假等，还规定了对怀孕的雇员和基于家庭休假的雇员的保护和福利。② 例如，瑞典作为世界上第一个立法规定男性可以休产假的国家，出台了《育儿假法》③，保障了男女两性享受带薪育儿假的权利，对推进瑞典的性别平等起到了重要作用。④ 可见，基于家庭的假期及福利在每个国家都得到了法律的极大支持，法律在极力平衡男性和女性在工作与家庭责任之间的分工。这体现了法律在改变结构性的性别歧视中起到的作用。

除了规定具体的禁止歧视或积极措施条款，北欧各国还有大量法律，具有平等与反歧视的原则性、概括性规定。例如，芬兰有一系列关于退休金、伤残抚恤金、遗属抚恤金的法律⑤，这些法律中包含着两性平等要求；瑞典和挪威各自的《教育法》以及芬兰的《基本教育法》都规定了儿童享有平等接受教育的机会。

（四）国际条约与欧盟法

除了北欧各国的国内法，与反性别歧视有关的国际条约和欧盟法律也可被转化适用。几乎所有国际人权条约都禁止基于性别的歧视，包括《公民权

---

① Chapter 6, Section 11, Penal Code (1962: 700).
② 比如挪威的《工作环境法》(Working Environment Act)，丹麦的《产假与产假津贴法案》(Consolidation Act No 67/2019 on Entitlement to Leave and Benefits in the Event of Childbirth)，芬兰的《雇佣合同法》(Employment Contracts Act, 55/2001)、《疾病保险法》(Sickness Insurance Act, 2004/1224) 和《职业健康与安全法》(Occupational Health and Safety Act, 738/2002)，瑞典的《社会保障法》(The Social Security Code, 2010: 110) 等。
③ The Parental Leave Act (1995: 584).
④ 刘小楠：《瑞典反歧视法律制度及其新发展》，载刘小楠主编《反歧视评论》（第 3 辑），法律出版社，2016，第 3~24 页。
⑤ Pensions Act of the Private Sector (395/2006); Pensions Act of the Public Sector (395/2016); Entrepreneurs' Pensions Act (1272/2006); Agricultural Entrepreneurs' Pensions Act (1280/2006).

利和政治权利国际公约》和《经济、社会及文化权利国际公约》，这两项公约都规定了男女享有平等的权利。此外，还有专门致力于实现女性人权的条约《消除对妇女一切形式歧视公约》。该公约定义了什么是对女性的歧视，并确定了国家采取行动消除这种歧视的进程。北欧各国都已签署并批准了《消除对妇女一切形式歧视公约》。另外，北欧各国也不同程度地签署并批准了国际劳工组织的相关公约，瑞典、丹麦、芬兰和挪威都批准了《同酬公约》①和《关于就业和职业歧视的公约》②，瑞典、芬兰和挪威还批准了《保护生育公约》③和《有家庭责任工人公约》④。但是北欧各国作为二元论国家，对国际条约采取"转化适用"的方式。这意味着批准的条约不会自动在国内生效，如果不将这些国际条约纳入国内法，这些规则就不能被法院直接适用。其中值得注意的是，挪威将《消除对妇女一切形式歧视公约》通过《人权法案》⑤整体纳入国内法律体系，并且规定其效力高于挪威国内法，同时纳入的还有其他几个人权公约。当国内法的规定与条约规定冲突时，以条约规定为先，这体现了挪威对于人权和性别平等的高度重视。

除了联合国系统的基本国际文件和专门公约外，北欧各国在反性别歧视方面还深受欧盟法律的影响。平等原则是欧洲联盟的基本价值观之一，牢固地植根于《欧洲联盟条约》《欧洲联盟基本权利宪章》之中。欧盟具有促进平等与反歧视的责任，有权针对特定的受保护事由（如性别、种族和年龄等）制定反歧视法。针对性别平等与反性别歧视，欧盟也制定了一系列指令⑥。《在就业和职业方面实施男女平等机会和平等待遇原则的指令》⑦禁止了在职业领域中的性别歧视，对积极措施作出了原则性规定，其中对于性别歧视形式和类型、对于积极措施的规定被采纳到北欧国家的

---

① Equal Remuneration Convention, 1951 (No. 100).

② Discrimination (Employment and Occupation) Convention, 1958 (No. 111).

③ Maternity Protection Convention, 2000 (No. 183).

④ Workers with Family Responsibilities Convention, 1981 (No. 156).

⑤ Act (No. 30 of 1999) to Strengthen the Position of Human Rights in Norwegian Law (Human Rights Act).

⑥ 指令是欧盟的成文法，旨在责成成员国通过国内程序将其转换为国内立法，以履行其承担的义务。

⑦ 2006/54/EC.

国内法中并得到了细化。除了职业领域，性别平等和反歧视原则也适用于法定的社会保障计划①、自由职业者②以及获取和提供商品和服务方面③。此外，某些指令适用于特定人群，例如怀孕指令④、育儿假指令⑤或兼职工作指令⑥。瑞典、丹麦和芬兰作为欧盟成员国，必须遵循欧盟这些指令。挪威虽不是欧盟成员国，但《欧洲经济区协议》⑦给了挪威遵守这些性别平等相关指令的义务。欧盟在监督成员国（包括挪威）义务履行、反歧视指令的国内转化方面起着至关重要的作用，要求成员国完全遵守欧盟指令使其国内法与欧盟指令保持在同一标准。如果成员国未能将欧盟指令转化为国内法或者转化不当，则成员国很有可能会面临诉讼。由此可见，国际条约和欧盟法律虽然不是国内法的正式法律渊源，但是对北欧各国法律制度的发展有着重大影响。

三 北欧反性别歧视相关机构

北欧各国均设置了相关主体负责监督和保障反性别歧视法的执行，这些主体对于促进性别平等、禁止性别歧视起到了关键作用，也是北欧国家反性别歧视法律制度的一大特色。这些主体主要是行政主体，这些行政主体可以分为两类：一类是监察机构，另一类是准司法机构。不同机构各司其职，相互配合。目前北欧各国都设有相关机构，但并不是各国都既有监察机构也有准司法机构。目前瑞典并没有相关的准司法机构。

芬兰司法部下设的平等监察专员（Equality Ombudsman）⑧、挪威文化

---

① 79/7/EEC.

② 2010/41/EU.

③ 2004/113/EC.

④ 92/85/EEC.

⑤ 2010/18/EU.

⑥ 97/81/EC，欧盟的兼职工人中绝大多数是女性。

⑦ 《欧洲经济区协议》是在欧洲自由贸易联盟与欧盟之间达成的协议，旨在让欧洲自由贸易联盟的成员国（现指冰岛、列支敦士登和挪威）无须加入欧盟也能参与欧洲的单一市场。

⑧ 芬兰还有反歧视监察署（Non-Discrimination Ombudsman），主要通过提供指导和建议来监督对《反歧视法》的遵守情况。

与平等事务部下设的平等与反歧视监察署（Equality and Anti-Discrimination Ombud）以及瑞典就业部下设的平等监察专员（Equality Ombudsman）都属于第一类机构。北欧各国监察机构的权限并不完全相同，但是具有相似之处。他们既有执法职能，又有教育和信息交流职能。第一，可以为性别歧视受害者提供支持，但是其作出的决定并没有法律强制力。几个监察机构都可以直接为向其投诉的受害者提供建议支持，也可以对性别歧视当事方进行调解，并且不影响受害者后续起诉，主要通过提供指导和建议来监督对反性别歧视法律的遵守情况。有的监察机构还可以为受害者的法律诉讼提供支持和协助，比如瑞典平等监察专员和芬兰平等监察专员，且瑞典平等监察专员在一定条件下可以代表个人向法院提起诉讼。挪威平等与反歧视监察署则无支持受害者诉讼的权利。第二，可以进行独立调查，也可以发表独立报告。监察机构负责检查部分领域内的性别平等状况，既可以调查个案投诉，也可以对整个领域进行宏观调查。监察机构完成的关于性别歧视的独立报告通常可以包括调查中收集的数据、给出的建议，以改善性别弱势群体的境况并消除他们所面临的歧视。有的监察机构（如挪威平等与反歧视监察署）还负责向联合国直接报告国家在履行包括《消除对妇女一切形式歧视公约》在内的相关国际条约规定的国家义务方面的情况。第三，监察机构通常作为平等与反歧视的专家，关注性别歧视的研究和发展工作，开展关于性别平等的讨论，报道新的研究成果，可以对立法以及现行法的改革提出建议。值得注意的是，除了平等监察专员，瑞典还设有两个行政主体——反歧视委员会（Board Against Discrimination）、性别平等局（Swedish Gender Equality Agency），前者负责根据《反歧视法》审查有关经济惩罚的问题，后者在性别平等领域进行宏观监测，分析、协调性别平等工作并提供必要的支持。总体来看，这一类主体可以以各种形式开展性别平等教育、研究、调查，也可以提供法律咨询和建议，为受害者提供替代争议解决方式，在北欧的反性别歧视法律制度中扮演了重要角色，但所有的功能都属于"软功能"，即不具有法律强制力。

丹麦的平等委员会（The Equality Board）、挪威反歧视法庭（Anti-Discrimination Tribunal）和芬兰的不歧视和平等法庭（National Non-Discrimination and Equality Tribunal of Finland）属于准司法机构。准司法机构作为行政机构，也负责监督遵守国内反歧视法的执行。例如，芬兰不歧视和平等法庭主要负责监督遵守《反歧视法》①和《男女平等法》，挪威反歧视法庭主要根据《平等和反歧视法》处理有关歧视的案件。北欧各国对于准司法机构的程序、与监察机构之间的关系作出了不同的规定。但共通之处在于，准司法机构都可以受理投诉，而且具有"硬功能"。具体来说，准司法机构对于投诉个案作出的决定都具有法律强制力，且都可以被上诉到法院，这是北欧各国准司法机构的最大特点，也是和监察机构最大的区别。由于准司法机构具有"硬功能"，加上其相对便捷和高效，准司法机构在反歧视案件处理中一定程度上替代了法院。

监察机构、准司法机构等行政主体是各国保障性别平等类法律实施的最主要的机构。除此之外，大多数北欧国家也设有国家人权机构。国家人权机构不直接隶属于行政、立法或司法机构，职责主要是增进和保护人权，例如丹麦人权研究所②、挪威国家人权机构③以及芬兰国家人权机构④。与上述行政机构相比，北欧的国家人权机构工作领域涉及各个方面的人权，并且工作方式主要是宏观监测与评估、撰写报告等。国家人权机构一般不接受个案咨询，但丹麦的人权研究所除外，从性别平等的角度来讲，丹麦的人权研究所可以对遭遇性别歧视的个人提供咨询服务。

由此可见，向相关机构投诉获得救济（主要是行政救济）是北欧反性别歧视的一种救济途径。一旦个人遭遇性别歧视，可以根据反歧视法寻求公力救济。整体来看，在这一领域，北欧国家提供公力救济分为两种：一种是非司法救济，主要是行政救济，即向国家设立的反歧视监察机构或准司法机构投诉，行政机构通过给予建议、调查、调解或者作出具有强制力

---

① 指 Non-Discrimination Act（1325/2014）。《反歧视法》包含了 14 种不同的歧视事由（年龄、来源国、国籍、语言、宗教、信仰、见解、政治活动、工会活动、家庭关系、健康状况、残疾、性取向或其他个人特征），但不包括性别。

② https：//www. humanrights. dk/，最后访问日期：2020 年 7 月 1 日。

③ https：//www. nhri. no/en/，最后访问日期：2020 年 7 月 1 日。

④ https：//www. humanrightscentre. fi/about-us/national-human-rights-institutio/，最后访问日期：2020 年 7 月 1 日。

的决定等给予遭受性别歧视的人以救济；另一种是司法救济，指按照诉讼程序向司法系统中的法院起诉。也就是说，性别歧视类案件既可以通过特定机构解决，也可以向法院提起诉讼解决，这给受害者带来了更多的救济途径和机会。但是在实践中，考虑到成本和效率的问题，受害者多诉诸专门机构解决问题，大部分案件都在机构内得到了解决。

监察机构与准司法机构各自的职责与行使方式在国内法中均有明确规定，这些机构通过"软功能"与"硬功能"的配合，在反性别歧视领域的法律适用中发挥了重要作用。

四 北欧反性别歧视法律制度的特点

如上文分析，整体来看，北欧国家的反性别歧视法律制度不论是在纵向的历史发展方面，还是在横向的立法以及相关机构方面，都具有许多共性。笔者在本部分将从更宏观的角度，从北欧反性别歧视法律制度的立法思路、基础以及与福利制度的关系三个方面指出北欧反性别歧视法律制度的共同特点并进行分析。

第一，北欧反性别歧视法律制度在立法上是两种思路交叉的结果，并且本身具有冲突性。正如前文所述，北欧反性别歧视法律制度在立法上主要表现为反歧视规定与积极措施规定相结合，而这种结合其实代表着两种立法思路的交叉。一种立法思路以个人为中心，尊重个人自由和选择，注重保护个人权利、反歧视，维持的是形式平等；另一种立法思路是以集体为中心，认为社会具有同质性（Sameness），关注结构性的社会不平等，追求的是实质平等。也有学者分别将这两种思路称为"非歧视路径"和"积极行动路径"，前者是指个体权利在受到侵害后以诉讼为中心的方式来获得救济，法院是主要的实施者；后者鼓励国家主动干预，施加给国家和雇主积极义务，主要针对国家行政机构的资源分配、福利体系和政策措施。[1] 从目前北欧各

---

① 何霞：《瑞典消除就业性别歧视立法与实施机制研究》，载刘小楠主编《反歧视评论》（第 4 辑），法律出版社，2017，第 72 ~ 86 页。

国的反性别歧视法律和相关机构的功能来看，北欧反性别歧视法律制度体现了两种思路的交叉，但是通过对法律制度的分析可知，第一种立法思路的采用更为突出。但值得注意的是，有学者将北欧国家的法律制度称为"北欧共产主义"①，也就是说，这些国家的法律制度以分配正义和实质平等为特点，"关于个人权利和自由主义的言论较弱"。② 国家被理解为是善的，并且人们相信国家有能力通过立法等措施促进社会平等。发展历史表明，自 20 世纪下半叶以来，直到现在，北欧社会一直十分注重对社会结构性不平等的分析，北欧国家的传统立法思路其实是第二种。这样一来，目前的北欧反性别歧视法律制度所主要采用的第一种思路与北欧国家的传统立法思路会产生冲突。有学者认为，个人主义会导致差异和异质性的增加，这种增加会破坏北欧社会的同质性，从而直接或间接削弱使环境和生活条件均等化的早期机制。③

第二，北欧反性别歧视法律制度的基础是女性的经济独立。女性经济独立对于性别平等的重要性不言而喻，有学者甚至以女性"经济公民身份"（Economic Citizenship）的发展来分析性别平等情况在北欧的变化。④实现女性经济独立最重要的一个方面就是使女性和男性都能兼顾经济活动与生育。⑤ 也就是说，性别平等不仅涉及劳动力市场的参与，还涉及对家庭的安排。为了打好这个基础，北欧国家十分重视提高女性的职业和公共生活参与率，也十分重视给予家庭支持，这种支持不仅体现在各种津贴上，

---

① Eva-Maria Svensson, *Contemporary Challenges in Nordic Gender Equality Policy and Law*, Equality and Diversity in Europe, International Interdisciplinary Conference, Helsinki, 12 – 13 2006, http://www. helsinki. fi/oik/tdk/rpol/naisoikeus/tulevat% 20tapahtumat/Programme. htm, 最后访问日期：2020 年 5 月 6 日。

② Svensson, Pylkkänen, *Contemporary Challenges in Nordic Feminist Legal Studies*, in Nordic Equality at a Crossroads Feminist Legal Studies Coping with Difference, Svensson, Pylkkänen & Niemi-Kiesiläinen (eds.), Ashgate, 2004, pp. 17 – 46.

③ A. Alesina, E. Glaeser, *Fighting Poverty in the US and Europe*: *A World of Difference*, Oxford: Oxford University Press, 2004, pp. 217 – 222.

④ Kari Melby, Anna-Birte Ravn, Bente Rosenbeck & C. C. Wetterberg, What is Nordic in the Nordic Gender Model? in P. Kettunen, K. Petersen (eds.), *Beyond Welfare State Models*: *Transnational Historical Perspectives on Social Policy*, 2011, pp. 147 – 169.

⑤ Birgitta Åseskog, *National Machinery for Gender Equality in Sweden and Other Nordic Countries*, Manchester University Press, 2018, pp. 146 – 166.

还体现在为家庭提供的各种服务和援助上，上文所提到的育儿假以及育儿假津贴就是一个例子。要实现性别平等，家庭和社会中男女之间的工作分配就必须得到改变。换句话说，打好"女性的经济独立"这个基础，最关键的就是改变男女在家庭、职业和社会中的分工与比重，这种改变则要求男性积极承担家庭责任。北欧各国已经在法律制度中对家庭分工进行了调整，尤其是以父亲育儿假等方式给父亲提供了育儿的机会和责任。整体来看，北欧在关于生育、育儿方面进行了许多法律规定，旨在平衡职业与家庭，强调了促进女性就业和男性育儿的重要性，对于促进性别平等起到了关键作用。

第三，北欧反性别歧视法律制度体现了北欧福利制度的核心，即性别平等。北欧国家普遍认为，性别平等对于北欧社会的民主进步至关重要。正如学者普遍认为，"男女平等是北欧福利国家模式的重要组成部分"[1]，"北欧福利模式是减少不平等的典范"[2]。北欧的社会民主福利国家促进社会平等公民身份，在社会福利方面具有相对较高的普遍性。可以看出，北欧反性别歧视法律制度是建立在一种假设之上的，这种假设就是男性和女性在社会的所有领域都应当享有相同的权利和机会，承担相同的义务，这种假设对社会的基本结构及功能提出了要求，反性别歧视法律制度就是达到这种要求的工具。

值得注意的是，北欧国家之间也存在密切合作，反性别歧视法律制度在这种合作中得到了不断的发展，产生了鲜明的特点，这些特点也会继续得到巩固和加强。北欧国家有着共同的历史、共同的法律传统和文化以及共同的福利国家政策，包括积极的性别平等政策和较高程度的性别平等。这使得在性别平等领域内发展紧密性和建设性的合作成为可能。北欧国家在性别平等方面已经合作了四十多年，并且这种合作仍在继续，主要体现在北欧理事会和北欧部长理事会的合作上。北欧合作促进了各国在法律制度上相互学习和影响，如前文所示，瑞典在卖淫合法的前提下将购买性服务规定为犯罪，这种规定后被挪威借鉴，也促使芬兰通过了一项类似的立

① Birgitta Åseskog, *National Machinery for Gender Equality in Sweden and Other Nordic Countries*, Manchester University Press, 2018, pp. 146 – 166.
② Jon Kvist, Johan Fritzell, Bjorn Hvinden & Olli Kangas, Changing Social Inequality and the Nordic Welfare Model, *Changing Social Equality: The Nordic Welfare Model in the 21st Century*, 2011, pp. 1 – 22.

法。目前的合作目标是，到 2030 年使北欧地区成为世界上可持续和一体化程度最高的地区。[①] 合作涉及政策制定，采用双重战略，一是性别主流化，二是特别关注某些问题，即我们通常所说的关注领域，这种战略也符合北欧各国国内法的发展方向。

五 结语

北欧国家建立起了相对完善的反性别歧视法律制度，国际社会在女性权利和性别平等领域取得了历史性的成果。但是，北欧反性别歧视法律制度还面临许多挑战，包括中国在内的各国在反性别歧视法律制度的建设方面还任重道远。联合国 2030 年可持续发展目标也强调，性别平等和女性权益是共建美好未来不可或缺的一环。在这种背景下，北欧国家反性别歧视法律制度对中国以及其他国家具有重要借鉴价值。诚然，我国与北欧国家历史发展状况的不同、国际合作情况的不同、社会状态的不同以及政体的不同提醒着我们，北欧国家的反性别歧视法律制度是不可复制的。但我国与北欧国家也有相似之处，比如都在一定程度上体现或追求"共产主义"，政府都有很大权力规制个人生活，民众对政府信任和依赖程度都比较高。这些相似之处都在北欧反性别歧视法律制度的形成中起到了一定作用，也为我国对其的借鉴提供了契机。目前，北欧反性别歧视法律制度虽然面临争议和挑战，但具有很大发展空间，也会继续对北欧国家以外其他国家的法律制度产生深远影响。

（责任编辑：梁硕）

[①] https://www.norden.org/en，最后访问日期：2020 年 8 月 1 日。

平等就业权视角下的生育休假法律制度研究

郭　恬*

摘　要："三孩"政策颁布后，各地延长产假导致用人单位雇用女职工时生育成本增加，女性就业歧视现象越发严峻。生育休假与平等就业权的实现紧密相关，生育休假中产假、陪产假及育儿假长短分配不均是就业歧视的根本诱因之一。男性生育权行使及家庭责任承担亦影响就业平等，完善我国生育休假法律制度势在必行。应基于生育需要，统一规定生育休假的性质与天数，确立强制假期，辅以灵活使用假期，以保障劳动者平等就业权的实现。

关键词："三孩"政策；就业歧视；平等就业权；生育休假；强制假期

一　问题的提出

为改善人口结构，减缓老龄化进程，2021 年 5 月，中共中央政治局召开会议指出，为进一步优化生育政策，实施一对夫妻可以生育三个子女政策及配套支持措施，[①] 并在 8 月 20 日，由全国人大常委会表决通过关于修改人口与计划生育法的决定，[②] "全面三孩"时代正式拉开帷幕。2010 年

---

*　郭恬，中国政法大学民商经济法学院硕士研究生，研究方向为社会法学（劳动法与社会保障法方向）。

① 《中共中央国务院关于优化生育政策促进人口长期均衡发展的决定》，中央人民政府网，http://www.gov.cn/zhengce/2021 - 07/20/content_5626190. htm，最后访问日期：2022 年 6 月 20 日。

② 《全国人大常委会关于修改人口与计划生育法的决定》，中国人大网，http://www.npc. gov.cn/npc/c10134/201512/36142e9753944a54a32e56340353c659. shtml，最后访问日期：2022 年 6 月 20 日。

至 2019 年中国综合社会调查数据显示，中国的城市化速度加快、社会竞争愈演愈烈，人民基本生存资料如住房的价格日益攀升，加之青少年教育花费在家庭支出中所占比例逐渐增大，满足良好生育条件的家庭不断减少。此外，女性就业人数不断攀升，到 2020 年为止，女性就业人员占总就业人员比重达到 43.5%。① 社会家庭结构中双职工家庭占比逐年增大，女性就业及晋升压力大，国民生育意愿逐渐低迷。

"全面二孩"政策的颁布促使女性负担更重的家庭责任，女性参与社会工作的时间精力相继减少，女性本应享有的就业机会和质量受到强烈冲击。② 而"全面三孩"政策颁布之后，国民生育意愿并未显著改善，该政策对我国出生人数与生育率的影响有限，③ 反之，各区市为落实生育政策纷纷采取延长产假、延长或增设陪产假及育儿假等生育休假调整措施，④ 导致用人单位雇用女职工的生育成本进一步攀升，加之在相关政策出台后，就业市场中出现了中国"盲盒第一股"泡泡玛特公司在面试单中要求女性求职者填写近期是否有生育计划等性别歧视现象，进一步证实新生育政策或将导致女性就业歧视问题加剧。⑤ 女性因生育在就业市场及劳动关系中无法获得平等的身份、权利、机会，甚至无法适用平等的规则时，迫

---

① 《〈中国妇女发展纲要（2011—2020 年）〉终期统计监测报告》，国家统计局网，http://www.stats.gov.cn/tjsj/zxfb/202112/t20211221_1825520.html，最后访问日期：2022 年 6 月 20 日。

② 参见康蕊、吕学静《"全面二孩"政策、生育意愿与女性就业的关系论争综述》，《理论月刊》2016 年第 12 期。

③ 陈友华、孙永健：《"三孩"生育新政：缘起、预期效果与政策建议》，《人口与社会》2021 年第 3 期。

④ 截至 2022 年 5 月 25 日，各省区市修改前后的人口与计划生育条例中，产假、陪产假、育儿假时长有较大变化，整理地方法规后可得：产假延长到 128 天的有江苏；延长到 148 天以上的有广西；延长到 158 天的有北京、天津、河北、内蒙古、上海、浙江、湖北、陕西；延长到 178 天的有重庆；延长到 188 天的有江西、青海；其他各省区市均未调整，且其他省区市的产假均已达到 158 天及以上。所有省区市均设立陪产假，假期天数为 7 天至 30 天不等；延长陪产假的有广西、天津、辽宁、安徽、陕西、重庆、吉林、江西，延长天数为 5 天至 20 天不等。除江苏、广西、山东、新疆未设育儿假外，其他省区市均已设立育儿假，总天数为 5 天至 40 天不等。

⑤ 孙涛：《泡泡玛特招聘女性时让填"生育计划"，缘何会引发众怒?》，新浪网，http://k.sina.com.cn/article_5593518540_14d6651cc00100z40p.html?sudaref=www.baidu.com&display=0&retcode=0，最后访问日期：2022 年 6 月 20 日。

于生存压力与晋升压力，其生育意愿会不断降低，"全面三孩"政策的目标也将难以实现。可见，生育休假法律制度与女性平等就业权的实现紧密相关，也是影响生育率的间接因素，"全面三孩"政策背景下，生育休假法律制度的完善对解决我国女性就业歧视问题具有重要的现实意义。

在生育保障体系中，学界大多关注生育保险中成本及责任问题，对生育休假法律制度的研究相对较少，且多对生育休假中的某一种类深入分析，例如从宪法平等权角度分析家庭护理假的法理结构并提出制度建议，①对假期之间的合理分配研究不足。近年来，随着多项生育政策的推出，也有部分学者立足于女性权益保护视角分析生育休假法律制度。例如，有观点认为生育政策的实施需要兼顾性别公正，应当加大陪产假制度供给且健全配套公共服务与相关法律救济制度；② 还有观点认为，在明确各生育假期的性质之后，建立育儿假是在生育政策放宽背景下促进生育、减轻女性家庭照顾负担、保障就业平等的重要措施。③ 此外，更有学者对女职工假期增加对企业用工成本的具体影响进行量化分析，得出延长产假将会大幅增加企业用工负担的结论，④ 同时也提出生育保护是一种权利，需要建立统一的劳动基准法来规制生育休假以保证假期的落实，修改和完善女职工假期体系是保护女职工合理权益的重要举措。⑤ 虽然以上学者皆从保护女性生育权利、就业权益角度提出完善生育休假制度的建议，但都只停留于浅层的制度构建，未能着眼于平等就业权深度剖析生育休假调整的法理基础，因此，本文将剖析当前生育保障体系下女性受到性别不平等待遇的原因，分析"三孩"政策下生育休假法律制度调整存在的问题，并从平等就

---

① 林嘉、陈靖远：《家庭护理假的法律分析与制度构建》，《华东政法大学学报》2019 年第 4 期。
② 邝利芬、程同顺：《"全面二孩"生育政策下女性基本权利的保障——基于性别公正的视角》，《天津行政学院学报》2016 年第 4 期。
③ 周宝妹：《"全面二孩"政策背景下的生育假期制度重塑》，《山东警察学院学报》2017 年第 5 期。
④ 林燕玲：《女职工假期设置对女性权益维护的影响及国际经验比较》，《中国劳动关系学院学报》2018 年第 3 期。
⑤ 林燕玲、王春光：《工作场所产假和哺乳期女职工权益保护研究》，《中国劳动关系学院学报》2021 年第 6 期。

业权视域，探究生育休假制度的立法逻辑，结合国外优秀立法经验为我国生育休假法律制度构建提出完善建议。

二 平等就业权视角下生育休假法律制度的困境

（一）完善生育保险制度无法解决歧视问题

生育保险制度是劳动者及用人单位抵抗生育风险的重要保障工具，但当前生育保险制度本质上无法缓解用人单位的生育成本负担。根据统计数据的变化趋势，自 2016 年"全面二孩"政策落实以来，生育保险基金支出的涨幅远大于收入的涨幅。2016 年，生育保险基金收入和支出分别比上年增长 4% 和 29%，年末累计结存 676 亿元。[①] 2017 年，生育保险基金收入和支出分别比上年增长 23.1% 和 40.1%，年末累计结存比 2016 年少112 亿元。[②] "全面三孩"政策推行的背景下，生育三孩的妇女人数增多使得生育保险的需求不断增加，生育保险基金支出的负担将会加重。而 2019年 3 月，生育保险征缴和支出并入职工基本医疗保险的举措虽在一定程度上确保了职工生育保险待遇得以落实，但只是扬汤止沸，生育保险费用主要由用人单位缴纳，单位负担的生育成本仍然过重。[③]

用人单位作为市场经济下的利益主体，其逐利本质决定其无法真正落实生育保险制度，且在我国生育保障体系未能为其提供抵抗生育风险的良好机制的前提下，女性就业形势依然严峻。首先，我国生育保险制

---

① 《2016 年度人力资源和社会保障事业发展统计公报》，人力资源和社会保障部网，http://www. mohrss. gov. cn/SYrlzyhshbzb/zwgk/szrs/tjgb/201805/W020180521567132619037. pdf，最后访问日期：2022 年 6 月 20 日。

② 《2017 年度人力资源和社会保障事业发展统计公报》，人力资源和社会保障部网，http://www. mohrss. gov. cn/SYrlzyhshbzb/zwgk/szrs/tjgb/201805/W0201 80521567611022649. pdf，最后访问日期：2022 年 6 月 20 日。

③ 《国务院办公厅关于全面推进生育保险和职工基本医疗保险合并实施的意见》（国办发〔2019〕10 号），中央人民政府网，http://www. gov. cn/zhengce/content/2019 – 03/25/content_ 5376559. htm，最后访问日期：2022 年 6 月 20 日。

度实际上是一种雇主责任制，只由用人单位缴纳生育保险费用导致其负担过重，许多用人单位出于成本考虑不为职工缴纳生育保险，生育保险覆盖率低。① 这种现象出现的根本原因是参与生育保险的成本比企业保险、自主负担的成本高，从企业角度来看，缴纳生育保险费用无疑是作社会贡献，在利益最大化原则的驱使下，参与生育保险大概率不会成为其理性选择。其次，就生育保险待遇而言，生育医疗费用、生育津贴虽由生育保险基金支付，但由于女性需要产假，用人单位必然面临岗位短缺、再次培训等问题，而我国生育保障体系尚未完善，无法提供替代性人力资源，用人单位抵御生育风险的能力仍然较弱。我国生育保险制度实际将生育保险筹集成本转嫁给用人单位，用人单位在承担生育保险成本的同时也将承担女职工生育的时间成本或人力替代费用，因此，在节省经济成本思维的作用下，用人单位可能在招聘职工时无法平等对待女性，甚至不录用育龄女性；或在职业规划等方面给女职工施压，以职位晋升为由变相干预女性生育权的实现；或让处于生育期或哺乳期的女性尽快返岗，危害生育女职工及其子女的健康；或直接解雇处于怀孕生育阶段的女职工。②

为缓解用人单位的生育经济压力及女性就业歧视问题，部分学者提出将生育保险社会化，把当前实质意义上的"企业福利"转变为实质的"社会福利"，由劳动者个人、用人单位、政府财政共同负担生育保险费用，这样才能实现公平统一的"生育福利"，③ 同时还能促使正规私企的劳动者中育龄女性人数增加。④ 也有学者提出扩大生育保障覆盖面，将失业女性、灵活就业女性、流动女性及农村女性等群体纳入生育保险缴纳与待遇享受群体中，以缓解生育保险收入压力和增强劳动者个人抵御风险的

---

① 谭湘渝：《我国生育社会保险制度实施现状分析与关键理论问题探讨》，《社会学研究》2004 年第 6 期。
② 郝君富、郭锐欣：《生育保障制度的国际改革趋势与启示》，《兰州学刊》2019 年第 6 期。
③ 殷俊，周翠俭：《基于儿童照顾福利的城镇女性就业权益保障问题探析》，《社会保障研究》2020 年第 6 期。
④ ILO, World Social Protection Report 2017 – 2019: Universal Social Protection to Achieve the Sustainable Development Goals, p. 145. 在约旦，由雇主责任计划向生育保险计划的转变使正规私营部门劳动者中育龄女性人数增加 30%，数据具备参考性。

能力。① 这些措施对缓解用人单位经济压力和增强女性劳动者的生育风险抵抗能力有一定促进作用，但就解决女性就业歧视问题而言，可采之处甚少。

用人单位歧视女职工的根本原因是雇用男女职工的经济成本存在差异，此成本分为两部分：一是直接经济成本，即用人单位为职工参保缴纳的费用或者不参保可能承担的生育津贴费用；② 二是间接经济成本，即生育休假时间成本，生育休假时间长短直接影响用人单位的经济效益，主要包括女职工产假期间招聘、培训新职员的替代人员成本、产检假工资成本、产前病假工资成本、孕期成本（工作量减少导致创收减少）等。③ 就直接经济成本而言，生育保险缴纳社会化只能从整体结构上减轻参保用人单位的缴费负担，但无法缩小导致就业歧视的直接经济成本差。就参保缴费负担而言，当前生育保险的参保主体既有女性也有男性，用人单位为参保职工缴纳的费用成本并不因男女职工性别差异而不同，因而在缴费负担上不存在经济成本差，亦不能导致歧视。直接经济成本差主要发生于用人单位不为劳动者参保的情况，即当用人单位提供的岗位对性别没有特殊需求时，用人单位不为劳动者参保可能承担的女职工生育津贴费用、医疗费用比参保承担的费用少，且女职工数量越少，经济成本越低，此时，单位雇用男女职工的经济成本存在差异，就业歧视现象随之出现。可见，解决用人单位不参保问题才是缩小直接经济成本差的关键点，也是从生育保险方面开启保障女性平等就业权大门的钥匙。而仅通过生育保险成本的社会化分担来提高生育保险参保率是远远不够的，因为用人单位在对职工性别无明显要求的前提下，雇用男职工可在不参保的前提下规避生育津贴、医

---

① 张永英、李线玲：《新形势下进一步改革完善生育保险制度探讨》，《妇女研究论丛》2015年第 6 期。

② 我国《女职工劳动保护特别规定》第 8 条规定："女职工产假期间的生育津贴，对已经参加生育保险的，按照用人单位上年度职工月平均工资的标准由生育保险基金支付；对未参加生育保险的，按照女职工产假前工资的标准由用人单位支付。女职工生育或者流产的医疗费用，按照生育保险规定的项目和标准，对已经参加生育保险的，由生育保险基金支付；对未参加生育保险的，由用人单位支付。"

③ 林燕玲：《女职工假期设置对女性权益维护的影响及国际经验比较》，《中国劳动关系学院学报》2018 年第 3 期。

疗费用的支付，即使生育保险缴费再低也无法吸引用人单位参保，此时若想促进就业平等，只能通过劳动监察，运用公权力规制才能达到目标。但我国劳动监察制度尚不完善，现实生活中更是难以落实，通过缩小直接经济成本差来实现平等就业似乎遥遥无期。

然而，尽管直接经济成本得到平衡，雇用选择中还涉及间接经济成本，即生育休假时间成本，这是当前女性在职场上受到不平等待遇的根本影响因素之一。因此，在生育保险制度单独完善尚不能解决性别歧视的背景下，生育休假法律制度的调整或将成为实现女性平等就业权的突破口。

（二）"三孩"政策下生育休假制度导致就业歧视问题凸显

生育休假法律制度是我国生育保障体系的重要组成部分，亦是生育时间成本分配的重要体现方式。我国法律统一规定了产假的最低天数，支持育儿假的实施，但未明确规定陪产假。各省区市贯彻立法并制定了不同的生育休假制度，2021 年"全面三孩"政策实施以后，陪产假、护理假基本覆盖所有省区市，育儿假也成为各地生育休假制度中的一个重要部分。

具体而言，在国家立法层面，《中华人民共和国人口与计划生育法》（以下简称《人口与计划生育法》）规定了生育假期的概念，将延长生育假作为奖励措施与福利待遇，并支持设立父母育儿假。[①] 现行《中华人民共和国劳动法》（以下简称《劳动法》）、《女职工劳动保护特别规定》、《中华人民共和国社会保险法》（以下简称《社会保险法》）分别规定了女职工生育应当享受的产假天数及产假待遇。[②] 在地方立法层面，各省区市

[①] 我国《人口与计划生育法》第 25 条规定："符合法律、法规规定生育子女的夫妻，可以获得延长生育假的奖励或者其他福利待遇。国家支持有条件的地方设立父母育儿假。"

[②] 我国《劳动法》第 62 条规定："女职工生育享受不少于九十天的产假。"《女职工劳动保护特别规定》第 7 条规定："女职工生育享受 98 天产假，其中产前可以休假 15 天；难产的，增加产假 15 天；生育多胞胎的，每多生育 1 个婴儿，增加产假 15 天。女职工怀孕未满 4 个月流产的，享受 15 天产假；怀孕满 4 个月流产的，享受 42 天产假。"第 8 条第 1 款规定："女职工产假期间的生育津贴，对已经参加生育保险的，按照用人单位上年度职工月平均工资的标准由生育保险基金支付；对未参加生育保险的，按照女职工产假前工资的标准由用人单位支付。"《社会保险法》第 54 条规定："用人单位已经缴纳生育保险费的，其职工享受生育保险待遇；职工未就业配偶按照国家规定享受生育医疗费用待遇。所需资金从生育保险基金中支付。生育保险待遇包括生育医疗费用和生育津贴。"

在"全面三孩"政策颁布实施之后对产假天数、陪产假、育儿假增设或天数延长都各有规定，截至 2022 年 5 月 25 日，各省区市生育休假具体天数详见表1。

表1 各省区市生育休假天数调整统计（除港澳台）

单位：天

省区市	产假延长天数	产假总天数	陪产假延长天数	陪产假总天数	育儿假总天数
江苏	30	128	0	15	0
广西	10（一孩）20（二孩）30（三孩）	148/158/188	5	30	0
北京	30	158	0	15	10
天津	30	158	8	15	10
河北	0（一/二孩）30（三孩）	158/188	0	15	10
山西	0	158	0	15	15
内蒙古	0（一/二孩）30（三孩）	158/188	0	25	10
辽宁	0	158	5	20	10
上海	30	158	0	10	10
浙江	30（一/二孩）60（三孩）	158/188	0	15	10
安徽	0	158	20	30	10
福建	0	158～180	0	15	10
山东	0	158	0	7	0
湖南	0	158	0	20	10
湖北	30	158	0	15	10
四川	0	158	0	20	10
贵州	0	158	0	15	10
云南	0	158	0	30	10/15
陕西	0（一/二孩）15（三孩）	158/173	0（一/二孩）10（三孩）	15/25	10
宁夏	0	158	0	25	20

省区市	产假延长天数	产假总天数	陪产假延长天数	陪产假总天数	育儿假总天数
新疆	0	158	0	15	0
重庆	30	178	5	20	5~10
吉林	22	180	10	25	40
黑龙江	0	180	0	15	20
甘肃	0	180	0	30	30
广东	0	188	0	15	10
江西	30	188	15	30	20
河南	0	188	0	30	20
海南	0	188	0	15	10
青海	30	188	0	15	30
西藏	0	365	0	30	0

注：收集信息的时间截至 2022 年 5 月 25 日。其中，不同生育假期延长天数为"三孩"政策颁布后，各省区市最新生效条例与刚失效的条例中规定的相应休假天数之差。

资料来源：北大法宝收录的各省区市人口与计划生育条例，部分省区市信息来源于相关政府网站。

从假期变化趋势中仍可看出，大部分省区市为促使育龄妇女提高生育意愿，在原有生育奖励假的基础上大幅延长产假，延长产假的天数中以 30 天居多，少数省区市延长 10 天至 20 天，各省区市产假总天数均已达到 128 天及以上；部分省区市小幅延长陪产假，延长天数多为 5 天到 20 天之间，总天数不超过 30 天；大部分省区市育儿假天数为 5 天到 15 天不等，小部分省区市未规定育儿假。三种假期之间横向比较可知，产假与陪产假之间的天数差额越来越大，有增加女性生育时间成本的风险，就业市场及劳动关系中的女性遭遇歧视待遇的可能性增大；育儿假虽在法律上明确提及但在实务中并未普及，且天数比陪产假还少，其制度价值因缺少具体的实施细则难以完全实现。

产假是保障女职工健康生育的重要制度设计。延长产假的措施虽然能够刺激少部分有生育需求和生育条件的职工提高生育意愿，但对于就业市场中的大部分女性而言，延长产假可能意味着平等就业机会的丧失、职业生涯断裂，促使职场女性进一步与工作脱节。产假与陪产假之间的天数差距越大，用人单位雇用男性的生育成本越低，且雇用男性几乎不会面临生育阶段岗位缺失的问题，因此，用人单位在招工、用工时极有可能对女性产生更大的"偏见"。2022 年国内某权威招聘平台分析近一年中国女性职场发展状况的调查数据显示，"三孩"政策颁布之后，61.2% 的女性在求职中被问及婚育状况，比上一年高出 5.4%，远高于男性的 32.3%，且38.3% 的女性表示婚育影响职场前景，远高于男性的 17.9%；在已婚已育的劳动者中，23.1% 的女性表示孩子父亲"基本没有承担家务、照顾小孩的责任"，66% 的已育女性当过全职妈妈，不少女性正在遭遇或者曾经经历过"丧偶式育儿"，① 产假的延长及其与陪产假之间的差距拉大将进一步减小女性生育后返岗的可能性。这些意味着，和男性相比，"三孩"政策给女性职场发展带来更多的困扰，而生育假期的调整作为落实该政策的制度工具，也成为用人单位招聘时的重要考察因素。此外，自"三孩"政策颁布及生育休假制度调整以来，部分用人单位招聘时的性别歧视心理昭然若揭。除 2021 年 6 月泡泡玛特的"生育计划"招聘事件曝光外，2022年 3 月《中国新闻周刊》进一步披露，实际就业市场中关于延长生育假造成的隐形歧视现象层出不穷，大部分企业招聘时因不愿意负担长时间产假的成本，能招男性就不招女性，在职业晋升过程中，关键岗位也会更少考虑女性。②

以"产假"和"解雇"为全文关键词，在"北大法宝"司法案例库中进行检索，可以检索到相关劳动争议、人事争议案件共计 720 条结果，其中 2021 年 8 月 20 日至 2022 年 2 月 25 日的结果为 23 条，2021 年 8 月20 日前 5 个月的案例总数为 20 条。③ 在"中国裁判文书网"中进行检索，可以检索到相关人格权纠纷、劳动争议、人事争议案件共计 485 条结果，其中 2021 年 8 月 20 日至 2022 年 2 月 25 日的结果为 39 条，2021 年 8 月

---

① 《2022 中国女性职场现状调查报告》，"智联研究院"微信公众号，https://mp.weixin.qq.com/s/wSSaK100iYMyVA0VRn5mJg，最后访问日期：2022 年 6 月 20 日。

② 赵越：《延长生育假加剧女性就业歧视？》，"中国新闻周刊"百家号，https://baijiahao.baidu.com/s？id=1726358979814465324&wfr=spider&for=pc，最后访问日期：2022 年 6 月 20 日。

③ 北大法宝，https://www.pkulaw.com/case/，最后访问日期：2022 年 6 月 24 日。

20 日前 5 个月的案例总数为 22 条。① 笔者在浏览并筛选检索结果后，发现绝大多数案例中用人单位多以旷工、无法胜任岗位等理由反驳原告劳动者的违法解除控告，但深入案情内里，不难发现女性职工休产假、用人单位不愿支付生育津贴实则是解除合同的重要影响因素。检索结果反映出，司法实践中存在着大量用人单位因产假对女职工实施解雇行为的案例，且在"三孩"政策颁布之后纠纷发生率有小幅提升，虽无法以此将生育休假制度调整作为女性就业歧视现象产生的直接依据，但结合相关新闻报道及其他资料综合推断，各地生育休假制度调整对女性群体求职、职业发展产生了消极影响。

由此可见，"三孩"政策推行之后，虽然我国各地相继增设陪产假和育儿假以平衡男女的生育负担，但由于相关假期时间过短，女性所承担的生育时间成本较男性更大且有增长趋势，用人单位雇用男女职工的间接经济成本差距扩大，女性面临的就业歧视问题更加严峻，现有生育休假制度的调整并不能实现女性就业平等。在"三孩"政策背景下，若想通过生育休假法律制度的调整实现平等就业，必须先剖析生育休假与就业歧视之间的法理关系，根据各个主体的权利义务关系确定假期的性质与分配。

三 生育休假的法理分析：平等就业权的实现与新认识

生育休假法律制度实质上是国家实现劳动者生育权的重要保障，同时也关系到劳动者平等就业权的实现。分析生育休假制度的基础法律关系可知，劳动者和用人单位是生育休假法律关系中最直接的法律主体，即劳动者为生育权的权利主体，用人单位是在职工生育阶段履行免除职工工作的义务主体。用人单位的义务本质上是国家为实现基本人权与社会生产力的生产与再生产的特定正当目的而介入劳动关系的结果。但除了此基本关系

---

① 中国裁判文书网，https://wenshu.court.gov.cn/website/wenshu/181217BMTKH NT2W0/index.html？pageId=6fee3fab9ba198d56d4a62ba3fd9b98d&s21=%E4%BA%A7E5%81% 87%20E8%A7%A3E9%9B%87，最后访问日期：2022 年 6 月 24 日。

外，生育假期的调配还会涉及劳动者平等就业权的实现。这个法律关系中，法律主体仍然为用人单位和劳动者，劳动者享有平等就业权，而用人单位需要履行不歧视劳动者生育行为以及生育主体的义务，这是国家在劳动领域实现平等权的重要体现。因此，生育休假法律制度从不同的视角分析会呈现出不同的法律关系结构（见图1）。

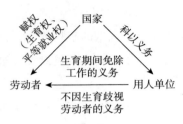

图 1　生育休假法律关系结构

平等权是宪法规定的一项基本人权，也是法律的价值所在，无论是立法、司法还是执法都需要以公平正义为原则。权利包含权能和利益两部分，权能指权利能够得以实现的可能性，平等权作为宪法权利需要通过具体的法律规范来实现其权能。平等权是一个权利束，其在劳动领域的权能形式表现为平等就业权。生育休假分配关系到劳动者特别是女职工平等就业权的实现，因此，下面以平等就业权为视角，结合我国法律规范分析生育休假的法理结构，探析现有生育休假法律制度实施过程中所产生的歧视现象。

（一）生育休假与平等就业权的实现

1. 平等就业权的权利来源及法益结构

平等就业权是平等权和劳动权的派生权利，[①] 是宪法层面的平等权在劳动领域的具体化与延伸，也是生存权和发展权的具体表现。[②] 它是指劳动者享有的就业机会平等、就业待遇平等、身份平等、规则平等的权利。在我国，平等就业权来源于宪法和劳动法等相关法律规范。首先，从宪法

---

① 王彬：《禁止前科歧视的学理分析——以平等就业权为视角》，《学术界》2010 年第 144 期。
② 张妍妍：《论女性平等就业权的法律保障》，《宁夏大学学报》（人文科学版）2009 年第 6 期。

层面来看，《中华人民共和国宪法》（以下简称《宪法》）第 33、42、48 条①分别规定了公民的平等权、劳动权以及劳动领域中的性别平等权。可见，劳动权是劳动者的基本人权之一。就业权是劳动权的重要组成部分，它包括平等就业权和自由择业权，因此，平等就业权是宪法权利在劳动领域中的具体表现形式之一。② 其次，从劳动法律规范层面来看，《劳动法》第 3、13 条及《中华人民共和国就业促进法》（以下简称《就业促进法》）第 3 条③规定了平等就业权，《就业促进法》第 20、26、27、28 条分别明确规定了城乡劳动者就业平等、用人单位提供平等就业机会、男女劳动权利平等、各民族劳动者平等。这些法律规范从原则上肯定了平等就业权的存在，对平等就业权的不同类型分别予以保护，尤其在性别平等方面规定甚多。

平等就业权是反歧视法保护的重要法益，其法益结构为人格尊严、就业机会两位一体，所涉及的类型包括但不限于性别、民族、种族、宗教信仰等，平等就业权在司法救济的实践中呈现出私权特点，但究其法益结构而言仍应当放置于劳动法领域，引起的纠纷应当属于特殊侵权，适用劳动仲裁等争议处理程序。④ 生育休假主要涉及平等就业权中的性别平等类型，因此下文主要从以性别平等为内容的平等就业权讨论生育休假法律制度。"妇女解放的第一个先决条件就是一切女性重新回到公共的劳动中去。"⑤从历史发展角度来看，女性只有通过参与公共劳动，摆脱家庭劳动的桎梏才能够更好地实现性别平等。因此，实现女性在就业市场和劳动关系中的平等待遇是保障女性性别平等的重要一环。虽然生育休假法律制度的直接价值是保障劳动者生育权的实现，但生育休假也是女性就业中不可避免的环节，休假的经济成本、时间成本势必会影响到平等就业权法益结构中的

---

① 我国《宪法》第 33 条规定我国公民在法律面前一律平等；第 42 条规定公民享有劳动权；第 48 条规定妇女在各方面享有同男子平等的权利，实行男女同工同酬。

② 张卫东：《平等就业权初论》，《政治与法律》2006 年第 2 期。

③ 我国《劳动法》第 3 条规定劳动者享有平等就业和自主择业的权利；《劳动法》第 13 条规定妇女享有与男子平等的就业权利；《就业促进法》第 3 条明确规定劳动者依法享有平等就业和自主择业的权利，不因民族、种族、性别、宗教信仰不同而受歧视。

④ 王显勇：《论平等权的司法救济》，《妇女研究论丛》2020 年第 2 期。

⑤ 《恩格斯　家庭、私有制和国家的起源》，中共中央马克思恩格斯列宁斯大林著作编译局译，人民出版社，1972，第 72 页。

平等就业机会及平等待遇的实现。

2. 对立与协调：生育休假中的平等就业权与用工自主权

生育休假法律制度与女性基本权利的实现紧密相关，除实现生育权外，实现平等就业权也是其所追求的制度价值之一。我国现有法律体系中的生育休假法律制度的立法目的是保护产妇及其子女的生命健康权，但在实现该权利的同时也使其保护主体在家庭和工作之间陷入两难的境地，主要原因是生育休假的成本太高，且主要由女性承担，因此现实职场中育龄女性更容易受到歧视。① 生育对女性参与公共劳动领域的影响不言而喻。从制度内容来看，我国生育休假法律制度囊括了三种类型，分别为产假、陪产假和育儿假，其中陪产假并未纳入国家层面统一立法。产假将育龄女职工与原有的职业发展割裂开，使劳动关系趋于不稳定状态。法律规定女职工产假天数不少于 98 天，"三孩"政策颁布之后各地延长产假天数至 128 天及以上，远远超过其他两种假期的天数，女职工在生育之后返岗的时间延长，也面临着更严峻的再就业、降薪调岗与失业问题。这些现象的产生并不意味着生育休假法律制度从立法目的和制度价值上只追求生育权的实现而忽视生育主体即女性平等就业权的实现，而是实施不完善的生育休假法律制度所造成的后果。生育权和平等就业权是生育主体合法享有的处于相同法律地位的基本权利，不存在舍一取一的情况，女性平等就业权作为宪法权利在劳动领域的具体体现，是劳动法及其相关法律规范保障的基本权利之一，也是生育休假法律制度应当实现的价值目标。

用人单位的用工自主权与劳动者平等就业权之间的冲突是就业歧视产生的根本原因。考虑到女性可能带来的生育成本，用人单位为实现利益最大化积极行使用工自主权，在没有法律介入的情况下会做出不雇用女职工或者对女职工不公平对待的用工行为。② 因为用人单位需要承担女职工产假过长带来的岗位缺失、生育经济成本负担，为了节约成本及维持经营稳定，单位会更加倾向雇用或者晋升男职工。在此情况下，用人单位行使用

---

① 邝利芬、程同顺：《"全面二孩"生育政策下女性基本权利的保障——基于性别公正的视角》，《天津行政学院学报》2016 年第 4 期。
② 张卫东：《平等就业权初论》，《政治与法律》2006 年第 2 期。

工自主权的目的在于雇用男性能避免产假成本从而获得短期的经济利益，但这样却影响了女性平等就业权的实现，可见，在当前生育休假法律制度实施背景下，女性平等就业权与用人单位用工自主权这两种基本权利易发生冲突，这也是歧视现象发生的根本原因。

要改善女性就业歧视现象首先需要明确生育休假法律制度实施背景下这两种基本权利之间的价值位阶。平等就业权与用工自主权在法律地位上是平等的，但两种权利有不同的利益诉求，如果出现冲突，国家和政府作为权力运用者就有义务去平衡和化解。两种权利之间的正确关系需要依赖法制的权威和强制力发生作用，法律是实现正当权利不可或缺的重要手段，① 因为"要使事物合乎正义（公平），须有毫无偏私的权衡；法律恰恰正是这样一个中道的权衡"。② 自 1993 年劳动体制改革以来，《劳动法》出台前后的法治实践使得我国劳动法领域基本建立起平等就业权与用工自主权的"两权对立"的格局，学界也逐步认识到用工自主权和平等就业权在不完全竞争的市场经济中存在不协调之处，尤其在原劳动部提出用"择优"原则协调二者之间的关系之后，妇女、残疾人、农民工等群体由于非个人因素被用人单位歧视的现象越发严重。③ 我国并无专门法律划分用工自主权和平等就业权的行使边界及两种权利的行使位阶，因此只能从法律的基本价值及目的出发，根据具体情形判断优先实现哪种权利，实现"两权协调"。平等就业权体现平等，用工自主权体现自由，自由与平等都是极其重要的法价值，二者在价值上并不矛盾，但在具体的法律领域可能会发生冲突，④ 在当前生育休假法律制度构建及实施方面，女性的平等权和用人单位的自由权就产生了冲突。从权利内涵出发，平等就业权保障劳动者的就业机会均等和待遇平等，要求同等情况下同等对待，不同情况下合理差别对待，而用工自主权则是在保障法律规定的劳动者权利的基础上，用人单位可以根据自己的经营状况制定合理的用工条件，可以合理差别对待。可见，

① 李雄：《论平等就业权的界定》，《河北法学》2008 年第 6 期。
② 〔古希腊〕亚里士多德：《政治学》，吴寿彭译，商务印书馆，1997，第 171 页。
③ 阎天：《川上行舟——平权改革与法治变迁》，清华大学出版社，2016，第 38～40 页。
④ 舒国滢主编《法理学》（第 3 版），中国人民大学出版社，2012，第 196 页。

用人单位行使用工自主权本基于平等就业权的实现，但由于定义边界时都存在"合理"一词，所以在应用到不同法律制度和实践中时极易发生概念混乱以致权利冲突的现象。因此，当前生育休假法律制度构建与实施的过程中化解两种权利冲突的关键点在于"合理差别对待"的判断。

判断"合理"与否首先需要回归两种权利的性质，权利属性是决定权利是否能够得到保护的关键。平等就业权是反就业歧视法保护的法益，承载着实现生存权的基本功能。[①] 生存权是基本人权，是一种积极权利，即需要通过国家的积极行为来实现利益诉求的一种权利，[②] 也是一种请求权，即在社会对经济的弱者进行保护与帮助时，要求国家作为的权利。[③] 因此，平等就业权因其保障生存权的权能而具有积极的权利扩张性，要求国家积极作为以实现其利益诉求，一定程度上肯定了平等就业权相对于其他消极权利的优先性。而用工自主权是基于市场经济所产生的私主体享有的自由权，根据市民社会的自由法则，私主体不需要依靠其他力量的帮助即可享有权利，只有当权利人与他人发生纠纷时，国家才进行干预，即这种权利是消极权利。从权利属性角度出发，在我国现阶段劳动力供过于求矛盾还将长期存在的背景下，女职工相对于用人单位处于弱势地位，其平等就业权应当得到国家积极的保护，对用人单位的用工自主权进行合理的限制也是非常有必要的，这样不仅能形成良好的权利制衡关系，还能创造更加公正的用工环境。

其次，需比较两种权利利益诉求的合理性和必要性，平等就业权作为生存权、发展权这两种基本人权的具体延伸，显然较用人单位的短期经济利益而言更加需要得到保障。[④] 平等就业权和用工自主权涉及一个问题的两个方面，前者的义务主体与后者的权利主体重合，两种权利的实现都依赖于用人单位的用工行为，因此需要从用人单位角度出发，在生育休假法律制度实施背景下分析用人单位区别对待用工行为的合理性。在此，可借鉴欧盟就业领域的做法，引入公法中的比例原则来解决此难题，即用人单

---

① 李雄：《论平等就业权的界定》，《河北法学》2008 年第 6 期。
② 黄越钦：《劳动法新论》，中国政法大学出版社，2001，第 54 页。
③ 〔日〕大须贺明：《生存权论》，林浩译，法律出版社，2001，第 7～10 页。
④ 李炳安：《劳动权性质论》，《湘潭大学学报》（哲学社会科学版）2011 年第 5 期。

位的区别对待行为可从适当性、必要性、成比例性三个层面依次剖析。①
适当性是指区别对待行为在手段和目的上都是合法且符合一般认知的，从
行为目的来看，用人单位是基于用人绩效而采取区别对待女职工的行为，
是追求效率最大化的经济理性使然，目的具有合理性，但在生育休假法律
制度背景下并不具备合法性。"由于出身和天赋的不平等是不应得的"，②
因为生育是劳动者的先赋因素，除了有"工作内在要求"的职业岗位外，
用人单位不得据此限制劳动者的平等就业权，否则就背离了正义的一般原
则，是极其不合理的权利限制。如果为了用人绩效对女性劳动者区别对
待，片面追求劳动的经济价值，不仅会损害女性劳动者的人格尊严、社会
价值及政治价值，而且还会伤及共同体的伦理及秩序基础。③ 可见，用人
单位的区别对待行为未能经过比例原则审查，不能认为是合理行为。因
此，用人单位的区别对待行为在生育休假法律制度背景下是不具备合理性
的，虽然用人单位的经济利益在效益层面有一定意义，但在多种利益权衡
之下，平等就业权的实现具有更高的价值。总之，用人单位为了减少经济
成本而损害女性平等就业权的做法是不合理的，既不属于平等就业权中
"不同情况下合理差别对待"的情形，也不属于用工自主权"合理差别对
待"的范畴。因此，权衡两种法益之后，当生育休假制度造成女性平等就
业权与用工自主权相冲突的困境时，需要按照"两善相权取其重"的标
准，优先保护女性平等就业权。

那么，两权相冲突时，究竟如何通过在一定程度上抑制用工自主权、
实现平等就业权呢？换言之，如何既维护女性的平等就业权，又尽可能减
少对用人自主权的限制，实现"两权协调"？这是劳动法及反歧视法理论
界一直探讨的难题。有学者通过界定两个权利的边界、固定用工自主权并
限制平等就业权的方式来抑制用工自主权的滥用，④ 但笔者认为这样只能
起到确立权利使用边界的作用，无法进一步加强平等就业权的保障，要想

---

① 李雄：《论平等就业权的界定》，《河北法学》2008 年第 6 期。
② 〔美〕约翰·罗尔斯：《正义论》，何怀宏译，中国社会科学出版社，1988，第 95 页。
③ 阎天：《川上行舟——平权改革与法治变迁》，清华大学出版社，2016，第 30 页。
④ 李雄：《论平等就业权的界定》，《河北法学》2008 年第 6 期。

实现平等就业权还需根据保障权利的时间阶段，针对歧视的成因采取不同的手段，方能找到最合适的保障方式。保障平等就业权的时间阶段可分为预防性保护、实现权利、救济权利三个阶段。第一个阶段是指在平等就业权真正被权利享有主体实现前，国家或者用人单位从法律法规、管理制度等层面考量平等就业权实现路径的阶段，该阶段的主要目的为预防平等就业权在法律法规实施之后受到侵害；第二个阶段是指平等就业权在现实生活中正常实现的阶段；第三个阶段是指平等就业权由于第一阶段未能合理立法或者第二阶段实现过程中因侵害主体的不当行为受到侵害时权利得以救济的阶段。显然，本文讨论的生育休假法律制度调整路径处于平等就业权实现的第一个阶段。而我国生育休假法律制度还存在诸多问题。2021年"全面三孩"政策颁布之后各地对生育假期的调整过于强调女性产假的重要性，却忽视了育龄女性的就业问题，不符合法理价值和实践价值。虽然各地逐步增设陪产假，但由于假期过短、难以落实等，[①] 无法改善女性就业歧视现象，用人单位用工自主权的滥用导致女职工平等就业权难以实现。对此，针对此情境下歧视产生的原因，协调两种权利需要通过最高法律权威来实现，即统一立法并修改相关生育休假法律制度，法律应当对生育休假制度进行合理调整，尽可能减小单位雇用男女职工的时间成本差，以牺牲最小的用工自主权平衡职场中不同性别劳动者的合法权益。

3. 平等与平衡：生育休假调整之合理性探讨

第一，就现阶段生育休假相关法律法规而言，假期分配不合理现象凸出，成为隐性歧视的导火索。我国在国家层面仅明确设置了产假并初步提出育儿假，对陪产假只字不提，在"三孩"政策颁布之后，各地相继延长

---

① 各地立法中规定男性陪产假和护理假的天数在 7 天到 30 天之间，假期较产假而言非常短。某些企业不否定陪产假的存在，但是以内部劳动制度规定"入职未满一年不得休陪产假"等为由拒绝劳动者的休假申请，或者以"近期工作太忙"为由进行拖延，要求劳动者调整休假时间。很多情况下，由于工作节奏紧张、工作任务存在时效性等，劳动者休陪产假需要和同事调班、对接，这就造成有假难休或有假迟迟不能休的尴尬局面。如果企业高举"工作需要、单位大局为重"这样的旗号来拒绝批给职工足额的陪产假，那么通常劳动者只能在一定程度上放弃自己的权益，选择服从公司的安排。因为劳动者个体此时若一再坚持申请休假，可能将会面对被辞退的风险。敬代晖：《论劳动者陪产假权益的保护》，《湖北函授大学学报》2017 年第 5 期。

产假，部分地区增设或者小幅度延长陪产假。从利益平衡角度分析，女性所承担的生育成本远远大于男性，尤其在时间成本方面，用人单位往往会对生育制度产生过度预期，认为雇用女性比雇用男性的成本高得多。有学者就延长产假对企业用工成本的具体影响进行量化研究得出，延长产假并不能达成劳资政三方共赢，还将导致用人单位招聘女职工后产假成本的增加，增加的产假成本主要包括社保、公积金、补充新人成本及工作分解后在岗人员增加的加班费用。[①] 为避免高额成本与烦琐的替代程序，用人单位开始对女性进行隐形歧视，这种歧视将会造成女性职工平等就业机会和劳动发展机会的丧失，从根本上背离了平等就业权的基本价值即形式平等（就业机会平等、规则平等），因此需要针对生育时间成本均衡分配的问题改善我国当前的生育休假法律制度。均衡分配生育时间成本依赖于生育假期的合理设置。合理设置不同主体享有的生育假期，能够有效减轻女性生育的时间负担，平衡男女双方的"家庭—工作"关系，从客观上倒逼用人单位在用工问题上平等对待男女职工，避免歧视现象发生。

第二，当前各地相继增设的陪产假、育儿假是给予男性生育假期，实现男性平等的生育权及增加男性生育时间成本以平衡职场利益的重要举措。设立陪产假制度与育儿假制度是平衡生育时间成本的直接路径，也是完善生育休假法律制度中实现女性平等就业权损害较小的方式，其损害利益的表现方式主要为用人单位需要负担男性生育时间成本，但负担此时间成本是基于用人单位应当保障生育的社会责任。基于生理原因（包括生育等），女性的生产力比男性的生产力更低，用人单位出于用人绩效考虑对女职工进行"理性歧视"。若法律要消除理性歧视，必须让用人单位牺牲部分效率追求迁就生产力低的群体，或者采取措施消灭群体间的生产力差距。[②] 而在劳动领域，消灭男女之间生产力差距的措施无非为优化就业资源分配、技术升级改变产业结构两种方式。在生育休假方面，产假、陪产假及育儿假显然不是就业资源分配的客体，无法通过消灭生产力差距来论

---

① 林燕玲：《女职工假期设置对女性权益维护的影响及国际经验比较》，《中国劳动关系学院学报》2018 年第 3 期。

② 阎天：《川上行舟——平权改革与法治变迁》，清华大学出版社，2016，第 45 页。

证，最终需由用人单位牺牲部分效率追求迁就生产力低的群体来解释，增设和延长陪产假、育儿假是实现平等就业权的必要措施。

此外，"和谐社会"是我国社会建设的重要目标之一，完善陪产假与育儿假制度也是构建和谐劳动关系、促进和谐社会建设的重要手段，接下来本文将从人的全面发展方面进一步论证男性陪产假制度、育儿假设置的合理性和必要性。

（二）人的全面发展：平等就业权视角下生育权实现与家庭责任分担

设置陪产假制度和育儿假制度也影响生育权实现和家庭责任平等分担，而生育权的平等实现及家庭责任的平等分担不仅能够保障人的全面发展，还能够形成更和谐的就业环境，更有利于平等就业权的实现，从而促进就业生态的良性循环。

1. 生育假期合理分配保障生育权的实现

生育权的权能包括生育知情权、生育决定权、生育保障权、生育隐私权和生育安全权五大部分。其中生育保障权与生育安全权的落实与产假的制定密切相关。根据生理差异可见，男性除不享有生育安全权外，其他权利也应当平等享有，但其实现方式可能与女性有所差异。生育将会给怀孕女性的生理机能带来严重影响，甚至会影响母体身体健康和安全。产假为劳动关系中的女性营造了相对安逸的生育环境，保障了母体的生命健康安全，是实现妇女生育权的重要制度。但生育权的落实并不能仅仅依靠产假制度，完善陪产假制度能更好地实现产妇生产前后的护理保健以及男性生育权。一方面，产妇需要保持生理、心理健康，陪产假可以为家庭中的男性劳动力提供照顾产妇的时间。产后保健和心理疏导能够消除产妇的生产顾虑，且产妇家属的照顾将会加快产妇身体的恢复进程，促使女性生育权更有质量地实现，[①] 亦能促使女性更早地回归社会公共劳动领域，减少就

---

① 王学玲、李红梅：《产后保健对产妇产后恢复及新生儿健康状况的影响》，《中国妇幼保健》2012 年第 21 期。

业歧视现象的发生。另一方面，若产假过长，无陪产假或者陪产假期过短，女性在职场中将处于被歧视的劣势地位，女性的生育意愿低下，由于生育行为需要双方配合，此情形下的男性的生育权也将难以实现。总之，产假、陪产假的分配既是保障男女双方生育权实现的重要举措，也是提高女性在职场中地位的必要途径。

2. 家庭责任视角下对男性生育休假的新认识

照顾子女、承担家务的时间比男性多得多是婚育女性遭受就业歧视的主要原因之一。武汉市的调查数据显示，92.69%的家庭中女性在照顾子女和家务活动等方面花费的时间比男性多，27.04%的女性因为分娩和育儿错过用人单位的职业培训和自我提升，13.10%的女职工感觉工作非常吃力。① 该现象出现的本质原因为传统家庭分工环境下，男性很少分担育儿等家庭事务，怀孕和育儿使得女性在工作与家庭之间不断消耗精力，疲惫不堪，对女性的健康和工作状态造成了严重影响。自改革开放以来，国家在法律、经济政策、社会文化等方面倡导男女平等，女性同样可以优质完成公共劳动，尤其是在第三产业蓬勃发展的今天，脑力劳动逐渐取代体力劳动，女性与男性在工作效率、工作质量上的差别微乎其微，社会对于女性进入社会公共领域有着强劲的推动力。男性在传统家庭中游离于家庭照顾责任之外的角色，在如今社会生产力发展的驱使下变得不再具有唯一性。联合国也发文表示，养育子女不是女方一人的责任，应当男女双方共同分担。② 男女可共同参与公共劳动，也应共同承担家庭责任，只有这样才能使社会平稳顺利地发展。

虽然各地条例对陪产假和育儿假作出了相应规定，但我国国家立法层面并未明确规定男性陪产假、育儿假。陪产假、育儿假作为男性参与家庭活动、承担家庭照顾责任的重要环节，是生育家庭的基本需求，也是男职工、育龄妇女和儿童三个主体的合理要求。③ 欧洲许多国家对男性生育休

---

① 殷俊、周翠俭：《基于儿童照顾福利的城镇女性就业权益保障问题探析》，《社会保障研究》2020 年第 6 期。

② 联合国《消除对妇女一切形式歧视公约》的序言指出，"养育子女是男女和整个社会的共同责任"。

③ 唐芳：《从奖励到权利——生育护理假的正当性论证》，《中华女子学院学报》2012 年第 1 期。

假有明确规定，德国在 2001 年联邦育儿津贴法颁布之后，将育儿假修改成"父母时间"，强调育儿假并非只具有休息的功能，而是父亲参与育儿的重要时间因素，具有社会贡献意义。瑞典在 1974 年进行父母保险改革，将育儿假主体扩大到男职工，并把 480 天带薪生育休假中的 90 天拿出给男性配额休假，其余时间父母之间可自由协商。① 经济合作与发展组织国家创新设立了陪产假、照顾假、育婴假等生育保护假期，其中针对父亲所设的带薪陪产假天数可达 8.1 周，部分国家还预留了 13 周或者更长的陪产假。② 可见，男性享有陪产假的权利也是受到国际社会保障的。

因此，从以上各方面综合分析陪产假、育儿假制度的合理性和必要性之后，笔者认为，从国家层面统一设立陪产假、育儿假，不仅能够满足男性生育权需求的实现，还能顺应国际社会保障立法潮流，保证男性的家庭照顾责任的承担，缓解女性在家庭中的育儿压力，从而促使女性生育后更快更好地返岗，避免歧视现象发生。此外，当前不应当在陪产假与产假天数之间设置太大的差距，否则更容易产生就业市场上的性别歧视现象，难以实现平等就业。男女性都能养育后代、照顾家人，尽管只有女性能够在生物学意义上生育和养育子女，但并不意味着生育保护的相关法律政策都要以保护女性为中心，忽视男性对生育责任的承担。因为，对女性的过度保护也是一把双刃剑，如延长产假的举措，不仅不会缩小性别差距，还会恶化就业环境。③

四 我国生育休假法律制度的完善途径

通过上述分析可见，我国生育休假法律制度尚不能保障平等就业权的良好实现，"全面三孩"政策颁布之后各地生育假期制度的调整尤其是延长产假进一步加剧女性就业歧视现象，只有从立法层面合理设置及调整生育休假法律制度才能更好地平衡生育成本，预防并抑制用人单位滥用用工

① 于萌：《"三孩"背景下生育保障路在何方》，《中国社会保障》2022 年第 1 期。
② 彭春婷等：《OECD 国家和中国生育产假政策的比较》，《中国劳动关系学报》2019 年第 6 期。
③ 林燕玲、王春光：《工作场所产假和哺乳期女职工权益保护研究》，《中国劳动关系学院学报》2021 年第 6 期。

自主权，从形式和实质两个方面实现平等就业权的价值。因此，基于当前生育休假法律规范实施现状，笔者从实现平等就业权的角度出发，以均衡男女在生育方面所承担的时间成本为目的，重点针对我国生育假期调整方面提出相应完善建议。

我国当前生育休假法律制度并不完善，主要表现为以下几个问题。

首先，全国未有统一的生育假期规定，各地生育休假制度差异明显，难以在全国落实。其次，产假、陪产假天数差异明显，陪产假制度无法发挥其原有价值，男职工也不能很好地承担家庭照顾责任，且因为女性休假时间比男性长，更容易激发用人单位不雇用女职工的想法，造成严重的就业歧视问题。最后，各地男性陪产假落实情况不尽如人意，出现了用人单位不批准陪产假、陪产假被当作"事假"而不发放薪资待遇、男职工陪产假不尽照顾义务甚至放弃陪产假企图在职场提高竞争力的现实案例。① 针对以上三个问题，笔者认为通过国家统一立法对各类生育假期定性且进行合理调整，并进一步缩小不同产假、陪产假之间的差异才能均衡男女生育时间成本，从根本上解决平等就业的问题，具体的完善建议如下。

（一）统一规定产假、陪产假性质及天数

首先，产假需要根据女性生育的生理需要分阶段定性，并合理调整产前产后休假天数。从产妇分娩和产后恢复需要角度考虑，怀孕妇女有预产期准备的需要，女性产假必须包括产前预产期准备这一阶段的时间，《女职工劳动特别规定》中规定女性产前可休假 15 天是符合实际需要的。现实生活中，产妇在生产完毕后 30 天处于身体最虚弱的阶段，需要休养以便产后恢复，基于生理需要这个阶段也是必不可少的。由此可见，产妇产前 15 天及产后 30 天享有的产假应当被统一定性为强制性、专属性假期，而从生理需要角度考虑，若想实现均衡生育时间成本、促进女性返回劳动市场的目的，那么产后 30 天以后的休假性质可配合陪产假制度的设立做适当调整，以减少男女之间的假期差距。但需要注意的是，这样分阶段定性并不意味着产假只

---

① 邱玉梅、田蒙蒙：《"陪产假"制度研究》，《时代法学》2014 年第 3 期。

能休 45 天，个体特殊情况可以在强制性休假的基础上具体协调产假天数，如难产、多胞胎产妇可根据生理情况需要增加假期天数。

其次，陪产假是促使男职工履行家庭照顾义务，实现男女平等就业的重要制度设计。男职工的陪产假权利不能够被放弃，应当统一设定为强制性、专属性假期，杜绝男性不休、少休陪产假的情况发生。体面工作的核心内容是性别平等，设定陪产假等方法能够促使男性更多地参与家庭劳动，实现工作和家庭的融合。① 陪产假设立的目的就是让男性职工能够有时间专门照顾产妇和子女，减少家务矛盾的发生，分担生育及家庭责任，如果少休、不休则会导致两个结果：一是产妇和子女的健康不能保证，且女职工的平等就业权难以得到保障；二是无法分担家庭义务，社会和谐稳定将变成纸上谈兵。因此，陪产假需要通过国家统一立法确定其强制性和专属性的性质，利用法律的强制力实现制度本身的价值。就假期天数设置而言，从产妇在预产期准备和产后恢复的生理和心理需要角度考虑，男性陪产假应当尽量覆盖女性产褥期，强制假期以 45 天为宜。丈夫的陪伴和照顾义务的履行为产妇生产和恢复提供重要生活帮助和心理支持，在 2022 年全国两会期间，人大代表蒋胜男也提出，建议将男性的带薪陪产假增加至 30 天到 42 天，主要参考女性产褥期需要 42 天，而这一时期正是产妇非常需要配偶照顾的时期。②

需要注意的是，制定强制性、专属性假期除了保证平等就业权实现之外，还需提高男性育儿、照顾家庭的参与度，因此不能忽视客观情况下男女的分工差异。男性陪产假和育儿假的时间需要根据男性能够发挥的实际作用来确定。若男性休假在家无法起到育儿的替代或补充作用，反而会影响家庭的正常发展，增加家庭和社会的负担，所以在生育休假无法灵活安排等特殊前提下，休假主体可提出少休的需求。但此种特殊规定可能会被休假主体恶意利用，陪产假领域尤甚，因此在这种特殊情况下需要对申请

---

① International Labour Conference，98th Session：Gender Equality at the Heart of Decent Work，2009，Report Ⅵ.

② 王春霞：《全国人大代表蒋胜男：警惕延长女性产假可能带来的就业歧视》，澎湃新闻，https://www.thepaper.cn/newsDetail_forward_16877825，最后访问日期：2022 年 6 月 20 日。

休假的程序进行规制，即可要求特殊申请需求由男职工的妻子提出，须妻子本人到场或者用其他可信证据证明来规避道德风险。

（二）灵活安排产后哺乳阶段的生育假期

确定产假、陪产假的假期性质后，对于产后哺乳阶段的生育假期可以参考北欧国家灵活休假的经验，采用灵活休假的方式平衡男女双方"工作—家庭"之间的时间，同时减少人力资本的贬值，打破女性就业和职业发展的壁垒。双方可自由协商灵活休假天数，但协商结果须向相关部门申请，协商休假天数之差需要控制在一定范围之内。如瑞典80%的育儿假在子女4岁以前使用，每天可以按照100%、75%、50%和12.5%的工作时间为单位灵活使用，只需要提前向相关部门申请即可；英国2014年将产假修改为父母共享育儿假之后，规定52周的育儿假可以根据父母双方协商分3次灵活使用等。①

此外，生育休假与生育保险不能分割，当前生育休假待遇是由用人单位缴纳社会保险费用之后经过统筹再由生育保险基金予以发放的，因此除秉持男女平等、推动男性分担家庭照顾责任的原则之外，还需要从经济成本考虑产假、陪产假的具体长度。首先，产前休假15天和产后恢复30天基于人权角度必须给予男女双方相应长度的产假及陪产假，为强制性假期，不可交换也不可不休，此时女方产假必有45天，男方陪产假亦相同。其次，出于对用人单位用工成本和休假导致的人力资源贬值的考虑，男女各方休假不宜超过法定产假98天，因此国家统一规定的双方灵活使用假期的总天数不宜超过43天，为避免双方协商的天数差过大导致假期不公平分配，天数差需小于等于7天，以一个星期为缓冲期。各省区市可在符合立法目的和立法价值的基础上因地制宜制定地方法规。

（三）设定强制性育儿假并辅以灵活安排

育儿假作为家庭照顾责任履行的重要工具同样影响着平等就业环境的

---

① 于萌：《"三孩"背景下生育保障路在何方》，《中国社会保障》2022年第1期。

形成，也应当在国家立法层面明确规定。育儿假顾名思义为家庭共同养育、照顾儿童的假期，需要由父母双方共同实现。从儿童照顾角度出发，基于宪法规定的抚养子女义务，父母必须履行自己养育、照顾子女的责任，育儿假作为履行责任所必需的假期应当定性为强制性假期，不得不休、少休。但是育儿假的主体为父母两个主体，且照顾责任无法清晰划分，因此无须规定其专属性，只需采取灵活休假方式完成照顾责任即可。具体的规范方式可借鉴北欧国家如瑞典的共享育儿假和津贴制度，规定灵活使用期限，具体实践安排每天可以 12.5%、50%、75% 和 100% 为单位灵活使用。就假期待遇而言，因育儿不仅仅是一个家庭的义务，更是一个国家、社会共同的责任，所以推行生育保险社会化的同时，也应由生育保险基金来支付育儿假的津贴。

五 结论

当前生育政策的更新不能从根本上解决生育率低下的问题，反而会促使用人单位因生育成本的提高不雇用女性或者对雇用女性进行限制，女性就业歧视问题凸显。我国生育休假法律制度不完备是女性就业歧视问题产生的主要原因之一。在休假期间用人单位面临经济成本和时间成本的双重压力，抵抗生育风险的能力较弱，选择歧视性对待女性的概率大，只有通过调整生育休假法律制度，缩小用人单位雇用男女职工的经济成本差，才能减少就业歧视现象的发生。此外，生育休假与男女生育权的实现密切相关，亦影响家庭责任的分配。合理的生育休假法律制度能够保障女性生育期间的健康安全，更好地实现男性生育权，还能推动男女在"工作—家庭"中找到平衡点，真正在实现人的全面发展的同时促进就业环境良性循环，最终实现就业平等。综上所述，完善我国的生育休假法律制度势在必行，应从国家层面规定三种假期的性质及天数，对生育休假期间的待遇予以明确，以达到实现平等就业、经济协同发展的局面。

（责任编辑：狄磊）

管理者实施非法骚扰时的雇主替代责任执法指南

美国平等就业机会委员会颁行

卢杰锋[*] 译

一　引言

在 Ellerth 案和 Faragher 案中，联邦最高法院明确裁定，雇主对管理人员的非法骚扰行为承担替代责任。这些判决所确立的责任标准基于两项原则：（1）雇主应对其管理人员的行为负责；（2）应鼓励雇主采取措施防止骚扰行为，同时鼓励雇员避免或限制骚扰行为带来的伤害。基于上述原则，联邦最高法院认为，如果管理人员的骚扰构成切实影响受害者工作条件的行为，雇主始终应承担责任。但是，如果行为并没有对受害者的工作条件造成实质性影响，雇主可以通过确立一个有效的积极抗辩来避免责任或限制损害赔偿，包括：（1）雇主采取了合理措施来预防和及时纠正任何骚扰行为；（2）雇员没有合理利用任何雇主提供的预防或纠正骚扰行为的措施，或未能以其他方式避免损害的发生。

尽管 Faragher 案和 Ellerth 案涉及的是性骚扰问题，但法院的分析延续了基于其他受保护群体特征实施的骚扰案件的认定标准。此外，平等就业机会委员会（以下简称 EEOC）一贯的立场是，基本标准适用于所有被禁

* 卢杰锋，对外经济贸易大学法学院副教授，研究方向为劳动法、平等就业制度、英美法律制度等。

止的骚扰行为。因此，法院在相关案件判决中确立的责任标准适用于所有形式的非法骚扰行为。

骚扰仍然是美国职场普遍存在的问题。近年来，向 EEOC 和州公平就业实践部门提出的骚扰指控数量显著上升。例如，性骚扰指控的数量已从 1991 财政年度的 6883 宗增至 1998 财政年度的 15618 宗。在同一时期，种族骚扰指控由 4910 宗上升至 9908 宗。

反歧视法律不仅旨在救济歧视，其主要目的更是防止歧视行为的发生。联邦最高法院在 Faragher 案和 Ellerth 案中援引了 EEOC 的指导意见，该指导意见长期以来一直建议雇主采取一切必要措施防止性骚扰的发生。新的积极抗辩标准肯定了雇主的这种预防措施，由此"实施明确的法定政策并对政府的第七章执行义务进行补充"。

只有在确定发生了非法骚扰行为之后，才会出现责任问题。骚扰行为并不违反联邦法律，除非它涉及基于种族、肤色、性别、宗教、宗源国、40 岁或以上、残疾或反歧视法令保护的活动的歧视性对待。此外，反歧视法律并不是一个"一般的文明规范守则"。因此，联邦法律并不禁止简单的戏弄、随意的评论或"不是特别严重"的孤立事件。相反，相关行为必须"如此具有客观上的冒犯性，以至于改变了受害者的工作'条件'"。工作条件只有在骚扰行为最终造成受害者工作切实受到影响或者是严重或普遍到足以制造一个敌意的工作环境时才会改变。EEOC 现行指南中的关于如何确定受质疑的行为是不是非法骚扰行为的标准仍然有效。

本文件将取代 EEOC 以往关于管理人员骚扰行为的替代责任问题的指导意见。EEOC 关于雇主对同事间的骚扰所应承担责任的指导意见仍然有效，即如果雇主知道或应当知道该不当行为，雇主就应承担责任，除非雇主能证明他采取了及时和适当的纠正行动。对于来自非雇员的骚扰行为，认定标准也是一样的，但应考虑雇主对这些人的不当行为的控制能力。

二 替代责任规则适用于任何情形的 非法骚扰行为

Ellerth 案和 Faragher 案中确立的替代责任规则适用于管理人员基于种族、肤色、性别（无论是否涉性）、宗教、宗源国、受保护活动、年龄或残疾的骚扰。因此，雇主应该制定反骚扰机制和投诉程序，涵盖所有形式的非法骚扰行为。

三 管理人员的认定

（一）指挥管理链中的骚扰者

如果骚扰行为是由"对雇员有直接（或更高）权力的上司"所实施的，那么雇主须就非法骚扰行为承担替代责任。因此，确定实施非法骚扰行为的人是否对申诉人有管理的权力是至关重要的。

联邦就业歧视法律没有纳入"管理人"一词，也没有对其进行定义。法案只规定雇主须对其"代理人"的歧视性行为承担责任，而管理人员属于雇主的代理人。然而，代理原则"不能在所有问题上转移"至联邦就业歧视法中。确定个人是否有足够的权限成为"管理人员"从而适用替代责任，不能通过机械性地适用代理法原则获得解决。相反，反歧视法律的立法目的和联邦最高法院关于骚扰案件的判决理由应同时加以考虑。

联邦最高法院在 Faragher 案和 Ellerth 案的判决中认为，管理者实施骚扰行为适用替代责任是适当的，因为雇主授予管理人员的权限帮助他们实施了这种不当行为。所以，相关权限必须大到足够程度，以至于可以显式或隐式的方式协助骚扰者实施骚扰行为。确定骚扰者是否拥有这种权限应当基于他或她的工作职能，而不是工作头衔（如"团队负责人"），并且必须基于具体事实。

在下列情况下，个人可被视为具有雇员的"管理人"资格：（1）个人有权做出或建议做出切实影响该员工的工作决定；或（2）个人有权指挥该员工的日常工作活动。

1. 有权做出或建议做出切实影响该员工的工作决定

如果个人有权做出或建议做出切实影响该员工的工作决定，该个人就可以构成员工的"管理人"。"切实影响该员工的工作决定"是指能够显著改变另一名员工工作状况的决定，包括但不限于雇用、解雇、晋升、降职和调岗等。正如联邦最高法院所述："切实影响受害者工作条件的行为属于管理人员的特定的职责范围。"

如果一个人的工作职责包括有权（向上级）建议采取切实影响另一名员工的工作决定，那么，此人也可以成为另一位员工的管理人员，即便他没有最终的决定权。联邦最高法院在 Ellerth 案中表明，切实影响员工工作条件的决定也"可能要经过更上一级主管的审查"。只要相关个人的建议获得最终决策者的充分重视，该个人就符合管理人员的定义。

2. 有权指挥该员工的日常工作活动

个人被授权指挥另一名员工的日常工作活动，即便该个人没有权力做出或建议做出实质性工作决定，该人也可以被视为他或她的管理人员。上述个人有权增加雇员的工作量或者给雇员分配较差的工作任务，由此增强其实施骚扰行为的能力。因此，在确定雇主是否应当承担替代责任时，将上述个人视为"管理人员"是恰当的。

在 Faragher 案中，其中一名骚扰者有权雇用、监督、建议和惩罚救生员，而另一名骚扰者负责安排救生员的日常工作任务，监督他们的工作和健身训练。联邦最高法院毫无疑问地认定他们两人都属于"管理人员"，尽管其中一人明显缺乏做出切实影响雇员工作决定的权力。

临时被授权指挥另一名员工日常工作活动的个人，在此期间属于他或她的"管理人员"。相应地，如果该个人在担任管理人员期间对下属实施了非法骚扰行为，其雇主将承担替代责任。

另外，如果某人仅仅是传达其他管理人员关于工作分配的指示，并向这些管理人员汇报工作，则没有真正的管理权限。此外，如果某人只负责指挥数量有限的工作任务或分工，那么此人不属于"管理人员"。例如，一个人的权限仅限于协调一个范围有限的工作项目，他就不是"管理人员"。

（二）指挥管理链外的骚扰者

在某些情况下，对于雇员没有实际权限的管理人员的骚扰行为，雇主也可能承担替代责任。如果被骚扰的员工有理由相信骚扰者拥有这样的权限，那么这样的处理结果是恰当的。例如，如果雇主的指挥管理链不清晰，雇员就可能产生上述体会。此外，雇员可能有理由相信，拥有较为宽泛权限的骚扰者有能力做出显著影响他或她的雇用决定，即便事实上骚扰者在指挥管理链之外。

如果骚扰者对雇员没有实际的管理权力，而雇员也合理地认为骚扰者没有这种权力，那么此时应当适用同事骚扰的责任标准。

四　切实影响受害者工作条件的管理人员的骚扰行为

（一）责任标准

管理人员基于被禁止的原因对雇员进行骚扰并切实影响受害者工作条件的，雇主将承担责任。在这种情况下雇主没有积极抗辩事由。联邦最高法院认为这样的处理方式是适当的，因为雇主是通过其管理人员从事行为，而管理人员做出的切实影响雇员工作条件的行动视为雇主的行为。

（二）"切实影响雇员工作条件的行为"的定义

"切实影响雇员工作条件的行为"是使"工作状况发生重大变化"的行为。有威胁但未付诸实施则不构成。一个切实影响雇员工作条件的行为的特征包括以下几点。

（1）一个切实影响雇员工作条件的行为是管理人员将企业的官方权力施加于下属的行为，具体表现为：

·它是一个企业的官方行为；

·它通常被记录在正式的公司文件中；

·它可能需要更上一级管理人员的审核；并且

·它常常需要企业的正式批准和使用企业内部流程。

（2）一个切实影响雇员工作条件的行为通常会造成直接的经济损害。

（3）在大多数情况下，一个切实影响雇员工作条件的行为只能由管理人员或其他行使公司权力的人做出。

·雇用与解雇；

·提职与不予提职；

·降职；

·不受欢迎的调岗；

·一个导致福利待遇发生重大变化的决定；

·薪酬决定；以及

·工作任务的变化。

任何涉及工作的行为，如果它导致工作条件发生重大变化，都可以视为"切实的"。例如，显著地改变一个人现有的工作职责，不管是否保留相同的工资和福利，也构成切实影响工作条件的行为。同样地，改变一个人的职责，以阻碍他或她升职或加薪的机会，也构成切实影响工作条件的行为。

另外，如果一个涉及工作的行为只让申诉人的工作条件发生微不足道的变化，那么它就达不到"切实的"门槛。例如，对一个人工作头衔的改变，虽然可能有损自尊，但他的工资、福利、职责或声望都没有变化，就不属于切实影响工作条件的情形。但是，如果改变后的头衔导致声望降低，且构成实际上的降职，则有可能构成切实影响工作条件的行为。

如果管理人员根据下属对一个不受欢迎的性要求的反应采取或建议采取切实影响工作条件的行为，则雇主应当承担责任且不能提出积极抗辩。无论雇员因拒绝性要求受到不利的切实影响，抑或服从性要求并因此获得切实的工作利益，其结果都是相同的。上述骚扰也被称为"交换型"性骚扰。如果管理人员因雇员拒绝了其不受欢迎的性要求而拒绝给予切实的工作利益，这将使雇主无法提出积极抗辩；同理，如果雇员服从了管理人员的性要求从而获得了切实的工作利益，此时允许雇主进行积极辩护是说不通的。EEOC 认为在上述两种情况下，管理人员都是基于歧视的理由实施了切实影响受害者工作条件的行为。联邦最高法院表明，工作条件必须发生重大变化，但要构成切实影响的程度，这种变化并不必然是不利的。

如果受到挑战的行为对受害者工作条件的影响不是"切实的"，它仍然可以与其他证据一起在敌意环境型性骚扰诉求中使用，且雇主可以主张积极抗辩。在 Ellerth 案中，联邦最高法院的结论是，不存在切实影响受害者工作条件的行为，因为管理人员从未兑现他对受害者的工作的威胁。Ellerth 仍然可以继续她的性骚扰指控，但该指控被恰当地"归类为敌意环境型性骚扰，要求证明相关行为严重或普遍"。

（三）骚扰行为和切实影响受害者工作条件行为之间的联系

当骚扰行为最终切实影响受害者工作条件时，雇主不能进行积极抗辩。此时对案件的分析，同任何其他被指控遭受歧视性待遇的案件一样。如果雇主提出证据，证明造成切实影响受害者工作条件的行为并非基于歧视性理由，那么，法院就必须通过审理确定这种解释是不是掩盖歧视性动机的借口。

例如，如果一名员工声称她遭到降职，因为她拒绝了上司的性要求，那么法院就必须确定降职是不是因为她对上司性要求的拒绝，如是则可以认为降职是因为她的性别。同样，如果一名雇员声称自己遭到上司基于宗源国的严重或普遍的骚扰后被解雇，法院就必须确定该雇员被解雇是不是因为其宗源国。

当实施骚扰行为的管理人员对切实影响受害者工作条件行为的做出有重大影响时，就会产生较强的存在歧视的推论，因为可以"推定骚扰者对原告而言不能作为一个客观的、非歧视性的决策者"。但是，如果雇主提出证据证明相关行为并非出于歧视性的理由，则雇员必须进一步证明雇主提出的理由实际上是掩盖真正歧视性动机的借口。

一旦确定切实影响工作条件的行为是基于歧视性理由且与先前骚扰有

关，受害者就可以就相关行为主张全部救济，且雇主没有任何积极抗辩事由。当然，之前的骚扰行为必须足够严重或普遍，以便具有可诉性。如果切实影响受害者工作条件的行为是基于非歧视性动机，那么雇主就有机会对相关行为进行积极抗辩。

五　管理人员实施骚扰但未切实
影响受害者工作条件

（一）责任标准

当管理人员的骚扰行为制造了一个非法的敌意环境，但没有切实影响受害者的工作条件，雇主可以对责任承担或损害赔偿进行积极抗辩，该抗辩必须通过优势证据证明以下两个要件：

· 雇主采取了合理措施预防和及时纠正任何骚扰行为；以及

· 雇员没有合理地利用雇主提供的任何预防或纠正措施，或未能以其他方式避免损害的发生。

（二）责任标准的效应

如果雇主能证明自己已履行合理注意义务，而雇员本可避免所有损害，却不合理地未能这样做，雇主可免除所有非法骚扰行为的责任。例如，如果一个雇员受到一连串基于残疾的骚扰，骚扰造成了非法的敌意环境，但雇员在她遭受精神损害前未能合理地向其管理人员进行投诉，而雇主也已经行使了合理的注意义务预防和及时纠正骚扰行为，雇主将无须承担任何责任。

如果雇主不能证明其履行了合理注意义务，且雇员没有合理地避免损害，雇主仍将承担责任。例如，如果发生了管理人员的非法骚扰行为，而雇主没有采取合理的注意去防止它，即使雇员没有合理地向管理部门投诉，或者即使雇主在得到通知后及时采取适当的纠正措施，雇主也要承担责任。

　　在大多数情况下，如果雇主和雇员履行各自的合理注意义务，就能防止非法骚扰行为的发生，也就无须考虑责任问题。一个有效的投诉程序"鼓励雇员在骚扰行为变得严重或普遍之前就报告该骚扰行为"，如果雇员能及时利用这一程序，雇主通常能够在可诉的损害发生之前制止骚扰行为。

　　然而，在某些情况下，尽管雇主和雇员已采取了必要的法律措施，非法的骚扰行为仍会发生并造成损害。例如，如果一名员工的上司从一开始就频繁地对他使用极其恶劣的、造成精神伤害的种族辱骂，雇员及时地进行了投诉，此时，雇主及时的纠正措施可能可以防止进一步的伤害，却无法纠正该员工已经遭受的具有可诉性的伤害。同样地，如果雇员在骚扰行为变得严重或普遍之前进行投诉，雇主采取的相关措施可能无法在骚扰行为达到可诉的程度之前制止该行为，即使这些措施可以合理地制止骚扰。在上述情况下，雇主将承担责任，因为雇主的抗辩需要同时证明他已行使了合理的法律注意义务，以及雇员未能合理地避免伤害。基于明知要求的过失责任标准可以免除雇主责任，但是联邦最高法院在 Ellerth 案和 Faragher 案中阐述的标准却不能。正如法院所解释的，雇主替代责任为雇主设定了一个比过失理论的"最低标准"更为严格的标准。

　　虽然这看上去对遵守法律的雇主来说似乎有些苛刻，但它与反歧视法下的责任标准是一致的。反歧视法通常要求雇主对其管理人员的歧视行为承担责任。例如，如果一名上司因宗源国偏见而拒绝晋升雇员，不论该雇员是否向更上一级的管理人员提出申诉，也不论更上一级的管理人员是否知晓该上司的动机，雇主都要承担责任。骚扰是唯一一种由管理人员实施但雇主可以避免责任的歧视行为，但这种责任限制必须进行狭义的解释。只有当雇主证明其在预防和纠正骚扰行为方面采取了合理谨慎的措施，且雇员没有合理地避免所有的损害时，雇主才能免于承担责任。如果双方都采取了合理的措施，雇主的抗辩就无法成立。

　　在某些情况下，雇主虽不能完全避免责任，但可以通过积极抗辩来限制损害赔偿的范围。只有当雇员本可以合理地避免部分而不是全部骚扰行为造成的损害的情况下才可以限制雇主的赔偿责任。在上面提到的例子中，上司经常使用极其过分的种族辱骂，雇员不合理地拖延申诉可能会限制雇主的责任，但不能完全消除雇主的责任。这是因为，即便雇员及时投诉，也只能减少而不是消除达到可诉程度的损害。

（三）积极抗辩的第一部分：雇主行使合理的注意义务

积极抗辩的第一部分是要求雇主证明其采取了合理措施防止并及时纠正骚扰行为。这种合理的注意义务通常要求雇主建立、宣传和执行反骚扰政策和投诉程序，并采取其他合理的步骤来防止和纠正骚扰。以下所述的措施并非强制，雇主能否证明自己已采取了合理措施，取决于个案中的实际情况以及在某些情况下雇主工作场所的性质。规模较小的雇主或许能够通过采取非正式的方式有效地防止和纠正性骚扰，而较大规模的雇主也许不得不建立较为正式的反性骚扰机制。

对雇主来说，光有书面的政策和程序并不能为其提供"安全港"。在特定案件中，即便雇主制定了最佳的政策和投诉程序，如果雇主未能有效地执行它们，雇主仍然不能证明自己行使了合理注意义务。例如，如果雇主有足够的政策和投诉程序，并对员工的骚扰投诉做出了适当的回应，然而，管理层忽视了其他员工先前对同一骚扰者的投诉，那么，可以认为雇主在防止骚扰方面没有尽到合理注意义务。类似地，如果雇主有足够的政策和投诉程序，但管理人员未能履行职责对骚扰投诉进行有效调查，那么，也可以认为雇主没有尽到合理注意义务。另外，即便雇主缺乏正式的政策和投诉程序，但其行使了足够的注意义务，也能成为有效的抗辩。

1. 雇主的反骚扰政策和投诉程序

雇主通常有必要建立、宣传和执行反骚扰政策和投诉程序。正如联邦最高法院所述，"第七章旨在鼓励建立反骚扰政策和有效的申诉机制"。法院也指出，尽管"从法律上讲，这并不是在所有情况下都必需的"，但如果不这样做，雇主将很难证明它采取了合理的谨慎措施来防止和纠正骚扰。

雇主应向所有雇员提供相关政策和投诉程序的副本，并定期重新分发。相关政策和投诉程序应以雇主全体员工都能理解的方式撰写。其他确保相关政策和投诉程序有效传播的措施包括将它们张贴在中心位置以及将他们纳入员工手册。在可行的情况下，雇主应为所有员工提供培训，以确保他们了解自己的权利和责任。

反骚扰政策和投诉程序至少应包括以下内容：

· 明确解释被禁止的行为；

· 确保对骚扰行为进行投诉或提供与此类投诉相关信息的员工不会遭到报复；

· 对投诉流程进行清晰的描述，提供便捷的投诉渠道；

· 雇主保证将尽其所能保护骚扰投诉的保密性；

· 提供迅速、彻底和公正的调查的投诉程序；以及

· 雇主保证在确定发生骚扰后将立即采取适当的纠正措施。

以上内容将在下面的小节中进行解释。

（1）禁止骚扰

雇主的相关政策应明确规定，它不会容忍任何基于性别（有或没有性举止）、种族、肤色、宗教、宗源国、年龄、残疾以及受保护的活动（也即反对歧视或参与法定投诉程序）的骚扰行为。上述对骚扰的禁止适用于工作场所中的任何人，包括管理人员、同事或非雇员。管理层应表明上述禁止行为的严肃性，方法之一是使其出自"最高层"，即来自上层管理层。

雇主的政策应鼓励员工在骚扰变得严重或普遍之前进行举报。虽然孤立的骚扰事件通常不违反联邦法律，但类型化的此类事件则可能非法。因此，为了履行其预防性职责，雇主必须向员工明确表明，在骚扰达到违反联邦法律的程度之前雇主将阻止骚扰行为。

（2）防止报复

雇主应明确保证，不会容忍对举报骚扰或提供与此类投诉有关信息的雇员给予不利的待遇。没有这种保证，反骚扰政策和投诉程序将不会有效。

管理层应采取一切必要措施，确保不会发生报复。例如，当管理层调查骚扰投诉时，会见当事方和证人的管理人员应提醒相关人士不得进行报复。管理层还应在调查期间和调查之后仔细审查影响申诉人和证人的雇用

决定，以确保此类决定没有报复的动机。

（3）有效的投诉程序

雇主的骚扰投诉程序应旨在鼓励受害者站出来。为此，它应该清楚地解释这一程序，并确保不存在不合理的投诉障碍。投诉程序不应当过于死板，因为这可能会导致预防和纠正骚扰的目标无法实现。当员工向管理层投诉骚扰时，雇主有义务调查该投诉，无论该投诉是否符合特定形式或是否以书面方式提出。

投诉程序应为初次投诉提供有效的联系人。如果总是要求员工首先向其上司投诉相关骚扰，则投诉流程将无法发挥效用，因为其上司可能是骚扰者。此外，预防和纠正骚扰的合理注意要求雇主指示所有监管人员向管理者汇报有关骚扰的投诉。

雇主最好在雇员指挥管理系统之外指定至少一名管理者来处理骚扰投诉。例如，如果雇主设有人力资源办公室，则该办公室中的一名或多名管理者可以被授权处理投诉。允许员工绕过他或她所处的指挥管理系统可进一步确保投诉得到公正处理，因为举报受到上司骚扰的员工会认为指挥管理系统之内的管理者可能会更容易相信被举报者关于事件的说辞。

对于雇主的反骚扰政策和投诉程序而言，很重要的一点，是应当包含有关向 EEOC 或各州公平就业实践部门提起非法骚扰指控的时效等信息，并详细说明截止日期从非法骚扰的最后日期开始，而不是向雇主的投诉得到解决之日起算。雇员利用雇主的内部程序进行投诉可以使其有更多的时间决定是否向有关机关提出申诉，但雇员也可以直接向有关机关提出申诉。

（4）保密性

雇主应向员工明确表明，将在尽可能的范围内对骚扰指控进行保密。当然，雇主并不能保证完全保密，因为不能在不向被指控的骚扰者和潜在证人透露某些信息的情况下进行有效的调查。但是，有关骚扰指控的信息应仅与需要了解的人共享。与骚扰投诉有关的书面记录也应采取相同的保密措施。

如果雇员将所指称的骚扰告知管理人员，但要求其保密并且不采取任何行动，则可能导致雇员的保密要求与雇主的调查责任之间发生冲突。管理人员在这种情况下如果不采取行动则可能导致雇主承担责任。虽然让雇员自己决定是否推进投诉程序是合理的，但雇主必须履行其预防和纠正骚扰的职责。避免此类冲突的一种机制是雇主建立一条信息电话线，雇员可以匿名方式沟通有关骚扰的问题或疑虑。

（5）有效的调查程序

雇主应建立一个对被投诉的骚扰进行迅速、彻底和公正的调查的机制。管理层一旦得知被指控的骚扰，应确定是否有必要进行详细的事实调查。例如，如果所指控的骚扰者不否认该指控，则无须询问证人，雇主可以立即采取适当的纠正措施。

如果有必要进行事实调查，则应立即进行。完成调查所需的时间取决于具体情况。例如，如果多个人称受到了骚扰，则询问当事人和证人的时间将会更长。

在完成调查之前，雇主或许有必要采取临时措施，确保不会发生进一步的骚扰。此类措施包括改变日程安排，以避免双方有接触；调离被指控的骚扰者；或在调查结束之前让涉嫌骚扰者休非惩戒假，是否带薪取决于调查结果。对于投诉人，则不应随意调离或以其他方式加重其负担，因为此类措施可能构成非法报复。

雇主应确保进行调查的个人能够客观地收集和考虑相关事实。被指控的骚扰者不应对进行调查的个人具有监督权，也不应对调查有任何直接或间接的控制权。进行调查的人员都应接受与证人面谈和评估信誉所需的技能方面的良好培训。

a. 对当事人和证人的询问

当需要进行详细的事实调查时，调查人员应询问投诉人、被指控的骚扰者以及合理预期可以获得相关信息的第三方。仅在特殊情况下，才能询问工作场所以外与各方个人生活有关的信息。在询问当事人和证人时，调查员应避免发表个人意见。

以下是一些适合询问当事方和可能的证人的问题。当然，任何实际调查都必须依据特定案件进行调整。

（a）询问投诉人

·何人、何事、何时、何地以及如何：谁进行了被指控的骚扰？究竟发生了什么或说了什么？它何时发生并且是否仍在进行中？它发生在哪里？它多久发生一次？对你有何影响？

·你如何反应？在事件发生时或之后你做出了何种应对？

·骚扰对你有何影响？你的工作是否受到任何影响？

·是否有掌握相关信息的人？被指控的骚扰发生时有其他人在场吗？你有没有告诉任何人？在发生骚扰事件后，是否有人立刻看到了你？

·对你进行骚扰的人是否骚扰了其他人？你是否知道有人投诉过该人的骚扰？

·是否有关于此事件的纸条、实物证据或其他文件？

·你希望此问题如何解决？

·你还知道其他相关信息吗？

（b）询问被指控的骚扰者

·你对指控有何回应？

·如果骚扰者主张指控不实，询问进行投诉的人可能撒谎的原因。

·是否有其他人掌握相关信息？

·是否有关于此事件的纸条、实物证据或其他文件？

·你是否知道任何其他相关信息？

（c）询问第三方

·你看到或听到了什么？什么时候发生的？描述被指控的骚扰者对投诉人和工作场所其他人的行为。

·投诉人告诉了你什么？他/她什么时候告诉你的？

·你知道其他相关信息吗？

·是否还有其他人可以提供相关信息？

b. 衡量可信度

如果经过询问发现相关事件之间存在矛盾，雇主必须衡量各方的可信度。可信度评估对于确定是否确实发生了所谓的骚扰是至关重要的。需要考虑的因素包括：

·**内在合理性**：证词在表面上看可信吗？是否合理？

·**举止**：这个人看上去是在说真话或在说谎？

·**撒谎的动机**：这个人有说谎的理由吗？

·**佐证**：是否有证人证词（例如目击者的证词，在所称事件发生后不久见过该人的人，或在事件发生时与他或她讨论过该事件的人）或实物证据（例如作为书面文件）来证实该方的证词？

·**过去的记录**：被指控的骚扰者过去是否有过类似行为的历史记录？

但不能仅凭上述因素确定一个人的可信度。例如，被指控的骚扰没有目击者这一事实，并不一定会破坏投诉人的可信度，因为骚扰行为通常发生在不为他人所知的环境下。此外，被指控的骚扰者在过去曾实施过类似行为这一事实也并不一定意味着他或她再次这样做。

c. 做出决定

一旦所有证据已获取，所有询问已进行，且解决了可信度问题，管理层应就是否发生了骚扰做出决定。该决定可以由调查人员或查看调查人员报告的管理人员做出，并通知当事人。

在某些情况下，由于当事方之间证词存在直接矛盾以及缺乏文件或目击者的佐证，管理层可能难以做出决定。在这种情况下，基于诸如上述因素的可信度评估可以构成决定的基础。

如果因为证据不可靠而无法做出决定，雇主仍应采取进一步的预防措施，例如加强培训和监督管理。

（6）确保采取及时和适当的纠正措施

雇主应明确，只要确定发生了违反了雇主政策的骚扰行为，它将立即采取包括纪律处分在内的适当的纠正措施。管理层应将这些措施告知双方当事人。

雇主的相关措施应旨在制止骚扰，消除对员工的影响，并确保不再发生骚扰。这些纠正措施不必是雇员所要求或偏向的，只要是有效的即可。

在确定惩戒措施时，管理层应明白，如果骚扰没有停止，雇主可能会被追究责任。与此同时，管理层可能也会担心，过度的惩罚措施会使雇主遭受诸如不当解雇之诉，因而并不合适。

为了平衡这些顾虑，惩戒措施应与骚扰行为的严重程度相对应。如果骚扰行为的性质不恶劣，例如以前没有类似不当行为的个人说了一些少量的污言秽语，在这种情况下，进行劝解和口头警告便足够了。如果骚扰行为是严重的或持续的，那么停职或解雇可能是适当的。

雇主的纠正措施不应对投诉人产生不利影响。因此，例如，如果有必要将当事方分开，则应调离骚扰者（除非投诉人想被调离）。惩罚投诉人的措施可能构成非法报复，并不能有效纠正骚扰。

补救措施还应消除骚扰带来的影响。此类措施应旨在使员工处在犹如不当行为没有发生的境地。

a. 制止骚扰并确保不再发生的措施示例：

·口头或书面警告或谴责；

·调动或重新分配工作任务；

·降职；

·减薪；

·停职；

·解雇；

·对骚扰者进行培训或咨询，以确保其了解自己的行为为何违反了雇主的反骚扰政策；

·监管骚扰者，以确保骚扰停止。

b. 消除骚扰行为影响的措施示例：

·恢复因骚扰而休的假；

·消除因骚扰造成的员工人事档案中的负面评价；

·复职；

·骚扰者的道歉；

·对投诉的员工进行关注，确保他/她不会因投诉而受到骚扰者或工作场所其他人员的报复；

·补救由骚扰引起的任何其他伤害（例如赔偿损失等）。

2. 其他预防和纠正措施

雇主采取合理措施预防和纠正骚扰不限于制定实施反骚扰政策和投诉

程序。正如联邦最高法院所述："雇主比普通员工有更大的机会来防止管理人员的不当行为；雇主有更大的机会和动机去筛选、培训和监督他们的表现。"

雇主有义务采取适当的措施，包括指示所有管理人员和经理人员处理骚扰投诉或向有关官员汇报，无论他们是否被正式指定接受投诉，无论提出投诉的方式是否符合规定。例如，如果员工向 EEOC 提起非法骚扰的指控，即使员工未通过内部投诉流程向管理层投诉，雇主也应发起内部调查。

此外，如果相关行为明显不受欢迎，则无论员工是否进行内部投诉，管理层应基于应有的注意义务纠正骚扰。例如，如果工作场所中有包含种族性质或性爱含义的涂鸦，管理层应去除涂鸦，而不是等待内部投诉后采取行动。

雇主应确保其管理人员和经理人员了解基于本单位的反骚扰政策和投诉程序所承担的责任。对这些人进行定期培训可以帮助实现这一目标。此类培训应说明违反雇主的反骚扰政策的行为类型；政策的严肃性；管理人员和经理人员在知道被指控的骚扰后负有的责任；以及不得进行报复。

雇主应关注管理人员和经理人员的行为，以确保他们履行了反骚扰机制下的职责。例如，雇主可以将相关合规情况纳入正式的评估中。

合理的预防措施包括仔细审查申请担任管理工作的人员，查看他们是否有过参与骚扰的记录。如果有，雇主可能有必要以此为由拒绝录用或采取其他措施以防止该人实施骚扰。

最后，建议雇主保留所有骚扰投诉记录。如没有此类记录，雇主可能不会意识到同一个人的多次骚扰行为。这种多次骚扰行为将与可信度评估和惩戒措施相关联。

3. 小型企业

雇员人数较少的雇主并非必须制定上述类型的正式的投诉程序。如果它建立了有效的非正式机制来预防和纠正骚扰，小型企业雇主仍然可以满足对骚扰主张的第一部分的积极抗辩。正如法院在 Faragher 案中所认定的，小型企业雇主可以以非正式的方式履行足够的注意义务来预防骚扰。

例如，如果雇主在员工会议上有效地向所有员工传达了禁令和有效的投诉程序，即便雇主没有发放书面的反骚扰政策，也不会影响其积极抗辩。定期与所有雇员见面的小企业所有者，可以在每月一次的员工会议上告诉他们，他或她不会容忍骚扰，任何遭受骚扰的人都应将骚扰"直截了当"地向他或她说出来。

如果有人提出投诉，则该企业与任何其他雇主一样必须进行迅速、彻底和公正的调查，并在适当的情况下采取迅速而恰当的纠正措施。

（四）积极抗辩的第二部分：雇员的合理注意义务

积极抗辩的第二部分要求雇主证明受骚扰的雇员"不合理地没有利用雇主提供的任何预防或纠正措施，或以其他方式避免损害发生"。

此项积极抗辩要素来源于一个基本理论，即"受害人有义务在特定情况下采取合理措施，以避免违法所造成的损害或使其最小化"。因此，如果受骚扰的雇员本可以避免所有可诉的损害，那么尽了合理注意义务的雇主不应对非法骚扰负责。如果可以避免部分但不是全部伤害，则应相应地减少赔偿。

员工进行投诉的行为不会自动地使雇主的积极抗辩归于无效。例如，如果员工没有提供任何信息来支持他或她的指控，或提供了不真实的信息，或以其他方式未能配合调查，则不能认为该投诉旨在避免损害。此外，如果员工不合理地拖延投诉，而早一步投诉可能可以减少损害，那么积极抗辩可以减少赔偿额度。

雇主可以通过出示证据证明雇员没有合理地使用雇主提供的任何投诉程序来完成举证责任。但是，必须强调的是，未提出申诉的雇员不承担证明该决定合理性的举证责任。相反，雇主有责任证明雇员的不投诉是不合理的。

1. 未提出投诉

确定雇员是否未能合理进行投诉或以其他方式避免损害取决于当时的具体情况和可获得的信息。不应期望雇员在第一次或第二次相对较轻微的骚扰发生后立即向管理层进行投诉。没有必要将工作场所视为战场，而把每个基于种族、性别或其他受保护类别的轻微的、不受欢迎的言论上升至需要进行投诉和调查的局面。员工忽略细小事件是合理的，员工希望能够在不诉诸投诉程序的情况下停止骚扰。员工也可以直接向骚扰者说，他或她希望不当行为停止，并观察骚扰行为是否有效终止，再决定是否向管理层投诉。但是，如果骚扰继续存在，那么进一步延迟投诉可能会被认为是不合理的。

员工延迟投诉或完全没有利用雇主的投诉流程，可能还有其他合理的解释。例如，员工可能有理由相信：

·有报复的风险；

·有投诉障碍；以及

·投诉程序没有效用。

要完成积极抗辩的第二部分，雇主必须证明雇员不进行投诉的想法或看法是不合理的。

（1）有报复的风险

如果雇员有合理的理由担心遭到报复，那么雇主认为雇员没有合理使用其投诉程序的主张不能成立。调查显示，遭受骚扰的员工经常因害怕被报复而不向管理层投诉。为了消除雇员的这种顾虑和恐惧，雇主必须明确传达并执行禁止对提出投诉的雇员进行报复的制度。

（2）有投诉障碍

存在不必要的投诉障碍导致雇员无法进行投诉，则雇员未能使用雇主的投诉程序是合理的。例如，投诉过程需要员工支付不必要的费用、没有进行投诉的联络人或存在不必要的令人畏惧或烦琐的要求等，基于上述原因雇员不投诉是合理的。

员工未参加强制性调解或其他替代性争端解决程序，不属于不合理地未能避免损害。虽然雇员应当通过提供相关信息等来配合雇主的调查，但是绝不能要求雇员放弃其实体性或程序性权利，以此作为其行使合理注意义务的一部分。雇员也不必与骚扰者之间达成谅解，作为其行使注意义务的一部分。

（3）投诉程序没有效用

如果雇员合理地认为雇主的程序没有效用，那么雇主不能基于雇员未能进行投诉而主张积极抗辩的第二部分。例如，如果投诉程序要求员工首先向身为骚扰者本人的管理人员投诉，那么员工有理由相信这样的投诉程序是没有效用的。如果雇员发现其他同事的投诉未能制止骚扰，雇员也可以合理地认为雇主的程序没有效用。增加雇员对投诉程序有效性的信心的一种方法是，雇主向雇员传达有关制止骚扰的纠正和惩戒措施的相关信息。

2. 以其他方式避免损害发生

一般来说，如果雇主能够证明雇员没有合理地利用雇主的投诉程序，雇主积极抗辩的第二个部分即可成立。但是，如果雇员为避免损害采取了其他措施，雇主的抗辩仍无法成立。

例如，在骚扰未停止的情况下，雇员立即向 EEOC 或各州公平就业实践部门提出投诉，可以视为采取了其他措施。向工会提出申诉也类似。同样，派遣员工在客户的工作场所受到骚扰时，既可以向派遣单位报告，也可以向客户单位报告，并合理地期待其中一方会采取行动来解决问题。因此，如果员工没有向上述单位之一提出投诉，并不阻碍他或她随后提出诉求。

通过这些和任何其他努力来避免损害，投诉的时间可能会影响责任的承担或损害赔偿的范围。如果员工本可以通过更早的投诉来避免一些损害，那么赔偿就会相应减少。

六　雇主"自己"实施的骚扰

（一）责任标准

如果骚扰者的职位高到"视为组织代理人的级别"，雇主应对非法骚扰承担责任。在这种情况下，高级职员的非法骚扰会自动归咎于雇主。此时，即使骚扰未切实影响受害者的工作条件，雇主也无法进行积极抗辩。

（二）构成"自己"或"代理人"的高级职员

联邦最高法院在 Faragher 案中认为，以下高级职员的骚扰可自动归咎于雇主：

· 董事长；

· 所有人；

· 合伙人；

· 公司高管。

七　结论

联邦最高法院通过 Ellerth 案和 Faragher 案的判决，激励雇主制定和执行强有力的禁止骚扰机制和有效的投诉程序。上述案件的判决还鼓励员工在骚扰变得严重和持续之前向管理层发出警示。如果雇主和雇员采取这些步骤，通常可以防止非法骚扰的发生，从而实现反歧视立法确立的重要目标。

（责任编辑：狄磊）

研究生专栏

编者按：刘小楠教授主讲的"性别、社会与人权"研究生跨学科课程开设于 2017 年，系中国政法大学研究生院评选的首批跨学科示范课程。课程开设六年以来，在中国政法大学产生了较大影响。基于课程的教学探索，2019 年刘小楠教授编著了《社会性别与人权教程》，该书成为我国传播性别平等和人权观念，并用社会性别视角对人权问题进行分析的教科书。在该课程上，也产生了一批优秀的结课论文，视角独特，论证深入，颇显峥嵘，特辑录于此三篇，并特此向全国相关课程的主讲老师和学生征稿，诚盼赐稿。

被审查的女性运动员：竞技体育资格标准中的人权困境

王怀玉[*]

摘　要： 在竞技体育如火如荼的发展历程中，女性运动员始终遭受着各种面貌的审查——从在赛场被彻底排斥与拒绝，到接受资格标准的检视，再到被允许参与竞技后对运动服装的"特殊要求"等。不断演进的规则标定出"正常女性运动员"的范围，女性要通过各种方式证明、修正"不够规范的"自己以满足审查要求。资格审查过程往往聚焦于"竞技公平"，却忽略平等权、健康权和体育权等人权遭到侵犯的风险。虽然资格标准适用的问题不可能有一劳永逸的、绝对正确的答案，但应当对其保持警惕，始终将运动员的人权保障置于重要地位，并尝试突破对"科学"的盲信与对"公平"的固有理解。保障女性运动员平等参与竞技体育不受歧视，维护女性运动员的应有权利。

关键词： 竞技体育；资格标准；性别歧视；人权

一　问题的提出

2020 年东京奥运会上，43 岁的新西兰跨性别举重运动员劳雷尔·哈伯德参加女子举重 87 公斤级项目，在互联网上引起了争议。劳雷尔·哈伯德是奥运史上首个以跨性别女性身份参加比赛的运动员，她出生时被指派的生理性别为男性，于 2012 年完成了性别置换手术。在 2017 年重回赛场之前，她接受了激素疗法使自己符合参赛资格的要求。同样地，在参加

---

* 王怀玉，中国政法大学人权研究院 2021 级硕士研究生，研究方向为人权法学。

该届奥运会之前，她亦完成激素 "治疗"，严格遵守了国际奥委会有关睾酮水平的规定（睾酮浓度低于每升 10 纳摩尔达 12 个月）[①]。可即便如此，人们似乎仍然无法释怀很多问题，比如她是否有 "资格" 成为女性运动员，她的存在又是否影响了竞技公平。

事实上，自身认同性别与指派性别不一致的跨性别女性并非唯一需要面对 "何为适格的女性运动员" 这个问题的群体。那些自我认同为女性、出生被当作女性、成长中亦一直符合女性 "惯常状态" 的人，也可能在竞技体育面前经受同样的拷问。卡斯特尔·塞门亚案是此问题下极具有代表性并影响极大的案例，其引起了广泛讨论并在当时直接引发国际田联（International Amateur Athletic Federation，简称 IAAF）新规的出台。塞门亚是曾获得两枚奥运金牌和三次世锦赛金牌的中长跑运动员，她在出生时的指派性别为女性，也一直按照女性身份生活，但她天生具有 XY 染色体[②]和更高的睾酮水平。2009 年，塞门亚在世锦赛获得冠军后因突出的成绩和 "与男子相像" 的外貌特征被要求进行性别测试。[③] 后因《具有性发展差异的运动员女性分类资格条例》【The Eligibility Regulations for the Female Classification（Athletes with Differences of Sex Development），以下简称《DSD 条例》】的生效，除非服用药物抑制睾酮水平，否则她被禁止继续在女子组别中参加比赛。国际体育仲裁法庭（Court of Arbitration for Sport，以下简称 CAS）和瑞士最高法院裁决无果后，塞门亚决定诉至欧洲人权法院，目前此案尚未有最终审理结果。

2021 年 11 月 16 日，国际奥委会发布了一项《基于性别认同和性差异

---

① 《关于性别再指定和雄激素过多症会议共识》（Consensus Statement on Sex Reassignment and Hyperandrogenism），国际奥委会，2015。International Olympic Committee, Consensus Statement on Sex Reassignment and Hyperandrogenism, IOC（Nov. 2015），https://stillmed.olympics.com/media/Document% 20Library/OlympicOrg/IOC/Who-We-Are/Commissions/Medical-and-Scientific-Commission/EN-IOC-Consensus-Meeting-on-Sex-Reassignment-and-Hyperandrogenism.pdf? _ga = 2. 11003763. 630056967. 1665659317 – 1951357320. 1665659316。

② 尽管大部分信源采用了这种表述，但实际上塞门亚方并未对此进行确认和公布，特此说明。

③ 参见 Olympic Champion Caster Semenya's 11-year Battle to Compete, https://www.reuters.com/article/us-south-africa-lgbt-athletics-idUSKBN2602RM；Could This Women's World Champ Be a Man?, https://content.time.com/time/world/article/0，8599，1917767，00. htmlarticle/0，8599，1917767，00. html-ixzz1hEXnRsSc。

的公平、包容和不歧视的框架》①，其对 2015 年发布的《关于性别再指定和雄激素过多症会议共识》（以下简称《2015 年共识》）② 中的部分要求，比如明确的睾酮标准等进行了尽数舍弃，许多人认为这将开启跨性别者和性别差异运动员人权保护的新纪元。体育与人权中心首席执行官玛丽·哈维（Mary Harvey）评论道："我们赞扬国际奥委会制定了这个以运动员为中心、基于原则的框架，该框架以人权为指导，以健康、安全、隐私和身体自主权为首要地位，并为包容、公平和非歧视性的体育运动提供补救措施。在制定如此重要的体育政策时，国际奥委会与受影响的运动员、专家和倡导者进行的广泛利益相关者接触尤其重要，我们很高兴看到在此过程中如此强烈地考虑了这一点。"③ 这也标志着国际体育事业将人权纳入发展议程的又一重要进展。④ 但质疑者认为——如同他们一直以来认为的那样，跨性别者和一些性发展差异女性在竞争上的优势是显而易见的，这项框架的实施会进一步贬损竞技体育的公平性。与此同时，该框架的推进和落实仍然需要依靠与各国际体育联合会和国家体育管理机构的合作。如国

①　《基于性别认同和性差异的公平、包容和不歧视的框架》（Framework on Fairness, Inclusion and Non-Discrimination on the Basis of Gender Identity and Sex Variations），国际奥委会，2021。International Olympic Committee, Framework on Fairness, Inclusion and Non-Discrimination on the Basis of Gender Identity and Sex Variations, https：//stillmed. olympics. com/media/Documents/Beyond-the-Games/Human-Rights/IOC-Framework-Fairness-Inclusion-Non-discrimination-2021. pdf。

②　《关于性别再指定和雄激素过多症会议共识》（Consensus Statement on Sex Reassignment and Hyperandrogenism），国际奥委会，2015。International Olympic Committee, Consensus Statement on Sex Reassignment and Hyperandrogenism, IOC（Nov. 2015），https：//stillmed. olympics. com/media/Document%　20Library/OlympicOrg/IOC/Who-We-Are/Commissions/Medical-and-Scientific-Commission/EN-IOC-Consensus-Meeting-on-Sex-Reassignment-and-Hyperandrogenism. pdf？　_ga＝2. 11003763. 630056967. 1665659317－1951357320. 1665659316。

③　《基于性别认同和性差异的公平、包容和不歧视的框架》（Framework on Fairness, Inclusion and Non-Discrimination on the Basis of Gender Identity and Sex Variations），国际奥委会，2021。International Olympic Committee, Framework on Fairness, Inclusion and Non-Discrimination on the Basis of Gender Identity and Sex Variations, https：//stillmed. olympics. com/media/Documents/Beyond-the-Games/Human-Rights/IOC-Framework-Fairness-Inclusion-Non-discrimination－2021. pdf。

④　在《奥林匹克 2020＋5 议程》（Olympic Agenda 2020＋5）中，强调了对于奥林匹克事业中纳入人权方法和内容的关切。参见 https：//stillmed. olympics. com/media/Document%　20Library/OlympicOrg/IOC/What-We-Do/Olympic-agenda/Olympic-Agenda-2020－5－15-recommendations. pdf？　_ga＝2. 263195916. 1088616208. 1665165374－1703513504. 1665165373。

际田联表示《DSD 条例》符合国际奥委会最新提出的十项原则，因此确认其会继续存在。[1] 亦有观点批评该框架将责任完全交给了"大部分没有能力、资源或必要的专业知识"的单项体育联合会。[2] 可见新框架的提出无法使已经存在的问题迅速消弭，而是等待进一步的研究和讨论。

无论是劳雷尔·哈伯德还是卡斯特尔·塞门亚，性发展差异和跨性别女性运动员作为不够"规范"的女性，踏入赛场前往往要经受严格审查。本文尝试研究的问题脉络是：梳理竞技体育为"什么是适格的女性运动员"创设了怎样的资格标准并进行了何种审查。结合女性运动员在赛场中缺席的历史与今日规则背后隐含的价值判断，可以更好地理解为何这种资格标准是值得警惕的；资格审查强调"竞技公平"，却往往忽略平等权、健康权、体育权等人权遭到侵犯的风险。应该注意始终将运动员的人权保障置于重要地位，并尝试突破对"公平"的固有理解，以保证女性运动员平等参与竞技体育及应有权利不受侵害。

二　资格标准的实践历程

简单而言，"资格标准"就是女性运动员参与赛事需要满足的主体资格要求。如在影响性案例塞门亚案中，塞门亚被禁止继续在女子组别中参加比赛，除非服用药物抑制睾酮水平。该等禁令是处理结果，而审查手段则是她在世锦赛获得冠军后被要求完成的性别测试——她被认为是"不符合女性运动员要求的"，换言之，"不够女性运动员的"。此种审查的形式随年代不同发生改变，但它们始终存在于女性运动员的竞技史中。20 世纪 40 年代的女性运动员需要提供医学证据来证明她们的性别。在 60 年

---

[1]　参见 World Athletics Confirms Transgender and DSD Athletes Framework to Remain Following Updated IOC Framework, https://www. insidethegames. biz/articles/1115611/world-athletics-tra-nsgender-dsd-ioc。

[2]　参见 Fabio Pigozzi, Xavier Bigard, Juergen Steinacker, et al. , Joint Position Statement of the International Federation of Sports Medicine (FIMS) and European Federation of Sports Medicine Associations (EFSMA) on the IOC framework on Fairness, Inclusion and Non-Discrimination Based on Gender Identity and Sex Variations, *BMJ Open Sport & Exercise Medicine*, vol. 8, no. 1, 2022, p. 3。

代，性别检查替代医学证据的提交，成为强制性的审查手段。具体形式包括"裸体游行"（naked parades）① 和妇科检查等。有记载的最早性别检查实践发生于 1936 年的柏林奥运会。美国选手海伦·史蒂文斯（Helen Stevens）因为其"女性气质"② 被质疑，被迫接受生殖器检查。这显示出对于女性运动员"资格"或者说"身份"的审查，最初就与性别成见、性别歧视问题密切相关，而这也当然为后来形成的"基于怀疑的模式"（suspicion-based mode）埋下了种子。这些检查方式无一例外地存在侵犯女性运动员隐私权、平等与不受歧视的权利等问题，但它们却被如此执行了 30 余年。随后审查的方式转向染色体检查，但由于忽略了对雄激素完全不敏感的群体等问题，在 90 年代前后，该检查方式被国际田联和国际奥委会放弃。随后国际田联和国际奥委会先后结束了强制性的性别检查。在进入 21 世纪后，睾酮标准取代性别检查成为新一代的主流审查方式。比如国际田联先后出台《雄激素过多症条例》（Hyperandrogenism Regulations）和《DSD 条例》，对"女性运动员"的睾酮水平作出规定，要求不符该规定的女性采用药物治疗将睾酮含量降低到标准之下。值得提及的是，2008 年北京奥运会时的性别检查方式仍然包括"确定是否生殖器官出现异常"的"体格检查"。③ 在中国运动会群众赛事活动的有关规定中，对性别检查的方式定义为"按照报名提供的性别一栏进行检查"。④ 据此，

---

① "裸体游行"的检查方式是指女性运动员被要求裸体在一个医生小组面前展示外生殖等身体部位并接受检查。参见 the-humiliating-practice-of-sex-testing-female-athletes，https://www.nytimes.com/2016/07/03/magazine/the-humiliating-practice-of-sex-testing-female-athletes.html。

② 参见 Louis J Elsas，Arne Ljungqvist，Malcolm A Ferguson-Smith，Joe Leigh Simpson，Myron Genel，Alison S Carlson，Elizabeth Ferris，Albert De La Chapelle & Anke A Ehrhardt，*Gender Verification of Female Athletes*，*Genetics in Medicine*，vol. 2，no. 4，2000，pp. 249 – 254。

③ 参见《奥运会性别鉴定中心：判定性别不仅查染色体》，中国经济网，http://www.ce.cn/cysc/ztpd/08/aykjzzcx/sports/200808/05/t20080805_16396120.shtml，最后访问日期：2022 年 1 月 1 日；《探秘奥运性别鉴定中心：检测以女运动员为主》，中国新闻网，https://www.chinanews.com.cn/olympic/news/2008/07 – 29/1328619.shtml，最后访问日期：2022 年 1 月 1 日。

④ 参见《体育总局办公厅关于印发〈中华人民共和国第十四届运动会群众赛事活动规程总则〉的通知》，内蒙古自治区体育局网站，http://tyj.nmg.gov.cn/xwzx/tzgg/202103/t20210326_1309679.html，最后访问日期：2021 年 12 月 1 日。

可见性别审查方式的转变无论在国内层面还是国际层面都并非"整齐划一"的。而由于国际竞技体育运动的特殊性，检查方式更是与各体育联合会及国家体育管理机构的具体实践密切相关。

跨性别女性踏入竞技场则要面临相似且更严格的审查。需要简要明确的是，"跨性别者"目前多被作为概括性术语（umbrella term）使用，虽然在国际上对其涵盖的范围存在不同的认识，但其主要指性别认同或者性别表达与出生时被指派的性别不一致的人。首先，即使在体育赛场之外，跨性别者、非二元性别者（non-binary）等群体的存在本就是对"规范"的巨大挑战。因此，无论是性别认同逐步被识别和保障，还是跨性别者身份的法律确认问题等，每一事项都需要经过或已经过漫长的权利斗争和深刻权衡。直到今天，世界范围内对跨性别者的身份承认等问题仍然有很多不同的理论和实践争议。但毋庸置疑的是，《世界人权宣言》第二条、核心国际人权条约的平等和不歧视条款，以及联合国人权理事会等有权主体通过的保护跨性别者人权的相关决议等国际性文件，都表明所有的人不论其性别、性取向或性别认同等，有权享受国际人权法给予的人权保护，"人人有权不受歧视，包括基于性取向和性别认同的歧视"。① 保护跨性别群体人权，包括隐私权、平等和不受歧视的权利等已经是国际人权法层面的共识。

《日惹原则》（Yogyakarta Principles）序言中指出："注意到国际人权法肯定了所有人——无论其性倾向或性别认同如何——都有权充分享受所有人权；现有人权权利的适用应考虑不同性倾向和性别认同者的特殊情况和经验。"并相应规定了平等和非歧视的权利、在法律面前获得承认的权利、隐私权、参与文化生活的权利等二十九项原则。2004 年国际奥委会通过了《对改变性别运动员的共识》②，其中对跨性别运动员参加奥运会

---

① 参见《世界人权宣言》第二条："人人有资格享有本宣言所载的一切权利和自由，不分种族、肤色、性别、语言、宗教、政治或其他见解、国籍或社会出身、财产、出生或其他身分等任何区别……"联合国人权理事会第 60/251 号决议规定："人权理事会应负责促进普遍尊重对人人没有任何形式的区分，公正、平等地享有所有人权和基本自由的保护。"联合国人权理事会第 17/19 号决议规定："对世界各个地区因个人性取向和性别认同而施加暴力和歧视表示严重关切。"

② 参见 IOC Approves Consensus with Regard to Athletes Who Have Changed Sex, https://olympics. com/ioc/news/ioc-approves-consensus-with-regard-to-athletes-who-have-changed-sex-1。

提出了三项要求：完成（性别置换）手术、置换后的性别得到法律承认、接受充分时间的荷尔蒙治疗。然而值得注意的是，这份共识的用词是"改变了（生理）性别的运动员"（athletes who have changed sex），而非直接使用性别认同（gender identity）相关的概念。易言之，这并不是一份严格意义上规范跨性别者竞技体育资格的文件，而跨性别者也并不必然要进行性别置换手术。同时，使用"性"（sex）而不是"性别"（gender）的概念也说明了此份文件的局限性。随后，国际奥委会的《2015 年共识》① 取消了对完成外科手术的要求，其认为这对公平竞争没有必要，且与有关法律规定和人权理念不符。同时其明确指出女跨男运动员可以参与比赛而不被加以任何限制，男跨女运动员参加比赛则需要满足一系列要求，包括至少四年内不能更改性别认同宣言、睾酮含量符合标准。国际奥委会在 2021 年最新发布的框架② 中更加明确地表示出对性别认同相关问题进行规范的意图。在这一框架中，国际奥委会明确对参赛资格的确认不应包括妇科检查或者类似形式的侵入式身体检查，并取消了对运动员体内睾酮含量的明确要求。但正如前文所言，新框架的推行有赖于各国家体育管理机构和各体育联合会的落实，同时其作为"框架"文件的性质决定了其规定的抽象与模糊，各条款均有待进一步解释。

国内层面，检索中发现第十四届全国学生运动会的竞赛规程总则的相关章节存在这样的规定："性别检查将根据国际组织有关规定，按照必需和必要的原则进行。已经获得国内各单项运动协会认可的医学部门出具女

---

① 《关于性别再指定和雄激素过多症会议共识》（Consensus Statement on Sex Reassignment and Hyperandrogenism），国际奥委会，2015。International Olympic Committee, Consensus Statement on Sex Reassignment and Hyperandrogenism, IOC（Nov. 2015），https://stillmed. olympics. com/media/Document% 20Library/OlympicOrg/IOC/Who-We-Are/Commissions/Medical-and-Scientific-Commission/EN-IOC-Consensus-Meeting-on-Sex-Reassignment-and-Hyperandrogenism. pdf？_ga = 2. 11003763. 630056967. 1665659317 – 1951357320. 1665659316。
② 《基于性别认同和性差异的公平、包容和不歧视的框架》（Framework on Fairness, Inclusion and Non-Discrimination on the Basis of Gender Identity and Sex Variations），国际奥委会，2021。International Olympic Committee, Framework on Fairness, Inclusion and Non-Discrimination on the Basis of Gender Identity and Sex Variations, https://stillmed. olympics. com/media/Documents/Beyond-the-Games/Human-Rights/IOC-Framework-Fairness-Inclusion-Non-discrimination-2021. pdf。

性证明书的运动员，可予以免检。"相较于第十三届全国学生运动会的竞赛规程总则，其反而增加了"医学部门出具"的表达，① 而第十二届全国学生运动会的竞赛规程总则中并无明确提及"性别检查"的规定。应该说，对性发展差异和跨性别女性运动员资格进行审查，甚至经由存在严重侵犯隐私权和性别歧视问题的检查方法进行审查的事件可能会在可预期的时间内继续发生。

三 系统的理解：资格标准的 "前" 与 "后"

（一）审查资格之前：缺席与不在场的历史

上文梳理了竞技体育对性发展差异和跨性别女性运动员参赛资格的审查实践，支持者们往往表示这些标准仅是因保护女性运动员的公平竞技权利才生成和持续存在的。然而事实上，本文所谈及的性别测试、睾酮标准等对女性运动员的"资格"或"身份"审查，从来不是基于孤立的条款或者规范，而是与竞技体育历史上对女性的"排斥"和"刻板想象"一脉相承的。需要接受资格标准审查的女性运动员固然可能面对着人权受到侵害的危险，但另一方面，其又是并未在时间和空间上被直接排斥和拒绝的"幸存者"。

2020 年东京奥运会在举办过程中强调其对于性别平等的关注，国际奥委会称其是史上第一次性别平衡的奥运会（first gender-balanced Games），49% 的运动员是女性运动员。而在刚刚结束的北京冬奥会中，女性运动员的比例达到 45%，国际奥委会亦表示其是史上性别最均衡的冬

---

① 第十四届全国学生运动会的竞赛规程见 http://www.sxxsty.com/jczt/dishisijiequanguoyundonghui/201908/958.html；第十三届全国学生运动会的竞赛规程见 http://www.moe.gov.cn/srcsite/A17/moe_938/s3279/201611/t20161116_288973.htm；第十二届全国学生运动会的竞赛规程见 http://www.moe.gov.cn/srcsite/A17/moe_938/s3276/201309/t20130903_157501.html，最后访问日期：2022 年 2 月 1 日。

奥会。① 这个直到近年才逐渐实现的"正常比例""需要被强调的重点"恰恰揭示了这样的事实：处于一种"性别平等"幻觉中的我们时常会遗忘，竞技体育的历史，首先就是一部女性缺席的历史。最早的古代奥运会只允许男性公民参加，女性甚至不能观看比赛。1896 年的第一届现代奥运会同样是没有女性参赛者的，被誉为"奥运之父"的顾拜旦将奥林匹克理念总结为"庄严的、周期性的男性体育精神的展示……以女性的喝彩作为奖赏"。并表示"在体育方面，女人最大的贡献是鼓励她的儿子创出佳绩，而不是自己去破纪录"。② 直到 1900 年巴黎奥运会，女性才首次被允许参与到竞技当中。③ 从具体竞赛项目来看，国际游泳联合会是最早积极鼓励妇女参与的组织，1912 年奥运会首次设女子游泳项目。直到 1928 年阿姆斯特丹奥运会，女性才被允许参加田径项目。而即便如此，当时的部分新闻媒体不惜捏造事实，声称 11 位女性运动员中有 5 位提前退出比赛，还有 5 位到达终点后倒下，并试图以此说明女性不适合参与到田径赛事中。类似的报道被影像记录证明为完全伪造，然而这样的扭曲仍然取得了成效。1928 年奥运会之后，女性不被允许参与到 200 米以上的田径项目中，其原因是为了"保护女性跑步者免受不孕不育、过早衰老等影响"。④尽管在当年的奥运会中，丽娜·拉德克创造的 800 米世界纪录仅比男子纪录慢 26 秒，而英格里德·克里斯蒂安创造的女子马拉松世界纪录胜过 1960 年以前所有男性运动员的记录。然而直到将近 70 年后的 1996 年，田径赛事中的女子项目才勉强与男子项目数量持平。同年女子足球和垒球项目首次设立，女子拳击则在 2012 年伦敦奥运会才成为正式的奥运会项

---

① 参见 Beijing 2022 Sets New Records for Gender Equality，https：//olympics. com/ioc/news/beijing-2022-sets-new-records-for-gender-equality；"Tokyo 2020 First Ever Gender-Balanced Olympic Games in History，Record Number of Female Competitors at Paralympic Games"，https：//olympics. com/ioc/news/tokyo-2020-first-ever-gender-balanced-olympic-games-in-history-record-number-of-female-competitors-at-paralympic-games。

② 参见安妮塔·L. 德弗兰茨《妇女在奥运会中作用的变化》，《体育文史》1998 年第 1 期。

③ 参见《从配角到半边天 联合国借助奥运平台促进两性平等》，https：//news. un. org/zh/audio/2016/08/308462，最后访问日期：2022 年 6 月 1 日。

④ 参见 Britannica，The Editors of Encyclopedia. Amsterdam 1928 Olympic Games，https：//www. britannica. com/event/Amsterdam-1928-Olympic-Games。

目。① 无论是不适合、无法胜任还是"保护"论，其首先反映的都是女性被认为不能参与到体育中的一种基于性别的刻板印象。足球、拳击等被认为不符合"女性气质"的项目"接纳"女性运动员的时点更晚也再次印证了这一点。同时，即使女性运动员在经过了漫长的斗争（使得项目设立）、符合资格标准之后，针对她们的审查仍未停止。如挪威女子沙滩手球队因为拒绝身穿"合适的"比基尼短裤被罚款，② 而女性拳击手亦被要求穿着不同于男性的"性别适当"（gender-appropriate）的女子拳击服等。

《消除对妇女一切形式歧视公约》第一条即指出，"对妇女的歧视"一词指基于性别而作的任何区别、排斥或限制，其影响或目的均足以妨碍或否认妇女不论已婚未婚在男女平等的基础上认识、享有或行使在政治、经济、社会、文化、公民或任何其他方面的人权和基本自由。事实上，支持者表示资格审查只是为了维护竞技公平的说辞是无法想当然地成立的，审查标准与竞技体育历史上对女性的"刻板印象"和"一贯排斥"紧密相关。应当明确最早的审查实际上是以对全体女性的直接"拒绝"为结果的，而资格标准已经是时间线上后置的审查方式，而同时其又远远不是"全部审查"的终结。必须以反歧视和人权保障的视角，对资格标准进行发展的和系统的全面检视，这对厘清资格标准的性质有重要意义。

（二）审查资格背后："标准"和"偏离"

1. 标准与偏离"纠正"的过程

基于上述梳理，不难发现对于女性运动员资格的要求和审查，首先是稳定存在于竞技体育发展历史之中的。它并不如同规则的制定者们所宣称的那样，仅仅和竞技公平等问题相关，而是一直都关系到女性如何可能出现在竞技赛场上，以及被如何对待。有学者结合德里达构建的"延异"（différance）的概念指出，两项概念之间存在着一种包含了等级制度的辩证结构，即男性往往被识别为标准（norm），而女性被识别为偏离（devi-

---

① 参见 Wikipedia, Women's Boxing, https://en.wikipedia.org/wiki/Women%27s_boxing。

② 参见《东京奥运的性别话题：女运动员遭"性别歧视"的着装规则》, https://www.bbc.com/zhongwen/simp/sports-57968402, 最后访问日期：2022 年 9 月 1 日。

ation）。① 如前文所言。竞技体育如同其他"主流"活动一样，首先是属于"标准者"的。传统以男性为中心的体育领域通过设置门槛将女性运动员排斥在赛场之外，并借"保护、不适合"等理由，以维护男性实质上的主导地位。

随着女权主义理论及实践的不断发展，女性运动员通过抗争为自己争取到了存在于竞技赛场上的权利，但此时另一个"资格标准"出现了。竞技体育通过不断演变的资格审查方式，以"科学"和"客观"为背书，划定了"规范的、正常的"女性范畴，凡是不符合规范的女性会被识别为新的"偏差"（deviation），从而要被"纠正"以符合"标准"对自己的想象。竞技体育资格审查的权力者借由对女性形象的刻板印象、对传统性别框架的依赖和"依附"，划定出此种标准。

而如上文所言，这种审查甚至能够在女性参与竞技后仍然以其他面目存在，这构成了第三重标准与对偏差的"纠正"。典型表现之一即对女子运动服装的要求。2009 年，国际奥委会与国际拳击协会同意在 2012 年伦敦奥运会中增加女子拳击项目，但它们仍然设计了一种新的"性别适当"（gender-appropriate）的女子拳击服，要求女性运动员在比赛中穿裙子。某顶尖教练曾表示"女性是为美丽而造，而不是头部被打击"，以及"穿裙子……留下良好的印象，一种女人味的印象"。随后女子拳击手伊丽莎·普兰克发起了请愿书，以反对这种构成性别歧视的比赛服要求。② 沙滩排球和手球男子选手的穿着与篮球项目选手并无太大区别，但女子选手却需要穿比基尼。温网要求运动员在赛场上着装全白，甚至对运动员内衣内裤的颜色进行检查，认为这种着装规范属于自身"赛事传统"。在赛场上，女球员滑出的内衣肩带不是白色的就可能面临服装违规裁定。温网女性运动员及公众正在抗议此种着装规范，表示这样的规定构成性别歧视。尽管这项规定同时针对所有选手，但"形式平等"无法掩饰其中的实质不平等

---

① 参见 Lena Holzer, What Does it Mean to Be a Woman in Sports? An Analysis of the Jurisprudence of the Court of Arbitration for Sport, *Human Rights Law Review*, vol. 20, 2020, pp. 387 – 411。

② 参见 Paradis, Elise, Boxers, Briefs or Bras? Bodies, Gender and Change in the Boxing Gym, *Body & Society*, vol. 18, 2012, pp. 82 – 109。

问题。其中尤其被抨击的一点是在女性运动员月经期间仍然要被强迫穿着白色服装，这是不可想象且荒谬的。①

2. 作为标准的"女性气质"，作为偏差的"非女性气质"

无论是"女性更脆弱因此不适宜参加体育运动"的说辞，还是外在表现较为"男性化"的运动员更有可能遭受性别检查的事实，或者体现了男性凝视和忽视女性需求问题的运动服装着装规范，都说明无论是在何种面目的审查中，对女性形象的成见和刻板印象扮演着重要的角色。在最早开展性别检查时，就有一位国际奥委会成员表示出"免于女性看起来像男性一样和表现得像男性一样的那种不美观的景象"的想法，这显然是性别成见的典型表述之一。联合国人权高专办指出："性别成见是指一种认为女性和男性应该拥有某些特质或特点、或应该扮演某种角色的普遍看法或者先入为主的观念。"②《消除对妇女一切形式歧视公约》第五条规定："缔约各国应采取一切适当措施：（a）改变男女的社会和文化行为模式，以消除基于性别而分尊卑观念或基于男女定型任务的偏见、习俗和一切其他作法……"认为女性不应当展示出"属于男性的"强壮，且不应以这种姿态参与到竞技或者"属于男性的"项目中，是性别成见的典型表现，极可能构成性别歧视。

在资格审查方式的发展过程中，国际奥委会与国际田联等有权审查主体逐渐发展出的"基于怀疑的模式"（suspicion-based mode）更是进一步突显出其中的性别成见问题。塞门亚在世锦赛获得冠军后被要求进行性别测试的原因之一是"与男子过于相像"的外貌特征，③ 而我国运动员廖梦

---

① Could This Be the End of Wimbledon Whites？ Athletes Reveal They Feel "Paranoid" About Leaks if They Play During Their Period——As Social Media Users Call the Dress Code "Sexist" and "Old-fashioned"，https://www.dailymail.co.uk/femail/article-10965681/Could-end-Wimbledon-whites-Athletes-social-media-users-call-change.html；Imagine Being Forced to Wear White on Your Period？ Women in Tennis Question Wimbledon Rules，https://www.telegraph.co.uk/tennis/2022/06/24/imagine-forced-wear-white-period-women-tennis-question-wimbledon/，最后访问日期：2022 年 11 月 12 日。

② 《性别成见：妇女人权与性别平等》，联合国网站，https://www.ohchr.org/zh/women/gender-stereotyping，最后访问日期：2022 年 11 月 12 日。

③ 参见 Wikipedia，Caster Semenya，https://en.wikipedia.org/wiki/Caster_Semenya，最后访问日期：2022 年 11 月 12 日。

雪也曾在赛后被要求进行强制性别检查，其中的一个原因正是她的"长相和特征过于男性化"。女性运动员是否接受性别检查与其外在的性别表达是否过于"男性化"相关，而男性运动员却无须经受此种"怀疑"与审查，这无疑是对竞技体育领域性别偏见的一种确认和强化。此种区别对待和排斥可能构成性别歧视，是为国际人权法和反歧视法严格禁止的。

3. 二元生理性别框架作为标准，性发展差异与多元性别认同作为偏差

无论是无法将间性人女性涵盖进女性的性别分类规范，还是早期针对跨性别者的规定中完成外科手术的要求，都体现了竞技体育对二元生理性别框架的"迷信"，对性（sex）的认识之匮乏和对性别认同重要性的忽视。审查往往将所谓经由"科学"背书的生理二元性别作为标准，而忽略真实世界中的性发展差异与性别认同的多元。联合国人权高专办 2020 年发布的《体育运动中种族歧视和性别歧视的交叉》① 指出："随着时间的推移，确定性别的过程、方法和标准已发生了变化，从身体检查到生物采样，最初是检测染色体核型和特定基因，最近是检测内源性睾酮水平。虽然大部分人的先天性别特征符合人们对女性或男性身体的典型预期，但并非每个人都是如此，没有一个单一生物标记可以决定男性或女性的性别。"而跨性别者拒绝接受先天被指派的性别而选择依照内心认同的性别生活，自然也在此种滞后的依赖传统二元生理性别的审查标准中落入需要被纠正的"偏差"范畴。值得一提的是，这与当前的反性别运动（anti-gender movement）产生了某种合流。② 国际奥委会最新发布的框架对性差异和性别认同基础上的不歧视进行了强调，第三条指出："资格标准的制定和实施应是公平的，并且不应基于运动员的性别认同、外貌和/或性差异而系统地排除他们参加比赛。"虽然其仍然存在解释和适用的问题，但可见国际奥委会旨在通过此份文件倡导竞技体育领域进一步接纳人权理念，包括摒除性别成见、更新对社会性别的认识和理解等。

---

① 联合国人权高专办：《体育运动中种族歧视与性别歧视的交叉》，A/HRC/44/26，2020。
② 目前反性别运动并未形成一个严格和统一的定义，其涵盖不同群体的多种诉求。但总体来说其反对性别意识形态（gender ideology）、性别理论（gender theory）、性别歧视（genderism）等理论和实践。

四　被忽视的人权保障

上文梳理了女性运动员在竞技体育中经受的审查过程。"资格标准"是为女性运动员设置的，参与赛事需要满足的主体资格要求，其推演到最初的形态实则是"只要是女性就不符合资格要求"，而后发展成为妇科检查与染色体测试，再到目前地位似乎难以动摇的睾酮标准。虽然对资格标准如何适用的复杂问题不可能在短时间内给出一劳永逸的答案，但毫无疑问，对其讨论普遍存在重"维护体育领域竞技公平"功能而轻"侵犯人权风险"的问题。塞门亚向瑞士联邦最高法院提起上诉时，指出她的人类尊严及人格权（包括身体完整权、私人生活权、经济自由权等）遭到侵犯；后向欧洲人权法院提出上诉时，主张存在对《欧洲人权公约》中禁止有辱人格的待遇、私人生活受到尊重的权利等条款的违反。联合国人权理事会决议《消除体育运动方面对妇女和女童的歧视》①中指出："以种族、性别或任何其他歧视理由歧视妇女和女童的体育条例和做法，会导致以这类妇女和女童的身体和生物特征为由禁止她们参加比赛，强化有害的性别偏见、种族主义、性别歧视和污名，侵犯这些妇女和女童的尊严、隐私、身体完整及身体自主权。"本文选取与资格审查标准密切相关的平等权、健康权和体育权，讨论资格标准何以可能对其构成侵犯，而这种侵犯的风险应该在资格标准适用问题的讨论中受到更多关注。

（一）平等权

1. 国际人权法中的平等和不歧视

平等和不歧视是国际人权法的核心原则，其既是国际人权法基本的价值依归，也是通过多项人权国际公约确立的规范要求。人权宪章文件中，《世界人权宣言》第一条规定："人人生而自由，在尊严和权利上一

---

① 联合国人权理事会：《消除体育运动方面对妇女和女童的歧视》，A/HRC/RES/40/5，2019。

律平等……"第二条规定："……不分种族、肤色、性别、语言、宗教、政治或其他见解、国籍或社会出身、财产、出生或其他身分等任何区别……"《公民权利和政治权利国际公约》及《经济、社会及文化权利国际公约》也分别在第二条规定了平等及不歧视的要求。《消除对妇女一切形式歧视公约》第一条明确歧视定义，"指基于性别而作的任何区别、排斥或限制，其影响或其目的均足以妨碍或否认妇女不论已婚未婚在男女平等的基础上认识、享有或行使在政治、经济、社会、文化、公民或任何其他方面的人权和基本自由"。又如在劳动、就业领域，1958 年国际劳工组织《消除就业和职业歧视公约》第一条指出"歧视包括：基于种族、肤色、性别、宗教、政治见解、民族血统或社会出身等原因，具有取消或损害就业或职业机会均等或待遇平等作用的任何区别、排斥或优惠"。虽然在不同领域中歧视的定义存在区别，但总体来说，其规范结构包括差别对待的行为或事实、基于被法律禁止的歧视事由、消极影响和后果。

国际人权规范和标准要求各国采取措施防止歧视并提供补救。核心国际人权条约如《公民权利和政治权利国际公约》和《经济、社会及文化权利国际公约》、联合国人权理事会和大会通过的相关决议、《奥林匹克宪章》等多项国际性文件都明确禁止基于性别、性别认同的歧视。如《消除对妇女一切形式歧视公约》第十条规定，"各国确保妇女有同样的机会积极参与体育运动，并为此采取一切适当措施"。消除对妇女歧视委员会指出，"由于歧视性的成见和偏见，妇女和女童（特别是残疾妇女和女童）没有充分参与体育运动"。① 经济、社会和文化权利委员会《第 23 号一般性意见：关于享受公正和良好的工作条件的权利》《第 15 号一般性意见：水权》《第 14 号一般性意见：享有能达到的最高健康标准的权利》均确认了不以性取向为由进行歧视的原则。联合国人权高专办指出，各国应"保障所有个人，不论其性取向如何，都享有《公约》确立的平等权利"。其他核心人权公约条约机构如儿童权利委员会、消除对妇女歧视委员会也

---

① 参见 CEDAW/C/PSE/CO/1，第 40 段（b）分段；CEDAW/C/KAZ/CO/5，第 41 段（e）分段；CEDAW/C/BWA/CO/4，第 39 段；CEDAW/C/ITA/CO/7，第 43 段；以及 CE-DAW/C/FRA/CO/7 - 8，第 38 段（b）分段。

均在一般性建议中列入了反对基于性取向和性别认同的歧视的内容。① 值得一提的是，无论在国际法上还是国内实践中，禁止性别和性别认同歧视之间的关系——如前者是否可以包含后者等，也经由一些关键判例实现了司法取向上的转变。② 本文受篇幅和表达重点所限，不对两者的内涵及关系作深入论述。但总结来说，禁止歧视、实现平等是国际人权法的基本原则。同时，禁止基于性别和性别认同的歧视的要求也得到了国际人权法的广泛确认。体育赛事应当遵循国际人权法的标准，符合平等和不歧视的要求，这是已经确立的共识。

2. "歧视性" 的资格标准

从总体意义上来说，有关性发展差异和跨性别女性运动员的审查规范的 "歧视性" 主要可以从以下四个维度来理解。

其一，早期的性别检查仅针对女性运动员开展。而到后期的睾酮标准阶段，如同《DSD 条例》及国际奥委会《2015 年共识》中明示的那样，对于睾酮含量的要求也仅针对女性运动员（包括跨性别女性），男性运动员③并未受到同样的限制。这就涉及女性运动员平等参与体育活动的权利，《消除对妇女一切形式歧视公约》第十三条明确规定了妇女在男女平等的基础上参与娱乐活动、体育和文化生活所有方面的权利。基于性别而作出的此种区别、排斥或限制，妨碍或否认妇女享有或行使在文化体育活动，乃至经济方面的人权和基本自由，因此涉嫌构成直接歧视。联合国人权高专办发布的报告④中指出，女子资格条例的实施对运动员不受歧视的权利造成影响，继续使用单一生物标记来确定性别，应当受到严格审视。其指出这些资格条例"剥夺了具有性别特征差异的运动员平等参加体育运动的权利，并在更广泛的范围内侵犯了不受歧视的权利。可能对运动员享有人

---

① 联合国人权高专办：《基于性取向和性别认同对个人的歧视性法律、做法和暴力行为》，A/HRC/19/41，2011。

② 参见陆海娜《从"刻板印象"到"关系型歧视"：美国性少数群体就业歧视诉讼的发展历程及启示》，《中外法学》2019 年第 6 期。

③ 此处及全文中女性和男性运动员的指称，本身也仍然是二元性别框架下的界分方式。但由于目前大部分竞技体育项目仍采这种分类方式，故暂作如此表达。

④ 联合国人权高专办：《体育运动中种族歧视与性别歧视的交叉》，A/HRC/44/26，2020。

权产生负面影响"。

其二，目前已有的规则存在对赛事的选择性适用。比如国际田联的《DSD 条例》仅针对特定距离的田径项目，这就需要主管者对于为何对待参与不同项目的女性运动员施加不同的标准加以论证。否则这种规则的适用就似乎是"武断和选择性的"①，涉嫌构成对部分女性运动员的歧视。国际奥委会最新发布的框架说明其注意到对不同体育项目分别深入研究以进行规范的重要性，但选择的方式是将判断的权力交给各个项目和它们的监管主体。然而如同上文指出的，框架可能将责任完全交给了"大部分没有能力、资源或必要的专业知识"的单项体育联合会。② 那么如何认识和考虑不同项目的性质，从而在维护竞技公平之外，不使资格标准构成对特定项目运动员的歧视是亟须纳入其适用问题考量的。

其三，"基于怀疑的模式"往往内含并强化了基于性别成见的歧视。经社文理事会第 20 号一般性意见指出："自《公约》通过以来，性别这一禁止理由的概念发生了很大变化，现在它不仅包括身体生理特征，还包括性别成见、偏见和预期角色等社会构建，这些都构成了平等享有经济、社会和文化权利的障碍。"20 世纪 90 年代，国际田联和国际奥委会先后停止了对所有女性进行强制性性别检测的做法，恢复了之前"基于怀疑"的检查模式。而目前的睾酮检测中同样存在类似的模式，其含义是并不对所有运动员进行统一审查，而是针对那些看起来"可怀疑的"对象。如前文述及，其中就包括身形、外貌看起来更为"男性化"的女性。同时亦有研究指出目前更多接受睾酮测试的是来自全球南方的黑人和棕色人种运动员。③ 其中一个原因就是她们的身体和表达更容易被西方凝视（Western

---

① 刘雪芹：《国际体育运动中跨性别运动员的人权保障》，载《人权研究》（第 20 卷），社会科学文献出版社，2018，第 287~326 页。

② 参见 Fabio Pigozzi, Xavier Bigard, Juergen Steinacker, et al., Joint Position Statement of the International Federation of Sports Medicine (FIMS) and European Federation of Sports Medicine Associations (EFSMA) on the IOC Framework on Fairness, Inclusion and Non-Discrimination Based on Gender Identity and Sex Variations, *BMJ Open Sport & Exercise Medicine*, vol. 8, no. 1, 2022, p. 3.

③ 参见 Karkazis and Jordan-Young, The Powers of Testosterone: Obscuring Race and Regional Bias in the Regulation of Women Athletes, *Feminist Formation*, vol. 30, 2018, p. 6。

Gaze）识别为对规范（白人）女性气质的一种偏离（deviation）。[①] 由此，可以看出对女性"应有的"形象加以预设和判断，并由"怀疑"开展测试，是资格审查"歧视性"的体现。这种陈规定型观念贬低和边缘化了具有差异性别特征的妇女，并导致她们在竞技中精神焦虑与表现不佳，是有害的定型观念。

其四，更进一步地，来自南半球的有色族裔运动员更容易被资格标准审查"针对"也在一定程度上说明其中存在的交叉歧视问题。交叉歧视的视角关注性别、种族和残疾等因素的交叉影响，即多种结构性权力不平衡的叠加可能对特定群体产生独特的消极影响。这种显现当然也体现在后文中提及的《消除对妇女一切形式歧视公约》《残疾人权利公约》及相关规范中。消除对妇女歧视委员会在《关于缔约国在〈消除对妇女一切形式歧视公约〉第二条之下的核心义务的第 28 号一般性建议》中明确指出："交叉性是理解第二条所载缔约国一般义务范围的根本概念。以性和性别为由对妇女的歧视与影响妇女的一些其他因素息息相关，如种族、族裔、宗教或信仰、健康状况、年龄、阶级、种姓、性取向和性别认同等。以性或性别为由的歧视对这类群体妇女的影响程度或方式不同于对男子的影响。"除上文提及的对（白人）女性气质的刻板印象，精英运动中的白人中心主义亦长期存在，有色族裔女性运动员的不利境遇既与性别有关，亦与种族有关，而这些不利因素是相互关联的。同时，若审查标准看似对所有运动员保持中立，但使得有色族裔女性运动员处于尤其不利的后果，也涉嫌构成间接歧视。

3. 《雄激素过多症条例》与《DSD 条例》

在影响性案例昌德案中，印度运动员昌德因雄激素过多症导致睾酮含量超过条例要求而遭到禁赛，遂将案件诉至 CAS。在临时裁决中，CAS 认为《雄激素过多症条例》具有歧视性，指出证据并未证明"高雄激素"女性享有的优于同类人的表现足以成为将她们排除在女性比赛类别之外的

[①] 参见 Karkazis and Jordan-Young, The Powers of Testosterone: Obscuring Race and Regional Bias in the Regulation of Women Athletes, *Feminist Formation*, vol. 30, 2018, p. 6。

理由，[①] 其要求国际田联进行研究并提供更多科学证据，以确立睾酮含量和运动员表现之间的关系，否则条例将失效。随后国际田联撤销了该等条例。在塞门亚案中，CAS 同样承认《DSD 条例》（在国际奥委会出台 2021 年指南后，国际田联明确表示《DSD 条例》将会继续执行）是歧视性的，只是多数意见认为，这种歧视对于达到 IAAF 维护女性运动员完整性（integrity）的目标来说是必要的、合理的、符合比例要求的。[②] 从昌德案和塞门亚案这两个典型案例的仲裁结果来看，CAS 对有关规则的歧视性作出了承认，更多的关注落在其是否具有合法的目的、采用手段是否必要且合理，以及符合比例要求的论证上。

（二）健康权

国际人权法广泛保障健康权。健康权的内涵包括"控制自己健康和身体的权利"，在没有胁迫、歧视或暴力的情况下对自己的身体作出决定的自由，亦包括性和生殖自由，以及不受干涉的权利如免受酷刑、非自愿医疗和实验的权利。[③] 此外，健康权的辐射范围还包括"安全和健康的工作条件"，例如禁止将强制性健康检查作为工作条件，因为这侵犯了妇女的知情同意权和尊严。[④] 一般来说，染色体为 XY 的性发展差异女性相比染色体为 XX 的女性相对需要更高的睾酮水平以维持基本健康。[⑤] 但是有关规则要求其采取医疗措施将睾酮水平降低以符合要求，这构成对这部分女性健康的干预。在塞门亚案中，塞门亚一开始顺从有关规定使用口服避孕

---

① 国际体育仲裁法庭，*Dutee Chand v. the Athletics Federation of India and the International Association of Athletics Federations*，Case No. CAS 2014/A/3759，interim arbitral award，24 July 2015。

② 参见 Court of Arbitration for Sport，Media Release，Athletics. CAS. Arbitration：Caster Semenya，Athletics South Africa（ASA）and International Association of Athletics Federations（IAAF）：Decision，1 May 2019。

③ 联合国经济、社会与文化权利委员会：《第 14 号一般性建议：享有能达到的最高健康标准的权利》，E/C. 12/2000/4，2000。

④ 消除对妇女歧视委员会：《第 24 号一般性建议：公约第 12 条（妇女与健康）》，A/54/38/Rev. 1，chap. I，1999。

⑤ 刘雪芹：《国际体育运动中跨性别运动员的人权保障》，载《人权研究》（第 20 卷），社会科学文献出版社，2018，第 287～326 页。

药进行治疗，但这导致她的体重显著增加并不断感到恶心，造成她周期性发烧并引起腹痛。① 类似的副作用还包括可能造成骨密度降低、低血压、肾功能不全等。② 而对于跨性别女性来说，在 2015 年之前，明确要求其完成性别置换手术的要求完全忽略了运动员身体的客观状况和各个国家实施性别置换手术的客观条件，侵害了跨性别女性运动员不受干涉、不进行非自愿医疗活动的权利，蕴含了对健康权造成侵害的风险。

欧洲人权法院通常对健康权的干预进行四步审查：（1）其应该具有合法目的；（2）适合用来达到该目的；（3）为达到该目的，干预是必要的；（4）并不过度。法院曾经承认，合法的目的包括确保体育运动中的公平和有意义的竞争，但是采取的措施必须与该目标有适当的联系，并需要被证明是为了满足紧迫的社会需要。这就要求"有意义和公平的竞赛"目的必须基于更加具体和切实的证据，而不是想当然的想象。应当对性发展差异和跨性别女性运动员的干预进行严格审查，判断其是否具有适当性。同时，世界医学协会指出"以改变运动表现为唯一目的的医学治疗是不允许的"，这给目标运动员带来了巨大的健康风险。③ 女性运动员并没有表现出痛苦和希望得到医学治疗，而对身体的干预措施仅仅是为了纳入女性或者男性的"正常"二元分类中，而治疗伴随着副作用如头痛、恶心和肝中毒，因此这种干预并不是必要的。在塞门亚案中，CAS 采纳了有关专家对副作用的意见，但是多数意见认为这些副作用与其他染色体为 XX 的女性使用口服避孕药会受到的副作用没有不同。④ CAS 完全忽视了是否存在伤害更小的审查方式，从而并未对条例完成适当性和必要性分析。同时，干预经常伴随着侵入性的医疗检查，隐私细节流入公共领域也对运动员的心

---

① 参见 IAAF Called Caster Semenya Biologically Male，https：//www. outsports. com/2019/6/19/18691210/iaaf-caster-semenya-biologically-male-testosterone-olympics-southafrica-athlete，最后访问日期：2022 年 11 月 12 日。

② 姜熙：《捍卫体育公平还是侵犯基本权利——特定女性运动员参赛资格限制的法理辨析》，《体育科研》2021 年第 6 期。

③ 欧洲人权法院，*FNASS v. France*，nos. 48151/11 and 77769/13，2018。

④ *Mokgadi Caster Semenya v. International Association of Athletics Federations & CAS Athletics South Africa v. International Association of Athletics Federations*［2019］Court of Arbitration for Sport 2018/O/5794；2018/O/5798，at para 598.

理健康产生影响。

确保个人在充分知情和同意的情况下作出选择，对保障运动员在资格审查中健康权不受侵害是非常重要的。国际奥委会最新出台的框架在"防止伤害原则"中指明，"在确定资格标准时，运动员的身体、心理及精神健康应该被优先考虑"，且应该"识别出并阻止那些来自资格标准的设计、实施和（或者）解释过程的直接或间接对运动员的健康及幸福造成的负面影响"并在"健康和身体自主权原则"下指明运动员不应该被迫使经受没有必要的医疗程序或者治疗来符合资格标准。这些原则强调了在不受胁迫的情况下运动员自主选择的权利。然而它们对健康权的保障作用仍然有待于规则的进一步细化。包括《DSD 条例》在内的睾酮标准似乎并未"迫使"运动员，然而它们是否提供了真正的选择权？"选择"拒绝这种干预就意味着丧失参与赛事的资格，损害个人的就业和经济收入。

（三）体育权

虽然体育权作为人权尚未得到公认，但目前学界多有观点认为，体育权可以被视作一项新兴人权。有学者通过探究体育权的发展进程，指出其权利表达的三个阶段：从蕴含于其他权利的阶段，到有文件明确反映体育权地位的宣示阶段，再到规范的细化及体育作为一项基本权利体现在国内立法的全面阐释阶段。[①] 亦有学者总结了不同学说对体育权的基本内涵的认识，包括基本人权说、宪法权说、体育运动权说等。[②] 总体来说，证成体育人权涉及以下几个较为关键的规范来源。首先，《世界人权宣言》第二十七条指明："人人有权自由参加社会文化生活，欣赏艺术，并分享科学进步及其产生的福利。"《经济、社会及文化权利国际公约》亦对文化生活的权利加以规定。[③] 在经社文委员会的一般性意见中，委员会认为："文化是一个广泛、包容性的概念，包括人类生存的一切表现。"并且

[①] 参见姜世波《论体育权作为一种新型人权》，《武汉体育学院学报》2018 年第 4 期。

[②] 参见徐翔《体育权：一项新兴人权的衍生与发展》，《体育学刊》2020 年第 4 期。

[③] 《经济、社会及文化权利国际公约》第十五条："一、本盟约缔约国确认人人有权：（子）参加文化生活……"

明确表示文化——为实施第十五条第一款（甲）项的目的——包含体育和游戏。① 其次，《奥林匹克宪章》规定："参与体育运动的权利是一项人权……每个人都享有本着奥林匹克精神参与体育运动的权利，不应受到任何形式的歧视。"1978 年联合国教科文组织通过（2015 年修改）的《国际体育教育、体育活动和体育运动宪章》也明确规定："开展体育教育、体育活动和体育运动是每个人的一项基本权利，人人都有开展体育教育、体育活动和体育运动的基本权利，无论种族、性别、性取向、语言、宗教、政见或其他主张、国籍或门第、财产或其他任何原因。"《消除对妇女一切形式歧视公约》第十三条和《残疾人权利公约》第三十条均承认平等参与运动是一项权利。它们构成了将体育权作为一项人权的基本规范基础。

经社文委员会的一般性意见首先给予了这样的论断："参加文化生活的权利可被定性为一项自由。"随后又对"参与"和"参加"给予了详细解释，指出"参与尤其包括人人有权……自由行动，选择自己的身份，认同或不认同一个或多个社群或改变这种选择，参加社会的政治生活，从事自己的文化实践和以自己选择的语言表达自己"。由此可以明确，运动员依照自己的身份参与文化实践，即参与体育赛事，应当被认为是作为一项自由权的体育权的应有之义。资格审查通过创设女性运动员参与竞技的标准，对性发展差异和跨性别女性运动员造成排斥，使她们事实上不能参与到体育活动中，可能构成对她们体育权的侵犯。

五　认识公平：不存在的伊甸园

（一）底层逻辑：体育的特殊性能回避人权保障吗？

国家有义务确保在权利受到侵犯时，个人有获得适当和有效的补救的途径。然而目前许多运动员在就体育运动中侵犯人权行为获得有效补救和

---

① 　经社文委员会第 21 号一般性意见："人人有权参加文化生活。"

充分补偿方面面临障碍，大部分与职业体育有关的争端都由私人争端解决机制裁决，而这些机制设立的初衷并不是为了充分应对人权申诉。① 《奥林匹克宪章》规定了强制性仲裁条款，要求所有参赛人员无论何种身份，都需要将有关争端提交 CAS 管辖。暂且不论强制体育仲裁制度的合法性要素，即使仅将程序作为认识的切口，可以发现体育领域对自己"特殊性"的重视和表达是一贯清晰的。在《2015 年共识》中，国际奥委会作出如下表述："高于一切的体育目标仍是且将一直是对公平竞赛的保证。"② 在讨论对女性运动员进行的资格审查时，竞技公平毫无疑问是最被重视的理由之一。这既表现在实体层面，对于侵犯人权的风险的忽视，也表现在程序层面，解决体育争端时，对科学背书的"公平"的关注压倒了一切，对人权规范和标准的考虑却是极为有限的。

即使资格标准的适用问题很难在短时间内得出一个一劳永逸的确切答案，然而必须在对其讨论中重申人权保障的基础价值。应当明确这样的认识：即使规则的存在真的保障了竞技公平，也不代表其正当性和合理性自动得到了证成；即使规则的存在可能违反所谓的竞技公平，规则也未必不能成立。当把竞技公平——或者其他的任何体育领域内部的价值作为最高价值时，体育系统将成为独立于法律与人权保障之外的封闭系统，这是十分值得警惕的。

《人权理事会咨询委员会关于利用体育和奥林匹克理想增进所有人的人权并加强对人权的普遍尊重的可能性的最后报告》指出："体育代表着超越人类能力极限的强大意愿、为培养最大潜力自我实现的愿望，也是通过公平竞争学习沟通与和谐的方式……体育同任何其他人类活动一样需要考虑人权。因此，核心人权文书也适用于体育，如同适用于所有其他人类活动领域。"除此之外，国际人权规范多次指明了在体育中保障人权的必要性和正当性。而放眼体育系统内部，无论是《奥林匹克宪章》明确体育权作为人权的地位，还是《运动员权利和责任宣言》《国际奥委会道德准

---

① 联合国人权高专办：《体育运动中种族歧视与性别歧视的交叉》，A/HRC/44/26，2020。

② 原文为"The overriding sporting objective is and remains the guarantee of fair competition"。

则》中对人权的表述，都表明体育领域的特殊性不能正当化其对人权的减损。亦有观点认为体育领域的权利包括基本人权和体育领域的专有权利，后者是基于体育的本质特征、发展的基本原则，或者说体育特殊性发展而来的，完全属于体育领域的权利。而竞技公平就被归入体育领域的专有权利范畴，因此竞技公平在等级上次于基本人权。[①]

塞门亚案对体育如何以自身的特殊性回避人权保障进行了精准侧写。CAS 论述更关注规则本身的合理性和相称性，而这种合理性和相称性又忽略了规则对女性运动员的伤害，一笔带过歧视性影响，弱化必要性分析，而反复强调保障竞技公平等等目的。CAS 并未对案件涉及的女性运动员的有关人权加以充分的认识和关注，并未使有关人权的要素充分参与到判断中来。如同国际足联关于保护人权的报告中指出的那样，CAS 的仲裁员普遍缺乏人权知识，[②] 其对人权相关事项的理解和决策能力是较弱的。另外，有学者指出，仲裁庭中仲裁员倾向于对所谓的科学证据，而不是人权事项给予更多的关注。在 CAS 内部缺乏对人权和性别公正等知识的系统性认识。[③] 而这些事实反映在塞门亚案中，就体现为 CAS 并没有公正地对所有专家证人的意见给予同样的关注，而是对所谓的"科学"意见分配了更大的权重。

体育领域的特殊性不代表能够忽略人权保障的价值，这也在奥委会最新发布的框架中得到了确认。该框架是《奥林匹克 2020 + 5 议程》的一部分，在国际奥委会发布的《奥林匹克 2020 + 5 议程》的十五条建议中，第十三条建议就包括促进性别平等和包容——要求国际奥委会以身作则，继续在国际奥委会的管理层面上增进性别平衡，并通过"多元化与包容性"的行动计划来进行管理，以及增强促进人权的措施。应当认为，整体而言，人权的理念和价值逐步在体育领域得到更深刻的认识和重视，这应当

---

① 参见姜熙《捍卫体育公平还是侵犯基本权利——特定女性运动员参赛资格限制的法理辨析》，《体育科研》2021 年第 6 期。

② 参见张伊靖《CAS 作为体育人权问题裁判机构的可行性探讨》，硕士学位论文，山东大学，2021。

③ 参见 Lena Holzer, What Does it Mean to Be a Woman in Sports? An Analysis of the Jurisprudence of the Court of Arbitration for Sport, *Human Rights Law Review*, vol. 20, 2020, pp. 387 – 411。

在对资格审查标准的讨论中加以明确。

（二）"科学"之内：围绕睾酮的争议

上文试图指出，在对资格标准的讨论中长期忽视了人权保障的重要视角，无论"保障竞技公平"是不是牢不可破的价值，其都不能正当化对人权的忽视与侵犯。然而，竞技公平究竟是什么？国际奥委会表明"高于一切的体育目标仍是且将一直是对公平竞赛的保证"，IAAF阐述对资格标准的理解："我们一直认为身体内部的睾酮，无论是内生的还是人工合成的，都会具有巨大的竞技优势。"该规则的修改为所有的运动员提供了一种能够通过其天才、奉献和辛苦训练而不是其他因素进行公平和有意义的比赛的机会①——似乎现行的睾酮规则是保障竞技公平的必由之道，也因此无须多加讨论。CAS在具体案例中得出的"违反竞技公平"的判断，与其对支持这种判断的科学证据给予的不平等的强烈关注（strong focus）有关。然而这样的"公平"哪怕在被"迷信"的科学范畴内，是否经过了充分的论证？

事实上此领域的许多科学研究都是未经同行审议的。有学者指出，对于体内分泌睾酮量较高的女性相对于其他女性更有竞争优势并会导致比赛表现差异的说法，在科学文献中仍没有定论。② 一项被称为"GH-2000"的重要研究采集了15个比赛类别的454名男运动员和239名女运动员共693名运动员的血清，结果显示两性之间的睾酮水平有很大的重叠范围，16.5%的男性表现出低于该性别下限的睾酮水平，13.7%的女性表现出高于上限的睾酮水平。相反，区分男女运动员最独特的标准是他们的瘦体重（Lean Body Mass，LBM）。研究人员认为这些结果"完全否定了国际奥委会提出的关于睾酮与竞技水平关系的假设"。斯坦福大学生物医学伦理中心的人类学家、生物伦理学家卡特里娜·卡尔卡齐斯（Katarina Karkazis）

---

① 参见 IAAF Media Release, IAAF Introduces New Eligibility Regulations for Female Classification, https://www.iaaf.org/news/press-release/eligibility-regulations-for-female-classifica, 最后访问日期：2022年1月1日。

② Katrina Karkazis and Morgan Carpenter, Impossible "Choices": The InherentHarms of Regulating Women's Testosterone in Sport, *Journal of Bioethical Inquiry*, vol. 15, 2018, pp. 579 – 587.

表示，睾酮与竞技优势之间的关系并没有得到科学论证，并且因为一系列复杂的反应这种关系是很难确立的。她们认为不应当以睾酮水平，而是应当以"法律承认的女性"作为资格要求。

同时，由代表 117 个国家的 125000 名医生参加的国际运动医学联合会（IFSM）表示，关于跨性别运动员的优势方面的数据仍然非常缺乏。[①]密苏里大学堪萨斯城分校的一项研究发现，接受一年激素治疗的跨性别女性的表现优于顺性别女性，而两年后跨性别女性在其他几个方面的优势消失，但跑步速度仍然要快 12%。然而，研究者认为需要从更多的方面对这种差异进行理解，"在接受治疗两年后尚余 12% 的优势，但如果要跻身前 10% 的女性跑步运动员，必须要比普通女性快 29%；而要成为一名精英跑步者，必须比普通的顺性别女性快 59%"。[②] 换言之，是否可以仅基于"优势存在"，就认为这是消弭了"天才、奉献和辛苦训练"的巨大的不公正优势，这有待进一步的、充分的、精细的科学研究。但可以确认的是，其绝不是很多观点所认为的：跨性别女性（即使接受激素治疗后）仍然显而易见的保有男性的身体和力量，因此造成了毋庸置疑的不公正。可见，即使在被依赖，乃至"迷信"的科学领域，现行的资格标准是否能够达致"公平"，或者是不是达致"公平"的唯一可能，也并不是没有争议的。这又与在资格标准问题中重塑对人权标准和价值的关注密切相连。看似牢不可破的科学、被科学背书的公平，并不能使资格标准获得一劳永逸的正当性。

（三）"科学"之外：不存在的伊甸园

在科学研究之外还有另一重视角，即所谓绝对公平的伊甸园是否存在？审查规范的主管者试图通过科学、证据等客观的事实，来描绘出绝对公平与绝对不公平之间的界限，然而事实并非如此。研究发现身体运动能

---

① 参见 No Science to Back Blanket Ban on Trans Women in Sport: Study, https://www. reuters. com/article/us-world-sport-lgbt-trfn-idUSKBN2BG34Q，最后访问日期：2022 年 3 月 1 日。

② 参见 Fact Check: Do Trans Athletes Have an Advantage in Elite Sport?, https://www. dw. com/en/fact-check-do-trans-athletes-have-an-advantage-in-elite-sport/a-58583988，最后访问日期：2021 年 12 月 1 日。

力与 200 多种不同的遗传变异相关联，超过 20 种变异与精英竞技体育有关。① 这些因素可能影响身高、肌肉质量、骨骼结构、呼吸和心脏功能等，但拥有这些生物学特征的运动员从未被排除出竞技场。芬兰的一名滑雪运动员有原发性、家族性和先天性红细胞增多症，这与红细胞生成素受体（EPOR）基因变异相关，这种变异使得他的红细胞水平比普通男性高出65%，而红细胞水平决定了氧气的供应，也就决定了耐力素质。② 著名的运动员菲尔普斯不仅先天具有极其适合游泳项目的体形，机体天生还比普通人产生更低含量的乳酸。③ 为何这些变异可以被称为"金牌变异"，这些体质可以被艳羡，而天生拥有更高的睾酮含量的女性却要面临一系列审查和医疗手段，这显然是不公正的。除了基因与天赋的层次以外，我们或许也可以建立对"公正"复杂性的更深认识，现代竞技体育在世界范围内的发展不平衡与经济发展水平和社会分配政策紧密相关。④ 如有关统计，里约奥运会共有 207 个国家参加，但 75 个国家从未赢得过奖牌。⑤ 富裕、强大的国家往往能够称霸奥运会，而那些冲突不断、战火纷飞乃至贫困的国家无法为运动员们提供足够的资源，也因此无法获得出色的成绩。竞技体育本就建立在某种不公平的基础之上，想象中的绝对公平即使能够以科学和证据为背书，其本身似乎仍然是不存在的。

六　结论

竞技体育通过不断演进的审查方式标定了"正常女性运动员"的范

---

① 参见 T. Knox, l. C. Anderson, Heather a Transwomen in Elite Sport: Scientific and Ethical Considerations, *Journal of Medical Ethics*, vol. 45, no. 6, 2019, pp. 395 – 403。
② 参见姜熙《捍卫体育公平还是侵犯基本权利——特定女性运动员参赛资格限制的法理辨析》，《体育科研》2021 年第 6 期。
③ 参见《陈赢：关于菲尔普斯你该知道的八件事》，新浪网，http://sports.sina.com.cn/zl/other/2016 – 08 – 19/zldoc-ifxvcsrm1876239.shtml，最后访问日期：2022 年 2 月。
④ 参见朱振《人体增强的伦理与法理反思——以体育运动中人体增强为例的分析》，《中国法律评论》2022 年第 1 期。
⑤ 参见姜熙《捍卫体育公平还是侵犯基本权利——特定女性运动员参赛资格限制的法理辨析》，《体育科研》2021 年第 6 期。

围，不够"标准"的女性要通过各种方式证明、修正自己以满足规范要求。通过识别出标准（norm）与偏离（deviation），借由对女性形象的刻板印象、对传统性别框架的"依附"，以及对性（sex）发展认识之匮乏和对性别认同重要性的忽视，实现对性发展差异和跨性别女性运动员的审查与排斥。资格标准可能构成对性发展差异和跨性别女性运动员平等权、健康权、体育权等人权的侵害，然而这种风险往往被忽视。对于资格标准的讨论仅聚焦于"保障竞技公平"，然而体育系统即使存在某种特殊性，也不能因此回避对人权的保障。同时，也需要在科学内外重塑对竞技公平的理解。尽管像一切复杂问题一样，对资格标准的适用不可能有一个一劳永逸的、绝对正确的答案，然而必须对其保持警惕并强调人权保障视角的重要性，以保障女性运动员平等参与竞技体育，权利不受侵害。

（责任编辑：徐宇晴）

算法性别歧视的认定与法律规制

——以消费领域为例

邓　松*

摘　要：算法性别歧视的经济学合理性并不能豁免算法设计者和算法使用者的法律责任。消费领域的算法性别歧视是一种体系性的歧视，贯穿于算法的数据收集、运行和决策的全过程，因此对其进行认定与法律规制具有很大难度。消费领域的算法性别歧视不仅涉及直接性别歧视，还涉及间接性别歧视，对于两种不同的歧视方式也有不同的认定标准。我国现行法并不能完全有效地对消费领域的算法性别歧视进行有效的法律规制。因此，要解决这一问题，反歧视法应当介入对受到性别歧视的消费者进行保护，同时还要明确算法主体的法律责任，加强算法内外部监管，最终促进消费领域算法性别歧视现象的消除。

关键词：算法性别歧视；消费领域；算法公平；反歧视法

在如今高速发展的数字时代，算法已经渗透到人们消费生活的方方面面，无论是算法自动化定价、算法商品推送、算法金融消费、人工智能消费还是对消费者的信用评级，没有人能逃脱算法的控制。私营企业采用算法和大数据做出决策所产生的歧视已经形成了"算法牢狱"，同时算法决策的不公开、不接受质询和不提供解释的特质又使得这种"准公权力"性质的算法权力难以被制衡，导致权力与权利之间失衡，从而形成了"算法暴政"。[①]

---

* 邓松，中国政法大学人权研究院 2021 级硕士研究生，研究方向为人权法学。

① 参见 Bruno Lepri, Jacopo Staiano, David Sangokoya, Emmanuel Letouzé, Nuria Oliver, The Tyranny of Data? The Bright and Dark Sides of Data-Driven Decision-Making for Social Good, *Transparent Data Mining for Big and Small Data*, vol. 32, 2017, pp. 3 – 24。

在这场无法预料结局的算法统治之中，性别歧视成为算法所造成的各项歧视中的一个极为严重的场域。据报道，由苹果公司推出的信用卡 Apple Card 涉嫌算法性别歧视，原因在于美国企业家汉森发现他的信用额度是妻子的 20 倍，但是两人在申请时提交了联合纳税申请表，而且妻子的信用评分更高。无独有偶，Apple 联合创始人史蒂夫也指出他获得的 Apple Card 信用额度是他妻子的 10 倍，尽管他们夫妻共同使用多个银行和信用卡账户。① 这些案例都表明，市场在利用算法追求最大利益的同时埋下了性别歧视的种子，最终也在法律层面上酿成性别歧视的恶果。

消费领域作为算法布局的关键领域，已经逐渐成为性别歧视的重灾区，无论是传统的性别歧视话题还是新兴的算法歧视话题，均在消费领域有所体现。本文围绕数字时代下算法的性别歧视展开，并以消费领域为视角进行观察，以求见微知著，寻找规制算法性别歧视的法律手段。本文第一部分主要厘清消费领域算法性别歧视在不同领域中的概念，并探讨其形成的内在机制；第二部分分别从直接歧视和间接歧视的角度分析消费领域算法性别歧视的认定；第三部分主要从现行法角度出发分析规制算法性别歧视的可能性；第四部分分别从反歧视法的介入、责任承担主体的界定以及监督方式的优化三个方面对解决消费领域的算法性别歧视给出相关建议。

一 问题的提出

（一）概念的厘清：何为消费领域的算法性别歧视？

算法的产生由来已久，在当今科技迅猛发展的背景之下，算法已发展成为资本利用并借此作出决策的工具，但是其本质上还是以数据的输入为内容和决策基础，并通过特定的步骤得出结果的一种技术手段。英国人工智能委员会也将算法定义为"用于执行计算或解决问题，特别是使用计算

---

① 《警惕金融消费场景中的算法性别歧视》，"《金卡生活》杂志"网易号，https://www. 163. com/dy/article/FTBHUB5505509NOJ. html，最后访问日期：2022 年 10 月 25 日。

机的一系列指令，它们构成了计算机所能做的一切事情的基础，因此也是所有人工智能系统的一个基本方面"。[①] 由于算法具有便捷性和自动性等特点，其在消费市场发挥着举足轻重的作用。例如网购平台在对消费品进行定价时，也通常会利用算法对收集到的消费者的海量信息数据进行分析并做出自动化决策；在金融借贷领域，金融机构也会借助算法对消费者进行信用评级，从而得出不同消费者的借贷额度。但也正因为算法被广泛应用于消费领域，市场上也产生了算法性别歧视的风险。算法在收集消费者的数据、对消费者的数据进行分析并得出结论的过程中，通常会将性别作为关键考量因素，通过基础数据分析消费者的性别，并根据性别得出不同结论。在"她经济""粉红经济"甚嚣尘上的今天，算法功不可没。[②] 大众常常认为算法在外观上表现为一种技术，实践中常以"技术中立"为判断立场，[③] 但是这一外观看似中立的技术却蕴含着侵犯消费者法律权利、产生算法性别歧视的风险。

算法性别歧视在消费领域中常常表现为对不同性别群体的知情权、隐私权或公平交易权等权利的侵犯。对此，经济学领域的观点与法学领域的观点有所不同。性别这一因素在算法价格歧视中产生的影响主要是算法通过收集不同性别群体的消费数据并基于此进行大量分析，并在获取不同性别的消费群体的最大支付意愿（价格）后，针对不同性别群体确定不同的价格。[④] 同时，大数据也会通过数字画像的方式使算法能根据性别精准定制信息、推送服务，或提供基于算法的社会决策或商业服务。[⑤] 在经济学看来，算法价格歧视是中性词，更遑论作为算法价格歧视产生因素之一的性别。因为经济学认为算法通过对过往影响交易价格的因素进行分析，以利益最大化为最终目的，最后在输出端产生"千人千价"的效果并不违背

---

① *Select Committee on Artificial Intelligence：AI in the UK：Ready，Willing and Able?* Published by the Authority of the House of Lords，2018，p. 14.

② 汪怀君：《人工智能消费场景中的女性性别歧视》，《自然辩证法通讯》2020 年第 5 期。

③ 叶明、郭江兰：《数字经济时代算法价格歧视行为的法律规制》，《价格月刊》2020 年第 3 期。

④ 叶明、郭江兰：《数字经济时代算法价格歧视行为的法律规制》，《价格月刊》2020 年第 3 期。

⑤ 刘友华：《算法偏见及其规制路径研究》，《法学杂志》2019 年第 6 期。

社会规则。从经济学的角度来看，"歧视"一词本身带有贬义，容易让人对该行为产生偏见，其实针对不同性别进行价格歧视实际上是厂商的定价策略，是中性的，对社会整体既有积极影响，也有消极影响。[①] 因为这不仅可以降低复杂定价、频繁改价的成本，甚至还能显著提高定价决策的质量，[②] 实则对于消费者总体福利最大化有促进作用。与算法自动化定价产生之前的市场定价方式对比，在自由市场中即便没有算法的介入，卖家的定价也并非完全公开。卖家通常会针对消费者的不同性别来灵活调整价格，其中"千人千价"同样是普遍现象。实际上，生产者基于性别因素掌握了消费者的某种消费习惯并进行定制性推送仍属于市场自由交易行为，[③] 因此消费领域的算法性别歧视在经济学上并不是违反法律、侵犯消费者权益的代名词。

但是经济学上的合理性并不能豁免算法在消费领域进行性别歧视。由法学视角观之，歧视通常与平等权、人格尊严等价值相违背。[④] 算法基于性别进行价格歧视，虽然在经济学上具备合理性，但是在法学领域却产生了截然相反的后果，因为在法律层面上性别并不是区别对待的合理理由，基于性别因素产生价格歧视更是法律所不能容忍的。基于此，我们可以认定法律应当对消费领域的算法性别歧视进行有效规制，但由此产生的难点在于：如何识别消费领域的算法性别歧视？如何在算法定价和个性化推送全过程避免性别歧视的产生？若产生消费领域算法性别歧视的后果又应如何处罚？在厘清上述问题后，我们进一步对消费领域算法性别歧视的产生机制进行探讨。

（二）消费领域算法性别歧视的产生机制

回顾既往文献，学者们已经对算法性别歧视的类型进行了多种尝试性

---

① 喻玲、兰江华：《算法个性化定价的反垄断法规制：基于消费者细分的视角》，《社会科学》2021 年第 1 期。

② 喻玲：《算法消费者价格歧视反垄断法属性的误读及辨明》，《法学》2020 年第 9 期。

③ 乔榛、刘瑞峰：《大数据算法的价格歧视问题》，《社会科学研究》2020 年第 5 期。

④ 崔靖梓：《算法歧视挑战下平等权保护的危机与应对》，《法律科学（西北政法大学学报）》2019 年第 3 期。

归纳：有学者基于算法歧视的形成机理将之归纳为训练算法模型的历史数据存在偏见导致的歧视、将具有显著歧视性的数据用于算法模型的训练导致的歧视、"代理"变量用于训练算法模型导致的歧视、特征选择和数据质量不高导致的歧视四种；[1] 也有学者基于技术系统与社会系统的互动将之归纳为镜像同构型歧视、耦合互动型歧视和关联交叉型歧视。[2] 笔者认为，从算法性别歧视产生的阶段来看，可以将以上算法性别歧视归纳为数据源类型歧视、算法运行类歧视以及算法结果类歧视三种。这一分类方法既避免了过分专业化而脱离了法律的分析轨道的风险，又能较为清晰直观地展现在消费领域这一场景中算法性别歧视的产生过程并更有针对性地给出解决方案。当然，算法性别歧视的产生并不是某一阶段独立导致的，正是由于算法是一个综合运行的机制，它的各个阶段均注入了性别歧视的"血液"，最后才产生了结构性算法性别歧视的恶果。

1. 数据源类型性别歧视

数据是算法运行的基础，也是算法学习的来源，因此数据的公正性对于算法公正有着十分重要的意义。但是在现实之中，往往在算法的数据源收集这一步便埋下了性别歧视的种子。在消费领域，算法收集的数据来源于用户在该消费平台的授权，以及在用户所登录的其他消费平台产生的数据，算法在收集以上数据后对用户基于性别因素进行算法分析。因此学者将大数据比作一面镜像，一旦数据对用户产生了结构性的负面偏差，那么数据对用户的歧视也会反映到算法的决策之中。这一数据偏差一方面是因为算法以营利为目的对用户进行有选择性的数据收集，形成消费者个人的数字画像；另一方面是因为平台所收集的数据具有片面性和高度单体性，导致数据采集受各种因素制约发生偏差，这些行为最终导致平台对用户产生算法歧视。[3] 算法通过大数据的方式收集消费者的个人信息，并且根据

---

① 张恩典：《反算法歧视：理论反思与制度建构》，《华中科技大学学报》（社会科学版）2020 年第 5 期。

② 张欣、宋雨鑫：《人工智能时代算法性别歧视的类型界分与公平治理》，《妇女研究论丛》2022 年第 3 期。

③ 李丹：《算法歧视消费者：行为机制、损益界定与协同规制》，《上海财经大学学报》2021 年第 2 期。

收集到的信息推知消费者的性别，如通过消费者曾经购买过女性卫生用品的记录、消费者常登录网站的浏览记录等来推知消费者是女性并且在运算后端得出与性别相匹配的价格和消费偏好。但是大数据不可能收集到用户的完整个人信息，用户在网络上所传达的也仅仅是其部分面向，大数据算法对个人的高度解析，破坏乃至消解了个人的完整性，也使得社会演变为所谓的"微粒社会"。[①] 因此，从算法运行的过程来看，数据收集分析以及所产生的性别识别偏差是算法性别歧视的开端，也是"性别歧视数据进，性别歧视结果出"的恶源。消费领域的算法公正既取决于数据，也取决于算法自身，加强对基础数据端的规制有利于极大促进消除算法性别歧视。[②]

2. 算法运行类性别歧视

算法的运行可以分为算法对数据的分析和算法学习。算法的自主性正是现代算法与传统算法的最大不同，现代算法的内容是由算法自主生成的，在算法社会中，预先存在的算法偏见更多由机器学习衍生而得，也可称为机器学习偏见。[③] "算法黑箱"对数据进行分析和算法学习的过程具有很强的专业属性，且算法学习之后可能产生算法运营者也无法预料的问题。同时，算法的运行过程涉及商业机构最关键的商业秘密，因此其性别歧视问题也具有很强的隐蔽性。算法对数据分析的过程需要依赖算法设计者，因此这一过程会反映算法设计者的偏见。由于算法依赖于算法设计者的人为评判，因此算法设计者的直接或间接、显性或隐性的性别歧视思想也会直接反映到算法之中。算法表面看似中立，实则具有极大的主观性。这一问题表现在消费领域之中即为算法通过一套内生的歧视性运算流程，将收集到的消费者数据进行分析，并做出针对不同性别的不同商品推荐、价格标签等行为。

在互联网时代，编写代码的程序员、算法工程师和人工智能的研发者

---

① 张恩典：《反算法歧视：理论反思与制度建构》，《华中科技大学学报》（社会科学版）2020 年第 5 期。

② 郑智航、徐昭曦：《大数据时代算法歧视的法律规制与司法审查——以美国法律实践为例》，《比较法研究》2019 年第 4 期。

③ 刘友华：《算法偏见及其规制路径研究》，《法学杂志》2019 年第 6 期。

也多是男性，女性在这个行业中占比不到 2％。① 这一数据在 2021 年世界经济论坛发布的《全球性别差距报告》中同样有所体现，报告指出，在数据与人工智能领域，女性从业人数仅占 32％。② 温迪·福克纳认为技术压迫与性别压迫具有同构关系，男性气概和技术之间具有持久的象征性联系，技术实践中也有鲜明的性别分工。③ 因此，以男性为标准的算法和社会的刻板印象很容易潜移默化地深入算法之中，女性主体的缺失是算法运行的过程中产生性别歧视的重要原因。这也在另一层面上解释了联合国教科文组织在 2019 年发布的《如果我能，我会脸红》（I'd Blush If I Could）报告中所揭示的人工智能语音助手助长了女性"卑躬屈膝"的刻板印象的问题。④ 算法在学习过程之中通过原始数据对初步模型进行训练和验证，以求优化算法模型。算法学习的过程可简单概括为，依赖对过往影响销量的与价格有关的因素及设计者认为将影响销量的价格因素进行回归分析，构建模型，然后通过对这些变量的实时观察来改变价格。⑤ 但在算法学习过程中，数据偏差和算法设计者的偏见同样会导致算法的学习不断强化性别偏见。从本质上来说，机器偏见实际上投射出了根植于社会传统观念中的性别偏见。⑥ 当然，人类的认知难以避免偏见，因为偏见是人类认知机制正常运作的副产品。⑦ 因此，如何避免算法反映和强化社会性别偏见成为算法法律规制的重大命题。

3. 算法结果类性别歧视

普通的消费者并不具备专业知识去判断算法运算过程是否隐含性别歧视问题，通常用户只能通过最后的结果端来判别算法是否存在不公正对

---

① 范红霞、孙金波：《看不见的"大象"：算法中的性别歧视》，《新闻爱好者》2021 年第 10 期。

② Global Gender Gap Report 2021, *World Economic Forum*, Published on 30 March 2021.

③ Faulkner Wendy, The Technology Question in Feminism: A View from Feminist Technology Studies, *Women's Studies International Forum*, vol. 24, issue 1, 2001, pp. 79 – 75.

④ UNESCO, I'd Blush If I Could, https://en.unesco.org/Id-blush-if-I-could.

⑤ 喻玲：《算法消费者价格歧视反垄断法属性的误读及辨明》，《法学》2020 年第 9 期。

⑥ 范红霞、孙金波：《看不见的"大象"：算法中的性别歧视》，《新闻爱好者》2021 年第 10 期。

⑦ 宋素红、王跃祺、常何秋子：《算法性别歧视的形成逻辑及多元化治理》，《当代传播》2020 年第 5 期。

待。由于算法黑箱的存在，平台通过上述数据收集和算法运行过程所最终呈现出的结果是用户端直观可见的消费品价格、金融贷款额度、平台的产品推荐等，用户无从得知更无法理解算法的内在逻辑。算法设计者和使用者基于对用户性别的识别，实施差别对待，用户难以追溯至算法的数据来源和算法设计的歧视，只能通过单一的用户端结果来举证算法性别歧视，这无疑是算法性别歧视受害者获得救济的一大壁垒。同时，仅仅是不同性别所应支付的产品价格不同或者不同性别所获得的贷款额度不同并不能有效证明算法存在性别歧视。大数据时代，用户成为算法"准公权力"的附庸。与原有的国家公权力不同，新兴的算法权力能对个人形成更为弥散、强劲、数理化的权力控制，其造成的权力主体去中心化、权力范围延展化、权力互动双向化，使原有的平等权保护体系不能及时精确地实现权力的控制和权利的保护，给算法歧视留下了生存空间，造成平等权保护的新危机。① 因此，如何在法律层面保护用户避免因性别因素而受到算法"准公权力"的制约也成为亟待解决的问题。

二　消费领域中的算法：直接性别歧视与间接性别歧视交织

如前所述，算法在消费领域的性别歧视早已根深蒂固，贯彻于算法数据收集、运行和决策的全过程，形成了结构性歧视。同时，由于算法性别歧视具备专业性、隐蔽性等特点，受害者往往难以证明算法侵权。因此，如何认定算法在消费领域构成性别歧视则成为一项重大议题。在国际人权法中，一般认为歧视有三个构成要件：一是存在差别对待；二是差别对待导致不良后果；三是差别对待的理由为法律所禁止。② 消费者通过算法终端呈现的结果只能证明算法对不同性别存在差别对待，但难以证明性别是该差别对待行为的决定性条件。况且平台也往往会以差别对待是因为消费

---

① 崔靖梓：《算法歧视挑战下平等权保护的危机与应对》，《法律科学（西北政法大学学报）》2019 年第 3 期。
② 李薇薇：《论国际人权法中的平等与不歧视》，《环球法律评论》2004 年第 2 期。

者下单时间不同等各种理由进行辩解。例如，在"刘某诉北京三快科技有限公司案"① 中，法院以原告未能举证存在"大数据"区别定价为由驳回起诉；在"郑某诉上海携程商务有限公司侵权责任案"② 中，法院则认为"原告查询机票价格的时间存在一定间隔，机票价格的变动幅度也在合理范围内，不能因不同时间段机票价格存在波动就认定其属于'大数据杀熟'行为"。虽然这两个案例都不涉及算法性别歧视，但是也足以证明消费者在举证算法存在性别歧视行为时所面临的巨大困难。

美国法将歧视分为"差别对待歧视"和"差别影响歧视"，并且分别发展出了各自的监管理论体系，后续则逐渐发展为直接歧视和间接歧视理论。③ 消除对妇女歧视委员会第 28 号一般性意见中指出，"缔约国应确保不对妇女实施直接或间接歧视"。④ 学界一般认为，歧视由区别对待、法律禁止的领域、法律禁止的事由、不利的后果、因果关系等五个要件构成。⑤ 本文借助这一理论，以求清晰认定算法性别歧视的存在。

（一）算法直接性别歧视的认定

直接性别歧视是指法律政策或者实践操作中对不同性别的群体进行不合理的差别对待。⑥ 若要认定算法存在直接性别歧视行为，消费者应当从以下几个方面进行证明。第一，算法对不同性别的人群进行直接的区别对待行为。消费者需要举证算法所收集的数据存在性别因素或者证明算法在运行过程中将性别作为分析要素从而得出偏见性结果，如此才可作出算法存在直接区别对待的判断。第二，算法在法律禁止的领域进行歧视。一般认为对于涉及公共资源的领域，如就业、教育、医疗等，是法律所禁止产生歧视的领域。但是在消费领域中，由于存在私法自治的空间，所以认定

---

① 湖南省长沙市中级人民法院（2019）湘 01 民终 9501 号民事判决书。
② 上海市长宁区人民法院（2020）沪 0105 民初 9010 号民事判决书。
③ 谢增毅：《美英两国就业歧视构成要件比较——兼论反就业歧视法发展趋势及我国立法选择》，《中外法学》2008 年第 4 期。
④ 消除对妇女歧视委员会第 28 号一般性意见：《关于缔约国在〈消除对妇女一切形式歧视公约〉第二条之下的核心义务》，CEDAW/C/GC/28，2010，第 16 段。
⑤ 刘小楠主编《反歧视法讲义：文本与案例》，中国政法大学出版社，2021，第 9 页。
⑥ 刘小楠主编《反歧视法讲义：文本与案例》，中国政法大学出版社，2021，第 127 页。

歧视需要更加严苛的条件。笔者认为，由于算法已经具备了"准公权力"的性质，用户几乎受制于算法的控制。算法蔓延至消费领域的各个角落，其本质上已经具备侵害公共利益的效果，因此也应属于禁止歧视的领域。第三，算法进行直接歧视的原因为法律所禁止。消费者在举证此项要件时，至少应当证明性别成为算法区别对待的理由之一，尽管算法不是完全基于性别进行区别对待，但是也应当受到法律规制。第四，因算法的直接性别歧视行为产生不利后果。直接的表现就是消费者在购买商品因性别不同产生同物不同价的情形、在金融借贷中不同性别的消费者获得不同的额度等，这些有损于消费者体验并且损害消费者利益的行为应当受到规制。第五，算法是因为性别而对不同消费者进行歧视。在证明这一要件时应注意，性别是构成歧视的原因之一，无须举证性别成为算法直接歧视的充分必要条件。

（二）算法间接性别歧视的认定

根据消除对妇女歧视委员会的观点，间接性别歧视是指"一项法律、政策、方案或做法看似对男性和女性无任何倾向，但实际上有歧视妇女的效果"，[①] 由于算法性别歧视既可以针对女性也可能针对男性，因此这一定义引申至算法间接性别歧视中则是指算法看似对男性和女性无任何倾向性对待，但在实际中有歧视女性或男性的效果。

在实际生活领域中，算法间接性别歧视要比算法直接性别歧视表现得更为广泛。要对算法间接性别歧视进行认定，依旧需要具备以上五个要件。其中，法律禁止的领域、法律禁止的事由两个要件与算法直接歧视无异，但区别对待要件和因果关系要件则有所不同。第一，算法对不同性别的人群进行区别对待。消费者通过举证算法终端对不同性别显示的价格、定制化推送、贷款额度等不同可以得出算法存在区别对待的结论。由于消费者不具备专业知识去解释算法的运行，且"算法黑箱"的存在也使得消

---

① 消除对妇女歧视委员会第 28 号一般性意见：《关于缔约国在〈消除对妇女一切形式歧视公约〉第二条之下的核心义务》，CEDAW/C/GC/28，2010，第 16 段。

费者无法了解算法运行的内幕，因此消费者仅能从算法运行终端所呈现的结果反推算法存在歧视行为。假设算法在数据收集、运行过程均采取中立立场，但是其最后产生了区别对待的实际影响，那也应当为法律所禁止。第二，算法的间接歧视行为与消费者受到的不利后果之间存在因果关系。因果关系的证明本就是算法性别歧视认定中的一个难点，要证明算法存在间接性别歧视则更需要证明其更加隐蔽的因果关系。与算法直接性别歧视不同，间接性别歧视需要证明区别影响所产生的原因是算法所造成的，这带给受害者更大的证明难度。第三，算法的间接性别歧视行为造成了不利后果。由于算法间接性别歧视从表面看似乎做到了性别公正，但实际产生的后果是对不同性别进行区别对待，因此这一要件难以通过对算法行为本身存在性别歧视来进行证明，通常需要统计数据、社会调查等方式来证明某一性别受到更为不利的影响。

综上所述，消费领域的算法直接性别歧视与间接性别歧视交织，消费者在证明算法性别歧视时要从五个方面考虑，且直接性别歧视与间接性别歧视的证明难度更是有所不同，我国现有的案例表明消费者在证明因果关系要件、区别对待或区别影响要件方面具备极高的难度，即便能够初步证明以上要件存在，算法的设计者也可以找到大量理由进行反驳。究其原因，算法本身具备的高度专业性和隐蔽性就使得算法的设计者、使用者与消费者之间存在不对等的权利关系。笔者认为，要更好地规制算法性别歧视行为，应当适当降低受害者的举证难度。就对侵权者的追责而言，需要明确的是算法歧视的责任主体、算法歧视相关关系的认定、算法歧视的归责原则以及算法歧视的责任承担方式。[①] 因此有学者建议算法歧视不适用必然性因果关系和盖然性因果关系;[②] 就算法歧视的归责原则而言，鉴于大数据时代算法歧视多出于非主观歧视意图，且大多数算法歧视受害者不具备理解算法复杂性所需的算法素养，应当将算法歧视的归责原则确定为

---

① 章小杉：《人工智能算法歧视的法律规制：欧美经验与中国路径》，《华东理工大学学报》（社会科学版）2019 年第 6 期。

② 孙建丽：《算法自动化决策风险的法律规制研究》，《法治研究》2019 年第 4 期。

无过错原则。[①]

三　我国现行法对消费领域算法性别歧视的规制困境

数字经济使得工具理性发生异化，算法技术由给人类提供辅助的工具转化为反噬人类理性的工具。[②] 科技的不断发展使人们的生活便捷化的同时，也给人类社会治理带来新的挑战。如前所述，算法在消费领域产生了直接性别歧视与间接性别歧视交织的现象，为应对算法带来的法律挑战，学者们从《消费者权益保护法》、《价格法》、《个人信息保护法》、《反垄断法》、《反不当竞争法》和《电子商务法》等各个现行法的规定入手进行分析，为规制算法歧视行为做了许多有益的探索。[③] 但是由于法律具有滞后性，现代算法作为时代发展的新兴产物，通过业已制定的现行法进行规制难免存在不当之处。

（一）《消费者权益保护法》《价格法》对算法性别歧视的规制

平台用户在消费领域兼具消费者的角色，而算法性别歧视也直接涉及消费者与经营者之间的关系，因此可以通过《消费者权益保护法》对算法

---

① 王夙：《人工智能发展中的"算法公开"能否解决"算法歧视"》，《机器人产业》2019年第 3 期。

② 李丹：《算法歧视消费者：行为机制、损益界定与协同规制》，《上海财经大学学报》2021 年第 2 期。

③ 学界从现行法角度分析算法歧视规制路径的研究层出不穷，参见付丽霞《大数据价格歧视行为之非法性认定研究：问题、争议与应对》，《华中科技大学学报》（社会科学版）2020 年第 2 期；丁晓东《论算法的法律规制》，《中国社会科学》2020 年第 12 期；郑智航、徐昭曦《大数据时代算法歧视的法律规制与司法审查——以美国法律实践为例》，《比较法研究》2019 年第 4 期；邹开亮、刘佳明《大数据"杀熟"的法律规制困境与出路——仅从〈消费者权益保护法〉的角度考量》，《价格理论与实践》2018 年第 8 期；乔榛、刘瑞峰《大数据算法的价格歧视问题》，《社会科学研究》2020 年第 5 期；赵海乐《当权利面对市场：算法价格歧视的法律规制研究》，《华中科技大学学报》（社会科学版）2021 年第 3 期；施春风《定价算法在网络交易中的反垄断法律规制》，《河北法学》2018 年第 11 期；喻玲《算法消费者价格歧视反垄断法属性的误读及辨明》，《法学》2020 年第 9 期；叶明、郭江兰《数字经济时代算法价格歧视行为的法律规制》，《价格月刊》2020 年第 3 期。

性别歧视行为进行规制。《消费者权益保护法》中与算法性别歧视直接相关的是公平交易权和知情权，即第 8 条和第 10 条。首先，从公平交易权来看，判断算法性别歧视是否违反了第 8 条的关键在于是否存在合理价格，但是合理价格的判断受到诸多因素的影响，消费者的性别往往只是决定消费品价格的因素之一，而且价格是否合理的判断还具有很强的主观性，在自由市场之中，消费者往往出于自愿进行市场交易，因此很难通过价格的不合理来认定一方违反第 8 条的规定。其次，从知情权来看，消费者可以主张算法的运行过程具备隐蔽性，无法知晓平台价格形成过程是否存在性别歧视行为，但一般认为知情权涉及的是商品的价格、产地、生产者、用途、性能等，这明显与算法性别歧视无关。《价格法》第 14 条规定经营者不得"提供相同商品或者服务，对具有同等交易条件的其他经营者实行价格歧视"，这一条看似可以规制算法性别歧视，但是它仅对经营者与经营者之间的价格歧视进行规制，而没有对经营者与消费者之间的价格歧视进行规制，因此也无法有效保护消费者免受算法性别歧视。

（二）《个人信息保护法》对算法性别歧视的规制

2021 年通过的《个人信息保护法》促使消费者的个人信息保护达到更加严格的程度，其中规定处理个人信息应当遵循的公开透明等多项原则有利于促进消费者的个人信息免受滥用。有学者也认为通过《个人信息保护法》有利于促进实现对算法歧视的规制，[①] 但笔者认为这一观点过于乐观。数据是算法的血液，通过对数据的收集、分析和学习才成就了算法的便捷性和专业性。互联网平台为了合规，对消费者设置"不同意，禁止使用"条款使得数据收集更加困难。[②] 同时，在信息数据高速发展的时代还存在着"隐私悖论"，即尽管人们高度关注隐私，大多数人还是愿意用他们的个人信息来换取可感知的利益。[③] 一方面，《个人信息保

---

① 赵海乐：《当权利面对市场：算法价格歧视的法律规制研究》，《华中科技大学学报》（社会科学版）2021 年第 3 期。
② 孙建丽：《算法自动化决策风险的法律规制研究》，《法治研究》2019 年第 4 期。
③ 喻玲、兰江华：《算法个性化定价的反垄断法规制：基于消费者细分的视角》，《社会科学》2021 年第 1 期。

护法》使得数据收集更加困难；另一方面，消费者享受着大数据时代算法带来的各项便捷，依旧倾向于同意平台的数据收集行为，而且一旦不同意则无法使用平台提供的服务。这些难题在《个人信息保护法》时代依旧需要解决。若是因为算法存在性别歧视的风险便禁止算法进行数据收集，保护消费者的个人信息，这难免因噎废食，是违背时代发展潮流的行为。因此《个人信息保护法》对算法性别歧视的规制作用仍然较为有限。

（三）《反垄断法》对算法性别歧视的规制

《反垄断法》旨在预防和制止垄断行为，保护市场公平竞争，提高经济运行效率，维护消费者利益和社会公共利益，第 17 条第 1 款第 6 项禁止"没有正当理由，对条件相同的交易相对人在交易价格等交易条件上实行差别待遇"，这一规定看似可以直接规制算法性别歧视行为，但实际上仍存在许多不足之处。首先，《反垄断法》第 17 条第 1 款第 6 项规定"价格歧视"的行为对象是"交易相对人"，学界对于"交易相对人"的理解一直存在争议，但是一般认为《反垄断法》规制的对象是经营者，规制的行为是经营者针对其他经营者的垄断行为，很难将其扩展至对消费者的保护。其次，《反垄断法》要求经营者必须达到"市场支配地位"并且存在滥用"市场支配地位"的行为，对于"市场支配地位"的认定还需要借助"相关市场"的判断。一方面，在消费者价格歧视案件之中，算法经营者的规模不定，既有大的互联网平台也有小微企业，要认定存在市场支配地位会使得大量的算法价格歧视案件被涵盖在规制范围之外；另一方面，"相关市场"的判断也存在较大的难度，算法早已渗透在消费领域的方方面面，很难判定算法性别歧视所涉及的"相关市场"。因此，有学者指出个性化定价属于经济学意义上的价格歧视，但未必属于反垄断法意义上的价格歧视。①

---

① 喻玲、兰江华：《算法个性化定价的反垄断法规制：基于消费者细分的视角》，《社会科学》2021 年第 1 期。

（四）《电子商务法》对算法性别歧视的规制

《电子商务法》规制的行为是"通过互联网等信息网络销售商品或者提供服务的经营活动"，与消费领域的算法性别歧视所规制的行为基本吻合，当今互联网平台通过运用算法，基于性别对消费者进行不同对待，通过《电子商务法》可以对此行为进行有效规制。《电子商务法》第18条第1款规定："电子商务经营者根据消费者的兴趣爱好、消费习惯等特征向其提供商品或者服务的搜索结果的，应当同时向该消费者提供不针对其个人特征的选项，尊重和平等保护消费者合法权益。"该条款对平台收集消费者数据并通过分析得出不同结果的行为进行规制，但是它存在较大的模糊性。[①] 一方面，本文探讨的是算法在消费领域的性别歧视行为，但是第18条中未规定电子商务经营者不得根据消费者的性别提供不同结果，虽然其涉及的事由采用不完全列举的方式，但要将性别纳入其中仍需进行解释；另一方面，第18条仅规制电子商务经营者提供商品或服务的搜索结果的行为，对于平台针对消费者性别进行的不同定价行为未进行规制，亦即该条涉及的行为仅限于电子商务经营者单一主体的个性化推送。因此，尽管《电子商务法》存在规制算法性别歧视的可能，但仍旧无法涉及算法性别歧视的方方面面，同时其用语的模糊也有待进一步解释。

四 消费领域中算法性别歧视的解决之道

《消除对妇女一切形式歧视公约》第3条明确规定"缔约各国应承担在所有领域，特别是在政治、社会、经济、文化领域，采取一切适当措施，包括制定法律，保证妇女得到充分发展和进步，其目的是为确保她们在与男子平等的基础上，行使和享有人权和基本自由"，这表明政府在保证女性在消费领域平等权利方面负有国家义务，应当尊重、保护和促进妇

---

① 付丽霞：《大数据价格歧视行为之非法性认定研究：问题、争议与应对》，《华中科技大学学报》（社会科学版）2020年第2期。

女在消费领域免受算法性别歧视的危害。英国人工智能委员会也曾指出，"政府必须解决由人工智能造成的任何潜在的社会或地区不平等"。① 为消除我国消费领域的算法性别歧视，我国应当从算法数据收集到算法运行的全过程进行算法规制，建立统一完善的法律体系来解决这一系统性问题。首先应当运用反歧视法理论对算法性别歧视进行认定，减轻消费者的证明责任；其次应当明确算法性别歧视发生后的主体责任，规定各方义务；最后还要通过算法自律以及外部监督并进的方式，从源头遏制算法性别歧视的产生。

（一）反歧视法的介入

前文已经分析了在消费领域的算法性别歧视存在直接歧视与间接歧视交织的现象，但是算法歧视本身的专业性、隐蔽性等特点又使得我国现行法很难对其进行全面有效的规制。由于算法性别歧视本身就从属于传统的性别歧视领域，与其他途径相比，通过对反歧视法理论进行修正以规制算法性别歧视行为成本更为低廉且可行性更强，有鉴于此，反歧视法的介入显得更加意义非凡。要认定算法性别歧视的成立，无论是算法直接性别歧视还是算法间接性别歧视均应满足五个要件：区别对待、法律禁止的领域、法律禁止的事由、不利的后果、因果关系。根据前文分析可知，由于"算法黑箱"的存在，算法歧视的专业性、隐蔽性等特点直接导致受歧视者难以证明区别对待以及因果关系这两个要件，法院也经常以原告未证明因果关系或损害结果为由驳回起诉或不支持原告的诉讼请求。因此笔者认为，对于以上要件的证明责任应当采取举证责任倒置的方式，即只要原告能够初步证明算法性别歧视行为的存在以及对其造成的损失，就应当反过来要求平台证明算法没有实施歧视行为，否则被告就要面临败诉风险。② 这也是保障受害人不因某种事由具有举证的障碍就丧失胜诉权的需要，③

---

① Select Committee on Artificial Intelligence, *AI in the UK: Ready, Willing and Able*? Published by the Authority of the House of Lords, 2018, p. 14.
② 阎天：《女性就业中的算法歧视：缘起、挑战与应对》，《妇女研究论丛》2021 年第 5 期。
③ 王利明：《论举证责任倒置的若干问题》，《广东社会科学》2003 年第 1 期。

因为在算法"公权力"面前，消费者明显处于诉讼中的弱势地位，因此根据传统的公平正义理念，也应当给予算法性别歧视行为的受害者更多保护。

在反歧视法中，除了平等、人的尊严等价值，市场理性也是其独特价值。一般认为在市场经济中，市场主体以利益最大化为目标行事，但是在追求利益最大化的同时也不能违背市场理性。市场理性作为禁止歧视的基础价值强调的是作为遴选手段的归类事由和特定机构所应具备的市场理性间的契合程度。当特定机构把不能反映个人能力或者与完成工作内容缺乏联系的标准作为遴选标准时，其就是恣意的、非理性的。[①] 将这一理论推及算法性别歧视中，在消费领域，算法的设计者和使用者以追求利益最大化为目的运用算法获取市场地位和经济利益，但是其行为也应当符合市场理性。市场主体在运用算法时不能简单将性别作为区分标准来对不同消费者区别对待，因为性别并不是符合市场理性的区分标准，算法性别歧视因此应当为法律所禁止。若市场主体基于性别因素对不同的消费者实施直接歧视或间接歧视行为，应当认定其违背了其所应具备的市场理性，从而违反了反歧视法。

（二）责任承担主体的界定

算法性别歧视的责任主体可以分为算法设计者和算法使用者，二者可能为同一主体也可能是不同主体。算法设计者是指通过收集数据对算法进行分析和学习，以此训练算法投入使用的主体。算法使用者则是直接利用算法进行大数据分析的主体，在消费领域中算法使用者一般是商业主体，如网购平台等。相比于算法设计者，算法使用者通过算法直接作用于算法服务接受者，更容易发生侵害行为。因此，要科以算法使用者更为严苛的义务。[②] 当算法设计者和算法使用者为同一主体时，行为人应当同时承担二者的义务；当算法设计者和算法使用者为不同主体时，二者分别承担不

---

① 刘小楠主编《反歧视法讲义：文本与案例》，中国政法大学出版社，2021，第 44 页。
② 刘友华：《算法偏见及其规制路径研究》，《法学杂志》2019 年第 6 期。

同义务。

首先，二者在一定范围内承担不同的算法性别歧视责任。算法设计者应当承担数据可查义务、解释性义务和恶意操纵责任。[①] 第一，在不侵犯商业秘密的前提下，算法设计者应当在合法程度内打开"算法黑箱"，使算法部分得以公开；第二，算法设计者拥有算法解释权，算法解释权的控权逻辑实则是通过提高算法透明度来达致增强算法责任性的目的，[②] 通过对算法进行解释有助于明确算法责任，应对"算法黑箱"的复杂性；第三，若算法设计者恶意操控算法，则其应当根据相关法律承担相应责任。算法使用者应当履行注意义务和忠实义务，因为消费者在平台购买商品或在金融机构进行借贷时，有理由相信其应得到平等对待。算法使用者应当避免消费领域中的算法性别歧视，当发现歧视行为时也应当及时制止，避免消费者因此受到损害。其次，二者在侵权责任理论中有可能承担共同侵权责任，根据侵权责任理论，算法设计者和算法使用者可能构成共同侵权。算法对于算法使用者而言是一项产品，当其实施算法侵权行为时，算法使用者可以根据《民法典》第 1202 条要求算法设计者承担产品责任。对责任主体进行界定的意义在于，在对算法性别歧视进行认定后，应当找出对应的主体承担相应的责任以弥补消费者的损害。但由于算法设计者和算法使用者的身份存在交叉，只有在厘清二者的关系后，方可进一步保障消费者的合法权益，避免出现在认定算法性别歧视后消费者权益无法得到保障的情况。

（三）监督方式的优化

阳光是最好的防腐剂，要实现算法公正、根除算法性别歧视，还应当完善对算法的监督方式。国家互联网信息办公室在 2019 年指出，通过三个层次"将算法纳入全面监管领域"：第一个层次是数据信息的算法分发规则；第二个层次是电子商务的算法规则；第三个层次是算法与道德开始

---

① 刘友华：《算法偏见及其规制路径研究》，《法学杂志》2019 年第 6 期。
② 张恩典：《大数据时代的算法解释权：背景、逻辑与构造》，《法学论坛》2019 年第 4 期。

全面讨论。① 以上措施固然有一定作用，但是仍旧无法从根本上限制算法性别歧视，无论是现行法律法规还是政策文件，均没有建立起统一完善的算法监督体系，依靠社会舆论和大众进行监督的效果更是有限。因此，我国应当建立起算法自律和外部监督相结合的监督体系。

算法自律是行业内部监督，由于算法具备很高的专业性和隐蔽性，大众并不具备专业知识，无法理解也无从理解算法的运行过程，因此应当通过借助行业协会监管的方式促进算法自律，通过内部监督的方式及时发现算法性别歧视的迹象并进行优化。② 基于此，算法设计者和使用者应当加强内部监管，减少算法性别歧视的发生。为消除消费领域的算法性别偏见，对算法外部的审计与评估不可或缺。③ 通过相关机关科以算法性别歧视行为者严格的法律责任来杜绝此类现象的发生。经济合作与发展组织（OECD）报告曾指出，需要进一步将公开限缩为对监管机关的公开，从而消除监管信息的不对称，不仅要公开算法采集的具体信息，更要公开运算规则。④ 要建立外部监督系统，对算法有限公开的内容进行定期审查，在算法运行的全过程进行监督，审查算法收集数据是否包含性别信息，在算法运行和学习过程中是否存在性别歧视现象并判断算法决策中的性别因素，建立覆盖算法全生命周期的性别平等保障制度，⑤ 适当打开"算法黑箱"，加强公众尤其是消费者对算法运行全过程的监督，并对违反算法公平的主体科以严厉的处罚，最终杜绝消费领域算法性别歧视的发生。

（责任编辑：徐宇晴）

---

① 《算法：全面纳入监管领域》，国家互联网信息办公室网站，http://www.cac.gov.cn/2019 - 05/21/c_1124523038.htm，最后访问日期：2022 年 5 月 30 日。
② 刘友华：《算法偏见及其规制路径研究》，《法学杂志》2019 年第 6 期。
③ 张凌寒：《算法自动化决策中的女性劳动者权益保障》，《妇女研究论丛》2022 年第 1 期。
④ 施春风：《定价算法在网络交易中的反垄断法律规制》，《河北法学》2018 年第 11 期。
⑤ 张凌寒：《算法自动化决策中的女性劳动者权益保障》，《妇女研究论丛》2022 年第 1 期。

中国"职场性骚扰"概念的辨析

——以《关于消除劳动世界中的暴力和骚扰的公约》为参照

段国娇*

摘　要：国际劳工组织《关于消除劳动世界中的暴力和骚扰的公约》等国际和区域文件指出职场性骚扰是基于社会性别的暴力与歧视，是对平等就业权和劳动者人格尊严的侵犯。从这一认识出发，应同时将侵害个人尊严和就业歧视作为防治职场性骚扰的依据。中国《民法典》第1010条对性骚扰提供了民事救济，但单位责任仍不明晰。目前解决这一问题比较好的方式是修订《劳动法》来详细规定单位责任。同时，《劳动法》中被保护者"劳动者"和义务主体"用人单位"的范围也应参照《关于消除劳动世界中的暴力和骚扰的公约》中"被保护者"的范围和"劳动世界"的概念进行相应的扩大。

关键词：《关于消除劳动世界中的暴力和骚扰的公约》；职场性骚扰；性别平等

在中国，随着劳动者法律意识的增强，很多用人单位开始将性骚扰纳入规章制度中，但内容相对简单，而且经常与吵架、打架、斗殴、寻衅滋事、侮辱、诽谤、威胁、酗酒、吸毒、赌博、谩骂等其他行为并列放在同一条款中进行规定。在司法审判中，由于职场性骚扰具有隐蔽性、取证难等，几乎41%的案件得不到法院的支持。[①] 2018年《中国职场性骚扰调查

---

* 段国娇，中国政法大学人权研究院2021级硕士研究生，研究方向为人权法学。
① 张栋：《全国职场性骚扰大数据报告》，"劳动法专业律师"微信公众号，https://mp. weixin.qq.com/s/U4_aCIadJGLl92r6mMOngA，最后访问日期：2022年6月6日。

报告》表明：公众对职场性骚扰的认识不足；用人单位缺乏防治性骚扰的措施；反性骚扰的法律尚不完善；对于职场性骚扰，女性是最大的受害者，且男性和女性对于什么是性骚扰的敏感程度不一致。[①] 从上述调查报告分析中可知，中国在防治职场性骚扰中存在各式各样的问题。从国家到用人单位，从受害者到加害者，对于性骚扰的认识和重视程度都不够。造成上述情况的重要原因之一是中国关于什么是"职场"、什么是"性骚扰"、"谁是该保护的对象"这些最基础的问题在法律文件中没有相对明确的界定。提及职场性骚扰，人们不知其内涵和外延，这往往导致用人单位不知如何防治，受害者不知如何维权，法院不知如何裁判，行为者也不知如何行为。为了确保每一个劳动者都能获得一个体面的工作环境，理应对这些基础问题进行研究和回答。上述问题在 2019 年国际劳工组织通过的第 190 号公约——《关于消除劳动世界中的暴力和骚扰的公约》（以下简称《暴力与骚扰公约》）中都有较为清晰的界定和表达。

《暴力与骚扰公约》为预防和解决劳动世界的暴力和骚扰提供定义及范围和明确、全面、综合的方法，是首个旨在消除劳动世界暴力和骚扰的国际劳工标准。该公约承认暴力和骚扰构成对机会均等、平等就业的威胁，令人无法接受，与体面劳动不符；认识到劳动世界中的暴力和骚扰可阻碍人们，特别是妇女进入和留在劳动力市场并取得进步；承认基于社会性别的暴力和骚扰不成比例地影响到妇女和女孩。公约嵌入了强烈的性别敏感观点，以解释歧视性暴力和骚扰形成的根本原因。这种从性别视角分析劳动世界中的性骚扰的方法，以及认为性骚扰是基于性别的暴力和歧视的观点，在目前中国的法律法规中是欠缺的。参照该公约进行国内立法的相应完善，既弥补了这一缺口，也进一步履行了 1958 年《（就业和职业）歧视公约》（第 111 号）的要求，即批准国承诺宣布和推行国家平等政策，以消除就业和职业方面的任何歧视，包括性别歧视。[②] 随着《暴力与

---

① 林姆：《中国职场性骚扰调查报告》，镝数聚网站，https://www. dydata. io/datastore/ detail/2036421723800342528/，最后访问日期：2022 年 6 月 6 日。

② 国际劳工组织：《关于工作世界中对妇女和男子的暴力行为的背景文件》，国际劳工组织网站，http://www. ilo. org/gender/Informationresources/Publications/WCMS _ 522932/lang--de/ index. htm，最后访问日期：2022 年 9 月 5 日。

骚扰公约》的生效，该公约的国际规范作用逐步显现。国际劳工组织总干事盖伊·赖德（Guy Ryder）表示："劳动更美好的未来是没有暴力和骚扰的。"关注劳动世界中的暴力与骚扰的国际行动框架，有助于中国及时掌握相关国际规范的形成过程、具体内容和发展态势，从而进一步推进中国防治职场性骚扰的工作。① 也有助于中国更好地在劳动领域实现联合国《2030 可持续发展议程》中的"5. 实现性别平等，增强所有妇女和女童的权能…… 8. 促进持久、包容和可持续的经济增长，促进充分的生产性就业和人人获得体面工作的目标的实现"。② 据此，本文以《暴力与骚扰公约》为参照，讨论和辨析中国职场性骚扰的概念，提出制度改进的建议。

一 职场性骚扰的范围
——"职场"

"职场性骚扰"并非一个法律术语，"职场"的表达完全是生活用语。"职场"的内涵和外延尚未有统一的界定，相应地，何种骚扰行为可称为"职场性骚扰"也不明确。欲对一个社会问题进行管理和治理，将其上升到立法或者是政策的高度，就应先探究该问题的本质，尽可能明确其内涵和外延，或者是对其进行类型化分析，明确规制的类型，以增强人们对于法律后果和自身行为的可预见性，在自由和保护他人之间形成一种平衡关系。《暴力与骚扰公约》中和中国的"职场"有类似表达的是"劳动世界"，且"劳动世界"有着明确的界定，故可以借鉴此种表达，进一步明晰中国"职场"的概念。

（一）《暴力与骚扰公约》中的"职场"范围

《暴力与骚扰公约》第 3 条是关于"劳动世界"的规定，具体为：

---

① 李英桃、魏赛伟：《应对劳动世界中暴力与骚扰的国际行动框架》，《中国妇女报》2021年 8 月 31 日。

② 《17 个可持续发展目标》，联合国网站，https://www.un.org/sustainabledevelopment/zh/sustainable-development-goals/，最后访问日期：2022 年 9 月 6 日。

"适用于在劳动世界中的工作过程中发生，与工作有关或由工作产生的暴力和骚扰：（a）在工作场所，包括作为工作场地的公共和私人空间；（b）在工人领取薪酬、工间休息或就餐，或使用卫生、洗涤和更衣设施的场所；（c）在与工作有关的出行、旅行、培训及活动或社交活动期间；（d）通过与工作相关的通信，包括由信息和通信技术驱动的与工作相关的通信；（e）在雇主提供的住所；（f）在上下班通勤时。"

通过适用于"在工作过程中发生，与工作有关的或由工作引起的"暴力和骚扰，《暴力与骚扰公约》抓住了不断变化的工作性质，包括新的工作类型和不同的工作方式。公约提到"作为工作场所的公共和私人空间"，旨在涵盖非正规经济中的情况，如街头小贩、在私人家庭或为私人家庭工作的家庭工人，或在家工作的工人。由于明确提到"与工作有关的通信，包括由信息和通信技术驱动的通信"，因此几乎所有种类的通信，包括电子邮件和社交媒体，都包括在内。考虑到近年来越来越普遍的远程工作安排，包括将其作为一种提供更多灵活性的解决工作和生活责任的方式，这一点尤其重要。①

公约明确规定适用的范围是在劳动世界中，英文用语是"world of the work"，而不是"workplace"。"workplace"一词一般表达的是传统的工作场所，在工业化时代，谈及工作，往往会联想到工作地点是一个固定的场所，但是随着经济的发展、科技的创新，在信息时代，人们的工作方式越来越多样化，零工经济、平台经济也得到更多的重视，人们越来越多地通过网络进行交流。为了回应当前工作的特点，公约不再采用以前的"工作场所"这一说法，而是用尽可能涵盖所有和工作有关的物理、空间场所的"劳动世界"一词。该词可解释的空间非常大，不会因物理场所而限缩保护的范围。公约采取了最为广泛的定义，通过列举式的方法，认为只要是工作场所，无论是私人空间还是公共空间，都属于保护的范围，也包括和

---

① 国际劳工组织：《劳动世界中的暴力和骚扰：第 190 号公约和第 206 号建议书指南》（2021 年版），国际劳工组织网站，https://www.ilo.org/wcmsp5/groups/public/---asia/---ro-bangkok/---ilo-beijing/documents/publication/wcms_839631.pdf，最后访问日期：2022 年 10 月 21 日。

工作相关或者是由工作产生的场所和空间，比如具有争议性的"上下班通勤时"涉及的动态的空间也属于保护的范围。有学者认为这一概念的提出也意味着，保证"劳动者"免受"暴力和骚扰"并不仅是用人单位的责任，在更加广泛的使用范围内，政府、用人单位和劳动者及其各自的组织都应对保护劳动者免受"暴力和骚扰"负有不同范围内的责任。[①]

（二）中国立法中的"职场"范围

《中华人民共和国民法典》（以下简称《民法典》）第 1010 条第 2 款规定："机关、企业、学校等单位应当采取合理的预防、受理投诉、调查处置等措施，防止和制止利用职权、从属关系等实施性骚扰。"在该法条中运用的是"单位"一词，这里的"单位"究竟是按照民法的"雇主责任"来解释，还是按照《中华人民共和国劳动法》（以下简称《劳动法》）里的"用人单位"来解释，取决于在职场发生性骚扰时，"单位"承担的是侵权法上的责任，还是劳动法上的责任。鉴于"性骚扰"有着结构性的对女性的歧视以及对平等就业权的侵犯，该款应该在《劳动法》中得到进一步的细化规定，即将其纳入公法的范围进行规制，而非仅用私法进行规制。因为单纯依靠私主体的力量解决"职场性骚扰"是远远不够的，更多还是得依靠国家的力量，故而应采用公私二元的规制路径，而不是非此即彼的一元模式。

我国关于"用人单位"采取的是列举式的规定，依据《劳动法》第 2 条，"用人单位"包括企业、个体经济组织、国家机关、事业组织、社会团体。[②] 但是《劳动合同法》第 96 条进一步明确了事业单位在采用聘用制的方式招用工作人员时，也是用人单位。

"用人单位"一词是我国的原创，但其具体内涵并没有在我国的法律文件中有所体现。我国关于"用人单位"采取的是列举式的规定，依据

---

① 徐李卉：《国际劳工组织制定国际劳工公约应对工作场所暴力和骚扰的相关进展》，《中国护理管理》2019 年第 4 期。

② 《劳动法》第 2 条规定："在中华人民共和国境内的企业、个体经济组织（以下统称用人单位）和与之形成劳动关系的劳动者，适用本法。国家机关、事业组织、社会团体和与之建立劳动合同关系的劳动者，依照本法执行。"

《劳动法》第 2 条，包括：企业、个体经济组织、国家机关、事业组织、社会团体。《劳动合同法》第 2 条加入"民办非企业单位等组织"，"等组织"意味着用人单位有更多的可解释空间；第 96 条进一步明确了事业单位在采取聘用制的方式招用工作人员时，也是用人单位。国务院 2008 年颁布的《中华人民共和国劳动合同法实施条例》（以下简称《实施条例》）第 3 条把依法成立的会计师事务所、律师事务所等合伙组织和基金会纳入用人单位；第 4 条规定设立的分支机构如果取得营业执照或者依法进行登记，或者受到委托，也是用人单位。《劳动合同法》和《实施条例》尽管进一步扩大和细化了用人单位的范围，弥补了《劳动法》，但只是对"用人单位"外延的进一步扩大，没有进一步厘清"用人单位"的内涵。

《关于审理劳动争议案件适用法律若干问题的解释（二）》第 7 条则进行了反向的排除，把六类事项排除在外，其中有三项可能涉及性骚扰纠纷。具体为：家庭或者个人与家政服务人员之间的纠纷；个体工匠与帮工、学徒之间的纠纷；农村承包经营户与受雇人之间的纠纷。从上述分析可知，我们国家在对"用人单位"进行界定时并没有明确其内涵，而是通过正向或者是反向的列举加以确定。

《中华人民共和国妇女权益保障法》（2022 年修订）第 25 条和第 77 条、《女职工劳动保护特别规定》（国务院令第 619 号）第 11 条以及《民法典》第 1010 条中都提到了性骚扰，其中提到的都是用人单位应该怎么防治、受害人有权利得到救济，但是同样，都没有明确"职场"的含义。全国妇联权益部编写的《防治职场性骚扰指导手册》中依旧称之为"职场"，且重点强调骚扰者是在职场上利用职权或者是职务之便实施的，没有进一步揭示出"职场"的范围大小。中华全国总工会编写的《消除工作场所性骚扰指导手册》中对"职场性骚扰"给出的定义是：工作场所性骚扰是在工作过程中发生的，与工作有关或由工作产生的性骚扰行为。这个指导手册中有关职场性骚扰的定义和《暴力与骚扰公约》规定的一致，但是其没有像公约一样进行类型化的分析。因此，确定什么是"在工作过程中发生的"还有很大的解释空间。加之，尽管其有一定的影响力，但是因为不是规范性的法律文件，没有法律约束力，所以不能被普遍适用，只具有指导和参考的作用。

如上所述，在中国的规范性法律文件中，没有明确的"职场"的定义，对于在什么范围内发生的性骚扰属于"职场性骚扰"依旧模糊不清。对于"用人单位"虽然有规定，但是范围非常有限，也没有对用人单位的内涵进行规定；在进行类型化界定时，最明显的不足就是把容易发生"职场性骚扰"的三个场所和领域排除在外，还有很多和工作相关的领域和主体也没有被明确纳入其中。

二 职场性骚扰的保护对象
——"劳动者"

防治"职场性骚扰"，有待解决的一个重要问题是：谁受到了性骚扰？谁应该被纳入"职场性骚扰"的保护对象中，并启用相应的程序对其予以救济？一提到"职场人"，很多人首先想到的就是一个个穿着商务休闲装的人，而那些诸如外卖员、环卫工人、家政人员、农民等则往往被忽略。我们需要进一步分析谁是"职场人"，谁有资格启动"职场性骚扰"的相关救济程序。

（一）《暴力与骚扰公约》中的"劳动者"

《暴力与骚扰公约》第 2 条是关于被保护者的规定，其内容如下。本公约保护劳动世界中的工人和其他人员，包括：由国家法律和惯例界定的雇员；工作人员，无论其合同状况；接受培训的人员，包括实习生和学徒工；就业已被终止的工人；志愿者；求职者和应聘者以及履行雇主权限、义务或责任的个人。本公约适用于无论是在正规还是非正规经济中的所有私营或公共部门，以及无论是在城市还是在农村地区的所有部门。

上述规定是基于该公约认为，任何人都不应该在劳动世界中遭受暴力和骚扰。因此，它的保护范围很广，不仅限于雇员，还有所有"工人"，无论其合同地位如何，无论是在正规和非正规经济中，无论是在私营部门还是公共部门。此外，"劳动世界中的其他人员"的提法进一步扩大了范围，涵盖了正在接受培训的人员，包括实习生和学徒工、求职者、志愿者和合同被终止的人，以及"履行雇主权限、义务或责任的个人"。①

"谁可以被称为劳动者？"这个问题历来就备受争议。可能的争议点包括但不限于合同的有无、有无报酬、是不是正规部门等。徐李卉在对《暴力与骚扰公约》制定前的会议和草案进行调查时，发现关于什么是"劳动者"在达成共识前是有争议的。尽管劳动世界中任何人都不应遭受暴力和骚扰，然而关于"劳动者"的定义仍然在公约草案起草过程中引发了巨大讨论。② 但是最终公约还是和 2013 年第十九届国际劳工统计大会通过的《关于工作、就业和劳动利用不充分统计的决议》中关于工作的定义和形式保持了一致，认为工作包括任何性别和年龄的人为了自己或他人使用提供产品或服务而从事的任何活动。工作形式可分为：（1）自给性工作，包括为自身最终使用而进行的生产和服务；（2）就业工作，包括为获得报酬或收益而为他人进行的工作；（3）无酬受训工作，包括为获得工作经验或技能而为他人从事的无酬工作；（4）志愿性工作，包括为他人从事的无酬的非强制性工作；（5）其他工作活动。③

（二）中国立法中的"劳动者"

正如上述讨论"用人单位"时所提到的一样，对于"职场人"的定义，本文将继续探寻《劳动法》中关于"劳动者"的规定，以兹进一步弥补中国现行《劳动法》在解决职场性骚扰中的不足。《劳动法》中关于劳动者的规定为："在中华人民共和国境内的企业、个体经济组织（以下统称用人单位）和与之形成劳动关系的劳动者，适用本法。"若仅仅从文

---

① 国际劳工组织：《劳动世界中的暴力和骚扰：第 190 号公约和第 206 号建议书指南》（2021 年版），国际劳工组织网站，https://www.ilo.org/wcmsp5/groups/public/---asia/---ro-bangkok/---ilo-beijing/documents/publication/wcms_839631.pdf，最后访问日期：2022 年 10 月 21 日。

② 徐李卉：《国际劳工组织制定国际劳工公约应对工作场所暴力和骚扰的相关进展》，《中国护理管理》2019 年第 4 期。

③ 《关于工作、就业和劳动利用不充分统计的决议》，国际劳工组织网站，https://www.ilo.org/wcmsp5/groups/public/---dgreports/---stat/documents/normativeinstrument/wcms_240750.pdf，最后访问日期：2022 年 10 月 22 日。

义解释的角度，其含义是：只有和用人单位形成了劳动关系，才能被称为劳动者。关于"形成劳动关系"的解释，实践中主要有两种做法：一是只认合同，不问事实；二是为了回应那些没有合同但是事实上存在用工情况而逐步发展出来的事实上的劳动关系。尽管"劳动关系"的判断标准从只认书面合同转变为事实上劳动关系的建立，这种从形式解释转变为实质解释的判断方法已经有了很大的进步，但是仍需进一步解释什么是"事实上劳动关系的建立"。2007 年《劳动合同法》第 7 条"用人单位自用工之日起即与劳动者建立劳动关系"和第 10 条"建立劳动关系，应当订立书面劳动合同"的规定在捆绑劳动关系与劳动合同的同时，将确认劳动关系的标准转化为"用工"。[1] 现行《劳动合同法》并未改变上述规定，意味着"用工"成为判断劳动关系的标准。

如何解释"用工"呢？学者们一般采用"从属性"理论对其进行分析。但在中国的法律文件中从属性标准仅体现在原劳动部《关于贯彻执行〈中华人民共和国劳动法〉若干问题的意见》和《关于确立劳动关系有关事项的通知》中的如下规定中："……只要形成劳动关系，即劳动者事实上已成为企业、个体经济组织的成员……""……劳动者受用人单位的劳动管理……"上述规定侧重于劳动者是用人单位的成员，受其监督和管理，更多表现为人格从属性。其他法律文件没有关于从属性的进一步规定。

在大陆法系，一般认为劳动者对用人单位的从属性分为经济从属性（劳动者依赖工资收入为生）、组织从属性（劳动者会被编入用人单位的内部组织架构之中）和人格从属性（个人劳动受到用人单位规章制度的约束，其劳动行为和成果受到用人单位的监督约束与考核引导）。美国劳动法学者在对劳动者从属性进行阐释时，采取了用人单位与劳动者之间存在行为控制、财务控制和当事人关系的综合标准。此外，日本研究者在 1985年还提出"人格从属性和经济从属性复合说"并概括为"使用从属性"，该理论认为劳动者的使用从属性表现为"指挥监督下之劳动"和"劳动

---

[1]　李海明：《论劳动法上的劳动者》，《清华法学》2011 年第 2 期。

报酬的对价性"。①

尽管理论上"从属性理论"对于早期传统行业判断劳动者做出了重大贡献,但是随着新兴经济的发展,比如零工经济和平台经济,出现了一些新型的用工方式,比如非全日制用工、网络远程服务等,这些都让组织性、人格性、控制性等从属性有所下降,若还坚持按照从属性理论去判断,往往使这些主体被排除在《劳动法》的保护范围之外。对于"职场性骚扰"来说,若这些主体被排除在劳动者范围之外,那这些主体所遭受的性骚扰就不属于在职场中发生的性骚扰,故而不能适用职场性骚扰的救济方式。

综上,中国法律规定劳动者的判断标准为:有劳动关系或者是用工。关于如何判断劳动关系或用工,采从属性理论,且以人格从属性为主。但主流的"从属性理论"也因新型用工关系而有所局限,有待进一步厘清和发展。

三 "性骚扰"的概念

(一)《暴力与骚扰公约》中的"性骚扰"

《暴力与骚扰公约》第 1 条规定:劳动世界中的"暴力和骚扰"一词,是指一系列旨在造成、导致或可能导致生理、心理、性伤害或经济伤害的不可接受的行为和做法或它们带来的威胁,无论是其只发生一次,还是反复发生,并包括基于社会性别的暴力和骚扰;"基于社会性别的暴力和骚扰"一词,是指因人们的生理性别或社会性别而针对其施行的暴力和骚扰,或不成比例地影响到某一特定生理性别或社会性别的人们的暴力和骚扰,且包括性骚扰。

关于"暴力与骚扰"的含义中重点是"可能会造成一系列后果的不受欢迎的行为";性骚扰是指基于社会性别的"不受欢迎的可能导致一系

---

① 王宏春:《劳动关系从属性理论下"劳动者"概念的再思考》,《市场周刊》(理论研究)
　　2013 年第 7 期。

列严重后果的"暴力与骚扰。性骚扰属于骚扰的一种,我们可能不会有异议,但是性骚扰为什么能够和暴力有联系呢?公约为什么不单使用骚扰一词,而要把暴力与骚扰并列呢?

《暴力与骚扰公约》将暴力和骚扰视为一个单一的综合概念,涵盖"一系列不可接受的行为和做法或它们带来的威胁",而不是对劳动世界中的暴力和/或骚扰的构成提供封闭或统一的定义。这一方法提供了必要的灵活性,以涵盖暴力和骚扰的各种表现,包括随着时间的推移而出现的新表现。① 其作为国际劳工标准,是各个国家相互之间妥协的产物,只能规定一些形成共识性的或者是本质性的东西,对于有分歧的地方会尽可能地使用模糊或综合性的语言进行表达,留有解释的空间。"暴力和骚扰"并列使用可以涵盖不同立法中的广泛术语,以描述相同或类似的现象。这些法律通常承认暴力和骚扰之间没有明确的界线。

徐李冉认为"暴力和骚扰"从实质上讲,包含了关于构成暴力或骚扰的所有具体行为、特定类别和形式,具体行为的组合以及不断升级的行为。② 因此可以进一步得出《暴力与骚扰公约》中,"暴力和骚扰"是同义词,没有本质的差别,其目的在于尽可能从表达结构上扩大"暴力和骚扰"的使用范围,以保证各个国家在制定针对"暴力和骚扰"的措施时拥有更大的灵活性,更好地履行国际义务。

从公约的文本规定中可知:(1)"暴力与骚扰"实质上就是指可能造成一系列严重后果的不可接受的行为和做法或者是它们带来的威胁;(2)"基于社会性别的暴力与骚扰"就是因为性别,无论是生理性别还是社会性别,受到的暴力与骚扰;(3)"性骚扰"是"基于社会性别的暴力与骚扰"的一种。综上所述,可将性骚扰定义为:性骚扰是指基于人们的生理性别或社会性别而受到的可能导致一系列生理、心理、性伤害或者紧急伤害的不可接受的行为或做法,无论是发生一次,还是发生多次。

---

① 《劳动世界中的暴力和骚扰:第 190 号公约和第 206 号建议书指南》(2021 年版),国际劳工组织网站,https://www.ilo.org/wcmsp5/groups/public/---asia/---ro-bangkok/---ilo-beijing/documents/publication/wcms_839631.pdf,最后访问日期:2022 年 10 月 21 日。
② 徐李冉:《国际劳工组织制定国际劳工公约应对工作场所暴力和骚扰的相关进展》,《中国护理管理》2019 年第 4 期。

《暴力与骚扰公约》将性骚扰界定为基于社会性别的可能带来一系列后果的不受欢迎的行为，即性骚扰因为生理性别或者社会性别而发生，把性骚扰和性别挂钩，认为性骚扰属于基于社会性别的歧视。公约的此种规定和以前的国际文件的认识一致。1979 年《消除对妇女一切形式歧视公约》（以下简称《消歧公约》）作为专门保护妇女权利的具有法律约束力的国际标准，并没有非常明确地把针对妇女的暴力纳入公约当中，不能不说，这是一个缺憾。但是消除对妇女歧视委员会在 1992 年第十一届会议上通过的《第 19 号一般性建议——对妇女的暴力行为》（以下简称《第 19 号一般性建议》）将对妇女的暴力行为明确纳入国际人权法领域的文书中。它断言，基于性别的对妇女的暴力行为是《消歧公约》第 1 条规定的其中一种形式的歧视，尽管没有关于这个问题的任何明确条款；基于性别的对妇女的暴力行为是一种严重阻碍妇女在与男子平等的基础上享有权利和自由的歧视形式，因此，基于性别的对妇女的暴力行为本身就构成歧视，意味着不尊重妇女的完整和尊严。① 该建议意味着，1979 年《消歧公约》虽然没有明确规定针对妇女的暴力问题，但是通过对该公约第 1 条规定的"对妇女的歧视"定义进行解释，可以把针对妇女的暴力认为是基于性别而作的区别、排斥或者限制，其本质就是对妇女的歧视。② 简言之，《第 19 号一般性建议》将"基于性别的暴力"纳入《消歧公约》所界定的"对妇女的歧视"中。《第 19 号一般性建议》第 11 条首次在国际文件中把性骚扰认定为基于性别的暴力，还特地强调在工作单位进行性骚扰，损害了妇女的平等就业权，是对妇女的一种歧视性行为。③ 《维也纳行动

---

① Frances Raday and Shai Oksenberg, The Impact of Violence Against Women on Women's Economic and Social Life, Background paper for the Working Group on the issue of discrimination against women in law and in practice to inform the thematic report on Discrimination against women in economic and social life, with a focus on the economic crisis, A/HRC/26/39, Human Rights Council 26th Session, 1 April 2014.

② 《消歧公约》第 1 条："对妇女的歧视"一词指基于性别而作的任何区别、排斥或限制，其影响或其目的均足以妨碍或否认妇女不论已婚未婚在男女平等的基础上认识、享有或行使在政治、经济、社会、文化、公民或任何其他方面的人权和基本自由。

③ 《第 19 号一般性建议》第 11 条：如果妇女遭到基于性别的暴力，例如在工作单位遭到性骚扰时，就业平等权利也会严重减损。

纲领》依旧深切关注妇女在世界上继续面对着多种形式的歧视和暴力，并在第 18 条和第 38 条对针对妇女的暴力和歧视进行了特别规定，都强调性骚扰作为基于性别的歧视，应该得到进一步的关切。① 1993 年《消除对妇女的暴力行为宣言》第 1 条对于妇女的暴力行为进行了界定，并在第 2 款对基于性别的暴力的规定中明确列举了性骚扰。② 受上述公约、建议、宣言、纲领的影响，在目前谈及性骚扰时，都会重申性骚扰就是一种基于性别的暴力和歧视，尤其发生在劳动世界中的性骚扰，是对妇女平等就业权的侵犯。

上述关于性骚扰的认识与规定和它的起源以及女权运动的发展有很大的关联。自女性走出家门开始工作，今天我们所称的性骚扰行为便存在了。但性骚扰一直被认为是女性走出家门的代价或是异性之间相互吸引的结果，得不到重视。直至 20 世纪 70 年代，"性骚扰"一词才被创造出来。这得益于琳·法莉教授和她的同事苏珊·美耶及卡伦·索维涅。她们为了帮助卡尔米塔·伍德③，向全国约百名律师发出呼吁，为伍德提供立案的指引性意见，并请求开展运动来声援和伍德有相同经历的女性，但她们苦恼于如何简洁地表述伍德的遭遇。在经过深思熟虑并否决了一些词语（包括"性强迫""性恐吓""性敲诈"）后，她们找到了一个合适的词语，即"性骚扰"（sexual harassment）。④ 但"性骚扰"一词作为法律术语被更多的人所熟知是由于凯瑟琳·麦金农的《对职业女性的性骚扰——一个性别歧视的案例》一书的广泛传播。

20 世纪 70 年代早期，美国法官们倾向于认为：性骚扰行为只是简单的

---

① 《维也纳行动纲领》第 18 条：基于性别的暴力和一切形式的性骚扰和剥削，包括产生于文化偏见和国际贩卖的此类活动，都不符合人的尊严和价值，必须铲除。第 38 条：世界人权会议尤其强调有必要努力消除公共和私人生活中对妇女施加的暴力，消除一切形式的性骚扰、性剥削和贩卖妇女的行为……

② 《消除对妇女的暴力行为宣言》第 2 条（b）：在社会上发生的身心方面和性方面的暴力行为，包括其他场所的性骚扰和恫吓、贩卖妇女和强迫卖淫。

③ 案件事实：在忍受了其上司——该实验室的负责人三年来的窥视、抚摸和其他性侵犯行为之后，伍德辞职了。伍德的辞职请求曾被拒绝，因为负责听证会的工作人员认为她离职仅仅是"出于个人原因，而非具有说服力的理由"。

④ 〔美〕吉莉恩·托马斯：《因为性别：改变美国女性职场环境的十个案件》，李明倩译，译林出版社，2019，第 87~88 页。

挑逗行为，属于私人行为；骚扰行为超出了工作的范围，无法让雇主承担责任；性骚扰既可以发生女性身上，同时也可以发生在男性身上，无法用《民权法案》性别歧视理由予以救济。所以他们对很多案例根本不予理睬，更不愿意为该类行为贴上"性别歧视"的标签。但后期，在麦金农等人权主义法学家的影响下，美国的司法实践开始慢慢发生转变。尤其以 1976 年 *Williams v. Saxbe* 案和 1986 年 *Meritor Savings Bank，FSB v. Vinson* 案为典型。威廉案判决中，法院第一次承认了性骚扰属于性别歧视的范畴，并确立了交换利益型性骚扰①；文森案法院第一次承认了敌意环境型性骚扰②。

值得一提的是，尽管美国司法实践中逐渐确立"but for"（若非因）标准（若非基于性别，就不会受到骚扰），用"已然模式"代替了"可以模式"（在性骚扰的时候，已经做出了性别的选择），来判断性骚扰是否成立。但是依旧在逻辑上不太圆满③，留有空缺，难以令人满意。理论上的"男性在性方面的霸权主义"④ 和"性欲望主导模式"⑤ 都同样不能解决逻辑难题。直到提出"男性至上主义的工具：基于社会性别的歧视理论"（社会性别理论）才解决了逻辑难题。该理论认为性骚扰强化并固化了一种刻板的社会性别规范，使得男性具有男性气质，女性具有女性气

---

① 交换利益型性骚扰是指骚扰者要求受害者提供性好处，以换取有利的工作条件，避免不利的工作条件。一般是具有管理职权的人实施。参见耿殿磊《美国的性骚扰概念及其发展》，《河北法学》2010 年第 4 期。

② 敌意环境型性骚扰是指工作场合充斥着恐吓、冒犯、敌对、猥亵的氛围，使受害者处于恶劣的工作环境中。参见耿殿磊《美国的性骚扰概念及其发展》，《河北法学》2010 年第 4 期。

③ 其可以解决异性恋者骚扰异性，同性恋者骚扰同性的案例，但是其没办法解决异性恋者骚扰同性的问题。

④ 关于逻辑难题，该理论是这样回应的：简单地说男性也可能受到性骚扰，这种简单的类比是没有异议的。因为男性作为整体并没有在性方面被界定为性客体，同时，男性作为整体并没有在经济上依赖于另一方。而女性从整体上看，一直被当作"性"客体，性骚扰根源于男性和女性之间的家庭、社会、职场上的不平等。

⑤ 该模式认为：性骚扰是出于性欲望和支配欲，男性将性作为工具来巩固并提高自己的地位。在这一模式下，异性之间的性欲望和男性的支配欲密不可分，男人在职场上用他们的支配地位来谋求女性的性服务，又通过女性的性服务来保证他们的支配地位。缺陷在于，把性骚扰狭义化，局限于"性目的、性动机、性满足、性刺激"，在敌意环境型性骚扰中，除非有性目的，否则往往被排除在外，同样也无法回答逻辑难题。参见郭晓飞《性骚扰是性别歧视吗：一个法理的追问》，《妇女研究论丛》2021 年第 1 期。

质，把女性身份降低为性客体，把男性身份塑造为性主体。该学说认为性骚扰属于性别气质的规训工具，通过性骚扰，一个人被规训为一个特定的性别。① 该学说认为，之所会发生性骚扰完全是因为异性恋父权制的性别规训，或者是性别的刻板印象。随着工业化的发展，人们的思想不断得到启蒙，女性进入劳动市场后，不再局限于传统的家务劳动，性格上不再只是温顺和感性，而是更多地展现出果敢、理性、干练，从而不再是依附于男性的客体；有些男性也不再是勇敢、阳刚、理性的，而表现出温柔、细腻、顾家等传统女性的气质。但异性恋父权制不允许这种情况的出现，就导致所谓拥有"阳刚之气"的男性通过性骚扰的方式对打破这种刻板印象的人施加暴力和骚扰，目的是维持原先的性别等级，同时规训特定的性别。

消除妇女歧视委员会对于职场性骚扰的认识，依旧和前述的国际文件或是历史渊源保持高度的一致，认为性骚扰是基于性别而产生的对妇女的暴力，是一种就业歧视，侵害了妇女的平等就业权。在一例个人来文的案例中，就表明了这一点。② 该案涉及的是交换利益型性骚扰，委员会认为根据《第 19 号一般性建议》的第 6 段，按照《消歧公约》第 1 条中的定义，"歧视"涵盖针对妇女的基于性别的暴力，包括造成心理或性侵害或痛苦的行为以及该类行为或压力的威胁。此外，根据该建议第 17 段，当妇女遭受性别特有的暴力，如工作场所的性骚扰，该类歧视不限于由政府采取的或代表政府采取的行动，工作中的平等可能会受到严重损害。③ 从

---

① 郭晓飞：《性骚扰是性别歧视吗：一个法理的追问》，《妇女研究论丛》2021 年第 1 期。

② 案件基本事实：1999 年，生活在农村的来文提交人开始在哈萨克斯坦 Pertsevka 的一所小学担任衣帽间的技术人员。她在每个学年 9 月 15 日至 5 月 15 日工作，合同每年续签一次。2010 年 12 月，A 担任学校的新校长，不久后开始要求提交人履行工作范围之外的各种职责。2011 年 1 月，A 与提交人进行了一次谈话，暗示提交人要想继续在学校工作，必须与他发生性关系。提交人断然拒绝。于是，A 要求提交人交给他 10000 坚戈（大约 68 美元）才能继续在学校工作。A 不断骚扰提交人，要求与他发生性关系。提交人继续拒绝。2011 年 5 月，A 要求提交人与他发生性关系，否则提交人将失去下一学年的工作。当提交人拒绝后，A 索要 10000 坚戈，而提交人每月的工资只有 15000 坚戈（大约 100 美元）。由于提交人拒绝与 A 发生性关系并拒绝交钱，提交人未能续签下一学年的合同。

③ 转引自消除对妇女歧视委员会第 45/2012 号来文。

委员会对于这个案例的论述中可以看到，其认为性骚扰属于妇女在工作场所遭受到的基于性别特有的暴力，是基于性别的歧视。这个案例一直到2015年委员会才给出了最后的意见，也就表明上述关于性骚扰的认识和理解依旧没有发生改变。2019年通过的《暴力与骚扰公约》也把"性骚扰"定义为能够带来一系列后果的不受欢迎的基于社会性别的暴力与骚扰。

（二）中国立法中的"性骚扰"

在1995年联合国第四次世界妇女大会通过了《北京宣言》和《行动纲领》之后，中国便开始在各个领域内关注妇女的地位，提高妇女的生活水平。"性骚扰"在《行动纲领》中出现了10余次，可见该大会对于这个问题的重视。① 纲领中，谈及性骚扰，有六个条文规定性骚扰属于针对妇女的暴力行为；有两个条文认为性骚扰属于基于性别的暴力与骚扰；有一个条文认为工作场所的性骚扰侵害了员工的尊严，同时也侵害了公民的平等就业权。上述规定主要强调了发生在工作场所和教育场所的性骚扰，并且对于性骚扰态度强硬，认为应该消除性骚扰。在这次大会的影响下，学术界、司法界都开始大范围地讨论性骚扰的问题，正如学者薛宁兰所认为的那样，在中国，"性骚扰"成为学术研究议题和立法规制对象始于20世纪90年代。1994年，关于性骚扰存在状况的社会学调查和禁止对妇女性骚扰的地方法规在中国同时出现。如果说这两者存在偶然和巧合，那么1995年在北京召开的联合国第四次世界妇女大会则"忽如一夜春风来"，拉开了中国社会各界正视包括性骚扰在内的一系列针对妇女暴力问题的序幕。② 直至2005年《妇女权益保障法》修改，"性骚扰"才作为法律概念首次出现在我国的规范性法律文件中。《妇女权益保障法》第40条规定，禁止对妇女实施性骚扰；第58条规定，对妇女实施性骚扰或者家庭暴力，构成违反治安管理行为的，受害人可以提请公安机关对违法行为人依法给

---

① 具体可见于《行动纲领》第71条、第113条、第120条、第126条、第161条、第178条、第180条、206条、224条、第283条、第290条。
② 薛宁兰：《防治性骚扰的中国之路：学说、立法与裁判》，《妇女研究论丛》2021年第3期。

予行政处罚，也可以依法向人民法院提起民事诉讼。但是对于什么是"性骚扰"完全没有界定。在《女职工劳动保护特别规定》第 11 条中，同样只是强调了在劳动场所，用人单位应当预防和制止对女职工的性骚扰。但是对于性骚扰的内涵和外延只字未提，一旦发生纠纷只能交由司法裁判者自由裁量和确定。直到 2020 年 6 月 28 日，经由全国人民代表大会通过的《民法典》第 1010 条才使"性骚扰"的概念进一步明晰，即违背他人意愿，以言语、文字、图像、肢体行为等方式对他人实施性骚扰的，受害人有权依法请求行为人承担民事责任。

从中国对于性骚扰的规定可知，立法文件中的性骚扰的对象从前期的"妇女、女职工"，到后期变为"他人"；性骚扰规定的法律从专门保护妇女的法律转变为保护所有人的法律。其意在突出所有人都可能受到性骚扰，并没有像国际文件或第四次世界妇会所认为的，把性骚扰界定为基于性别的暴力、对妇女的歧视，而是突出违背被害人的意愿，认为性骚扰侵害了被害人的人格尊严。

"性骚扰"一词属于舶来品，中国在对"性骚扰"概念进行移植的时候，可能受到以下因素的影响。（1）中国作为大陆法系国家，随着性骚扰发生的范围的扩大，对于性骚扰要想进行统一的抽象的规定，就只能抽丝剥茧，找到最本质的核心，即违背受害人的意愿、和性有关的或者是性本质的、侵害被害人的人格尊严。（2）基于性别的就业歧视始终难以回答同性之间、双性恋者的性骚扰以及男性和女性都可能受到性骚扰这些逻辑难题，为了回避这一难题，中国直接让性骚扰和性别脱钩，回避了这一问题。这种定义没有必要证明男性和女性受到不同的对待或影响，也没有必要证明这与投诉人的性别有任何联系，亦没有必要证明骚扰者有歧视动机。在立法上，中国学习了欧盟国家、德国等地的立法经验。（3）基于性别的"性骚扰"，更多强调的是权力关系，尤其是男女之间的不平等关系，这在职场上还可能成立，但是一旦扩展到私人之间，权力关系没有那么明显的时候，从群体的视角看问题，可能有点牵强。（4）性和性别的文化背景不一样。中国的民众及其学者较少受到女权运动的影响，对于"性骚扰"的理解更多偏向于文义理解，偏离了其本来的含义或者其所有的内涵。德国和法国对引入美国式性骚扰法的抵制主要是基于一种文化成见，即美国人对性和性问题的态度是清教徒式的，而欧洲大陆的做法则更为"成熟"。[①]

但是不可否认的是，把性骚扰定义为对于个人尊严的侵犯，除了侵犯的权利客体种类难以确定这一缺陷外，最重要的是，忽略了女性确实在权利不平等的领域里更容易受到性骚扰的事实。性骚扰给女性的身心造成难以磨灭的影响，直接或间接地影响到了女性参与各种社会活动，在职场上表现为侵犯了女性的平等就业权。再加之尊严的说法本身就有一定的争议性，"尊严"概念的确切含义（或者更准确地说）尚不清楚。正如米尔斯所指出的，尊严没有精确的定义，只是简单的宣布。尊严通常被认为是其他人权的基础价值，而不是权利本身。尊重人类尊严的义务是最基本的，而不是任何类似于尊严的"权利"，这一义务是对他人应尽的义务。此外，对那些希望保护尊严的人来说，同意被认为是无关紧要的，在将骚扰视为尊严伤害时，这可能是有问题的，因为现有的定义总是指向不想要或不受欢迎的行为。[②] 在我们国家，尽管法律上规定了人格权，但是其究竟是不是一项"权利"在学界并没有统一的认识，一般人格权的权利客体是什么，也没有统一的标准。

考虑到两种关于性骚扰的理解都有缺陷，目前，有些区域已经开始将二者进行融合，共同作为反对性骚扰的依据。比如欧盟在 2002 年颁布的《欧盟平等对待指令》和 2006 年颁布的《平等就业指令》通过区分性骚扰行为的性质和意图，将平等权和人的尊严融入欧盟立法概念中。《欧盟平等对待指令》第 2 条第 2 款认为部分性骚扰行为侵犯了男女两性的平等权，构成性别歧视；性骚扰行为对个人尊严构成侵害。但是，第 2 条第 3 款也规定了"非歧视性骚扰"的概念。被害人仅需证明骚扰行为与性相关且伤害个人尊严，法院无须论证性别差异与骚扰行为的关系。另外，欧盟

---

① Linda Clarke, Sexual Harassment Law in the United States, the United Kingdom and the European Union: Discriminatory Wrongs and Dignitary Harms, *Common Law World Review*, vol. 36, no. 2, 2007, pp. 79 – 105.

② Linda Clarke, Sexual Harassment Law in the United States, the United Kingdom and the European Union: Discriminatory Wrongs and Dignitary Harms, *Common Law World Review*, vol. 36, no. 2, 2007, pp. 79 – 105.

法效仿美国法将敌意环境型性骚扰作为性骚扰的法定类型。[1] 2011 年《欧洲委员会防止和反对针对妇女的暴力和家庭暴力公约》（简称《伊斯坦布尔公约》）第 40 条规定，任何形式的性骚扰（口头、非语言或身体行为）都必须受到刑事或其他法律制裁。这里的认识和公约保持了一致，即认为性骚扰是针对妇女的暴力行为。[2] 也有学者反思美国性骚扰概念的缺陷，认为美国应该学习法国关于性骚扰的立法定义，扩大其概念，因为性骚扰不仅仅是一种歧视，而应该承认性骚扰即使在本质上并非歧视性的，也应该被禁止，因为性骚扰行为是有辱人格和侮辱性的，是对人类尊严的冒犯和侵犯。其认为，尊严的概念应被认为是联邦法定就业法下谴责性骚扰的另一种独立依据，性骚扰应该被禁止，即使它与性无关。[3]

综上，中国将性骚扰规定在《民法典》的人格权编，受害者可以寻求民事救济。立法认为性骚扰损害了个人的人格尊严。正如上述所言，此种立法模式有其缺陷。应该借鉴欧洲的一些立法，除了将人格尊严作为防治性骚扰的依据之外，还应该包括就业歧视。因中国《民法典》第 1010 条第 2 款规定的雇主责任比较模糊，学界对于雇主为什么会承担雇主责任以及承担何种责任还没有达成共识，这就给那些在权利不平等领域发生的性骚扰中雇主需要承担责任的依据留下了可解释的空间，故可将侵犯平等就业权和就业歧视解释进去。《劳动法》是保护劳动者合法权益、促进平等就业、消除就业歧视的专门性法律，用其来规制侵害人们平等就业权的性骚扰是十分合适的。如果朝这个方向努力，不仅可以和国际的认识接轨，也可以为后期加入《暴力与骚扰公约》做准备。正如学者王显勇所认为的那样：《民法典》第 1010 条规范性骚扰行为和用人单位防治性骚扰行为，确立了法律规范工作场所性骚扰双阶段两行为的制度架构，架设了通往劳

---

[1] 范继增、王璟玥：《反歧视抑或尊严：性骚扰概念全球移植下的困境与共识》，《中德法学论坛》2019 年第 2 期。

[2] Rossalina Latcheva, Sexual Harassment in the European Union: A Pervasive But Still Hidden Form of Gender-Based Violence, *J Interpers Violence*, vol. 32, no. 12, 2017, pp. 1821 – 1852.

[3] L. Camille Hébert, Divorcing Sexual Harassment From Sex: Lessons from the French, *Duke Journal of Gender Law & Policy*, vol. 21, no. 1, 2014, pp. 1 – 44.

动法的桥梁。我国工作场所性骚扰的法律规制应采用双阶段两行为理论，工作场所性骚扰这一法律现象中包含着人格侵权和工作利益损害两个阶段，对应着工作场所性骚扰行为和用人单位防治性骚扰行为，形成了多元化、多层次的法律规制。[①]

四　完善中国"职场性骚扰"
概念的立法建议

概念是法律规范最小的单位，任何法律结果的推演都得从法律概念的解释出发，这是逻辑和思考的起点。倘若法律概念模糊不清，那么就会致使法律结果不唯一，导致争议纷纷，和法律定分止争的宗旨相背离。经过上文的分析可知，中国立法关于"职场性骚扰"概念的规定十分不明确，导致法律实践中争议较大。很多本应受到法律保护的受害者被排除在外，很多有责任、有能力承担法律义务的主体也没有被囊括其中。中国应该及时修改相关法律或者是出台相应的司法解释，尽快解决以上问题。具体修改建议如下。

首先，中国应采取直接定义和列举的方式进一步扩大"用人单位"的范畴。《暴力与骚扰公约》通过定义式和列举式两相结合的方式，用"劳动世界"一词代替了中国的"职场"和"工作场所"，尽可能地扩大了保护的范围。将其定义为在工作过程中发生，与工作有关或由工作产生的暴力和骚扰，还通过列举的方式进一步地明晰了应保护的范围。中国在出台规范性法律文件或者有关"性骚扰"的司法解释时，应考虑到"职场性骚扰"的特殊性，对其进行专门的规定。并参照公约和总工会在《消除工作场所性骚扰指导手册》中对于职场性骚扰的规定，明晰"职场"的范围，对其进行列举式的规定，尤其是对于司法案件解决过程中有争议的情况，予以清晰地表达，增强法律确定性。比如办公场所的私人空间、出差途中、为了工作的应酬性场合等都应被明确地认定为职场的范畴。鉴于目前中国没有订立专门的"性骚扰防治法"的计划，也就不可能全新地选取

---

① 王显勇：《民法典时代工作场所性骚扰的法律规制》，《法学》2021 年第 1 期。

"劳动世界"一词并详细定义之。因此，当下最好的方式是通过颁布司法解释或者修改《劳动法》，参照公约的规定，尽可能地扩大《劳动法》"用人单位"的范围，明确"用人单位"的内在含义。当然，为了确保法律用语的一致性，无须用"劳动世界"代替现有的用词。

其次，中国应进一步扩大"劳动者"的范围。《暴力与骚扰公约》中规定的受保护的对象的范围明显广于中国《劳动法》所认定的劳动者。目前《劳动法》能够涵盖公约所规定的范围如下：有劳动合同的雇员、形成事实上劳动合同关系的劳动者，以及依照从属性理论解释认定的劳动者。但是关于公约中规定的求职者、志愿者、就业被中止的工人等，很难被解释进去。《劳动法》作为保护劳动者的法律，应该尽可能地适应经济的发展，不断拓宽劳动者的认定标准，回应新时期复杂多变的劳动用工环境。正如修改"用人单位"一样，中国应及时修改《劳动法》或者出台相应的司法解释，尽可能地涵盖应被保护的对象，让劳动的每一个人都能得到保护。而不会由于欠缺工作经验、缺乏经济能力、缺少劳动合同等因素，让本就处于弱势地位者被排除在法律保护范围之外。

再次，中国应在《劳动法》中明确作为法律术语的"性骚扰"的概念。中国《民法典》第 1010 条虽然规定了"性骚扰"的概念，且核心是"违背受害人意愿"，也规定了可能发生性骚扰的形式，但是这些规定依旧是不够的，仍有改进的空间。比如，对于什么是"违背受害人意愿"，没有清晰的规定。受害人是具体的，性别、观念、受教育程度、对于性的认识等不一样，对于同样的行为、图片、话语等骚扰行为的敏感程度也就不一样，在判断的时候，应该依据什么样的标准进行判断呢？在解释时应将明确受害者同等水平的"抽象理性人的观念"作为判断的标准，以便对不同的受害者做出不同的考量。"性骚扰"应该和性相关，或者是具有性本质，对于什么是"性本质"的行为应予以类型化和明晰化，是否包含那些具有侮辱性的、歧视性的语言的"敌意环境型性骚扰"，可以在未来制定司法解释的时候认真予以考量。对于雇主由于什么原因承担什么责任，也有待进一步的解释。

对于职场性骚扰，应该把雇主责任的请求权基础放在《劳动法》这个社会法中进行规制，防治职场性骚扰应纳入公法的范围，属于《劳动法》规定的法定的保护义务。具体缘由，一是职场性骚扰侵害了受害者的人格尊严，二是职场性骚扰侵害了受害者的平等就业权。正如学者夏利民、郭辉所认为的那样：在劳动法领域，职场性骚扰的发生是雇主违反劳动法上的法定义务的后果，雇主承担的是自己责任。雇主依据劳动法对劳动者承担的无过错责任仍然是一种自己责任，不是对他人行为的责任，是雇主违反劳动法上的法定义务而承担的责任。①

最后，2018 年 12 月 12 日，最高人民法院印发《关于增加民事案件案由的通知》：在第一部分"人格权纠纷"的第三级案由"9、一般人格权纠纷"项下增加一类第四级案由"1、平等就业权纠纷"；在第九部分"侵权责任纠纷"的"348、教育机构责任纠纷"之后增加一个第三级案由"348 之一、性骚扰损害责任纠纷"。增加两类独立案由，为这两类案件的受理和审理提供了更有力的司法保障，有利于推动解决立案难、立案案由不统一等问题，体现了人民法院对妇女权益的高度重视和充分保障。尽管在民事诉讼法中，"案由"没有法律依据，换句话说，案由不是必需的，但是在司法实践中，为了方便法官繁简分流或者是便于立案和审理，"案由"就显得特别重要。基于案由在实践中的意义，应该对案由进行细化，一般领域的性骚扰，可以认为是"侵权责任纠纷"下的"性骚扰损害纠纷"，但是特殊领域的性骚扰，尤其是"劳动世界中的性骚扰"要求雇主承担责任的时候，应该放在"侵害平等就业权"这个案由下进行立案，为了方便立案和审理，此时，对于被侵权人主张的一般侵权责任，也应该以该案由进行立案，进行统一的审理。

（责任编辑：谢炅卓）

---

① 夏利民、郭辉：《职场性骚扰雇主替代责任说质疑》，《河北法学》2012 年第 3 期。

调研报告

"双一流"建设高校女性校级领导干部比例统计及其提高路径

杨若栏*

摘　要：我国144所"双一流"建设高校的1681个校级领导干部中，女性212位，占比12.6%，34所（23.6%）高校无女性校级领导干部。其余高校中校级领导干部的职务级别越高，女性所占的比例就越低。我国宪法上的男女平等原则要求"双一流"建设高校校级领导干部的性别比例大体均衡，完善女性校级领导干部培养和选用过程中的性别平等法律理念，制定健全配额机制的有效办法，并将全面提高"双一流"建设高校女性校级领导干部比例纳入国家现代化建设及高等教育现代化建设的指标之中。

关键词："双一流"建设高校；校级领导干部；性别比例；男女平等；性别平等

一　导论

高等学校在塑造性别平等的社会观念、消除性别刻板印象等方面具有重要作用。如果说"双一流"建设高校是我国高等学校的代表窗口，那么，"双一流"建设高校中女性校级领导干部的比例也是全国三千多个高等学校之女性校级领导干部比例的缩影。男女平等的宪法原则和基本国策

---

* 杨若栏，四川大学法学院人权法专业硕士研究生，研究方向为人权法学。中华女子学院刘伯红教授、四川大学法学院周伟教授为本文的资料收集提供了帮助，并对本文提出了宝贵的修改意见，特此致谢。

的贯彻落实，离不开高校决策管理层中女性校级领导干部的比例适当均衡。

目前的研究成果中，以实证研究方法，从性别视角和男女平等的宪法原则的角度，对"双一流"建设高校校级领导干部的统计研究并不多见。现有的文献对高校女性校级领导干部的研究主要涉及高校中女性校级领导干部的作用、领导力、发展规律和发展建议，从女性领导者自身素质提高、选拔任用的制度、社会观念的转变等角度分析高校领导干部中存在的性别差异问题。刘堃在对高校主要领导产生方式的研究中，指出党委书记、校长仍然以男性为主。[①] 刘小楠在肯定中国妇女权益保障成就的同时，指出女性在参与决策和管理方面的进展仍然缓慢，比例总体较低，女性正职少、副职多。这与中国法律政策中关于妇女参政比例的规定存在刚性不足、执行力不强、目标值设定过低、缺乏违规惩罚措施等问题密切相关。[②] 刘伯红在对京津沪渝四直辖市高校女校长发展状况的研究中，从社会性别研究视角深入探讨四地中国女校长的分布、民族、年龄、任职年限、学历、职称、工作经历等基本状况，提出了推动女校长发展的相关对策。[③] 任臻在对世界前 70 所大学校长遴选标准和程序的研究中，发现我国大学女校长占比非常低，不太重视女校长的任命，而国外相对重视对女校长的选拔。[④] 刘春元从社会建构理论视角讨论了高校女性被边缘化的政治角色的成因，并从指标体系、社会文化环境、家庭角色分工、主体意识方面提出对策。[⑤]

截至 2022 年 5 月 31 日，我国高等学校共计 3013 所。[⑥] 本文根据 2022

---

① 刘堃：《高校主要领导"内部产生"更有利于学校发展吗？——基于 46 所高校的实证分析》，《教育学术月刊》2020 年第 8 期。

② 刘小楠：《积极保障妇女权益　促进妇女全面发展》，《妇女研究论丛》2015 年第 6 期。

③ 刘伯红：《京津沪渝四直辖市高校女校长发展状况研究》，载张李玺主编《中国妇女教育发展报告 No. 3——高等教育中的女性》，社会科学文献出版社，2018，第 373 页。

④ 任臻：《世界前 70 所大学校长遴选标准和程序研究》，硕士学位论文，山东财经大学，2013，第 47 页。

⑤ 刘春元：《社会建构理论视角下的高校女性政治角色》，《河南社会科学》2009 年第 4 期。

⑥ 《全国高等学校名单》，教育部网站，http://www.moe.gov.cn/jyb_xxgk/s5743/s5744/A03/202206/t20220617_638352.html，最后访问日期：2022 年 9 月 30 日。

年 2 月教育部公布的 147 所"双一流"建设高校名单,① 以 144 所"双一流"建设高校为研究对象。② 从 2022 年 5 月到 2022 年 9 月,通过浏览"双一流"建设高校官方网站,对其公布的校级领导干部的性别情况进行统计。全文分为三部分,首先,对"双一流"建设高校中校级领导干部(包括校长、副校长、党委书记、党委副书记等)的性别比例的基本特点进行数据分析,描述"双一流"建设高校校级领导干部的基本情况。其次,通过女性参与公共事务管理的案例和数据,分析"双一流"建设高校女性校级领导干部比例提高的必要性以及"双一流"建设高校校级领导干部中女性占比较低的原因。最后,从性别平等理念、培养选用机制、教学模式和学科评估体系等方面提出提高"双一流"建设高校女性校级领导干部比例的对策建议。

二 "双一流"建设高校校级领导干部 性别比例的统计与特点

"双一流建设"指"世界一流大学和一流学科建设",是我国实施的高等教育政策。③ "双一流"建设高校校级领导干部的性别比例情况,在我国高等学校中具有代表性。截至 2022 年 9 月 13 日,在 147 所高校中,除国防科技大学、西藏大学和海军军医大学(第二军医大学)外,剩余144 所院校官网中的"现任领导"主要包括校长、副校长、党委书记、党委副书记、校长助理、党委常委。在建设项目分类上,"双一流"建设高校

---

① 《教育部 财政部 国家发展改革委关于公布第二轮"双一流"建设高校及建设学科名单的通知》,教育部网站,http://www.moe.gov.cn/srcsite/A22/s7065/202202/t20220211_598710.html,最后访问日期:2022 年 9 月 30 日。

② 三所院校(国防科技大学、西藏大学、海军军医大学)未查询到有效数据,故实际统计样本为 144 所。

③ 1995 年国家计委、教委、财政部印发《"211 工程"总体建设规划》(计社会〔1995〕2081 号),实施"211 工程",即面向 21 世纪,重点建设 100 所左右的高等学校和一批重点学科。1998 年 5 月,时任国家主席江泽民在庆祝北京大学建校 100 周年大会上指出:"为了实现现代化,我国要有若干所具有世界先进水平的一流大学。"1999 年 1 月,《面向 21 世纪教育振兴行动计划》(国发〔1999〕4 号)公布,"985 工程"正式施行。此后,根据《统筹推进世界一流大学和一流学科建设总体方案》(国发〔2015〕64 号),"211 工程"和"985 工程"等重点建设项目统筹为"双一流"建设。

可进一步分为"211 工程"学校和"985 工程"学校。在所属部门上,"双一流"建设高校可以分为教育部直属高校和省属或除教育部以外的政府部门所署高校。为使数据更加全面,本文对"985 工程"学校、"211 工程"学校、教育部直属高校的情况一并进行了统计,统计数据如图 1 所示。

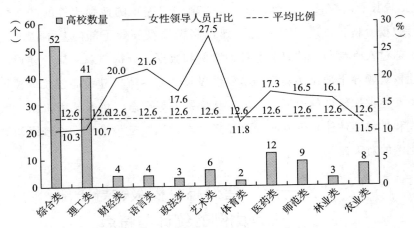

图 1 "双一流"建设高校类型及女性校级领导干部占比情况

注:根据中国软科排名数据中的高校类型,将 144 个"双一流"高校分为 11 类,统计出各类高校的数量,并计算各类高校中女性领导者所占的平均比例。

资料来源:《2022 年中国大学排名》,软科网,https://www.shanghairanking.cn/rankings/bcur/202210,最后访问日期:2022 年 9 月 29 日。

第一,总体上"双一流"建设高校中女性校级领导干部的比例差距较大。144 所高校中,校级领导干部共计 1681 位,其中女性校级领导干部 212 位,平均比例为 12.6%。1681 位校级领导干部中,担任校长的女性仅有 9 位,占样本高校总数的 6.3%;担任党委书记的女性 11 位,占样本高校总数的 7.6%。由图 1 可见,各类"双一流"建设高校中女性校级领导干部的比例不尽相同,整体区间从 10.3% 到 27.5% 不等,但始终低于30%。144 所"双一流"建设高校中综合类院校数量最多,为 52 所,平均女性校级领导干部占比最低,为 10.3%;其次是 41 所理工类院校,平均女性领导人员占比 10.7%。女性校级领导干部占比最高的前三类院校是艺术类、语言类、财经类,分别为 27.5%、21.6% 和 20.0%。大体而言,"双一流"建设高校中女性校级领导干部的总体比例偏低,文科类院校与理工科类院校中女性校级领导干部的比例参差不齐。

第二，多数"双一流"建设高校中女性校级领导干部为副职。144 所"双一流"建设高校中，共计 212 位女性校级领导干部，女性校级领导干部数量由高到低排序分别是：副校长、党委副书记、党委书记、校长。除此之外的 54 位女性校级领导干部主要担任校长助理、党委常委或内部组织机构负责人。从数据可以看出，担任"双一流"建设高校正职校级领导干部的女性较少，且校级领导干部级别越高，女性所占比例越低。女性担任党委书记的高校有 11 所，女性担任校长的高校有 9 所（见图 2），此 20 所"双一流"建设高校在我国东西南北部均有分布，不存在地域上的特殊规律性。①

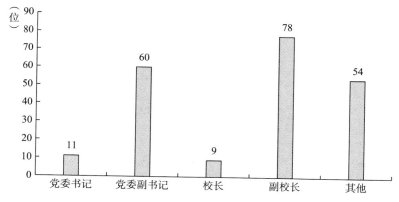

图 2 "双一流"建设高校女性校级领导干部职位分布

第三，部分"双一流"建设高校出现无女性校级领导干部的情况。34 所大学无一位女性校级领导干部，占 144 所"双一流"建设高校的 23.6%，软科排名前 20 的高校中，② 清华大学、南京大学、同济大学、中国人民大学无女性校级领导干部。其余 110 所"双一流"建设高校中，33.3%（48 所）的"双一流"建设高校仅有一位女性校级领导干部，20.1%

---

① 女性担任党委书记的 11 所高校为：北京中医药大学、华北电力大学、东北大学、复旦大学、华东理工大学、华东师范大学、中国矿业大学、中国地质大学（武汉）、广州中医药大学、四川农业大学、石河子大学。女性担任校长的 9 所高校为：中央财经大学、天津中医药大学、东南大学、南京邮电大学、华中师范大学、中南大学、华南农业大学、青海大学、中国石油大学（北京）。

② 《2022 年中国大学排名》，软科网，https://shanghairanking.cn/rankings/bcur/2022，最后访问日期：2022 年 9 月 29 日。

（29 所）的"双一流"建设高校中女性校级领导干部达到 2 位，剩余
22.9%（33 所）的"双一流"建设高校中女性校级领导干部超过 3 位
（见图 3、图 4）。整体上看，在校级领导干部中，我国"双一流"建设高
校对性别平等的价值标准有所反映但不够充分。

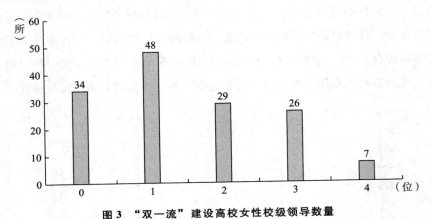

图 3 "双一流"建设高校女性校级领导数量

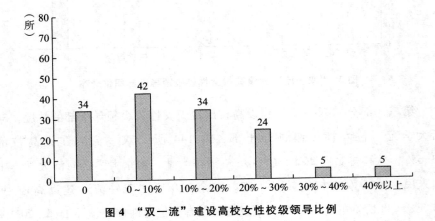

图 4 "双一流"建设高校女性校级领导比例

第四，"985 工程"学校和"211 工程"学校女性校级领导干部的占
比偏低。38 所"985 工程"学校①中，校级领导干部共计 523 位，女性校

---

① 我国"985 工程"学校共 39 所，除去信息不完整的国防科技大学，其余 38 所"985 工程"高校作为统计样本。数据来源：《"985 工程"学校名单》，教育部网站，http://www.moe.gov.cn/srcsite/A22/s7065/200612/t20061206_128833.html，最后访问日期：2022 年 7 月 14 日。

级领导干部 54 位，占比 10.3%，女性校级领导干部和男性校级领导干部的比例为 1:9（见图 5）。112 所"211 工程"学校①中，校级领导干部共计 1364 位，其中女性 153 名，占比 11.2%，女性校级领导干部和男性校级领导干部的比例接近 1:8（见图 6）。"958 工程"学校和"211工程"学校的女性校级领导干部比例均低于"双一流"建设高校，说明在我国具有代表性的高等学校中，决策管理领导层中女性的角色具有边缘化特征。

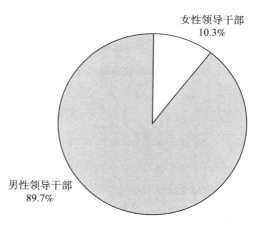

图 5 "985 工程"学校校级领导干部性别比

第五，教育部直属高等学校中男性与女性校级领导干部的比例悬殊。75 所教育部直属高等学校②中，现任校领导共计 911 位，其中女性 103位，占比 11.3%（见图 7）。75 所院校中，21 所院校无女性校级领导干部，女性校级领导干部数量超过 2 位（包括 2 位）的教育部直属高等学校

---

① 我国"211 工程"学校共 112 所，除去信息不完整的国防科技大学、西藏大学、海军军医大学（第二军医大学），其余 109 所"211 工程"高校中，"中国矿业大学"包括中国矿业大学与中国矿业大学（北京）；"中国石油大学"包括中国石油大学（北京）、中国石油大学（华东）；"中国地质大学"包括中国地质大学（北京）、中国地质大学（武汉），因此共 112 个统计样本。数据来源：《"211 工程"学校名单》，教育部网站，ht-tp：//www. moe. gov. cn/srcsite/A22/s7065/200512/t20051223_82762. html，最后访问日期：2022 年 7 月 14 日。

② 数据来源：《教育部直属高等学校名单》，教育部网站，http：//www. moe. gov. cn/jyb_zzjg/moe_347/，最后访问日期：2022 年 9 月 29 日。

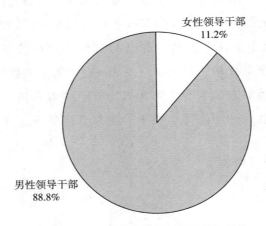

图 6　"211 工程"学校校级领导干部性别比

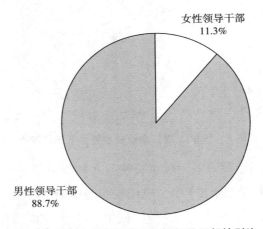

图 7　教育部直属高等学校校级领导干部性别比

仅 27 所，占比不到 40%。除 75 所教育部直属高等学校外，其余 70 所
"双一流"建设高校①是省属或除教育部以外的政府部门所署高校，校级
领导干部共计 774 位，女性所占比例仅为 14.0%（见图 8），说明高校校
级领导干部的专业管理部门在领导干部的选用任命过程中性别视角的
缺失。

---

① 北京语言大学是教育部直属高等学校，但不是"双一流"建设高校。

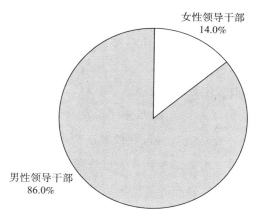

女性领导干部
14.0%

男性领导干部
86.0%

图 8　其他"双一流"建设高校校级领导干部性别比

三　"双一流"建设高校女性校级领导干部 比例较低的原因及其提高的必要性

性别平等与妇女发展是人类追求公平、正义与平等的永恒主题，也体现在国家机关、事业单位、教育机构、高等学校领导干部的性别比例上。社会性别主流化于 1995 年第四次世界妇女大会中被联合国确定为促进社会性别平等的全球战略，[①] 男女平等的宪法原则在经济、文化、社会等领域均有体现。34 所"双一流"建设高校没有女性校级领导干部，说明至少其在校级领导干部的性别比例方面，既没有向社会传播性别平等的宪法理念，也难以在大学管理中适应各类高等教育中女生占比均超过男生的现状。男女平等的基本国策与"双一流"建设高校校级领导干部中女性比例偏低的社会现实形成了突出反差。

（一）"双一流"建设高校女性校级领导干部比例较低的原因

1. "双一流"建设高校校级领导干部的培养、选拔、任用和考核过程中性别视角不足

我国 2018 年修正的《高等教育法》第 39 条规定，国家举办的高等学

---

① 刘利群、辛格主编《性别传播的研究与行动 联合国教科文组织"媒介与女性"教席五年发展实录》，中国传媒大学出版社，2012，第 19 页。

校实行中国共产党高等学校基层委员会领导下的校长负责制，属于《事业单位领导人员管理规定》① 第 20 条规定的党委领导下的行政领导人负责制。根据党管干部原则，"双一流"建设高校领导班子可以分为行政领导和党委领导两类，前者主要包括校长、副校长，后者主要包括党委书记、党委副书记。根据 2011 年国务院办公厅印发的《关于分类推进事业单位改革的指导意见》，"双一流"建设高校属于公益二类事业单位，② 其领导人员的选拔任用适用《事业单位领导人员管理规定》。2013 年《中共教育部党组关于进一步加强直属高等学校领导班子建设的若干意见》（以下简称《关于进一步加强直属高等学校领导班子建设的若干意见》）③ 指出校长一般应有院系管理工作经历，这一点在 2017 年的《高等学校领导人员管理暂行办法》第 6 条第 2 项得到重申。④ 分析认为，具有一定的学术造诣仍是校长选拔的条件之一。而长期的学校管理经验，已超越"人脉"、部委经验，成为校长选拔的又一因素。⑤ 根据 2016 年教育部党组下发的《教育部直属事业单位领导人员管理暂行办法》⑥ 第 7 条、第 8 条，直属单位领导人员中行政领导人员的选拔和任用主要采取组织选拔的方式，党委领导的选拔和任用按照党内法规规定的程序产生。2017 年《高等学校领导人员管理暂行办法》第 10 条规定高校领导人员的选拔方式较为多样，包括学校内部推选、外部选派、竞争（聘）上岗、公开遴选等方式。2013 年《关于进一步加强直属高等学校领导班子建设的若干意见》中要求"领

---

① 中共中央办公厅印发的《事业单位领导人员管理规定》，2015 年 5 月 28 日发布，2022 年 1 月 14 日修订并发布。

② 公益二类事业单位，即承担高等教育、非营利医疗等公益服务，可部分由市场配置资源的事业单位。这类单位按照国家确定的公益目标和相关标准开展活动，在确保公益目标的前提下，可依据相关法律法规提供与主业相关的服务，收益的使用按国家有关规定执行。

③ 《中共教育部党组关于进一步加强直属高等学校领导班子建设的若干意见》，教党〔2013〕39 号，2013 年 12 月 28 日发布。

④ 《高等学校领导人员管理暂行办法》第 6 条第 2 项规定，高等学校领导人员从高等学校提任的，一般应当具有院（系）管理工作经历。

⑤ 《中国大学校长如何产生：4 种选拔路径此消彼长》，科学网，https://news. sciencenet. cn/htmlnews/2013/7/279767. shtm，最后访问日期：2022 年 9 月 19 日。

⑥ 《中共教育部党组关于印发〈教育部直属事业单位领导人员管理暂行办法〉的通知》，教党〔2016〕9 号，2016 年 2 月 26 日发布。

导班子要形成年龄、经历、专长、性格互补的合理结构"，《事业单位领导人员管理规定》第 10 条明确，事业单位领导班子配备和领导人员选拔任用，应当优化年龄、专业、经历等结构。《高等学校领导人员管理暂行办法》第 8 条也指出"注重优化领导班子结构，形成年龄、经历、专长等方面的合理配备"，其中尚未明确对性别视角的考量。可见，高等学校领导人员的选拔和任用重点考虑了政治素质和品行修养、专业知识和职业素养、组织领导和管理能力等因素，对于高校领导人员性别构成的考量不足。

"双一流"建设高校女学生、女性专任教师与女性校级领导干部的占比差距明显，重要原因之一是选拔任用考核机制对性别视角的考量不全。拥有决策权力的高级职位是女性参与管理程度最直接的指标。[1] 目前的实证结果表明，144 所"双一流"建设高校中，女性校级领导干部占比为 12.6%。从女性在"双一流"建设高校校级领导层的占比整体情况来看，其与男性相比处于劣势，其参与高校管理决策的比例仍较为低下。

1995 年第四次世界妇女大会通过了《北京宣言》和《行动纲领》。其中，《行动纲领》在第 H 章"提高妇女地位的机制"中呼吁各国在进行政策和方案规划时，必须考虑到性别因素，将性别观点纳入所有政策和方案的主流。[2] "双一流"建设高校中女性校级领导干部的占比直观反映了女性对高校行政管理的参与度不够，与《关于进一步加强直属高等学校领导班子建设的若干意见》中要求的"重视培养选拔党外干部、女干部和 45 岁以下年轻干部"，以及《党政领导干部选拔任用工作条例》第 3 条要求的"统筹做好培养选拔女干部……工作"仍存在一定距离。上级单位在对高校领导干部的选拔和任用过程中，对于领导班子的性别结构优化理念有待增强。

2. "双一流"建设高校校级领导干部的培养、考核、选拔和任用缺少性别比例标准

《高等学校领导人员管理暂行办法》第 27 条规定了推进高等学校与党

---

① 许艳丽、张霞：《高等教育女性管理者现状及对策分析》，《西北工业大学学报》（社会科学版）2006 年第 4 期。

② United Nations Digital Library，"Beijing Declaration and Platform for Action"，https：//digitalli-brary. un. org/record/250223？ ln＝en，最后访问日期：2022 年 9 月 30 日。

政机关和国有企事业单位之间领导人员的交流和优秀人才资源的共享。在我国，"双一流"建设高校的校长学者转而从政并不少见。如清华大学校长陈吉宁在 2015 年任环境保护部部长、中国科学技术大学校长侯建国在 2015 年任科学技术部副部长、清华大学党委书记胡和平在 2013 年任浙江省委组织部部长①、北京航空航天大学校长怀进鹏在 2021 年任教育部部长②、山东大学校长徐显明在 2017 年任最高人民检察院副检察长③等。学者型官员专业知识较为丰厚，这使得其决策更具专业性和科学性，同时也反映出我国"双一流"建设高校是国家管理人才的储备库。

政治参与和教育管理同属于公共事务，都需要重视妇女的参与。我国于 1995 年、2001 年、2011 年、2021 年陆续发布的《中国妇女发展纲要》中均明确要求提升女性在各级政府领导班子、事业单位领导班子、企业管理层的比例。"双一流"建设高校属于公益二类事业单位，其女性校级领导干部的比例也应符合相应均衡的比例标准。1992 年的《妇女权益保障法》第 10 条第 2 款要求，要逐步提高全国人民代表大会和地方各级人民代表大会的妇女代表的比例。1995 年《选举法》修改时，也在第 6 条增加了这一规定。2007 年《第十届全国人民代表大会第五次会议关于第十一届全国人民代表大会代表名额和选举问题的决定》规定，在第十一届全国人民代表大会代表中，妇女代表的比例不低于 22% ,④ 第十四届全国人大代表名额和选举问题的决定草案明确提出，妇女代表的比例原则上要高于上届。⑤ 全国人民

---

① 《盘点成为部长的大学校长：学者从政或将成新常态》，人民网，http://edu.people.com.cn/n/2015/0310/c1053 – 26666392. html，最后访问日期：2022 年 9 月 30 日。

② 《怀进鹏同志简历》，教育部网站，http://www.moe.gov.cn/jyb_zzjg/moe_187/huaijin-peng/，最后访问日期：2022 年 10 月 14 日。

③ 《最高人民检察院党组成员、副检察长：徐显明》，最高人民检察院网站，https://www.spp.gov.cn/gjyld/xuxianming/201702/t20170225_182276. shtml，最后访问日期：2022 年 10 月 14 日。

④ 《第十届全国人民代表大会第五次会议关于第十一届全国人民代表大会代表名额和选举问题的决定》，中央人民政府网站，http://www.gov.cn/gongbao/content/2007/content_595140. htm，最后访问日期：2022 年 9 月 21 日。

⑤ 《十四届全国人大代表名额和选举问题的决定草案明确提出妇女代表的比例原则上要高于上届》，中国妇女报网站，http://paper.cnwomen.com.cn/html/2022 – 03/07/nw. D110000zgfnb_20220307_3 – 4. htm，最后访问日期：2022 年 9 月 29 日。

代表大会作为我国最高国家权力机关，行使国家的最高权力，在妇女参与国家事务管理的比例标准上指明了方向。到 2018 年，第十三届全国人大代表共 2980 名，其中女性代表 742 名，占比 24.9%；① 第十三届全国政协委员共 2158 名，女性占比 20.4%。② 迄今为止，有 120 多个国家在相关层面践行以配额制方法推动妇女参政与性别赋权。③ 各国议会联盟《议会中的女性 2021》（Women in Parliament in 2021）报告显示，截至 2022 年 1 月 1 日，妇女在议会中的世界平均占比为 26.1%，与 2021 年 1 月 1 日的数据相比，提高了 0.6%，妇女在各国议会中的比例呈不断上升态势。该报告还强调配额在确保女性人数增加方面发挥了关键作用。④

在教育管理领域，《高等教育法》第 41 条规定，校长全面负责本校的教学、科学研究和其他行政管理工作，且具有推荐副校长的职权。根据泰晤士高等教育 2022 年世界大学排名数据，前 200 名的大学中有 43 所（21.5%）大学有女性领导者，越来越多的女性执掌世界高校。2021 年的数据虽然高于 2020 年的 41 所（20%）和 2018 年的 34 所（17%），但按照每年上升 1% 的发展趋势，顶尖大学的领导层要到 2051 年才能实现性别平等。⑤ 高校女校长在管理中体现出的"和谐、融洽、协作、灵活、敏捷、韧性"等柔性特征，恰恰就具备柔性管理的全部要求。女校长若充分发挥其自身优势，高校校长团队会更加具有凝聚力。⑥ 针对当前"双一

---

① 《2980 名十三届全国人大代表的代表资格确认全部有效　具有广泛代表性》，新华网，http://www.xinhuanet.com/politics/2018 – 02/24/c_1122448912.htm，最后访问日期：2022 年 10 月 13 日。

② 《女委员 440 名！第十三届全国政协委员名单确认，女委员比例再提升》，中国妇女网，http://www.cnwomen.com.cn/2018/01/25/99121845.html，最后访问日期：2022 年 10 月 13 日。

③ 丁娟、石鑫：《妇女参政配额制的提出与发展状况研究》，《山东女子学院学报》2015 年第 6 期。

④ Inter-Parliamentary Union，"Women in Parliament in 2021"，https://www.ipu.org/resources/publications/reports/2022 – 03/women-in-parliament-in – 2021，最后访问日期：2022 年 9 月 30 日。

⑤ Ellie Bothwell：《女性领导的世界顶尖大学占比创历史记录》，泰晤士高等教育，https://www.timeshighereducation.com/cn/news/record-number-worlds-top-universities-led-women，最后访问日期：2022 年 7 月 14 日。

⑥ 凌健、陈飞、谢玲霞：《我国"985"高校校长团队的人口特征分析》，《经营与管理》2013 年第 8 期。

流"建设高校女性校级领导干部占比较低的现状,有必要从性别平等的角度,对于参与弱势一方的女性,通过指标设置和配额引进等方式,改变教育决策层的性别不平等格局,保障和提升女性在公共事务领域的影响力,实现性别利益的均衡。

(二)"双一流"建设高校女性校级领导干部比例提高的必要性

1. "双一流"建设高校校级领导干部性别结构的适当平衡是贯彻男女平等基本国策的需要

男女平等早已成为世界多国宪法中平等权的基本内涵之一。在欧洲国家,1919 年德国《魏玛宪法》第 109 条规定:"男与女依基本法有同等之国民权利及其义务。"[①] 法国借 2008 年修宪之机,在宪法性法律第 1 条中规定,在宪法第 1 条中新增第 2 款,明确"国家法律将促进女性在选举、职业与社会责任等领域与男性间的平等"。[②] 在亚洲国家,韩国《宪法》第 11 条和日本《宪法》第 14 条均规定公民不论性别,一律平等。[③] 在美洲国家,1980 年智利《宪法》第 19 条规定"男性和女性在法律面前一律平等",1988 年巴西《宪法》第 5 条规定"男女共同平等享有权利,履行义务"。[④]

自中国共产党成立以来,男女平等在中央规范文件中一以贯之。新民主主义革命时期,对妇女权益的保障是巩固群众基础的任务之一,男女平等被落实在保护妇女的纲领性文件中。1921 年中共二大制定《妇女运动决议案》,强调妇女在经济、政治、社会的平等和在劳动领域的解放。[⑤] 1922 年 8 月拟定的《劳动法案大纲》,对女工的年龄、休假作了保护性规

①　《德国宪法》,朱和中译,民智书局,1923,第 65 页。
②　张莉:《法国 2008 年宪法修改述评》,《国家行政学院学报》2009 年第 4 期。
③　朱福惠、王建学主编《世界各国宪法文本汇编 亚洲卷》,厦门大学出版社,2012,第 162、479 页。
④　朱福惠、胡婧主编《世界各国宪法文本汇编 美洲大洋洲卷》,厦门大学出版社,2015,第 95、946 页。
⑤　李忠杰、段东升主编《中国共产党第二次全国代表大会档案文献选编》,中共党史出版社,2014,第 24 页。

定。① 1928 年中共六大通过的《妇女运动决议案》强调了在革命中吸收女同志的重要性。1930 年颁布的《中央关于劳动妇女斗争的纲领》规定，苏维埃政府成立之后给予妇女政治经济法律教育上与男子同等的待遇。② 1939 年陕甘宁边区政府公布了《陕甘宁边区婚姻条例》，实行一夫一妻制，保障婚姻自由。③《陕甘宁边区抗战时期施政纲领》同时也指出："实行男女平等，提高妇女在政治上、经济上、社会上的地位。"④ 1941 年 3 月通过的《中共中央劳动政策提纲（草案）》规定："女工产前产后休养二个月工资照给。哺乳妇女应享受育婴上之便利。"⑤ 1949 年中华人民共和国成立后，《中国人民政治协商会议共同纲领》第 6 条即规定了男女平等的宪法原则。⑥ 1954 年通过的《宪法》同样在"公民的基本权利和义务"一章中规定了妇女在各方面享有同男子平等的权利。1975 年《宪法》第 27 条和 1978 年《宪法》第 53 条延续了男女平等的规定。1982 年《宪法》第 48 条在此基础上增加"培养和选拔妇女干部"条款，在此后的几次宪法修改中，均得以保留并延续至今。

男女平等的宪法原则可以从三个层面进行解读。从内容上看，男女平等在宪法基本权利中主要指人的性别平等。《宪法》中的男女平等外延广泛，包括"政治的、经济的、文化的、社会的和家庭的生活等各方面"，还包括对妇女权益的特别保护。⑦《宪法》在确认男女形式平等的基础上，着力保障男女在政治、经济、文化、社会、家庭等方面的实质平等。⑧ 从所处位

---

① 赵健杰、彭恒军主编《劳动科学辞典》，企业管理出版社，1992，第 161 页。
② 中华全国妇女联合会妇女运动历史研究室编《中国妇女运动历史资料 1927—1937》，中国妇女出版社，1991，第 11、75 页。
③ 陕西省档案馆、陕西省社会科学院编《陕甘宁边区政府文件选编》（第一辑），陕西人民教育出版社，2013，第 148 页。
④ 甘肃省社会科学院历史研究室编《陕甘宁革命根据地史料选辑》（第一辑），甘肃人民出版社，1981，第 26 页。
⑤ 中华全国妇女联合会编《中国妇女运动百年大事记（1901—2000）》，中国妇女出版社，2003，第 107 页。
⑥ 《中国人民政治协商会议共同纲领》第 6 条规定："中华人民共和国废除束缚妇女的封建制度。妇女在政治的、经济的、文化教育的、社会的生活各方面，均有与男子平等的权利。实行男女婚姻自由。"
⑦ 张千帆主编《宪法学》（第三版），法律出版社，2014，第 248 页。
⑧ 温辉：《男女平等基本国策论略》，《法学杂志》2011 年第 1 期。

置来看，男女平等不仅是《宪法》的基本价值理念，也是《宪法》中"平等"的种类之一。关于男女平等的规定的位置处于《宪法》第二章"公民的基本权利和义务"中，似乎更接近于一项权利。而现实生活中，人们常常将其作为一项原则而普遍性地使用。① 从政策定位上看，习近平总书记在联合国大会纪念北京世界妇女大会 25 周年高级别会议上明确总结"男女平等是中国的基本国策"。② 男女平等从宪法原则到基本国策，再到党的施政纲领的历史发展及落地实施，反映了党和政府在性别问题上的价值观念、基本立场和政治主张，体现了党和国家把保障妇女权利纳入法律法规，上升为国家意志，内化为社会行为规范的生动实践。③

我国促进性别平等的法律体系不断完善，已经形成了以《宪法》为核心，以《妇女权益保障法》为主体，以《劳动法》《就业促进法》《教育法》《义务教育法》《女职工劳动保护特别规定》等各种单行法律法规、地方性法规及行政法规为补充的保障妇女权益和促进性别平等的法律体系。④《宪法》本身在保护社会性别平等、促进规范指引方面是发展的、开放的、动态的，适应于不同社会阶段的需要。十四五规划中明确国家现代化建设的原则之一是坚持以人民为中心。从男女平等的宪法规范含义可以引申出，社会性别主流化作为手段和策略，其终极目标是实现社会性别平等和社会性别公正。⑤

2. 女性担任"双一流"建设高校校级领导干部是实现教育领域性别平等社会引领的迫切要求

1995 年第四次世界妇女大会在京召开后，中国先后发布了《中国妇女发展纲要（1995—2000 年）》《中国妇女发展纲要（2001—2010 年）》《中国妇女发展纲要（2011—2020 年）》《中国妇女发展纲要（2021—

---

① 石文龙：《我国宪法平等条款的文本叙述与制度实现》，《政治与法律》2016 年第 6 期。

② 习近平：《在联合国大会纪念北京世界妇女大会 25 周年高级别会议上的讲话》，《中华人民共和国国务院公报》2020 年第 29 期。

③ 姜秀花：《男女平等 70 年：宪法原则·基本国策·施政纲领》，《中国妇运》2019 年第 11 期。

④ 刘小楠主编《社会性别与人权教程》，中国政法大学出版社，2020，第 367 页。

⑤ 刘伯红：《社会性别主流化的概念和特点》，《中华女子学院山东分院学报》2009 年第 6 期。

2030 年)》，① 男女平等的宪法原则贯穿于政治、经济、社会、文化等领域。习近平总书记在联合国大会纪念北京世界妇女大会 25 周年高级别会议上指出，"让性别平等真正成为全社会共同遵循的行为规范和价值标准"。② 为践行这一要求，需要性别平等在教育领域得以体现，方式之一即提高女性在教育管理和教育决策中的参与水平，具体而言，就是"双一流"建设高校校级领导干部的性别比例要大致均衡，这不仅是《宪法》上男女平等的体现，也是性别平等的时代需要，更是世界一流大学和一流学科建设的重要指标。

目前，我国接受高等教育的人口达 2.4 亿人，③ 根据国家统计局《第七次全国人口普查公报》中公布的总人口数量，④ 我国接受高等教育的人口约占全国人口的 16.6%，是一个庞大的群体。接受高等教育的人口，对国家的经济发展和社会文化建设具有引领作用。国家统计局《〈中国妇女发展纲要（2011—2020 年）〉终期统计监测报告》显示，各类高等教育中女生占比均超过男生，高等教育在校生中女研究生人数为 159.9 万人，占全部研究生的 50.9%。⑤ 据教育部 2020 年教育统计数据，普通高等学校女教职工占教职工总数的比重为 50.43%，女专任教师的比重达到 51.22%。⑥ 浙江工业大学现代大学制度研究中心中国大学校长数据库发布的《中国大学校长报告（2020）》显示，采集到的高校样本中共计 788 位校长，其性别分布存在明显的差异。其中，93.27% 为男性，女性校长共

---

① 《国务院关于印发中国妇女发展纲要（1995—2000 年）的通知》，国发〔1995〕23 号，1995 年 7 月 27 日发布；《国务院关于印发中国妇女发展纲要和中国儿童发展纲要的通知》，国发〔2001〕18 号，2001 年 5 月 22 日发布；《国务院关于印发中国妇女发展纲要和中国儿童发展纲要的通知》，国发〔2011〕24 号，2011 年 7 月 30 日发布；《国务院关于印发中国妇女发展纲要和中国儿童发展纲要的通知》，国发〔2021〕16 号，2021 年 9 月 8 日发布。

② 《习近平在联合国大会纪念北京世界妇女大会 25 周年高级别会议上的讲话》，商务部网站，http://www.mofcom.gov.cn/article/i/jyjl/l/202012/20201203020946.shtml，最后访问日期：2023 年 1 月 8 日。

③ 《我国接受高等教育的人口达 2.4 亿》，央视网，https://news.cctv.com/2022/05/17/ARTIxQyRCCS5oS83fSrJk6zM220517.shtml，最后访问日期：2022 年 7 月 14 日。

④ 《第七次全国人口普查公报（第二号）》，国家统计局网站，http://www.stats.gov.cn/tjsj/tjgb/rkpcgb/qgrkpcgb/202106/t20210628_1818821.html，最后访问日期：2022 年 10 月 5 日。

⑤ 《〈中国妇女发展纲要（2011—2020 年）〉终期统计监测报告》，国家统计局网站，http://www.stats.gov.cn/tjsj/zxfb/202112/t20211221_1825520.html，最后访问日期：2022 年 8 月 23 日。

⑥ 《各级各类学校女教师、女教职工数》，教育部网站，http://www.moe.gov.cn/jyb_sjzl/moe_560/2020/quanguo/202108/t20210831_556359.html，最后访问日期：2022 年 9 月 15 日。

有 53 名，占校长总数的 6.73%。① 若学生和专任教师中女性数量超过一半，领导层面男性数量却占绝大部分，容易导致教育行政工作中决策的制定和管理缺乏性别视角。从教学行政管理的需要来说，女性校级领导干部的比例需要与女学生、女性专职教师的比例大体保持平衡。144 所"双一流"建设高校中女性校级领导干部的占比仅为 12.6%，女性校长仅 9 位，其中还有 34 所"双一流"建设高校无女性校级领导干部。如北京外国语大学 11 位校领导中，无女性领导，而据 2022 年 8 月北京外国语大学本科招生办公布的数据，2022 年的 1506 名本科新生中共有 1053（69.92%）名女生。② 因此，加强女性在"双一流"建设高校管理和决策领域的参与，使之与学生比例、教师比例相均衡，不仅是《宪法》男女平等原则中教育平等的内涵之一，也对高等教育现代化建设具有推进作用。

案例数据与学术研究表明，女性在管理能力和领导力上有区别于男性的优秀特质，且女性是能够胜任公共事务管理领域工作的。③ 女性在公共事务管理领域的广泛参与已成为全球共识和社会性别平等的指标。联合国妇女署发布的《2021 年女性参政地图》（Women in Politics：2021）显示，世界范围内，各国议院中妇女的参政比例达到 25.5% 的平均水平。④ 在政

---

① 《中国大学校长报告（2020）：64.34% 的大学校长任职年限不足 5 年》，搜狐网，https://www.sohu.com/a/509077483_121124361，最后访问日期：2022 年 9 月 30 日。

② 《BFSU | 北外 2022 级本科新生数据大揭秘》，"北京外国语大学本科招生办"微信公众号，https://mp.weixin.qq.com/s/6zXM33eqX3rOOn5CNlhLug，最后访问日期：2022 年 9 月 28 日。

③ 参见刘莉《女性管理者的性别角色与人格特征关系研究》，博士学位论文，西南财经大学，2012；蒋莱《女性领导力的现状及发展趋向》，《山西师大学报》（社会科学版）2012 年第 4 期；晓庄《女性领导者的三大"长板"》，《中外管理》2011 年第 3 期；宋静波《我国高校管理中女性领导者的特质及职业发展障碍》，《新课程研究》（中旬刊）2011 年第 12 期；刘培伟《基于中央选择性控制的试验——中国改革"实践"机制的一种新解释》，《开放时代》2010 年第 4 期；花懿隽《浅析女性校长素质》，《长春理工大学学报》（高教版）2009 年第 2 期；陆士桢《大学女校长管理特色研究》，《中华女子学院学报》2007 年第 4 期；刘丽华《浅论高校女校长的新领导观》，《江苏高教》2007 年第 1 期；Preeti Pateletal, Having More Women Humanitarian Leaders Will Help Transform the Humanitarian System：Challenges and Opportunities for Women Leaders in Conflict and Humanitarian Health, *Conflict and Health*, vol. 14, no. 1, 2020, p. 84; Diana Tal and Avishag Gordon, Women as Political Leaders：A Bibliometric Analysis of the Literature, *Society*, vol. 55, no. 3, 2018, pp. 256 – 261。

④ UN WOMEN, Women in Politics：2021, https://www.unwomen.org/en/digital-library/publications/2021/03/women-in-politics-map – 2021，最后访问日期：2022 年 9 月 30 日。

治、学术和管理领域，我国不乏出色的女性，如第一届中央人民政府副主席宋庆龄①、第六届全国政协主席邓颖超②、司法部首任部长史良③、香港特别行政区第五任行政长官林郑月娥④、东风17的总设计师祝学军⑤，以及女航天员王亚平⑥等。在国际社会，2022年5月法国首位女性总理⑦、首位女议长⑧产生。早在2012年，法国34名内阁部长中，女性就占据17席，达到半数。⑨同年6月，澳大利亚新政府任命的30名部长中，共有13名女性，是该国历史上女性部长最多的一届。⑩2022年9月，英国诞生第三位女首相伊丽莎白·特拉斯。⑪2019年芬兰联合执政的5个党派中，

① 宋庆龄：1949年9月中国人民政治协商会议第一届全体会议召开，宋庆龄当选为中华人民共和国中央人民政府副主席。1954年12月至1959年4月任政协全国委员会副主席。1959年至1966年，任中华人民共和国副主席。《宋庆龄（1893—1981）》，人民政协网，https://www.rmzxb.com.cn/zt/zx65zn/zzx/ejzx/378449.shtml，最后访问日期：2022年10月5日。

② 邓颖超：1983年6月至1988年3月任政协全国委员会主席。《邓颖超（1904—1992）》，人民政协网，https://www.rmzxb.com.cn/zt/zx65zn/zzx/ljzx/379611.shtml，最后访问日期：2022年10月5日。

③ 史良：中华人民共和国成立后，首任司法部部长。浙江省中共党史学会、浙江现代革命历史文化研究基地编《红色名人印迹》，中共党史出版社，2014，第49页。

④ 林郑月娥：2017年7月1日，林郑月娥宣誓就任香港特别行政区第五任行政长官，成为香港回归以来首位女性行政长官。《林郑月娥宣誓就任香港特区第五任行政长官》，新华网，www.xinhuanet.com/gangao/2017-07/01/c_1121247095.htm，最后访问日期：2022年10月5日。

⑤ 《【巾帼英雄】中国科学院院士"导弹之母"祝学军》，澎湃网，https://m.thepaper.cn/baijiahao_19604870，最后访问日期：2022年10月5日。

⑥ 王亚平：英雄航天员、"二级航天功勋奖章"获得者。《中共中央 国务院 中央军委关于给翟志刚、王亚平颁发"二级航天功勋奖章"授予叶光富"英雄航天员"荣誉称号并颁发"三级航天功勋奖章"的决定》，中央人民政府网站，http://www.gov.cn/zhengce/2022-06/21/content_5696966.htm，最后访问日期：2022年10月5日。

⑦ 《法国诞生30年来首位女总理》，极目新闻，http://www.ctdsb.net/topic/1611/202205/17/171440.html，最后访问日期：2022年7月14日。

⑧ 《法国国民议会选出史上首位女议长》，中国新闻网，http://www.chinanews.cn/gj/2022/06-29/9791072.shtm，最后访问日期：2022年7月14日。

⑨ 《欧洲内阁新趋势：女性 年轻人 少数族裔》，光明网，https://epaper.gmw.cn/wzb/html/2012-05/29/nw.D110000wzb_20120529_4-07.htm，最后访问日期：2022年9月30日。

⑩ 《创纪录：澳大利亚新政府包括13名女部长，近半内阁成员为女性》，"冷眼看世界之蓝"网易号，https://www.163.com/dy/article/H8PCVIU505539ZW8.html，最后访问日期：2022年7月14日。

⑪ 伊丽莎白·特拉斯：英国前外交部部长、保守党领袖，英国历史上继玛格丽特·撒切尔、特雷莎梅之后的第三位女首相。《特拉斯就任英国首相》，新华网，http://www.news.cn/2022-09/07/c_1128981950.htm，最后访问日期：2022年10月5日。

4 党党首为女性。① 此外，教育领域同样不乏出色的女性领导人员，如我国第 15 任教育部部长陈至立②、中国第一所女子大学校长吴贻芳③、复旦大学第一位女校长谢希德④、"七一勋章"获得者张桂梅⑤等，女性在公共事务领域的参与案例与数据表明，不论是行政管理还是政治事务等工作，女性都能够胜任。习近平总书记在 2015 年全球妇女峰会上指出："妇女是物质文明和精神文明的创造者，是推动社会发展和进步的重要力量。没有妇女，就没有人类，就没有社会。"⑥ 《宪法》第 48 条主张的男女平等，是包含了具有性别身份的个人在政治、经济、社会、文化领域的平等，通过性别视角审视"双一流"建设高校校级领导干部的现状，更有助于发现通向"双一流"建设高校治理体系和治理能力现代化的有效路径。

四 平衡"双一流"建设高校校级领导干部总体性别比例的建议

（一）将性别比例的指标纳入"双一流"建设高校女性校级领导干部的选用机制

我国最高人民法院 12 名主要领导中，4 名为女性。⑦ 司法过程中纳入

---

① 《女性 | "她力量"主导新政府凸显芬兰女性地位》，澎湃网，https://www.thepaper.cn/newsDetail_forward_5325759，最后访问日期：2022 年 9 月 30 日。
② 陈至立：1998—2003 年，任教育部部长、党组书记。《陈至立》，http://www.gov.cn/gjjg/2005-06/15/content_6721.htm，中央人民政府网站，最后访问日期：2022 年 10 月 5 日。
③ 吴贻芳：我国著名教育家、社会活动家。1928 年受聘于母校金陵女子大学，先后主校 23 年，成为中国首位大学女校长。宋林飞主编《江苏历代名人词典》，江苏人民出版社，2019，第 346 页。
④ 谢希德：中国半导体奠基人，曾任复旦大学校长。安树芬、彭诗琅主编《中华教育通史》（第 10 卷），京华出版社，2010，第 2189 页。
⑤ 张桂梅：中共党员，云南省丽江坪华坪女子高级中学党支部书记、校长。《"时代楷模"先进事迹 张桂梅》，http://www.moe.gov.cn/jyb_xwfb/moe_2082/2021/2021_zl37/shideshiji/202105/t20210511_530873.html，教育部网站，最后访问日期：2022 年 10 月 5 日。
⑥ 《习近平在全球妇女峰会上的讲话（全文）》，北京周报，http://www.beijingreview.com.cn/shishi/201509/t20150928_800039538.html，最后访问日期：2022 年 10 月 7 日。
⑦ 数据来源：最高人民法院官网，https://www.court.gov.cn/jigou.html，最后访问日期：2022 年 9 月 30 日。

社会性别视角是对立法中社会性别考量不足的非常有益的补充。① 同样，在教育领域，提高"双一流"建设高校女性校级领导干部的比例是对教育决策和管理领域社会性别视角考量的有益补充。在领导班子建设、人才选拔和培养中融入性别平等要求，是对新时期妇女更加广泛深入地参与民主管理和立法决策的有力引导和支持。② 在国家现代化建设的推进和社会性别事业发展的过程中，进一步增加"双一流"建设高校领导层中女性的数量，让整个高校决策管理系统中的性别结构更加合理，是社会性别主流化的时代需要。《高等学校领导人员管理暂行办法》对高等学校领导班子成员的选拔、任用、考核、任免、监督等作出了规定。根据该办法，选拔任用高等学校领导人员，应当注重优化领导班子结构，形成年龄、经历、专长等方面的合理配备。144 所"双一流"建设高校中，110 所高校都配备了女性校级领导干部，说明在领导班子的性别结构上具备一定的优化观念，然而相比于女学生和女性专任教师占比超过一半的现象，女性校级领导干部的配备比应当相应增加，且应当有明确的比例标准。研究发现，当女性在某个团体的成员中比例达到三分之一时，就达到了决定性多数，从而有足够的能力及动力打破关于性别的刻板印象。③ 我国"双一流"建设高校现任女性领导人员的占比不高，反映出培养、推选、提任等过程中性别视角的考量不够全面。

新中国成立以来，我国妇女在经济、政治、社会、文化等领域的权益保障越发完善。2022 年修订的《妇女权益保障法》第 13 条第 1 款明确了妇女有权通过各种途径和形式，依法参与管理国家事务、管理经济和文化事业、管理社会事务。"双一流"建设高校校级领导干部行使的行政管理权，亦属于社会公共事务管理的参与，也应当在高校领导层的性别结构中予以体现。落实这一管理权益，亟待将性别指标纳入高校校级领导干部选

---

① 刘昶、胡图：《更多女性法官：司法过程纳入社会性别视角的重要措施》，《浙江工商大学学报》2014 年第 5 期。
② 刘伯红、范思贤：《妇女参政助推科学民主决策和社会治理——近五年中国妇女参政状况简要评估》，《山东女子学院学报》2020 年第 6 期。
③ Drude Dahlerup, The Story of the Theory of Critical Mass, *Politics & Gender*, vol. 2, 2006, pp. 511 – 522.

拔体系。一是创新对"双一流"建设高校校级领导干部的培养选拔考核任用思路，将性别视角的考量纳入从培养到考核评价的全过程；二是由中央组织部指导全国妇联、教育部等制定指导意见，细化"双一流"建设高校校级领导干部选拔流程，增加性别指标，并将其作为部门推荐、选拔、审核的重要条件；三是由教育部制定指导意见督促"双一流"建设高校制定细则，并印发各地党委组织部门予以参考，将性别指标要求统一纳入"双一流"建设高校领导干部及其下属学院、职能部门负责人的选拔聘用规范；四是在干部考核评价机制方面，将性别指标作为"双一流"建设高校领导人员班子的年度考核和任期考核要求之一。

（二）将社会性别理论纳入"双一流"建设高校教学模式和学科评估体系

2017 年《统筹推进世界一流大学和一流学科建设实施办法（暂行）》[①] 指出"双一流"建设要"以中国特色、世界一流为核心"。据前所述，泰晤士排名前 200 名的大学中有 43 所（21.5%）大学有女性领导者，而我国"双一流"建设高校中，女性领导人员占比仅为 12.6%，距离世界一流高校还有一定距离。2020 年中国根据《消除对妇女一切形式歧视公约》第 18 条提交的第九次定期报告指出，截至 2019 年 2 月，中国 30 个省（区、市）建立了法规政策性别平等评估机制。该机制的普遍建立保障了法律法规和政策制定、实施和监督过程中全面贯彻男女平等的基本国策，对妇女权益保障落到实处、促进性别平等发挥了有效作用。[②] 其中，天津市政府办公厅、市妇儿工委先后印发《关于建立我市政策法规性别平等评估机制意见》和《天津市政策法规性别平等评估工作实施方案》，将性别平等评估上升为法定程序；湖北省自 2014 年起，对 23 部法

---

① 《教育部 财政部 国家发展改革委关于印发〈统筹推进世界一流大学和一流学科建设实施办法（暂行）〉的通知》，教研〔2017〕2 号，2017 年 1 月 24 日发布。

② 《中国根据〈公约〉第十八条提交的第九次定期报告，应于 2018 年提交》，联合国数字图书馆，https://digitallibrary.un.org/record/3902434? ln = zh_CN，最后访问日期：2022 年 9 月 29 日。

规政策进行性别平等评估。①

相应地，我国高等教育现代化建设同样需要将性别平等的评估机制纳入教学模式和学科评估体系。目前较多国外高校将性别研究学科化，作为一门单独的专业。美国卫斯理大学早在 1968 年就开设了女性研究项目，英国剑桥大学同样开设了多学科性别研究硕士项目，以多学科交叉的教学方法培养政府、企业、非政府组织、新闻和学术职业人才。伦敦政治经济学院、牛津大学、加州大学洛杉矶分校、多伦多大学，以及北欧的荷兰、挪威、瑞典、芬兰等各国多个高校均开设了性别研究专业课程。我国香港特别行政区的香港中文大学亦开设了性别研究课程专业。其中，得益于"两条腿"走路的策略②，瑞典妇女性别研究机构化、学科化取得了较为明显的成效。在我国，1998 年"女性学"经教育部批准，成为同意设置的目录外专业。③《中国妇女发展纲要（2011—2020 年）》在"妇女与教育"部分中提出了"加强妇女理论研究和高等学校女性学学科建设……鼓励高等学校开设女性学专业或女性学课程"的策略措施。在 2012 年和2020 年教育部公布的《普通高等学校本科专业目录》中，"女性学"成为归属于法学类项下的社会学类特设专业。④ 根据《中国妇女研究会第五届单位会员名录》，29 所"双一流"建设高校具有专门的女性/性别研究中心，占 144 所"双一流"建设高校的 20.1%。女性/性别研究中心所占的

---

① 《性别平等评估，促进立法程序实现重大突破——全国妇联系统积极维护妇女合法权益系列报道之四》，国务院妇女儿童工作委员会网站，https://www.nwccw.gov.cn/2017 - 06/02/content_159963.htm，最后访问日期：2022 年 9 月 29 日。

② "两条腿"（The Two Legs）走路的策略：一方面在已有的学科中进行整合，把性别研究渗透其中；另一方面建立独立的妇女/性别研究中心，为妇女研究建立发展的平台。闵冬潮：《寻访"成功的故事"——瑞典妇女/性别研究机构化的启示》，《中国图书评论》2016 年第 7 期。

③ 《普通高等学校本科专业目录（1998 年颁布）》，教育部网站，http://www.moe.gov.cn/srcsite/A08/moe_1034/s3882/199807/t19980706_109699.html，最后访问日期：2022 年 10 月 5 日。

④ 《教育部关于印发〈普通高等学校本科专业目录（2012 年）〉〈普通高等学校本科专业设置管理规定〉等文件的通知》，教育部网站，http://www.moe.gov.cn/srcsite/A08/moe_1034/s3882/201209/t20120918_143152.html，最后访问日期：2022 年 10 月 5 日；《教育部关于公布 2019 年度普通高等学校本科专业备案和审批结果的通知》，教育部网站，http://www.moe.gov.cn/srcsite/A08/moe_1034/s4930/202003/t20200303_426853.html，最后访问日期：2022 年 10 月 5 日。

比例较高，反映出"双一流"建设高校对社会性别研究的重视，同时也与"双一流"建设高校女性校级领导干部占比仅为 12.6% 的现实形成反差。① 不可否认，社会性别意识的渗透将有助于法学教育范式的完善，从而推动社会性别主流化。② 亟待因校制宜开发性别平等课程，在"双一流"建设高校课程设置和教学活动中增加性别平等的内容。

《中国妇女发展纲要（2021—2030 年）》指出，要"加强对教材编制、课程设置、教学过程的性别平等评估"。一方面，需要在教学模式中加强对性别平等意识的培养，包括专业设置、学科评估等教学活动。一是要在课程设置上，将社会性别主流化研究学科化，结合政治学、法学、社会学、传播学、历史学、计算机编程等跨学科研究的方法编写性别研究的教材，或者将性别研究的知识融入人文社科、自然科学教材内；二是要在专业培养上开设相应的性别研究硕士、博士专业或教学项目、培训班，课程内容包括多元性别理论、女权主义理论、性别认识论等；三是在校园氛围上，发挥校园社团对社会性别主流化的倡导作用。

另一方面，把社会性别主流化指标纳入"双一流"建设评估体系。2015 年《统筹推进世界一流大学和一流学科建设总体方案》、2018 年《关于高等学校加快"双一流"建设的指导意见》和 2022 年《教育部 财政部 国家发展改革委关于深入推进世界一流大学和一流学科建设的若干意见》均对学科建设布局、高校管理制度提出了要求。③ 2015 年国务院新闻办公室发布的《中国性别平等与妇女发展》白皮书提出："提高各级各类学校和教育行政部门决策和管理层的女性比例……推动将性别平等纳入法律、法规和政策的制定与执行。"因此，在我国"双一流"建设高校的相关政策规范文件中，在学科评估和管理制度建设指标体系框架中增设

---

① 《中国妇女研究会第五届单位会员名录》，中国妇女研究会网站，https://www.cwrs. ac.cn/uploadfile/2021/0615/20210615627022.pdf，最后访问日期：2022 年 10 月 7 日。

② 李秀华、李傲：《性别与法》，中国政法大学出版社，2012，第 9～10 页。

③ 《国务院关于印发〈统筹推进世界一流大学和一流学科建设总体方案〉的通知》，国发〔2015〕64 号，2015 年 10 月 24 日发布；《教育部 财政部 国家发展改革委印发〈关于高等学校加快"双一流"建设的指导意见〉的通知》，教研〔2018〕5 号，2018 年 8 月 8 日发布；《教育部 财政部 国家发展改革委关于深入推进世界一流大学和一流学科建设的若干意见》，教研〔2022〕1 号，2022 年 1 月 26 日发布。

学科建设、师资队伍、治理结构的性别指标也是推动高等学校社会性别主流化、在教育领域贯彻落实男女平等的基本国策的重要路径。

（三）增强"双一流"建设高校校级领导干部性别平等意识的培训和交流

教师的教学行为很大程度上受其自身教育的影响，其应成为促进性别平等和减少性别刻板印象的榜样。联合国教科文组织 2015 年发布的《教师教育政策和实践中的两性平等指南》倡导将性别观点引入教师教育和培训的所有方面。指南从政策规划、预算编制、课程开发、教学教材、监测评估等方面作出了规定。① 将性别观点纳入主流需要改变教师教育机构的文化，离不开对教职人员社会性别主流化意识的培训。欧洲国家已有对高校中教师的性别平等意识进行有目的的培养实践。如北欧的"GENTE"项目，旨在通过该社会性别研究平台，促进各国学者针对教师教育中的性别平等问题进行研讨，共享经验。芬兰在教师教育性别平等的改革中，通过"TASUKO"项目，搭建促进教师教育性别平等的交流平台，组织针对高校教师教育的研讨会。②

同样，"双一流"建设高校的决策管理者的性别观将在本校的教学、科研和其他行政管理工作中潜移默化地体现。为此，有必要加强"双一流"建设高校领导干部的性别平等意识培训。在我国，为提升领导干部的性别平等意识，有 2400 所县级以上党校（行政学院）将男女平等基本国策教育纳入了干部培训课程。③ 中国政法大学自 2017 年开始每年举办两次针对高校教师的社会性别与人权师资研修班，对社会性别观念的培养与传播起到了促进作用。加强"双一流"建设高校之间性别研究成果和理念的交流，有利于增强性别平等观念，从而优化"双一流"建设高校女性校级

---

① UNESCO, A Guide for Gender Equality in Teacher Education Policy and Practices, https://unesdoc. unesco. org/ark：/48223/pf0000231646/，最后访问日期：2022 年 10 月 5 日。

② 易红郡、陈瑶：《芬兰教师教育中的性别平等：举措、经验及反思》，《河北师范大学学报》（教育科学版）2020 年第 5 期。

③ 《中国根据〈公约〉第 18 条提交的第 9 次定期报告》，联合国数字图书馆网站，https://digitallibrary. un. org/record/3902434？ ln = zh_CN，最后访问日期：2022 年 9 月 29 日。

领导干部选拔、培养、考核、任用和监督过程中的性别比例。其一，由高校整合校内擅长性别研究的教授对教师、行政人员、主要领导干部进行培训学习。学习习近平总书记关于性别平等的重要论述、《宪法》《妇女权益保障法》等法律法规，《中国妇女发展纲要》《中国性别平等与妇女发展》白皮书等政策文件，明确将性别视角纳入决策管理的重要性。其二，"双一流"建设高校内部修改或制定细则，把性别平等的理念纳入校级领导干部的培养、选拔、任用、考评机制，创新决策管理模式。其三，增进"双一流"建设高校之间的交流学习，推动高校之间领导人员的交流，女性校长、党委书记主动分享交流管理经验，从中探索管理方式的优化。

（四）完善"双一流"建设高校女性校级领导干部选拔和培养的支持体系

选拔和培养妇女干部被写进《宪法》第 48 条第 2 款，2022 年《妇女权益保障法》第 15 条根据《宪法》和我国实际情况，也规定了"国家积极培养和选拔女干部，重视培养和选拔少数民族女干部。国家机关、群团组织、企业事业单位培养、选拔和任用干部，应当坚持男女平等的原则，并有适当数量的妇女担任领导成员"。《关于进一步加强直属高等学校领导班子建设的若干意见》第 5 条、中共中央《党政领导干部选拔任用工作条例》（2019 年修订）第 3 条都强调了要重视女干部的培养和选拔。

"双一流"建设高校中现任女性校级领导干部占比较低的原因之一是选拔和培养机制不完善。组织部门、管理部门、人事部门、考核部门在女性校级领导干部的选拔和培养上的性别视角考量不周，导致性别比例不均衡。首先，要加强女性校级领导干部的源头储备，逐步加大"双一流"建设高校中女性校级领导干部的选拔力度，以性别指标为基础，通过民主推荐、组织考察等方式，识别掌握一批优秀女性校级领导干部人选，分类建立女性校级领导干部储备库。其次，强化女性校级领导干部的培养培训。根据《高等学校领导人员管理暂行办法》第 6 条第 5 项，高等学校领导人员应当经过党校、行政学院、干部学院和教育行政学院等其他机构的培训。因此，可以将性别指标纳入后备干部培养培训方案中，结合岗位需求、干部能力，分类制定女性校级女性干部培训规划，优先安排女性校级领导干部参加培训。再次，在"双一流"建设高校校级领导干部培养和选拔、领导职数和岗位设置方案、干部队伍培养建设规划等规范性文件中，明确女性校级领导干部的配备目标和实施措施。在《党政领导干部选拔任用工作条例》的框架内，因校制宜将性别指标细化到女性校级领导干部培养选用的每一个环节，确保相关规定的可操作性。最后，多方式加强对女性校级领导干部的培养与锻炼。创新培养方式，除党校、行政学院、干部学院和教育行政学院等其他机构的培训外，通过出国学习与进修、领导力提升的专题培训、院（系）管理和教学一线等重要岗位的锻炼，提高女性校级领导干部的整体质量和素质。

五　结论

对上述"双一流"建设高校校级领导干部性别结构的研究可以发现，女性校级领导干部占比仅为12.6%，且"双一流"建设高校校级领导干部级别越高，女性的占比越小。随着国际社会促进性别平等的制度机制的发展和完善，女性在公共事务领域的广泛深度参与、性别观点纳入政策和方案的主流化引起了全社会的广泛关注。影响"双一流"建设高校女性校级领导干部比例的主要障碍是培养、考核、选拔和任用机制中的性别视角考量不周，缺乏必要的性别比例标准，"双一流"建设高校在培养和选用女性校级领导干部方面的支持体系不完善等多重要素。本文的结论是，提高"双一流"建设高校女性校级领导干部的比例，需要创新选用思维，将性别指标纳入"双一流"建设高校校级领导干部选任机制，将社会性别课程纳入教学模式和学科评估体系，加大女性校级领导干部的选拔和培养力度，消除现有34个"双一流"建设高校无女性校级领导干部的现状，为女性在"双一流"建设高校的决策与管理中提供更为完备的规范保障和支持。争取所有"双一流"建设高校女性校级领导干部的总体比例从12.6%分步骤分阶段达到20%、30%及以上。

（责任编辑：沈飞飞）

案例译读

美国联邦最高法院"博斯托克诉乔治亚州克莱顿县案"判决书

黄可瑞 译　刘小楠 校[*]

美国最高法院

大　纲

博斯托克诉乔治亚州克莱顿县[①]

向美国第十一巡回上诉法院发出的调卷令

第 17 - 1618 号，2019 年 10 月 8 日辩论——2020 年 6 月 15 日判决[②]

在涉及的每个案件中，雇主皆被指称其仅因为一名长期雇员是同性恋或跨性别者而将该雇员解雇。乔治亚州克莱顿县（Clayton County, Georgia）在杰拉尔德·博斯托克（Gerald Bostock）开始参加同性恋休闲垒球联盟后不久将其解雇，因为他的行为"不适当"（unbecoming）。[③] 高度特快公司（Altitude Express, Inc.）在唐纳德·扎尔达（Donald Zarda）表明

---

[*]　黄可瑞（Corey Huang），美国埃默里大学商学院学生（Goizueta Business School, Emory University），研究方向为教育协助；刘小楠，中国政法大学人权研究院教授、法学博士，研究方向为人权法学、反歧视法。

① 译者注：*Gerald Lynn Bostock v. Clayton County, Georgia*, 140 S. Ct. 1731, No. 17 - 1618。

② 连同第 17 - 1623 号，*Altitude Express, Inc., et al. v. Zarda et al.*，作为扎尔达遗产的联合独立执行人，向美国第二巡回上诉法院提交的调卷令，以及第 18 - 107 号，*R. G. & G. R. Harris Funeral Homes, Inc. v. Equal Employment Opportunity Commission, et al.*，向美国第六巡回上诉法院提交的调卷令。

③ *Gerald Lynn Bostock v. Clayton County Board of Commissioners*, 140 S. Ct. 1731, No. 17 - 1618.

自己是同性恋后的几天内解雇了他。① R. G. & G. R. 哈里斯殡仪馆
（R. G. & G. R. Harris Funeral Homes）解雇了艾米·斯蒂芬斯（Aimee Ste-
phens），后者在被聘用时使用男性身份，但之后告诉雇主她计划"以女性
的身份全职生活和工作"。② 每名雇员都提起诉讼，主张其遭受到 1964 年
《民权法案》第七条下的性别歧视。第十一巡回上诉法院认为，该法第七
条并未禁止雇主因同性恋而解雇雇员，因此博斯托克先生的诉讼可以基于
法律规定被驳回。然而，第二巡回上诉法院和第六巡回上诉法院分别允许
扎尔达先生和斯蒂芬斯女士的索赔继续进行。

判决：仅因同性恋或跨性别身份而解雇雇员的雇主违反了第七条。③

（a）第七条规定："雇主因为个人的种族、肤色、宗教、性别或
祖籍国未能或拒绝雇用，或解雇，或以其他方式歧视任何个人，皆为
违法。"④ 这些案件的裁决皆基于对第七条于其颁布时的普通公共含
义（ordinary public meaning）的直接应用。⑤

（1）各方当事人承认，1964 年的"性别"（sex）一词是指
男性和女性在生物学上的区别。并且"'因为'（because of）的
通常含义是'由于'（by reason of）或'基于'（on account
of)"⑥ 该术语包含了"若非因"（but-for）的因果关系标准，⑦
对于第七条，这意味着被告不能仅仅通过援引导致其受到质疑的
雇用行为的其他因素来避免责任。"歧视"（discrimination）一词
的意思是"对（一个人与其他人相比）的待遇或优惠有所不同"

---

① *Altitude Express, Inc., et al. v. Melissa Zarda and William Allen Moore, JR., Co-independent Executors of the Estate of Donald Zarda*, 883 F. 3d 100.

② *R. G. & G. R. Harris Funeral Homes, Inc. v. Equal Employment Opportunity Commission, et al.*, 884 F. 3d 560.

③ 原判决书第 4～33 页。

④ 42 U. S. C. § 2000e－2（a）（1）.

⑤ 原判决书第 4～12 页。

⑥ University of Tex, *Southwestern Medical Center v. Nassar*, 570 U. S. 338, 350.

⑦ University of Tex, *Southwestern Medical Center v. Nassar*, 570 U. S. 338, 346, 360.

(to make a difference in treatment or favor, of one as compared with others)。① 在所谓的"差别待遇"（disparate treatment）案件中，本院认为基于性别的差别待遇必须是故意的。② 法律重复使用"个人"（individual）一词意味着其着重于"单个主体而区别于一个类群（a class）"。③

（2）这些词语的释义产生了以下原则：雇主部分基于性别的原因而故意解雇雇员时违反了第七条。这个原则并不会因为以下因素而改变：如果除了原告的性别之外尚有其他因素促成了这一决定，或者雇主对待女性作为一个群体与男性作为一个群体相比时并无差异。如果雇主在决定解雇雇员时故意部分基于雇员的性别，则构成违法。由于基于同性恋或跨性别身份的歧视必然源自雇主故意因性别而区别对待个别雇员，因此故意惩罚同性恋或跨性别雇员的雇主也违反了第七条。意图（intent）所扮演的角色是无法逃避的：正如当雇主歧视同性恋或跨性别雇员时，性别必然是一个"若非因"的原因（a but-for cause），基于这些理由进行歧视的雇主不可避免地在其决策中依赖了性别的因素。④

（b）三个重要的先例支持该法律的简明条款所表达的内容。在菲利普斯诉马丁马里亚那公司⑤一案中，该公司因拒绝雇用有幼年子女的女性而被裁定违反了第七条，尽管事实上歧视亦是针对育有幼儿的父母以及该公司更喜欢雇用女性而不是男性。在洛杉矶水电部诉曼哈特一案⑥中，一项雇主要求女性缴纳比男性更多的养老金的政策违反了第七条，尽管该政策的出台亦归因于女性寿命较男性更长，且就

---

① Webster's New International Dictionary 745.
② 参见如 *Watson v. Fort Worth Bank & Trust*, 487 U. S. 977, 986。
③ Webster's New International Dictionary, at 1267.（原判决书第 4~9 页。）
④ 原判决书第 9~12 页。
⑤ *Phillips v. Martin Marietta Corp.*, 400 U. S. 542.
⑥ *Los Angeles Dept. of Water and Power v. Manhart*, 435 U. S. 702.

男性群体和女性群体的整体而言该政策并无区别对待。在昂卡尔诉尚当那海外服务公司①一案中，一名男性原告对同性同事的性骚扰的索赔可以依据第七条审理。

这些案例所提供的经验教训在这里很有启发性。首先，雇主如何称呼其歧视性做法、其他人如何标记它或有其他什么可能的动机，都是无关紧要的。在曼哈特案中，雇主可能将其规则解释为对"预期寿命"（life expectancy）的调整，而在菲利普斯案中，雇主可以准确地将其政策称为基于"母亲身份"（motherhood）的政策。但是这样的标签和额外的意图或动机在那些案例中并没有产生影响，它们在这里也不会产生影响。当雇主因雇员的同性恋或跨性别身份而解雇该雇员时，它必然会故意歧视该个人，且部分原因是基于性别。其次，原告的性别不一定是雇主不利行为的唯一或主要原因。在菲利普斯、曼哈特和昂卡尔案中，雇主很容易指出雇员具有其他一些不受保护的特征，并主张这是导致雇员不利雇用结果中更重要的因素。在这里，另一个因素，例如原告对同性的吸引力或其呈现出与出生时的指派性别不同的性别，也可能是雇主在决策中考虑的因素，甚至是更为重要的因素，但这并无意义。最后，雇主不能通过证明将男性和女性各自作为同等群体来对待而逃避责任。曼哈特案对此具有指导意义。即使雇主愿意让所有男性和女性同性恋或跨性别雇员遵守同一规则，但故意解雇同性恋或跨性别雇员的部分原因是基于该雇员的性别，即属违法。②

（c）雇主不否认他们解雇雇员的原因是雇员是同性恋或跨性别者。相反，他们主张，即使是基于雇员的同性恋或跨性别身份的故意歧视也不构成第七条责任的基础。但他们基于法律文字的抗辩已经被

---

① *Oncale v. Sundowner Offshore Services, Inc.*, 523 U. S. 75.

② 原判决书第 12 ~ 15 页。

本院的先例驳回。他们所主张的其他的他们认为法律是什么或应该做什么的论点都是对现行法律的无视。[①]

（1）雇主声称，原告可能会在谈话中认同他们被解雇是因为他们的同性恋或跨性别身份而不是因为性别，这应该会影响本案的判决。但是对话习惯并不能决定第七条的法律分析，因为该法律分析仅需要回答一个简单问题：性别是不是雇主行为的一个"若非因"的原因。坚持基于同性恋或跨性别身份的故意歧视不是基于性别的故意歧视也不是抗辩理由。歧视同性恋或跨性别雇员的雇主必然并且有意地适用基于性别的规则。这同样适用于主张雇主可以拒绝雇用同性恋或跨性别者而无须了解该人的性别。只要雇主有意制定一项规则，使招聘取决于性别，无论他对个人申请人了解或不了解，都违反了法律规定。雇主还强调同性恋和跨性别身份是与性别不同的概念，指出如果国会想在第七条中解决这些问题，它会特别提及它们。但是，当国会选择未将任何例外纳入广义规则时，本院将适用广义规则。最后，雇主建议，由于相关政策对男性和女性具有相同的不利后果，因此应采用更严格的因果关系标准。该论点不可避免地归结为一种建议，即根据第七条，性别必须是不利雇佣行为的唯一或主要原因，这一建议与法律规定不一致。[②]

（2）雇主争辩说，在1964年，很少有人会期望第七条适用于对同性恋和跨性别者的歧视。但立法历史在这里没有任何意义，关于第七条的条款如何适用于事实并没有歧义。[③] 虽然有可能在今天或在某种情况下，表示某事件的法定术语在其被采用时可能具有其他含义，或者在另一种情况下可能具有不同的含义，

---

① 原判决书第 15～33 页。
② 原判决书第 16～23 页。
③ 参见 *Milner v. Department of Navy*, 562 U.S. 562, 574。

雇主并未试图使用历史资料来说明自 1964 年以来第七条的任何语言的含义发生了变化，或者该法规的条款通常包含一些遗漏的信息。相反，他们似乎在说，当新的法律适用既出乎意料又重要时，即使现行法律有明确规定，本院也应该只指出问题，将问题抛回国会，并同时拒绝执行法律的明文规定。本院长期以来一直拒绝这种推理。而雇主建议的新解释框架可能只会增加新的问题，让本院需要推翻更多的法律。最后，雇主转向赤裸裸的政策诉求，建议法院在没有法律指导的情况下做它认为最好的事情。这是任何法院都不应接受的建议。①

第 17 - 1618 号，723 Fed Appx. 964，撤销并发回重审；第 17 - 1623 号，883 F. 3d 100 和第 18 - 107 号，884 F. 3d 560，确认。

J. 戈萨奇（J. Gorsuch）发表了法院的意见，其中 C. J. 罗伯茨（C. J. Roberts）和金斯伯格（Ginsburg）、布雷耶（Breyer）、索托马约尔（Sotomayor）和 JJ. 卡根（JJ. Kagan）加入。J. 阿利托（J. Alito）提交了反对意见，其中 J. 托马斯（J. Thomas）加入。J. 卡瓦诺（J. Kavanaugh）提交了反对意见。

美国最高法院

编号 17 - 1618，17 - 1623 和 18 - 107

（17 - 1618）杰拉尔德·林恩·博斯托克，上诉人

诉

---

① 原判决书第 23 ~ 33 页。

克莱顿县（乔治亚州）①

向美国第十一巡回上诉法院调卷令状

（17-1623）高度特快公司等上诉人

诉

莫莉萨·扎尔达和威廉·艾伦·摩尔（小），唐纳德·扎尔达

遗产联合独立执行人②

向美国第二巡回上诉法院调卷令状

（18-107）R.G.& G.R.哈里斯殡仪馆，上诉人

诉

平等就业机会委员会等③

向美国第六巡回上诉法院调卷令状

[2020 年 6 月 15 日]

戈萨奇法官发表了法院的意见

有时，一些微小行动可以产生意想不到的后果。重大举措的实施通常会保证这一点。在我们这个时代，很少有联邦立法在影响力上可以与 1964年《民权法案》相提并论。在该法第七条中，国会禁止在工作场所中存在基于种族、肤色、宗教、性别或祖籍国的歧视。今天，我们必须决定雇主是否可以仅仅因为雇员是同性恋或跨性别者而将其解雇。答案是明确的。一个雇主因为雇员是同性恋或跨性别者而将其解雇，必然是因为该人表现

① 译者注：*Bostock v. Clayton County Board of Commissioners*，140 S. Ct. 1731。
② 译者注：*Altitude Express, Inc., et al. v. Melissa Zarda and William Allen Moore, JR., Co-independent Executors of the Estate of Donald Zarda*，883 F. 3d 100。
③ 译者注：*R. G. & G. R. Harris Funeral Homes, Inc. v. Equal Employment Opportunity Commission, et al.*，884 F. 3d 560。

出来的特征或行为，但这些特征或行为如果由另一性别的人表现出来则不会被质疑。性别在雇主的决定中扮演着必要且难以掩饰的（undisguisable）角色，这正是第七条所禁止的。

那些通过《民权法案》的人可能没有预料到他们的努力会导致这一特别的结果。同样地，他们也可能并没有想到该法案多年以来已经产生许多明显的后果，包括禁止基于母亲身份的歧视或禁止对男性雇员的性骚扰。但是，起草者想象力的局限性不是忽视法律要求的理由。当一项法规的明确条款给了我们一个答案，而法律文本外的考虑却给了我们另一个答案时，我们的结论是毋庸置疑的：只有书面文字才是法律，而且所有人都有权享受法律赋予的利益。

一

我们面临的法律问题并不涉及很多事实。摆在我们面前的三起案件中的每一起都是以同样的方式开始的：雇主在雇员透露他或她是同性恋或跨性别者后不久，就解雇了该长期雇员，且除了雇员的同性恋或跨性别身份之外没有主张其他原因。

杰拉尔德·博斯托克曾在乔治亚州克莱顿县担任儿童福利辅导员。在他的领导下，该县的工作获得了国家奖项。在县里工作了十年后，博斯托克开始参加一个同性恋休闲垒球联盟。不久之后，据称社区中有影响力的成员对博斯托克的性取向和参与联盟的行为发表了具有诋毁性的评论。很快，博斯托克因行为"不适当"而被解雇。

唐纳德·扎尔达在纽约的高度特快公司担任跳伞教练。在公司工作了几年后，扎尔达提到自己是同性恋，数天后他被解雇了。

艾米·斯蒂芬斯曾在密歇根州花园市的 R. G. & G. R. 哈里斯殡仪馆工作。当斯蒂芬斯得到这份工作时，斯蒂芬斯以男性的身份出现。但在公司服务两年后，斯蒂芬斯开始治疗绝望和孤独。后来，临床医生诊断斯蒂芬斯患有性别焦虑症，并建议斯蒂芬斯开始以女性身份生活。在公司工作的第六年，斯蒂芬斯给雇主写了一封信，信里解释说：她计划在度假之后

"以女性的身份全职生活和工作"。殡仪馆在她离开之前解雇了她,告诉她
"这行不通"。

虽然这些案件以同样的方式开始,但它们的结局不同。每名雇员都根
据第七条提起诉讼,主张受到基于性别的非法歧视。① 在博斯托克先生的
案件中,第十一巡回上诉法院认为,法律并不禁止雇主以同性恋身份为由
解雇雇员,因此他的诉讼可以基于法律被驳回。② 与此同时,在扎尔达先
生的案件中,第二巡回上诉法院认为,性取向歧视确实违反了第七条,并
允许他的案件继续进行。③ 斯蒂芬斯的案件有着更复杂的程序历史,但最
终第六巡回上诉法院作出了与第二巡回上诉法院相同的决定,认为第七条
禁止雇主因跨性别身份而解雇雇员。④ 在这些旷日持久的诉讼过程中,扎
尔达先生和斯蒂芬斯女士都已去世,但他们的遗产管理人为他们的继承人
的利益而继续诉讼。我们向这些案件授予了调卷令,以最终解决上诉法院
之间就第七条对同性恋和跨性别者保护范围的分歧。⑤

二

本院通常根据法规颁布时其术语的普通公共含义来解释法规。毕竟,
只有书面上记录的文字才构成国会通过并由总统批准的法律。如果法官能
够仅根据文本外来源和我们自己的想象力来增加、改变、更新或减损那些
固有的法定条款,那么我们就面临在民选议员通过立法程序之外修法的风
险。我们亦将剥夺人民得以继续依靠他们所依赖的法律的原始含义来解释
他们的权利和义务的权利。⑥

考虑到这一点,我们的任务是明确的。我们必须确定第七条中以下规

---

① 78 Stat. 255, 42 U. S. C. § 2000e – 2 (a) (1).

② *Bostock* v. *Clayton County Board of Commissioners*, 723 Fed. Appx. 964 (2018).

③ *Altitude Express*, *Inc.*, *et al.* v. *Melissa Zarda and William Allen Moore*, *JR.*, *Co-independent Executors of the Estate of Donald Zarda*, 883 F. 3d at 100 (2018).

④ *R. G. & G. R. Harris Funeral Homes*, *Inc.* v. *Equal Employment Opportunity Commission*, *et al.*, 884 F. 3d 560 (2018).

⑤ 587 U. S. ＿＿ (2019).

⑥ 参见 *New Prime Inc.* v. *Oliveira*, 586 U. S. ＿＿, ＿＿ – ＿＿ (2019) (slip op., at 6 – 7)。

定的普通公共含义："雇主因为个人的种族、肤色、宗教、性别或祖籍国未能或拒绝雇用或解雇任何个人，或以其他方式歧视任何个人就业的薪酬、条款、条件或特权，皆为违法。"① 为此，我们以 1964 年通过本法律的时间为导向，先对法律的关键条款逐一审查，然后评估它们对这些案件的影响，最后再根据本院的先例确认我们的工作。

A

在这些案件中，唯一受法律保护的特征是"性别"，这也是第七条中的主要术语，但对其含义本案各方存在争议。雇主们引述与法律大致同时代的辞典释义，称，正如这里所使用的，1964 年的"性别"一词指的是"由生殖生物学决定的男性或女性的身份"。雇员们反驳说，即使在 1964 年，这个词的含义也更广，其包含的内容不仅仅是解剖学下的含义，至少也包含一些关于性别认同和性取向的行为规范。但是，由于我们审理这些案件的方法和以上辩论的结果无关，并且由于雇员为了论证之目的也同意这一点，我们在此假设"性别"的含义为雇主所主张的含义，仅指男性和女性之间的生物学差异。

不过，这只是争议的起点。问题不仅仅是"性别"是什么意思，而是第七条对它有何规定。最值得注意的是，该法禁止雇主"因为"（because of）性别采取某些行动。而且，正如本院先前所解释的那样，"'因为'的通常含义是'由于'（by reason of）或'基于'（on account of）"。② 在法律语言中，这意味着第七条的"因为"的检验标准包含了"简单"（simple）和"传统"（traditional）的"若非因"的因果关系。③ 只要能证明"若非因"所谓的原因，特定结果就不会发生，就能确定存在这种形式的因果关系。④ 换句话说，我们可以通过每一次改变一件事，看看结果是否

---

① § 2000e‑2（a）（1）.

② *University of Tex, Southwestern Medical Center v. Nassar*, 570 U. S. 338, 350 (2013) [citing *Gross v. FBL Financial Services, Inc.*, 557 U. S. 167, 176 (2009); quotation altered].

③ 参见 Nassar, 570 U. S., at 346, 360。

④ 参见 Gross, 557 U. S., at 176。

改变来对这种因果关系进行测试。如果结果发生了改变，我们便找到了一个"若非因"的原因。

这可能是一个宽泛的标准。通常，事件会有多个"若非因"的原因。例如，如果发生车祸既是因为被告闯红灯，又因为原告未能在十字路口发出转弯信号，我们可以称他们都是车祸的"若非因"原因。[1] 就第七条而言，采用传统的"若非因"的因果关系标准意味着被告不能通过引用导致其受到质疑的就业决定的其他因素来逃避责任。只要原告的性别是该决定的一个"若非因"的原因，就足以触发法律的适用。[2]

毫无疑问，国会本可以采用更狭义的方式。正如在其他法规中一样，它本可以在因果关系上加上"仅出于"（solely）一词，以表明"因为"多种因素的汇合而采取的行动并不违反法律。[3] 或者它可以写成"主要是因为"（primarily because of），以表明被禁止的因素必须是被告受到质疑的雇用决定的主要原因。[4] 但这些都不是我们面对的法律。如果说有什么不同的话，那就是国会已经朝着相反的方向发展，在1991年补充了第七条，允许原告仅仅通过证明性别等受保护的特征是被告受到质疑的雇用行为中的"动机因素"（motivating factor），即可获胜。[5] 在这种更宽容的标准下，即使性别不是雇主受到质疑的决定的"若非因"的原因，雇主有时也会承担责任。尽管如此，由于我们的分析中没有采用任何动机因素测试，因此我们专注于更传统的"若非因"因果关系标准，该标准继续为适用第七条的案件提供可行的、即使不再是排他性的救济途径。[6]

即使"若非因"的因果关系标准可能十分宽泛，第七条也不涵盖"因为"性别而发生的所有事件。该法律规定，只有当雇主基于法定保护的特征，如性别的原因，"未能或拒绝雇用"（fail or refuse to hire）、"解

---

[1] Cf. *Burrage* v. *United States*，571 U. S. 204，211－212（2014）.

[2] 参见 Cf. *Burrage* v. *United States*，571 U. S. 204，211－212（2014）；Nassar，570 U. S.，at 350。

[3] Cf. 11 U. S. C. §525；16 U. S. C. §511.

[4] Cf. 22 U. S. C. §2688.

[5] Civil Rights Act of 1991，§107，105 Stat. 1075，codified at 42 U. S. C. §2000e－2（m）.

[6] §2000e－2（a）（1）.

雇"（discharge）、"或以其他方式……歧视"（or otherwise…discriminate a-gainst）某人时，雇主才承担责任。① 雇主承认他们在今天的案件中解雇了原告，但声称该法规中引述的数个动词应该受限于其最后一项限定："或以其他方式……歧视。"雇主主张，鉴于"或以其他方式"一词，第七条并不关注所有的解雇，而只关注那些涉及歧视的解雇。

仅为辩论而言，我们也接受这一点，问题就变成了：在 1964 年，"歧视"意味着什么？经过考证，它的意思与今天的意思并无不同："（一个人与其他人相比）提供待遇或优惠有所不同。"② 因此，"歧视"一个人似乎意味着对待这个人比对待处境相似的其他人更糟糕。③ 在像今天这样的所谓"差别待遇"案件中，本院还认为，基于性别的差别待遇必须是故意的。④ 因此，总而言之，雇主故意因为性别而对一个人更差，例如，因为该人如系另一性别即可被雇主接受，但相反，其被解雇，就构成了对该雇员的歧视而违反了第七条的规定。

乍一看，似乎也可以有另一种解释。歧视有时涉及"针对群体而非个体的歧视行为、做法或事件"。⑤ 根据这一理解，该法规将要求我们考虑雇主对群体而不是对个人的待遇，以了解一项政策如何在整体上影响一种性别，而区别于另一性别。这个想法直观上仿佛有一些道理。也许法律本身只是为了确保雇主总体上不会比对待男性更差地对待女性。那么，我们如何判断第七条中"歧视"是针对个人还是群体呢？

该法规直接回答了这个问题。它三次告诉我们——包括在紧接"歧视"一词之后——我们的重点应该放在个人身上，而不是群体上：雇主不得因为个人的……性别，"未能或拒绝雇用或……解雇任何个人，或以其他方式……在就业薪酬、条款、条件或特权方面歧视任何个人"。⑥ "个

---

① §2000e－2（a）（1）.

② Webster's New International Dictionary 745（2d ed. 1954）.

③ 参见 *Burlington N. & S. F. R. Co. v. White*，548 U. S. 53，59（2006）。

④ 参见 *Watson v. Fort Worth Bank & Trust*，487 U. S. 977，986（1988）。

⑤ Webster's New Collegiate Dictionary 326（1975）；post，at 27－28，n. 22（J. Alito，dissenting）.

⑥ §2000e－2（a）（1）.

人"的含义在 1964 年和今天一样没有争议,为"一个特定的存在,与一个阶级、物种或集体不同"。① 在这里,国会本可以制定出不同的法律。它本可以将法律写成:"在雇用、解雇或就业条款或条件方面相较一种性别而偏袒另一种性别,皆属违法雇用行为。"它亦可以写明不得有"性别歧视",这或许表示其关注两性作为群体(group)之间的差别待遇。更狭义地说,它也可能只禁止针对女性作为一个类群(class)的"性别歧视政策"(sexist policies)。但是,我们再一次重申,这不是我们的法律。

该法规关注个人而不是群体所带来的影响绝不是学术性的。假设雇主解雇了一名拒绝其性侵犯的女性。雇主指出,虽然他对待那个女性比对待男性更糟糕,但他在总体上给予女性雇员更优惠的待遇。这并非一个辩护理由。雇主违反了法律是因为他对这名女性的待遇更糟,而且部分原因是基于她的性别。雇主说它因性别而同时歧视男性和女性也不是一种辩护。该法规致力于保护男女个人免受歧视,而且对男女的保护是平等的。因此,一个雇主因为作为女性的汉娜不够女性化而解雇她,也因为作为男性的鲍勃不够男性化而解雇他,可能或多或少地在群体上平等地对待了男性和女性。但在这两种情况下,雇主都是基于性别的部分原因而解雇了雇员。雇主不仅没有回避第七条适用的风险,反而加倍违反了法律。

B

从法律通过时语言的普通公共含义中,可以归纳出一条直截了当的规则:只要雇主部分基于性别解雇个别雇员,就违反了第七条的规定。除了原告的性别之外,其他因素是否促成了这一决定并不重要。而且,雇主对待女性群体与对待男性群体并无差异亦不重要。如果雇主在决定解雇雇员时故意部分基于雇员个人的性别——换句话说,如果改变雇员的性别会让雇主做出不同的选择——那么就发生了违法行为。第七条传达的信息是"简单但重要的"(simple but momentous):个人雇员的性别"与雇员的选

---

① Webster's New International Dictionary, at 1267.

择，评估或薪酬无关"。①

该法规对我们案件的信息同样简单并且重要：个人的同性恋或出现跨性别身份与雇用决策无关。那是因为不可能出现歧视一个人是同性恋或跨性别者，而该歧视并非基于性别的情况。例如，一个雇主有两名雇员，两名雇员都被男性所吸引。在雇主看来，这两个人在各个方面上都是基本相同的，除了一个是男性，另一个是女性。如果雇主解雇男雇员，除了他被男性吸引之外，没有其他原因，那么雇主就是在歧视他，因为雇主接受他的女同事具有同样的特质或行为。换句话说，雇主故意挑出一名雇员解雇，其部分原因是基于雇员的性别，而受影响的雇员的性别构成他被解雇的"若非因"的原因。或者，雇主解雇了一名跨性别者，该跨性别者在出生时被认定为男性，但现在以女性身份呈现。如果雇主保留了一名除了在出生时被认定为女性但在其他方面都和被解雇雇员相同的雇员，雇主便是在故意惩罚出生时被认定为男性的人，因为他接受出生时被认定为女性的雇员具有和被解雇雇员同样的特质或行为。同样，该名雇员的性别在雇主的解雇决定中有着明确但不被允许的地位。

这使这些案件有别于无数其他并不涉及第七条的案例。以雇主为例，他解雇了一名女雇员，因为她拖延或不称职，或者只是因为她支持了错误的球队。假设雇主亦不会容忍一个男性的相同特质，那么第七条就不适用。但与任何其他特质或行为不同，同性恋和跨性别身份与性别有着不可分割的联系。不是因为同性恋或跨性别身份在某种模糊的意义上与性别有关，也不是因为基于这些特质的歧视对一种性别或另一种性别会产生不同的影响，而是因为基于这些理由的歧视必然导致雇主故意因为性别而区别对待个别雇员。

当雇主因为一个雇员的性别而给该雇员的待遇更糟时，其他因素也可能导致这一决定，但这无关紧要。例如一个雇主的政策是解雇任何他发现是洋基队球迷的女性雇员。如果雇主可以容忍男性雇员对同样球队的忠诚，那么雇员因为是女性和洋基队的粉丝而遭到解雇则是因为性别。本案

---

① *Price Waterhouse v. Hopkins*，490 U. S. 228，239（1989）（plurality opinion）.

亦如此。当雇主因为雇员是同性恋或跨性别者而解雇她时，可能有两个因果因素在起作用——个人的性别和其他因素（个人被吸引的性别或个人认同的性别）。但第七条的规定并不强调这一点。如果雇主"若非因"雇员的性别就不会解雇该雇员，则雇主的行为已经符合了法规的因果关系标准，雇主可能就要承担法律责任。

在今天的案件中，即使雇主将其他原因归结为另外的意图，也不能使雇主免于承担责任。故意烧毁邻居的房子是纵火行为，即使肇事者的最终意图（或动机）（intention or motivation）只是改善视野。同样，基于性别的故意歧视违反了第七条，即使它只是为了实现雇主歧视同性恋或跨性别雇员的最终目标的一种手段。意图在这里所扮演的角色是无法规避的：正如当雇主歧视同性恋或跨性别雇员时，性别必然是一个"若非因"的原因一样，基于这些理由进行歧视的雇主不可避免地故意在决策中依赖了性别的因素。想象一下，一个雇主的政策是解雇任何已知是同性恋的雇员。雇主举办办公室节日派对，并邀请他们带上他们的配偶。一位模范雇员赶到并将妻子苏珊介绍给一位经理，该雇员会被解雇吗？如果公司政策按照雇主的意图运作，答案完全取决于模范雇员是男性还是女性。可以肯定的是，雇主的最终目的可能是基于性取向的歧视。但为了实现这一目的，雇主必须故意地将个别雇员对待得更差，且部分原因是基于该人的性别。

即使雇主回应其可以一视同仁地解雇同性恋或跨性别的男性和女性雇员，这也不构成更好的抗辩。第七条的责任不限于那些通过其雇用行为的总和而区别对待男性雇员阶层和女性雇员阶层的雇主们。相反，法律将每一起个别雇员因其性别而遭受歧视的案件都规定为对第七条的独立侵犯。因此，正如一个雇主因为汉娜和鲍勃未能满足传统的性别刻板印象而解雇汉娜和鲍勃，是加倍承担而不是免除第七条的责任一样，一个同时解雇是同性恋或跨性别者的汉娜和鲍勃的雇主也是如此。

归根结底，这些案件的裁决只需要直接适用具有简单明了并被广泛接受的含义的法律术语即可。雇主如果歧视雇员是同性恋或跨性别者，雇主必然或至少部分原因是基于性别而故意歧视该名男雇员或女雇员。这是第七条的条款所明确禁止的，基于此也就"没有必要再作额外分析了"。①

C

如果我们的结论需要更多的支持，这些支持也很容易找到。该法的简单条款所表明的含义在本院的案件中已经得到确认。看一下我们的三个重要先例。

在菲利普斯诉马丁马里亚那公司②一案中，公司被指拒绝雇用有幼年子女的女性，但却雇用了有相同年龄幼童的男性。由于它的歧视不仅取决于女性雇员的性别，还取决于另一个标准，即身为幼童的父母，该公司辩称它没有"因为"性别而导致歧视。该公司还坚称，因为综合来看，它更倾向于雇用女性而不是男性，所以它没有违反法律。毫无意外，这些意见并没有改变法院的看法。雇主只是部分由于性别而故意歧视个人，并不能为违反第七条提供抗辩。同样地，即使雇主也可能碰巧偏袒女性作为一个类群，这亦不是对违反第七条的抗辩。

在洛杉矶水电部诉曼哈特③一案中，雇主要求女性缴纳的养老金金额高于男性。雇主试图为其男女不同待遇辩护，理由是女性往往比男性活得时间更长，因此从时间上看，她们可能从养老金中获得更多的收入。当事人都承认，雇主没有对女性的敌意，也没有"对女性无法从事某些工作作出纯粹习惯性的假设"；相反，它依赖了貌似准确的关于预期寿命的统计结果。④ 即便如此，法院认为，在群体一级看起来公平的规则，在个人一级可能被证明是歧视性的。诚然，女性作为一个群体可能比男性活得更久。但是，"本法规对个人的关注是明确的"，任何女性个人都可能缴纳更

---

① *Altitude Express*, *Inc.*, *et al.* v. *Melissa Zarda and William Allen Moore*, *JR.*, *Co-independent Executors of the Estate of Donald Zarda*, 883 F. 3d, at 135（J. Cabranes, concurring in judgment）.

② *Phillips* v. *Martin Marietta Corp.*, 400 U. S. 542（1971）（per curiam）.

③ *Los Angeles Dept. of Water and Power* v. *Manhart*, 435 U. S. 702（1978）.

④ *Los Angeles Dept. of Water and Power* v. *Manhart*, 435 U. S. 707 – 708（1978）.

多的养老金,但仍然像男性一样早逝。[1] 因此,法院驳回了雇主主张其行动的动机是希望实现在群体范围上的两性平等,认为这种主张和法规无关:尽管雇主基于性别的故意歧视是由某种进一步的意图(或动机)引起的,即使是像寻求解释精算表这样平常的意图(或动机),雇主的歧视行为同样不被允许。[2] 雇主违反了第七条的规定,因为即使其政策完全可以按计划运作,它也无法"通过简单的测试"(pass the simple test),即如果忽视其性别,每个女雇员是否都会得到与别的雇员相同的待遇。[3]

在昂卡尔诉尚当那海外服务公司[4]一案中,一名男性原告指称,他被男性同事单独挑出来并受到了性骚扰。法院认为,实施被指歧视行为的成员与受害者同性别的事实并不重要。法院也不关心男性作为一个群体是否受到歧视,或者除了性别之外,是否还有其他因素导致了歧视,比如原告的行为或个人属性。"可以肯定的是",此案不涉及"国会在颁布第七条时所关注的主要恶行"。[5] 但是,法院一致解释说,"我们要履行的是我们法律的规定,而不是我们立法者的主要关注点"。[6] 因为原告声称,"若非因"他的性别,骚扰就不会发生——也就是说,如果原告是女性,他就不会遭受类似的待遇——因此该案存在一项可审理的第七条索赔。

这些案例给我们带来的借鉴意义是相似的。

首先,雇主如何称呼其歧视行为、其他人如何给它贴上标签,或者有其他可能的动机都是无关紧要的。在曼哈特案中,雇主称其要求女性支付更多养老金的规定是实现性别平等所必需的"预期寿命"调整。在菲利普斯案中,雇主可以准确地将其政策说成是基于"母亲身份"的政策。同样地,当前案件中的雇主可能会将他们的行为描述成雇员的同性恋或跨性别身份导致。但是,正如身份标签和额外的意图或动机在曼哈特案或菲利普斯案中没有意义一样,它们在这里也同样没有意义。当雇主以同性恋或跨

---

[1]　*Los Angeles Dept. of Water and Power v. Manhart*, 435 U. S. 708(1978).

[2]　*Los Angeles Dept. of Water and Power v. Manhart*, 435 U. S. 708(1978).

[3]　*Los Angeles Dept. of Water and Power v. Manhart*, 435 U. S. 711(1978).

[4]　*Oncale v. Sundowner Offshore Services, Inc.*, 523 U. S. 75(1998).

[5]　*Oncale v. Sundowner Offshore Services, Inc.*, 523 U. S. 79(1998).

[6]　*Oncale v. Sundowner Offshore Services, Inc.*, 523 U. S. 79(1998).

性别身份为由解雇雇员时，它必然会故意歧视他们，且其中部分原因是性别。这就是根据第七条确定责任的全部要求。

其次，原告的性别不一定是雇主不利行为的唯一或主要原因。在菲利普斯案、曼哈特案和昂卡尔案中，被告可以很容易地指出雇员具有其他一些不受保护的特征，并坚持认为这是导致雇员不利雇用结果的更重要的因素。在这里，如果另一个因素（例如原告被吸引或呈现的性别）也可能在工作中，甚至在雇主的决定中扮演更重要的角色，但它们都毫无意义。

最后，雇主不能通过证明自己把男性和女性作为群体来同等对待而逃避责任。正如曼哈特案所呈现的那样，雇主故意要求女雇员向养老金计划支付比男性雇员更多的费用，即使该计划促进了群体层面的平等，雇主亦违反了法律。同样，雇主故意解雇一名同性恋或跨性别雇员，部分原因必然是基于是该人的性别，即使雇主愿意让所有男性和女性同性恋或跨性别雇员遵守同一规则，这也违反了法律。

三

雇主能做出怎样的回应呢？就案情而言，他们并不否认自己以同性恋或跨性别身份为由解雇了原告。找出促成不利雇用决定的真正原因通常是困难的，但在这里没有争议。相反，雇主认为，即使基于雇员的同性恋或跨性别身份而故意歧视雇员，他们也不应根据第七条承担责任。

雇主的论点分两个阶段展开。为了在法规文本中找到支撑点，他们首先试图通过一些原因来解释为何基于同性恋或跨性别身份的歧视不构成因性别而引起的歧视。但每一个这些论点都只是重新包装我们已经看过的且已被本院的先例驳回的谬论。最后，雇主只能退到法规文本之外，他们指责我们忽视了立法机关颁布第七条的目的或对其执行的某些期望。他们还警示了我们在对雇员作出有利裁决后可能会产生的后果。但是，所有这些雇主认为法律是什么或应该做什么的争论，都不允许我们无视法律的本义。

A

也许最直观的是，雇主主张，在通常对话语境中，基于同性恋和跨性别身份的歧视并不被称为性别歧视。如果被朋友（而不是法官）问为什么他们被解雇，即使是今天的原告也可能会回答说，这是因为他们是同性恋或跨性别者，而不是因为性别。根据雇主的说法，这种对话式的答案并非法规的严格条款，其应该引导思考并足以推翻所有关于我们面前的雇员是因为性别而被解雇的提议。[①]

但上述论点是基于对法律在第七条相关的案件中寻找何种原因的错误理解。在对话语境中，讲话者可能会专注于听众认为最相关或最重要的内容。因此，刚刚被解雇的雇员可能会指出最主要或最直接的原因，而不是列出所有"若非因"的原因。否则，雇员会疲于解释。但这些对话惯例并不能决定第七条的法律分析，该分析只是简单地询问性别是不是一个"若非因"的原因。例如，在菲利普斯案中，一名根据雇主的政策未被雇用的女性可能会告诉她的朋友，她的申请被拒绝是因为她是母亲，或者因为她有年幼的孩子。鉴于根据这项政策，许多女性仍然可能会被雇用，她不太可能说她是因为她是女性而没有被雇用。但法院毫不犹豫地认定，菲利普斯案的雇主因雇员的性别而歧视了原告。性别不是唯一的因素，甚至可能不是主要因素，但它是一个"若非因"的原因——这就足够了。你可以认为该法规的因果关系标准太过宽泛或墨守成规，持反对意见者甚至称其为呆板或刻板。但这的确是法律的规定。

我们面前的被告试图通过另一个角度来主张：基于同性恋或跨性别身份进行歧视的雇主不会故意基于性别进行歧视，因此不满足可以进行差别待遇索赔的要求。[②]但是，正如我们之前所讲的，歧视同性恋或跨性别雇员的雇主必然会故意利用基于性别的规则。例如，宣布不会雇用任何同性

[①] Cf. post, at 3 (J. Alito, dissenting); post, at 8 – 13 (J. Kavanaugh, dissenting).

[②] 参见 post, at 9 – 12 (J. Alito, dissenting); post, at 12 – 13 (J. Kavanaugh, dissenting)。

恋者的雇主就是故意惩罚被男性吸引的男性雇员和被女性吸引的女性雇员。

那么，当雇主坚持认为基于同性恋或跨性别身份的故意歧视不是基于性别的故意歧视时，他们是什么意思呢？也许雇主的意思是他们不打算把某个性别作为一个群体来伤害。但我们现在应该清楚，该法规的重点是对个人的歧视，而不是对群体的歧视。或者，雇主可能指出他们不认为自己有基于性别歧视的动机和意愿。但是，第七条的规定中除性别歧视之外并不关注任何雇主行为的类别或其是否有任何进一步的意图（或动机）。在曼哈特案中，雇主故意要求女性缴纳更高的养老金，只是为了进一步实现使男女群体之间更加公平的目的。在菲利普斯案中，雇主可能认为自己是基于幼童母亲的身份而不是性别的歧视，因为其招聘政策总体上偏爱女性。但在这两起案件中，法院都认为所有这些与案件无关。如果雇主的政策涉及基于性别的故意歧视，违反第七条的法律责任必然随之而来。

雇主们问道：鉴于雇主可以在不了解申请人性别的情况下拒绝雇用同性恋或跨性别者，当前的案件难道不是与上述先例不同吗？假设雇主要求同性恋或跨性别者在其工作申请表上打钩，然后，雇主让其他人编辑任何可用于辨别申请人性别的信息。由此产生的申请将披露哪些人是同性恋或跨性别者，而不会透露他们是男性或女性。这种可能性难道不表明雇主对同性恋或跨性别者的歧视不构成性别歧视吗？

答案是否定的。即使在这个例子中，申请人个人的性别仍然是影响雇主决定的一个因素。稍微改变假设，上述分析的缺陷就会变得明显。假设雇主的申请表提供了一个框，要求申请人打钩确认他或她是黑人或者是天主教徒。如果雇主拒绝雇用任何勾选该框的人，我们是否会得出结论，只要雇主故意避免得知任何特定申请人的种族或宗教，雇主就遵守了第七条？当然不是。通过故意制定一项规则，使招聘基于种族或宗教，雇主便违反了法律，无论他是否了解个别申请人的情况。

本案的情况也是如此。申请人没有办法在不考虑性别的情况下决定是否勾选同性恋或跨性别者的选项框。究其原因，想象一个申请人不知道"同性恋"或"跨性别者"这两个词是什么意思，然后尝试在不使用"男性"、"女性"或"性别"（或某些同义词）这些词的情况下写出关于谁应该勾选该框的说明，这是做不到的。同样，雇主也不可能做到在歧视那些勾选同性恋或跨性别者的人的同时，而不会部分因为申请人的性别而不歧视他（她）们。通过歧视同性恋，雇主故意惩罚被男性吸引的男性和被女性吸引的女性。通过歧视跨性别者，雇主不可避免地歧视那些出生时确定的性别不同于今天确定的性别的人。无论如何，雇主故意拒绝雇用申请人，部分原因必定是受影响的个人的性别，即使其从未知悉任何申请人的性别。

接下来，雇主转向第七条下的受保护特征清单：种族、肤色、宗教、性别和祖籍国。雇主认为，由于同性恋或跨性别身份在该清单上找不到，并且因为它们在概念上与性别不同，因此他们被隐含地排除在第七条的范围之外。换句话说，如果国会想在第七条中处理这些问题，它会明确地提到它们。[1]

但事实并非如此。我们同意同性恋或跨性别身份是与性别不同的概念。但是，正如我们所看到的，基于同性恋或跨性别身份的歧视必然导致基于性别的歧视；没有第二个，第一个就不能发生。也没有任何"甜甜圈洞准则"（canon of doubt holes），在这种情况下，国会未能直接处理一个属于一般法定规则的特定案件，这创造了一种默认的例外。相反，当国会选择不将任何例外纳入广义的规则时，法院将适用广义规则。这正是本院一直以来对待第七条的方式。性骚扰在概念上与性别歧视不同，但它可能属于第七条的范围。[2] 雇主会因为国会本可以更具体地讨论这些问题而让我们推翻这些案件吗？当然不会。根据该法规，第七条禁止一切形式的性别歧视，无论这些歧视通过何种方式表现出来或附带着任何其他标签。

雇主又尝试用另一种方式说明同样的论点。他们指出，自1964年以来，国会已经考虑了几项将性取向添加到第七条受保护特征列表的提案，但这样的修正案尚未成为法律。与此同时，国会还颁布了其他法规，以解

---

① Cf. post, at 7 – 8 （J. Alito, dissenting）; post, at 13 – 15 （J. Kavanaugh, dissenting）.

② Oncale, 523 U. S., at 79 – 80. Same with "motherhood discrimination" Phillips, 400 U. S., at 544.

决其他涉及性取向的话题。他们敦促，我们应该从这些立法历史中认识到一些事情。①

但那又如何呢？没有权威证据解释为什么国会后来通过了其他涉及性取向的法律，但没有修改这项法律。也许后来的立法机构中的一些人理解了第七条的广泛语言已经足够满足像我们这样的案件的要求，并且认为不需要修改。也许有些人知道它的影响，但希望其他人不会注意到。也许还有一些人被其他担忧所占据，根本没有考虑过这个问题。我们唯一可以确定的是，如果通过猜测为什么后来的国会拒绝通过新立法而对不同的国会在更早的时间通过的现有法律进行解释是"非常危险的"。②

这促使雇主寻求另外一种例外。也许传统而简单的"若非因"因果关系标准应该适用于所有其他涉及第七条规定的案件，但在涉及同性恋和跨性别雇员的案件中，它却行不通。这个标准太过生硬，无法捕捉到这类案件的细微差别。雇主用一个例子来说明他们的担忧。当我们应用这个简单标准对博斯托克先生（一个被其他男性吸引的男性）进行测试时，我们仅需要问博斯托克先生，如果他是一个女性，他是否会被解雇？我们的提问不只是改变他的性别，在此过程中，我们也改变了他的性取向（从同性恋到异性恋）。雇主强调，如果目的是要找出是不是原告的性别导致了他的解雇，我们必须保持性取向不变，这意味着我们需要改变他的性别和吸引他的性别。因此，对于博斯托克先生来说，问题应该是，如果他是一个被女性吸引的女性，他是否会被解雇？由于他的雇主会像解雇男同性恋一样迅速解雇女同性恋，雇主得出结论，本案不存在违反第七条的行为。

这个解释虽然是新的，但仍是错误的。若第七条只保证男女群体之间的平等待遇，或者若该法规只适用于以下情况时：性别成为雇主受到质疑的不利雇用行为的唯一或主要原因，雇主的论点或许有一些道理。但上述

---

① Cf. post, at 2, 42 – 43（J. Alito, dissenting）; post, at 4, 15 – 16（J. Kavanaugh, dissenting）.

② *Pension Benefit Guaranty Corporation* v. *LTV Corp.*, 496 U. S. 633, 650（1990）; *United States* v. *Wells*, 519 U. S. 482, 496（1997）; *Sullivan* v. *Finkelstein*, 496 U. S. 617, 632（1990）（J. Scalia, concurring）（ "Arguments based on subsequent legislative history… should not be taken seriously, not even in a footnote"）.

两个前提都是错误的。第七条的简单条款和我们的先例并不关心雇主是否将男性和女性作为群体来对待；同时解雇女同性恋和男同性恋的雇主责任不会被减轻，而是会加倍。回头看一下曼哈特案，雇主试图根据预期寿命来更加公平地规范养老金缴款的金额，这并不能为雇主提供辩护。该法规也不关心除性别以外的其他因素是否导致了雇主的解雇决定。博斯托克的雇主之所以决定解雇他，可能只是因为两个因素的结合，即他的性别和他被吸引的性别。但同样的原因也适用于菲利普斯，增加的变量是她的母亲身份。

尽管如此，雇主们坚持认为，本案似乎有些不同。本院处理的某些其他就业政策往往只伤害女性或只伤害男性，这和我们面前的案件不同，雇主的政策对男性和女性会产生同样的不利后果。如果异性成员可能面临同一政策带来的相同结果，那么性别怎么可能是必要的原因呢？

雇主认为它的独特之处并不罕见。在生活和法律中，通常两个"若非因"的因素结合在一起会产生一个也可能以其他方式发生的结果。想象一下，外面天气很好，你的房子太热了，所以你决定打开窗户。外面的凉爽温度和里面的热量都是你选择打开窗户的"若非因"的原因。你打开窗户也可能是因为外面很暖和，里面很冷。无论哪种情况，我们都不会否认是因为外面的温度而打开窗户的。我们的案件情况也具有相似性。因此，例如，当涉及同性恋雇员时，男性性别和对男性的吸引力可以结合起来构成"若非因"的因素，让他们遭到解雇。女性的性别和对女性的吸引力也可以让雇员被解雇的事实只不过是表明通过不同因素的结合，可以达到相同的结果。然而，无论哪种情况，性别都扮演着"若非因"的重要角色。

归根结底，雇主的论点不可避免地归纳为一种主张，即性别必须是第七条责任的不利雇用诉讼的唯一或主要原因。但是，正如我们所看到的，这一主张与我们所知道的关于该法规的一切都是相悖的。试想一个渴望重振20世纪50年代职场性别角色的雇主，他执行一项政策，即他只雇用男性作为机械师，只雇用女性作为秘书。当一名合格的女性申请机械师的职位并被拒绝时，经过"简单的测试"立即就会发现歧视：如果是一名合格的男性就将获得这份工作，因此性别是雇主拒绝雇用的"若非因"的原因。但就像今天在我们面前的雇主一样，这个雇主会说别这么快下结论。通过比较申请成为机械师的女性和申请成为机械师的男性，我们其实悄悄地改变了两件事：申请人的性别和她不符合 20 世纪 50 年代性别角色的特征。因此，这个"简单的测试"忽略了这个结果的出现实际上是因为申请人对 20 世纪 50 年代性别角色的挑战，而不是她的性别。因此，我们需要保持第二个特征不变：雇主会说，我们不应该将失望的女性申请人与申请相同职位的男性进行比较，而应该将她与申请成为秘书的男性进行比较。因为该男性求职者也会被拒绝，所以这绝不是性别歧视。

但没有人会主张这个论点，因此雇主必须试图设计一个更严格的因果关系测试标准，仅用于涉及基于性取向或跨性别身份的歧视的案件。委婉地说，这样的规则会在我们的判例法中造成一种奇怪的不连续性。以下问题常用"简单的测试"：雇主可以根据性别刻板印象招聘吗？雇主可以根据性别制定养老金缴款金额吗？雇主可以解雇那些在办公室里行为不够男性化的男性吗？但是，当同一个雇主歧视那些被女性吸引的女性，或者那些在出生时被确定为女性但后来被认定为男性的人时，我们却突然推出一个新的、更严格的标准。为什么考虑这些涉及性别的原因时要与其他所有情形不同？我们无法在第七条的文字中找到答案。

B

最终，雇主不得不完全放弃援引法律文本和判例，而仅诉诸假设和政策。更直接地说，他们认为，在 1964 年，很少有人会期望第七条适用于对同性恋和跨性别者的歧视。他们说，无论法规的文字和我们的先例主张什么，基于这一事实难道不就应该让我们在得出行为违法的结论之前暂停下来吗？

我们应该断然拒绝这一论点。多年来，本院多次解释说，当法规条款的含义明确时，我们的工作就结束了。人民有权依赖成文的法律，而不必担心法院会基于某种语境外的考虑而无视法律的明文规定。① 当然，本院的一些法官在解释模棱两可的法规语言时，也参考过立法历史。② 但这与本案无关。"对于那些考虑到立法历史的人来说，它是为了澄清模糊性，而不是创造。"③ 正如我们所看到的，关于第七条的条款如何适用于我们面前的事实，不存在任何含混不清之处。可以肯定的是，该法规在这些案件中的适用范围"超出了立法者可能打算或期望解决的主要恶行"。④ 但是，"【法规】已适用于国会未明确预见的情况"这一事实并不表示其模棱两可；相反，它只是"展示"立法命令的"广度"。⑤ "而且归根结底，我们受制于这些立法命令的规定，而不是我们立法者的主要关注点。"⑥

尽管如此，虽然立法历史永远无法推翻明确的法定文本，但历史来源可以用于不同的目的：因为法律在颁布时的普通含义通常具有约束力，我们必须敏感地认识到，一个法定术语在今天或一种情况下有一种含义，在通过时可能意味着其他含义，或者在另一个上下文中可能意味着不同的含义。我们必须适应这样一种可能性，即法定术语通常具有与单独或字面上的术语不同的含义。为了找出语言用法的这种变化或字面意思和普通含义之间的微妙区别，本院有时会参考法律起草者对术语的理解，作为一些（并不总是决定性的）证据。例如，在实施《国家机动车辆盗窃法》（the National Motor Vehicle Theft Act）的背景下，法院承认，1931 年的"车辆"一词可能从字面上意味着"在陆地、水或空中工作的运输工具"。⑦ 但是，鉴于 1919 年通过该法案时的背景线索和"日常语言"（everyday speech），法院得出结论，该法规中的"车辆"仅包括"在陆地上移动"的事物，

① *Carcieri v. Salazar*，555 U. S. 379，387（2009）；*Connecticut Nat. Bank v. Germain*，503 U. S. 249，253 – 254（1992）；*Rubin v. United States*，449 U. S. 424，430（1981）.

② Cf. post，at 40（J. Alito，dissenting）.

③ *Milner v. Department of Navy*，562 U. S. 562，574（2011）.

④ Oncale，523 U. S.，at 79.

⑤ Sedima，S. P. R. L. v. Imrex Co.，473 U. S. 479，499（1985）.

⑥ Oncale，523 U. S.，at 79；A. Scalia & B. Garner，*Reading Law*：*The Interpretation of Legal Texts 101*（2012）（noting that unexpected applications of broad language reflect only Congress's "presumed point［to］produce general coverage—not to leave room for courts to recognize ad hoc exceptions"）.

⑦ *McBoyle v. United States*，283 U. S. 25，26（1931）.

不包括飞机。① 同样，在新普赖姆（New Prime）一案中，我们认为，虽然今天的"雇用合同"一词似乎只包括与雇员的合同，但在通过该法规时，该短语通常也被理解为包括与独立承包商的合同。②

然而，雇主在这里并没有提出类似的主张。他们并不试图使用历史来加以说明：自 1964 年以来，无论是单独看还是从整体上看，第七条的任何语言或法规的条款含义发生了某些变化，变化中通常都带有一些我们遗漏的信息。相反，正如我们所看到的，雇主同意我们对所有法定语言的理解："歧视任何个人……因为人的……性别。"本案中的反对法官的不同意见也没有提供关于这些术语在单独或总体中的含义的替代解释。雇主和持反对意见法官并不主张法定语言具有其他含义，而只是指出，由于 1964 年很少有人预料到今天的结果，我们不应该敢于承认它无法避免地遵循了法定文本的原意。当一项既出乎意料又重要的新应用情形出现时，他们似乎只会让我们指出问题，将问题抛回国会，并同时拒绝执行法律的明文规定。

这正是本院长期以来一直拒绝的逻辑进路。诚然，雇主们煞费苦心地表达他们的观点，以寻求尊重法规的"预期适用"（expected applications），而不是证明其"立法意图"（legislative intent）。但这些概念是密切相关的。人们很容易争辩说，立法者只打算提出预期的适用，或者法规的目的仅限于实现在颁布时预见的适用。无论什么论点，雇主的逻辑都是试图将法律的简单含义曲解于超越法律之外的东西，这是不被允许的。

如果有的话，雇主的新论点可能只会增加新的问题。雇主们断言，在 1964 年或之后的一段时间内，"没有人"会预料到今天的结果。但真的是这样吗？法律通过后不久，同性恋和跨性别雇员就开始提起与第七条有关的诉讼，所以至少有一些人预见到了这种潜在的适用。③ 在第七条通过后

---

① *McBoyle v. United States*, 283 U. S. 25, 26（1931）.

② 586 U. S. , at ＿ － ＿（slip op. , at 6 – 9）. Cf. post, at 7 – 8（J. Kavanaugh, dissenting）（providing additional examples）.

③ 参见 *Smith v. Liberty Mut. Ins. Co.* , 395 F. Supp. 1098, 1099（ND Ga. 1975）（addressing claim from 1969）; *Holloway v. Arthur Andersen & Co.* , 566 F. 2d 659, 661（CA9 1977）（addressing claim from 1974）.

不到十年，在关于《平等权利修正案》（the Equal Rights Amendment）的辩论中，有专家指出，其语言（与第七条的语言惊人地相似）也可能保护同性恋者免受歧视。①

为什么这还不足以证明今天的结果并非完全出乎意料？要有多少人必须预见到这个适用才能被称为"符合预期"？我们是否只看法律颁布的那一刻，还是留出一些时间让新法规的影响显现？我们是否应该考虑那些没有理由想去利用某个特定适用的人的期望，还是只考虑那些有理由考虑这个问题的人的期望？我们如何对待那些随着时间的推移在了解新事实或听到新论点后而改变主意的人？我们应该如何具体或笼统地定义有争议的"适用"？这些问题都没有明显的答案，雇主也没有提出任何建议。

人们也可能存在合理的担忧，对未被预见的适用的反对不会被中立地提出。这种反对意见的背后往往潜伏着一种愤世嫉俗的情绪，认为国会不可能打算保护一个不受欢迎的群体。以本院就《美国残疾人法》（the A-mericans with Disabilities Act，ADA）的判决为例，该法案规定，任何"公共实体"（public entity）都不得歧视任何"符合资格的残疾人"（qualified individual with a disability）。② 理所当然，国会并没有列出该法规适用的每个公共实体。例如，没有人会怀疑它适用于邮局。但奇怪的是，当该法规适用于监狱时，一些人要求进一步研究，宾夕法尼亚州辩称："国会没有'设想 ADA 将适用于州囚犯'。"③ 本院断然驳回了这一观点，并解释说，"在有明确的法定文本的背景下"，国会是否预期到某个具体适用"无关紧要"。④ 正如耶斯基（Yeskey）和今天的案例所证明的那样，将保护性法律适用于在法律通过时在政治上不受欢迎的群体，无论是 20 世纪 90 年代的囚犯还是 20 世纪 60 年代的同性恋和跨性别雇员，往往被视为出乎意料。但是，仅仅因为我们面前的人士在法律通过时恰好不受欢迎而拒绝执行法律，不仅会使我们放弃法律解释者的角色，而且也会使正义的天平向

---

① 参见 Note，The Legality of Homosexual Marriage，*Yale L. J.*，vol. 82，1973，pp. 573，583 – 584。

② *Pennsylvania Dept. of Corrections* v. *Yeskey*，524 U. S. 206，208（1998）.

③ *Pennsylvania Dept. of Corrections* v. *Yeskey*，524 U. S. 211 – 212（1998）.

④ *Pennsylvania Dept. of Corrections* v. *Yeskey*，524 U. S. 212（1998）.

强者或受欢迎者倾斜，从而忽略了所有人皆有权享受法律条款保护的承诺。①

雇主的立场也被证明太过宽泛。如果我们只将第七条规定的内容应用到在 1964 年就可以被预见的一些群体（具体是哪些尚未得知）上，那么我们将有更多法律被推翻。从昂卡尔案开始，在 1964 年，有多少人能预料到法律会保护男性雇员？更不用说保护他们免受其他男性雇员的骚扰了。正如我们当时所指出的那样，工作场所的男性对男性的性骚扰肯定不是国会在颁布第七条时所关注的主要恶行。② 然而，法院毫不犹豫地指出，第七条的条款明确禁止这种行为。根据雇主的逻辑，这似乎是一个错误。

这只是我们要理解的法律的开始。正如一位平等就业机会委员会（Equal Employment Opportunity Commission，EEOC）委员在法律颁布后不久所观察到的那样，"第七条的性别规定很难……掌控"。③ "困难" 或许要部分归功于第七条中性别歧视规则的最初提议者——众议员霍华德·史密斯（Howard Smith）。在某些方面，史密斯议员可能想要（或者至少不在乎是否出现这种可能性）具有广泛影响的宽泛语言，不一定是因为他有兴趣根除各种形式的性别歧视，而是因为他可能希望废除整个民权法案，并认为增加涵盖性别歧视的语言会成为法案的毒丸（poison pill）。④ 当然，在这项条款的单薄立法历史中，没有任何内容表明它应该被狭隘地解读。

无论出于何种原因，由于众议员史密斯提议的宽泛语言，第七条性别条款的许多或大多数的适用都是在法律通过时 "没有被意料到的"。事实上，许多现在显而易见的适用在早期就遭到了激烈的反对，甚至在那些负责执法的人中也是如此。在第七条通过后的几年里，平等就业机会委员会正式认为，在招聘启事中分别列出男性职位和女性职位是有帮助的，而不

---

① Cf. post, at 28 – 35（J. Alito, dissenting）; post, at 21 – 22（J. Kavanaugh, dissenting）.

② 参见 Oncale, 523 U. S. , at 79。

③ Franklin, Inventing the "Traditional Concept" of Sex Discrimination, *Harv. L. Rev.* , vol. 125, 2012, pp. 1307, 1338 [quoting Federal Mediation Service To Play Role in Implementing Title VII, (1965 – 1968 Transfer Binder) CCH Employment Practices ¶ 8046, p. 6074].

④ 参见 C. Whalen & B. Whalen, *The Longest Debate: A Legislative History of the 1964 Civil Rights Act*, 1985, pp. 115 – 118。

是歧视性的。① 一些法院认为,第七条并不妨碍雇主因雇员拒绝其性冒犯而解雇该雇员。② 法院也认为,拒绝雇用有幼童的母亲而不是父亲的政策不是因为性别而歧视。③

然而,随着时间的推移,法定语言的广度被证明是显而易见的。到20世纪60年代末,平等就业机会委员会改变了对性别隔离(sex-segregated)招聘广告的立场。④ 1971年,本院认为,对待有孩子的女性与对待有孩子的男性不同,违反了第七条。⑤ 到20世纪70年代末,法院开始认识到性骚扰有时可能构成性别歧视。⑥ 虽然在现代人看来,这些例子中的每一个似乎都"显然构成了基于生理性别的歧视"(because of biological sex),⑦ 但所有这些在第七条颁布后都受到激烈的争议。就像我们今天所探讨的歧视一样,许多联邦法官长期以来对第七条的解释也会排除这些情形。⑧ 难道雇主是让我们撤销所有这些意想不到的适用吗?

雇主论点中对预期适用的重点关注也揭示了为什么他们没有立场躲在"老鼠洞中没有大象"(no-elephants-in-mouseholes)的原则背后。该原则认为国会"不应以模糊的术语或辅助条款改变监管计划的基本细节"。⑨ 但它在这里没有任何意义。我们不否认,今天我们禁止雇主以同性恋或跨性别身份为由解雇雇员的结论是"一头大象"。但是"老鼠洞"在哪里?第七条禁止就业中的性别歧视是联邦民权立法的一项重要内容。它以非常宽泛的术语写成,不断地产生令人意想不到的适用结果,至少在接收方一

---

① Franklin, Inventing the "Traditional Concept" of Sex Discrimination, *Harv. L. Rev.*, vol. 125, 2012, p. 1340 [citing Press Release, EEOC (Sept. 22, 1965)].

② 参见 *Barnes v. Train*, 1974 WL 10628, *1 (D DC, Aug. 9, 1974)。

③ 参见 *Phillips v. Martin Marietta Corp.*, 411 F. 2d 1 (CA5 1969), rev'd, 400 U. S. 542 (1971) (per curiam)。

④ 参见 Franklin, Inventing the "Traditional Concept" of Sex Discrimination, *Harv. L. Rev.*, vol. 125, 2012, p. 1345。

⑤ *Phillips v. Martin Marietta Corp.*, 411 F. 2d 1 (CA5 1969), rev'd, 400 U. S. 544 (1971) (per curiam).

⑥ 参见 *Barnes v. Costle*, 561 F. 2d 983, 990 (CADC 1977)。

⑦ post, at 38 (J. Alito, dissenting).

⑧ Cf. post, at 21 – 22 (J. Kavanaugh, dissenting) (highlighting that certain lower courts have rejected Title VII claims based on homosexuality and transgender status).

⑨ *Whitman v. American Trucking Assns., Inc.*, 531 U. S. 457, 468 (2001).

端看来是这样的。国会起草法案的关键——关注对个人的歧视，而不仅仅是群体之间的歧视，并在性别是原告受伤害的"若非因"原因时追究雇主的责任——实际上保证了随着时间的推移会出现未被料到的适用。这头"大象"从未藏在"老鼠洞"里，它一直站在我们面前。

阐述了以上论点之后，雇主就不得不放弃对预期法律适用的关注，而回到所有无法通过法定解释论点的最后一道防线：赤裸裸的政策诉求（naked policy appeals）。他们声称，如果我们要适用法规的简单直白的语言，那么任何不受欢迎的政策后果都会随之而来。① 这里没有任何法定解释，剩下的建议是：我们应该在没有法律指导的情况下，做我们认为最好的事情。但这是任何法院都不应该接受的建议。制定新法或解决旧法的不良后果的地点在国会，在解释法律方面，我们的角色应仅限于在我们面前的案件中尽可能忠实地适用法律的要求。作为法官，我们没有特别的专门知识或权威能为一个自治的人民宣布什么是公正或明智的。对司法的尊重要求我们在避免增加法规的同时亦要避免减少它们。

那么究竟会有什么后果呢？雇主担心我们的决定将超越第七条而影响其他禁止性别歧视的联邦或州法律。而且，根据第七条本身，他们说，在我们今天做出决定后，性别隔离的浴室、更衣室和着装要求将被证明是不可接受的。但是，这些其他法律都没有摆在我们面前；我们尚没有面对关于这些法律中术语含义的争议，我们今天也无须预先判断任何此类问题。根据第七条，我们也不打算解决浴室、更衣室或其他任何关于这一类型的问题。摆在我们面前的唯一问题是，仅仅因为同性恋或跨性别身份而解雇某人的雇主是否"因为该人的性别"而解雇或以其他方式歧视了该人。在第七条中，"歧视"一词是指"通过待遇上的区别或差别伤害受保护的个人"。② 基于雇员受法律保护的特质而解雇雇员肯定很重要。至于其他政策和做法是否也符合非法歧视的条件，或根据第七条的其他规定找到适用的理由，是未来案件的问题，而本案不需要回答。

---

① Cf. post, at 44 - 54 (J. Alito, dissenting).

② Burlington N. & S. F. R., 548 U. S., at 59.

另外，雇主担心，在像我们这样的案件中，遵守第七条的要求可能会要求一些雇主违反他们的宗教信仰。我们深切关注并维护我国宪法中所载的自由行使宗教权利的承诺，这一保证是我们多元化社会的核心。但是，担心第七条会影响宗教自由并不是什么新鲜事。它们甚至早于第七条法规的实施。在通过该法律的审议过程中，国会为宗教组织列入了明确的法定例外。[1] 本院还承认，第一修正案可以禁止将就业歧视法应用于"有关宗教机构与其牧师之间雇佣关系的索赔"。[2] 国会在 1993 年《宗教自由恢复法案》（the Religious Freedom Restoration Act，RFRA）中进一步做出规定。[3] 该法案禁止联邦政府对一个人的宗教活动造成实质性的负担，除非政府能够表明其行为既能促进令人信服的政府利益，又能将促进这种利益的限制性降到最小。[4] 由于 RFRA 作为一种超级法令，它限制了其他联邦法律的正常执行，因此在适当的情况下，它可能会取代第七条的适用。[5]

但是，这些保护宗教自由的规则如何与第七条相互作用，也是未来案件的问题。哈里斯殡仪馆在其诉讼程序中确实进行了基于 RFRA 的辩护，但没有成功。然而，在其调卷请愿书中，该公司并未寻求对这一不利决定的审查，现在我们面前没有其他宗教自由主张。因此，尽管其他雇主在其他案件中可能会提出值得仔细考虑的宗教自由论点，但今天在本院面前的雇主都没有提出关于遵守第七条会以任何方式侵犯他们的宗教自由的主张。

*

一些支持在第七条中增加禁止性别歧视文字的人士可能希望这会破坏整个民权法案。然而，与这些意图相反，该法案成为法律。从那时起，第七条的影响就已展开，产生了深远的影响，有些甚至可能超出了国会或其

---

[1] §2000e-1（a）.

[2] *Hosanna-Tabor Evangelical Lutheran Church and School v. EEOC*，565 U. S. 171，188（2012）.

[3] 107 Stat. 1488，codified at 42 U. S. C. §2000bb et seq.

[4] §2000bb-1.

[5] §2000bb-3.

他许多人的预期。

但这些都无助于如何判决今天的案件。我们的社会遵循成文法，法官不能随意根据对意图的假设或对期望的猜测而忽视简单的法定命令。在第七条中，国会通过了宽泛的语言，规定雇主在决定解雇雇员时依赖雇员的性别是非法的。今天，我们可不假思索地承认这一立法选择的必然后果：仅仅因为同性恋或跨性别身份而解雇个人的雇主是违法的。

维持第二巡回上诉法院和第六巡回上诉法院在第 17 – 1623 号和第 18 – 107 号中的判决。推翻第十一巡回上诉法院在第 17 – 1618 号案中的判决并发回重审，以便根据本意见进行进一步的和本判决一致的诉讼。

特此判决

（责任编辑：梁硕）

深度书评

多元与平等：《禁止歧视：
法理与立法》 述评

刘红春　段　浩[*]

刘红春　段　浩[*]

摘　要： 周伟教授作为最早研究并推动反歧视的学者，一直在推动制度化、法治化、常态化解决歧视的理论与现实问题。《禁止歧视：法理与立法》一书汇集了周伟教授反歧视法理论研究的论文，涉及就业、教育和其他公共服务领域中的性别、身高、长相、年龄等方面的歧视性诉讼案例、反歧视法学理论分析以及立法实践研究。周伟教授从反歧视法的基本法理出发，结合反就业歧视的案例分析以及法理阐释，明确了反歧视法立法思路，界定了法律上的歧视、不受歧视权的定义，明确了歧视的类型、反歧视法实施机构以及法律责任等，提议完善司法和执法保障反歧视法的具体路径以及激发社会组织参与反歧视倡导的建议，并拟定了《中华人民共和国反歧视法学术建议稿》及说明，使得反歧视法更具操作性和执行性，真正发挥反歧视法维护公民人格尊严、实现实质平等、保障公民平等享有法律权利的作用。

关键词： 反歧视；不受歧视权；平等权；反歧视法

引　言

歧视是一个客观存在的全球性社会现象，歧视与人类相伴相生，有着复杂的社会历史和文化背景。"种族歧视""性别歧视"等都在人类历史

---

* 刘红春，云南大学法学院副教授，法学博士，研究方向为宪法学、人权保障与社会组织、决策咨询；段浩，云南大学法学院 2021 级硕士研究生，研究方向为宪法学与行政法学。

上长期存在，"基因歧视""算法歧视""歧视知觉"等新词层出不穷。目前，我国关于反歧视的法律制度主要由《宪法》以及《妇女权益保障法》、《残疾人保障法》、《劳动法》、《就业促进法》中的相关条款构成。但是，上述法律中涉及反歧视的条款零散、笼统、抽象，并没有形成系统的立法体系。反歧视法的制定是实现平等的必然要求，而反歧视法的法理与立法路径研究能不断丰富推动反歧视法的发展。基于此，周伟教授结合既有理论成果与丰富的实践经验，撰写了《禁止歧视：法理与立法》一书，从规范研究和实证研究的角度，对禁止歧视的相关理论进行深入研究的同时，将大量的实例和数据作为支撑，分析我国反歧视的立法、执法、司法现状，为我国的反歧视立法及法律适用指明了方向。

一 基本法理：反歧视法的理论构造

平等不仅是人类社会的价值追求，也是现代社会中公民最基本的宪法权利，但在平等权利实现的过程中，特权和歧视是最大的障碍，歧视滋生社会的紧张、排斥和对立，违反了平等的宪法原则，侵犯了个人的平等权和不受歧视权。反歧视法的制定和实施对尊重和保障人权、缓解社会矛盾发挥着不可估量的作用。但是，制定一部完善的法律需要丰富的理论作为支撑，也正是在这个意义上，反歧视法的理论构造显得尤为重要。

（一）反歧视法的基本概念

歧视与人类文明相伴相生，是一个长久存在并且难以克服的社会现象。由于社会经历、生活经验、知识结构等方面存在差异，人们通常会对特定群体的心理行为、生理特点、性格特征等形成较为固定的看法，并且用这个固定不变的标准去评价某个人或者某个特定的群体。这个标准就是人们常说的"刻板印象"。当这种固定的看法从评价标准转化成实施影响他人法律权利和法律义务的行为，并且使他人在本质相同的情况下没有获得相同的对待而丧失其本该有的权利时，就构成了法律上的歧视。周伟教授认为："法律上的歧视是指被法律禁止的针对特定群体或者个人实施旨在克减、限制或者剥夺其法律权利的任何不合理的区别对待措施。"① 歧视的本质特征在于对本质相同或者类似的人或事进行不合理的差别对待，或者说没有正当理由的差别处理。也就是说，法律并不反对合理的、相关的和必要的差别。而在认定是否构成法律上的歧视时，是根据实施该行为的效果或者目的，并不要求主观上必须具备歧视的故意或者过失。

法律上禁止歧视的目的在于对少数群体或者具备该群体特征的个人基本权利进行保护。而"不受歧视权"是就在立法规定歧视的定义、禁止歧视的类型之后衍生出来并逐步法律化的法律权利。不受歧视权成为法律权利始于1948年《世界人权宣言》中对平等权的具体化。根据周伟教授的观点，不受歧视权是平等权的功能在被用于审查具有普遍约束力的立法行为是否符合宪法平等原则的宪法基准的同时，逐步发展出的可作为独立请求权主张的一项法律权利。它是贯穿于各项人权核心的公民权利，并且随着社会的发展，不受歧视权保护的内容逐步充实，拘束对象也日益宽泛。

不受歧视权是从平等权的基本权利发展成为一项法律权利的，二者都是反歧视法理论中的核心概念，但是二者又存在差异。第一，权利的理论来源不同。平等权来源于宪法平等的原则，其重点是禁止本质相同的情况下的不合理差别对待。不受歧视权来源于平等权，其重点是禁止具体行政行为中不合理的区别、排斥、优惠等措施。第二，权利的内容重点不同。平等权的内容重点是要求对立法、行政和司法活动做到相同情况相同对待，不同情况区别处理。不受歧视权的内容重点是要求不得基于自然人固有的、社会的和其他因素实施不合理的区别对待，其主要适用于就业、教育和其他公共服务的活动中。第三，权利的主体不同。平等权的权利主体主要是公民，但是法人在特定情况下也可以主张该权利，而不受歧视权的主体是自然人。第四，权利的范围不同。平等权的范围是国家公权力或者受其委托行使公权力的组织执行法律中不合理的差别对待，或者考虑与法

---

① 周伟：《禁止歧视：法理与立法》，法律出版社，2020，第5页。

律无关的因素。不受歧视权的范围是随着社会变化而变化的。第五，权利的拘束对象不同。平等权的拘束对象是国家的立法、行政、司法行为或者受委托行使权力的机构。不受歧视权的拘束对象是平等主体的组织、企业，例外情况下可以包括行使公权力的机关或者授权组织与法人或者其他组织之间的平等关系。第六，权利的实现程序不同。平等权诉讼的救济一般情况下通过宪法诉讼或者行政复议、诉讼、合宪性审查等程序实现，而不受歧视权的救济程序一般情况下都是非司法程序。

（二）歧视的类别

在反歧视法的理论上，歧视可以分为直接歧视、间接歧视、制度性歧视和骚扰四种。

第一，直接歧视。"直接歧视是指在本质相同或者相似的情况下，由于特定群体或者个人的权利因法律禁止的区别事由而受到或者可能受到比他人不利或者优惠的对待。"[①] 直接歧视在主观上是故意的，因此是一种相对较为容易识别的歧视类型，周伟教授在该书中也提出了识别一项差别措施是否构成直接歧视的方法。

第二，间接歧视。"间接歧视是指在形式上无差别规定，但在事实上与实现合法目的不相关、不必要、不合理，其适用的效果是把法律保护的特征群体处于与他人相比不利或者特惠的地位而构成歧视。"[②] 由于间接歧视并不直接针对某一群体，并且有所掩饰，因此具有更大的隐蔽性。

第三，制度性歧视。"制度性歧视又称体系歧视或者系统歧视，是指由于历史原因而非故意实施造成通过广泛的中性政策、习惯和待遇固定形成的特定群体遭受的普遍的有规律的社会不利状况。"[③] 制度性歧视是通过既有的制度对特定群体或者个人造成事实上的排斥，它一般没有明确针对哪一群体或者个人，这种歧视的形式更不容易被察觉。

第四，骚扰。"骚扰是指任何其目的或者效果在于侵犯人的尊严，造

[①] 周伟：《禁止歧视：法理与立法》，法律出版社，2020，第 8 页。
[②] 周伟：《禁止歧视：法理与立法》，法律出版社，2020，第 9 页。
[③] 周伟：《禁止歧视：法理与立法》，法律出版社，2020，第 10 页。

成胁迫的、不友好的、不体面的、敌对的环境或者不受欢迎的行为。"[①]
在反歧视法上，将骚扰作为法律禁止的歧视类型，最初源于性骚扰。但是
除了性骚扰之外，反歧视法中的骚扰还包括其他任何旨在有损自然人的人
格尊严的不受欢迎的行为。

周伟教授将反歧视法中的歧视类型进行了分类，使人们对歧视有更清
晰的认知。通过明确歧视的类型，使法律上的歧视形式具象化，对于判定
是否构成歧视提供了依据。同时也为反歧视法发挥禁止歧视、保障公民的
不受歧视权的作用提供了可行性路径。

（三）不受歧视权的实施机制

不受歧视权的独特性，决定了其实施机制与财产权、人身权、受教育
权、社会保障权等的实施机制不同。周伟教授将不受歧视权的实施机制概
括为五个方面。

第一，健全的禁止歧视法律体系。要想使不受歧视权得到实施，必须
首先做到有法可依。反歧视立法可以通过制定反歧视国际公约、制定反歧
视法、制定人权法和反歧视法等模式实现。

第二，完善的法律责任制度以制裁歧视行为。法律制定出来如果没有
配套的、完备的责任制度规定，就会沦为一纸空文。因此，反歧视法制定
出来之后还必须配备完善的法律责任制度保障其实施。

第三，独立的执法监督机构负责监督法律实施。没有相应的执法监督
机构对反歧视法的实施进行监督，其实施的效果就会大打折扣。国际上能
够借鉴的执法监督机构的类型主要有属于国家人权事务机构的人权委员
会、属于政府设立的反歧视国家机构的平等机会委员会、属于议会设立的
独立机构的监察专员办公室以及反歧视机构四种。

第四，必要的非政府组织开展反歧视倡导。非政府组织除了参与联合
国人权理事会审议缔约国反歧视条约的报告程序、与政府机构开展反歧视
合作、提起反歧视公益诉讼之外，一个较大的作用在于开展反歧视的社会

[①] 周伟：《禁止歧视：法理与立法》，法律出版社，2020，第 10 页。

倡导。非政府组织通过理念宣传、项目活动、政策推广等促进反歧视法律实施的社会环境的改善，是反歧视法的制定和实施过程中重要且不可或缺的环节。

第五，具体的法院裁判歧视诉讼规则。虽然绝大部分的歧视纠纷通过执法监督机构得到了解决并进入司法程序，但在国际社会上仍然发展了一些法院裁判歧视诉讼的规则。除了发展禁止歧视的法律规则、明确裁判歧视诉讼的司法标准、补充法律适用的程序规则之外，法院在裁判诉讼的过程中还完善了举证规则、歧视认定等裁量标准、司法尺度、司法方法等法律技术。

"法在被制定出来后实施以前，只是一种'纸上的法律'，如果没有法的实施，这种纸面上的法律永远不能变为行动中的法律，法就不能从应然状态进到实然状态。"① 法律的生命在于实施，法的实施对于法律价值的实现具有重要作用。周伟教授通过对不受歧视权的实施机制进行概括，为反歧视法的制定和实施指明了方向。

二 反歧视例：反就业歧视的法理阐释

歧视是人们的认知偏见转化为实施一种影响他人法律权利和义务的行为，其本质特征在于不合理的差别对待或者没有正当理由的差别处理，并广泛地存在于社会生活各个领域，对部分群体或者具备部分群体特征的个人行使基本权利带来极大损害。而劳动领域的歧视问题作为众多歧视类中的典型代表，在社会生活中长期大量存在，成为公民实现平等权、劳动权等基本权利的主要阻碍因素，是我国反歧视治理中亟须解决的重难点问题，也是反歧视领域学术研究的聚焦点和突破方向。《禁止歧视：法理与立法》以就业歧视为例，从概念、类型、判断标准和权利救济等多方面展开了一系列学理化、精细化、实证化的研究，为现实复杂就业环境中的歧视判定提供了重要依据。该书对公益诉讼原告资格的认定、举证责任的分

① 付子堂、时显群主编《法理学》（第三版），重庆大学出版社，2011，第125页。

配等关键问题的深入探讨和阐释，对于保障劳动者的平等就业权具有重大意义。

（一）就业歧视与反就业歧视

就业是个人通过劳动获得生存资料、物质利益以维持生存的重要方式，是劳动权的主要内容，与人的价值和尊严紧密相连，与社会公正、法律平等相互依存。个人就业是否适合特定岗位条件，主要看劳动者的工作经验、工作能力、专业技术与专业知识，即通过劳动活动创造物质财富和精神财富的能力。[1] 而就业歧视即指不以劳动者的劳动能力、工作经验、工作水平、专业技能等岗位所需的能力为录用劳动者的条件，而是以与岗位工作职责没有必要联系的劳动者的身份、性别、地域、户籍、身高、年龄、容貌或者其他与劳动岗位无关的条件为标准，对求职过程中的劳动者采取的区别对待，排斥某些群体的少数劳动者从事某些劳动岗位，限制、剥夺他们劳动的基本权利的现象。就业歧视造成个人获得发展机会的不均等，直接影响着劳动者平等就业权的实现，甚至影响到受歧视者的基本生存权。因此，国家必须重视并持续推进就业歧视治理，禁止劳动就业领域的任何不合理的差别对待，以有效保障公民宪法平等权利、保障公民的人格和尊严、维护国家和社会公共利益、促进和谐社会的构建。当然，国家实行劳动保护的目的不是保证每个人都能够获得一份工作，而是要采取适当的措施为公民就业创造条件、使其获得均等就业的机会，其中就包括禁止就业歧视。

（二）就业歧视类型及其认定标准

按照就业任职条件中录用考察标准的不同，就业歧视类型主要可分为性别歧视、年龄歧视、长相歧视、身高歧视、户籍（地域）歧视和其他歧视。

性别平等是人类追求公平、正义与平等的永恒主题，并且男女平等也

---

[1] 周伟：《禁止歧视：法理与立法》，法律出版社，2020，第133页。

是我国的基本国策。但现实中，在受性别偏见传统社会观念的影响和市场主体追逐经济利益最大化诱因的驱使以及其他因素的作用下，用人单位滥用用工自主权，以性别为标准设定任职条件或者在裁员中优先考虑解聘女性职工，对女性就业形成排斥、限制。近年来，在公开提供的职位中明确性别要求的做法虽有所减少，但采取隐蔽的方式排斥女性的做法十分常见，或在实际接受报名过程中暗示女性报名者不受欢迎而迫使其"自愿放弃"，或对女性报者特别说明该职位仅限/录用男性，或者在面试中故意降低女性的成绩以及设定录用女性人数的最高限额等。相较于明确限制女性就业，隐蔽性别歧视在法律认定中仍存在较大困难，对此以结果导向实行用人单位录用劳动者性别最低比例制度将有效弥补隐蔽性别歧视认定困难的不足，为女性就业提供制度保障。

年龄是自然人生命长短的符号，也是法律确认自然人行为能力法律标准之一。为保护未成年人身心健康与人格发展，禁止 16 周岁以下公民从事任何劳动；为保护老年人合法权益，禁止强制其从事某些劳动；保证具备相应法律专业知识的法官、检察官等特定公职人员最低年龄任职条件等就业领域限制年龄是合法的，也是必要的。但在服务类、管理类和技术类等岗位中，大多都以脑力劳动为主，专业技术和工作经验虽然会随着个人年龄的增长而得以提高和积累，但这并不是必然关系，而且实证研究表明"45 周岁以上的职位数量明显有下降"，[1] 再次印证一般性职位和任务与劳动者的年龄没有任何直接的关系，就业对年龄不必要、不合理的差别对待限制剥夺了不在其要求范围内的群体劳动者平等的劳动权利，构成法律上的年龄歧视。

自然人长相的差异与多元是生物多样性的自然表现，爱美也是人类的天性，是人们精神生活不可或缺的一部分。但是个人审美的精神活动不得限制、影响或者妨碍他人合法权利的享有和行使，任何对个人长相的欣赏超出私人精神生活范围以外，将不合理的长相作为提供服务或者就业的条件，都会损害特定群体和个人的人格尊严并可能侵犯其合法权利。除非例

---

① 周伟：《禁止歧视：法理与立法》，法律出版社，2020，第 111 页。

如模特、形象代言人等某些特定职位的职责直接与劳动者的长相有直接联系，为履行岗位职责所必须，否则用人单位提供任何其他职位要求劳动者的长相并作为资格与条件，都超出了完成岗位职责所需要的职业技能范围，是对个人审美心理需求与他人行使劳动权这一宪法基本权利的法律界限的混淆，损害了特殊群体的合法权益，立法中应当明确禁止长相歧视的种类，为劳动者公平就业提供更为完备的法律保障。

身高是人体数值测量的总高度，表明的是一个人身体的高度与重量的关系，反映的是身体外观形态。国外经济学家的研究表明，在就业中劳动者的身高与个人收入间存在某种联系。① 而在中国，随着法律赋予用人单位的用工自主权及社会文化形体美观念的变革，用人单位开始将身高作为求职者的条件，甚至国家录用公务员和国有事业单位录用人员都有最低身高要求。在公安机关录用人民警察时，规定最低身高要求虽然已经得到了部门规章确认和社会普遍共识，但诸如财务、文秘、后勤等与履行《警察法》规定的职责无直接关联的岗位，对其实行身高限制是不合理的。在国家统一取消公务员体检标准中的身高条件后，部分地方机关仍在公务员招录时要求与其职责不相关、不必要的身高条件，也是不合理的。同理，在其他就业领域，若要求劳动者具备与劳动能力、专业技术、岗位职责等无关的身高因素，在法律上即构成考虑不相关因素且限制、妨害劳动者平等就业权利的实现，法律应当禁止就业中不合理的身高差别条件。

此外，户籍歧视、残疾人歧视等均不以劳动者的劳动能力、工作经验、工作水平、专业技术等岗位所需的条件为录用条件，而是以与岗位工作性质没有必然联系的户籍/地域、肢体残疾或者其他与岗位职责无关的条件为标准，在劳动者求职过程中对其进行区别对待，排斥某些群体的少数劳动者从事某些本应能够工作的岗位，限制、剥夺他们劳动的基本权利而构成歧视，在相关法律修订或者制定新的反歧视法时必须明确禁止这些歧视行为，以保障求职者的平等就业权利。

---

① 周伟：《禁止歧视：法理与立法》，法律出版社，2020，第152页。

（三）权利救济制度的审思

无救济则无权利，法律救济手段对于权利保障具有重要意义。当前，我国在反歧视救济领域的现行立法，还存在长相歧视、身高歧视、年龄歧视等部分歧视类型无法可依的情况，权利救济乏力，与违法实施就业歧视行为应有的法律制裁、受害人获得法律救济的实际需要还有较大距离，亟须健全司法救济程序。① 一是明确社会组织反就业歧视公益诉讼的主体资格。现行民事、行政诉讼尚未把涉及就业歧视的公益诉讼纳入受案范围。《民事诉讼法》第 58 条规定"对污染环境、侵害众多消费者合法权益等损害社会公共利益的行为，法律规定的机关和有关组织可以向人民法院提起诉讼"，虽然《民事诉讼法》历经多次修改后接纳了有关组织作为诉讼主体的资格，但当前实务界和理论界均对"等"字有不同理解，社会组织作为公益诉讼的起诉主体大都还仅限于"环境污染"和"消费者权益保护"领域，社会组织作为"反就业歧视"的公益诉讼主体资格还有待法律或者司法解释进一步明确，以充分发挥社会组织在反歧视中的重要作用。二是在就业歧视案件中实行举证责任倒置。民事诉讼适用"谁主张，谁举证"的举证原则，但由于歧视行为的特殊性，各国立法对歧视诉讼均规定适用举证责任倒置的原则，即由被申诉人或者被告对自身行为的合法性承担举证责任。② 这主要是考虑到歧视的受害人与歧视实施者相比处于弱势地位，在通常情况下，歧视的受害人能够证明就业区别对待事实的存在，但往往很难承担证明区别对待构成歧视事实的责任。因此，在直接就业歧视案件中规定由申诉人或者原告就差别对待的事实举证，由被申诉人或者被告对差别对待的合理性举证；在间接就业歧视案件中由被申诉人或者被告就争议行为的合理性、必要性与合法性进行举证。合理分配举证责任是对就业歧视司法救济制度的重要补充完善措施，将为就业歧视的受害者提供更加健全的维权法律依据，保证权利得到最大限度的救济，为平等

---

① 周伟：《禁止歧视：法理与立法》，法律出版社，2020，第 288 页。
② 周伟：《禁止歧视：法理与立法》，法律出版社，2020，第 311 页。

就业权的实现提供坚实制度保障。

三　立法路径：反歧视立法思路与建议

歧视的本质是对本质相同或类似的人或事进行不合理的区别对待，这些不合理的差别对待的共同特点都是背离了人的尊严和平等与自由的核心价值。自 2000 年以来周伟教授代理了诸多反歧视案件，添加了社会倡导反歧视法律意识的法律元素。本书中周伟教授对 2000 年至 2011 年人民法院和仲裁机关裁判或者仲裁的 92 起反歧视案件进行统计发现，案件涵盖了"身高""乙肝病原携带""地域""性别""长相""年龄""社会出身""残疾""生育""艾滋病病原体携带""基因""健康状况"等 12 个歧视类型，[①] 我国现有立法禁止的歧视种类包括种族、民族、宗教信仰、性别、残疾、传染病病原体携带、社会出身（农村与城镇）。[②] 随着不同类型的歧视案件的出现，促进立法者增加了限制乙肝、残疾、艾滋病、农村户籍歧视等歧视种类，并在反乙肝歧视中强化了具体的监督实施手段，[③]法院对反歧视诉讼案件从"克制转向适度干预"的变化，反歧视案件数量增多，全国人大代表、全国政协委员不断提出立法议案等，形成了反歧视法律制度完善的协同合力机制。

但还应当看到，目前我国并没有专门的反歧视法或反就业歧视法，现有法律体系中未明确规定歧视的法律含义、种类、法律构成要件、判断标准，对于违反歧视禁止性规定的责任、处罚幅度等也没有规定。现有的反歧视条款多具有宣示性、授权性和基础性的规定，缺少义务性规范和处罚性规范，在应对普遍性、多样性的社会歧视时作用有限。[④] 因此禁止歧视在立法上的缺位、不明确、可操作性差，使处理和解决已经出现的歧视纠

---

① 周伟：《禁止歧视：法理与立法》，法律出版社，2020，第 39 页。
② 周伟：《禁止歧视：法理与立法》，法律出版社，2020，序言第 5 页。
③ 周伟：《禁止歧视：法理与立法》，法律出版社，2020，第 61 页。
④ 李薇薇：《平等原则在反歧视法中的适用和发展——兼谈我国的反歧视立法》，《政法论坛》2009 年第 1 期。

纷无法可依，① 被歧视者既没有具体的法律依据获得法律救济，也没有确定的机构可以受理。为保证反歧视法律工作的顺利开展，亟待国家制定统一专门的反歧视法律，保证禁止歧视工作有法可依、有法必依、执法必严以及违法必究，尊重被宪法和法律保障的个人尊严和平等权利。

（一） 立法思路

歧视并不仅是歧视行为人和受害人的事情，它关涉公民的基本权利，关乎社会公共利益，这也是国家立法和行政介入的法理基础之所在。按照现阶段我国的基本国情，周伟教授提出以下几点反歧视立法思路。

一要加强立法保障。法律是公民基本权利的重要保障，没有法律作为支撑，权利的保障将举步维艰。不受歧视权实施的前提是有一部反歧视法，保障禁止歧视有法可依。主要模式有三种：一是制定反歧视国际公约；二是制定反歧视法；三是制定人权法和反歧视法。② 禁止歧视的立法例可以分为以下几种：一是概括规定法律禁止歧视，确认各个群体平等享有权利的原则；二是具体列举被禁止区别对待的群体特征名称；三是在列举被禁止区别对待的群体特征名称的同时说明并未穷尽所有的歧视，被称为 "开放式条款"。③

反歧视立法包括制定反歧视法或反歧视就业法，考虑到目前歧视现象不仅存在于就业领域，还存在于教育领域、公共服务领域，所以应制定一部反歧视法，禁止就业、教育、公共服务等领域的一切歧视。反歧视法是禁止歧视、保障公民平等享有法律权利的一个独立的法律部门，国家应把制定统一的 "反歧视法" 纳入立法规划，通过立法明确规定歧视的法律定义、类型、法律标准、构成要件、临时特别措施等。增加禁止就业歧视的种类，将普遍存在的年龄、身高、特殊疾病等歧视种类纳入法律保护的范围。明确法律实施机制、各法律实施机关的职责，明确反歧视申诉与诉讼举证责任以及实施各类歧视行为的法律责任等，做到反歧视有法可依、有

---

① 周伟：《禁止歧视：法理与立法》，法律出版社，2020，第 308 页。
② 周伟：《禁止歧视：法理与立法》，法律出版社，2020，第 28 ~ 29 页。
③ 周伟：《禁止歧视：法理与立法》，法律出版社，2020，第 7 页。

法必依、违法必究。

二要健全司法标准。周伟教授对反歧视诉讼案例进行全面分析发现，实践中法院在受理反歧视案件时存在大量以案由不明确、无法律依据、侵犯权利不明等为由不予受理的情形，周伟教授主张应明确裁判反歧视案件法律标准，规范裁判歧视案件的法律程序以及发布指导案例等。[①] 因此多次提出人民法院应当增加"不受歧视权"的受案案由。明确裁判标准、规范裁量幅度等统一案件标准和司法尺度。明确法院裁判程序中案件受理的原告资格、完善举证责任制度等规范法律程序。同时，还应发布指导性案例，指导各地法院正确使适用法律裁判歧视类型案件等建议。[②] 目前《最高人民法院关于增加民事案件案由的通知》（法〔2018〕344 号）已增加"平等就业权纠纷"案由，最高人民法院发布的第 32 批共 7 件指导性案例中 185 号案例，对人民法院正确认定平等就业权纠纷中就业歧视行为、准确把握企业用工自主权和劳动者平等就业权的关系具有一定指导意义。但就业歧视诉讼举证责任面临的诸如举证难、胜诉难、诉讼成本高等问题仍然存在，而且也产生了用"一般人格权纠纷"案由处理歧视案件时没有突显出来的新问题。因此，出台专门的反歧视法，对就业歧视的概念、分类、构成要件等进行界定，把平等就业权纠纷诉讼作为一种特殊侵权诉讼进行确认，并设置相应的认定标准、举证责任和法律责任，是立法和司法仍需解决的问题。[③]

三要完善执法机制。目前国际上存在的负责监督法律实施的独立执法机构类型主要有"人权委员会、平等机会委员会、监察专员办公室、反歧视机构"等。[④] 我国负责实施法律禁止歧视的机构包括工会、妇联、残联等人民团体和国家机关。但从专业性、独立性、公开性、经验性等方面来看，这些机构都不能承担起法律的实施职责，因此周伟教授建议确定专门机构统一进行法律实施，如设立国务院公平机会委员会或者国务院反歧视

---

① 周伟：《禁止歧视：法理与立法》，法律出版社，2020，第 34 页。
② 周伟：《禁止歧视：法理与立法》，法律出版社，2020，第 34、291 页。
③ 刘小楠、杨一帆：《中国平等就业权纠纷案件法律问题研析》，《人权研究》2021 年第 3 期。
④ 周伟：《禁止歧视：法理与立法》，法律出版社，2020，第 28、29、34 页。

委员会或者赋予中国人权研究会协调职责，又或者设立中国人权委员会等，承担受理、调节、处理禁止歧视立法实施的职责。① 针对执法监督范围小、纠正各类歧视行为力度有待加强以及法律制裁效果不明显、公务员录用资格有待完善、反歧视就业环境有待改善等问题，周伟教授在该书中提出扩大行政执法监督范围，如依法扩大至年龄、身高、特殊疾病等类型的歧视监督，加强执法监督力度。完善支持性、促进性措施，完善性别平等就业支持体系，调整人力资源结构，明确用工性别比例，发挥国家示范作用。

四要健全社会组织参与机制。周伟教授通过列举社会组织参与反歧视活动的成效，多次强调应激发社会组织参加反歧视倡导的活力，提出放宽和简化社会组织成立条件和程序、发展反歧视社会组织的类型、完善社会组织参与反歧视活动的法律与程序等建议。除此之外，他还提出应提高政府采购比例作为促进社会组织有序发展的基础，加强人才培养，提升社会组织服务能力，促进社会组织依法有序开展工作，发挥社会组织反歧视社会倡导作用。

（二）立法建议

根据我国反歧视法律工作经验与实际需要，结合代理实践，周伟教授于 2007 年发表了《中华人民共和国反歧视法学术建议稿》，对反歧视法的立法目的和适用范围、歧视的法律定义和种类、禁止歧视的具体措施、实施反歧视的机构及其职权、歧视诉讼举证责任和法律责任等做出了明确的规定，并就歧视多发的就业、教育以及其他公共领域做了专章规定，明确各方权利义务，回应了立法、执法和司法中反歧视工作存在的难题。具体立法思路如下。

一是明确立法目的与适用范围。建议稿基于"维护公民的人格尊严、实现实质平等、保障公民平等地享有法律权利"的立法目的，根据宪法制定反歧视法。关于立法适用范围，周伟教授从反歧视基本法视角出发，兼

---

① 周伟：《禁止歧视：法理与立法》，法律出版社，2020，第 33 页。

顾公务员录用、禁止歧视立法国内法与国际法衔接、制定专门立法规范等需求，分别规定国家禁止在劳动就业、教育和公共服务领域的一切歧视，明确用人单位以及公务员录用适用反歧视法等规定，明确国务院可以制定禁止歧视单行条例。

二是明确歧视的法律定义和种类。根据歧视的法律构成要件和我国的实际情况和特殊需要，明确歧视的法律定义和种类以及不构成歧视的情形。

三是明确反歧视法的实施机构及其职权。借鉴国外成功经验，结合我国实际情况，建议稿指出设立独立的反歧视机构——平等机会委员会。明确规定国务院设立平等机会委员会，统一组织、领导、协调全国的反歧视工作。县级以上人民政府设立平等机会委员会，统一组织、领导、协调本级人民政府的反歧视工作。县级以上人民政府民族、宗教、劳动、教育、公共服务等部门负责其职责范围内的反歧视工作。妇联、工会等按照法律职责协助本级政府平等机会委员会履行妇女、身心障碍者平等权益保障工作。平等机会委员会的职权是保障监督实施反歧视法，如宣传教育、受理申诉、对认为构成歧视的差别对待进行调查、调解、支持起诉等，并明确具体情形下可以开展调查的情况。

四是明确反歧视申诉和举证责任。由于歧视的特殊性，考虑到歧视受害人与歧视实施者相比处于弱势地位，各国立法对歧视诉讼均规定适用举证责任倒置的原则。建议稿根据直接歧视、间接歧视、性骚扰和临时特别措施的特点规定了不同的举证责任。如直接歧视由申诉人或原告就差别对待事实进行举证，间接歧视由被申诉人或被告举证等具体举证规则。

五是明确法律责任。为了有效预防和纠正歧视行为并对实施歧视的单位和个人予以必要的法律制裁，建议稿明确规定用人单位、教育机构、公共服务机构等实施歧视的主体违法情形以及对应的法律责任，做到违法必究。

结　语

《禁止歧视：法理与立法》是我国研究反歧视法学理论与立法的标志性著作。该书立足于尊重差异性和多元化的立场，清晰地展现了我国反歧视法的理论和立法现状，从反歧视法的理论构造、反就业歧视的法理阐释、反歧视立法的思路与建议三个方面展开。该书汇集了周伟教授反歧视法理研究的论文，内容涉及歧视的法律定义、歧视的类型、平等与非歧视原则、不受歧视权等的法理讨论，还涉及一些地方立法在就业、教育和其他公共服务领域中的性别、身高、长相、年龄等方面的歧视性规定的学理和实务分析，以及涉及对地方性法规、地方政府规章及其规范性文件中有关就业立法歧视的见解。这些研究开启了我国禁止歧视的法理和立法研究的先河，为禁止歧视的法律适用提供了有益的智识支撑。

（责任编辑：时雪涵）

《反歧视评论》征稿启事

《反歧视评论》是中国政法大学人权研究院主办的国内首个以平等权和反歧视为主题的学术集刊，由社会科学文献出版社公开出版发行，旨在汇集反歧视研究的前沿理论，展现反歧视实践的最新成果，进一步推动反歧视的法律和制度变革。自 2014 年以来，《反歧视评论》已连续出版 10 辑，现就《反歧视评论》第 11 辑公开征稿。

《反歧视评论》以学术性和建设性为评价标准，设置主题研讨、学术专论、评论、判例研究、调研报告、深度书评等栏目。具体征稿要求如下。

一、征稿范围

与反歧视相关的调查报告、立法建议、学术论文或译文等。文章需论点鲜明，论据充分，论证严谨，语言通畅，数据准确，图表规范，主题集中，层次分明，结构完整，注释引文无误。

二、原创性要求

来稿须为原创、未公开发表的学术作品。作者应保证作品的独创性，如有对其他作品有适当引用，请在文中予以注释说明。

三、体例要求

（一）文稿体例

文稿由题目、摘要、关键词、正文和注释构成。需同时提供英文版的题目、摘要和关键词。题目字数 10 字左右，可加副标题；摘要在 200 字以内；关键词 3 ~ 5 个。文稿正文采用脚注，每页重新编码。稿件字数一般不低于 8000 字，鼓励言之有物的长文。

（二）基金项目

如果文稿得到基金项目资助，请在文章首页页脚标明基金项目的类别、名称、批准号。

（三）作者简介

文稿应在文章首页页下脚注按如下顺序标明作者信息：姓名、单位、职称（职务）、学历、研究方向等。

（四）各级标题

文稿标题应层次分明，标题前的数字按不同级别依次使用：文内体例顺序一般采用：一、（一）1.（1）①A. a.，其中一、（一）、1. 为标题序号，单独成行，不接正文。

（五）注释体例

1. 中文著作：专著作者后不用"著"字，编纂类加"主编、编"等字样，并注明具体起始页码。

例：周伟：《反歧视法研究：立法、理论与案例》，法律出版社，2008，第 101～102 页。

例：刘小楠主编《反歧视法讲义：文本与案例》，法律出版社，2016，第 15 页。

2. 期刊、集刊文章或论文：期刊不加页码，集刊和论文集文章需标注页码。

例：王理万：《就业性别歧视案件的司法审查基准重构》，《妇女研究论丛》2019 年第 2 期。

例：何霞：《妥协与渐进之道：日本反性别歧视立法研究》，刘小楠主编《反歧视评论》（第 2 辑），法律出版社，2015，第 100 页。

3. 译著：作者要注明国籍，作者在前，译者在后。

例：〔美〕加里·贝克尔：《歧视经济学》，于占杰译，商务印书馆，2014，第 17 页。

4. 报刊文章：信息要完整、准确，切不能将网站转载日期作为报纸日期。

例：刘伯红：《性别平等之声在两会上日益响亮》，《中国妇女报》2017 年 3 月 7 日。

5. 互联网或数据库作品：应注明网址或数据库，访问时间。如网站文章系转载自纸质刊物，须引用原始出处。

例：《外媒关注中国首例跨性别就业歧视案败诉》，"参考消息"搜狐号，https://www.sohu.com/a/74949456_114911，最后访问日期：2018 年 7 月 20 日。

6. 外文注释：说明性文字需翻译成中文，资料性文字（如作者、书名、出版社、章节页码等）保留原文。资料性文字中的著作或者杂志名斜体或者正体均可。如果作者引用英文文献，格式为：

例：（著作类）Evelyn Ellis and Philippa Watson，*EU Anti-Discrimination Law*（Second Edition），Oxford University Press，2012，p. 102.

例：（论文类）Elisa Holmes，"Anti-Discrimination Rights Without Equality," *The Modern Law Review*，vol. 68，no. 2（Mar.，2005），pp. 175 – 178.

四、投稿方式

投稿一律采用电子文稿方式，本刊电子邮箱：antidiscrimination@163.com。《反歧视评论》并未委托任何中介征稿，请直接通过邮箱投稿；任何中介渠道的投稿，编辑部均不接受。编辑部对于投稿进行初审，并根据初审情况决定由编辑部进行交叉审稿或送外审，最终由主编商定用稿结果。对于录用的稿件，我们会在收到稿件的 1 个月内发出用稿通知，并在正式出版后寄送稿酬和样书。没有收到用稿通知的作者请自行处理稿件。

为适应信息化建设需要，扩大作者学术交流渠道，本刊与网站、期刊数据库、微信公众号等建立了合作关系，且所付稿酬中已经包含电子网刊稿费，不再另行支付报酬。如作者不同意将文章收录入数据库，请在来稿时声明，本刊将做适当处理。

《反歧视评论》第 11 辑截稿日期为 2023 年 9 月 30 日。

中国政法大学

《反歧视评论》编辑部

图书在版编目（CIP）数据

反歧视评论. 第 10 辑 / 刘小楠，王理万主编. -- 北
京：社会科学文献出版社，2023.3
ISBN 978 - 7 - 5228 - 1443 - 8

Ⅰ.①反… Ⅱ.①刘…②王… Ⅲ.①公民权 - 研究
Ⅳ.①D911.04

中国国家版本馆 CIP 数据核字（2023）第 029679 号

反歧视评论 第 10 辑

主　　编／刘小楠　王理万

出 版 人／王利民
组稿编辑／刘骁军
责任编辑／易　卉
文稿编辑／王楠楠
责任印制／王京美

出　　　版／社会科学文献出版社·集刊分社 （010）59367161
　　　　　　地址：北京市北三环中路甲 29 号院华龙大厦　邮编：100029
　　　　　　网址：www. ssap. com. cn
发　　　行／社会科学文献出版社 （010）59367028
印　　　装／三河市龙林印务有限公司

规　　　格／开　本：787mm × 1092mm　1/16
　　　　　　印　张：25.5　字　数：384 千字
版　　　次／2023 年 3 月第 1 版　2023 年 3 月第 1 次印刷
书　　　号／ISBN 978 - 7 - 5228 - 1443 - 8
定　　　价／158.00 元

读者服务电话：4008918866